김대중
자서전

金大中自传（下）

[韩] 金大中　著

[韩] 李仁泽　[中] 王　静　[中] 高恩姬　译

中国人民大学出版社

·北京·

目　录

第七部 1997年12月—1998年6月

国库空空，随时可能破产。那些肩负国家使命的人们，你们说过的大话都去了哪里？堂堂一国的副总理垂头丧气地坐在我的面前。真是让人心急如焚的日子。如果之前韩国曾经争取到了什么国际声望的话，真想把这些都卖掉换成美元。

漫长而沉重的冬天（1997年12月17日—1998年1月）

我接到了大儿子弘壹的电话，一大早儿子的声音有些特别，他的心情我怎么会不知道呢。回想一下，有多少人因为我而在那么长的岁月中痛苦地生活。弘壹多次被拉到情报部审问，并受到拳脚相加，就是因为有个父亲金大中。我一个人受就够了，只管朝我来吧……可我的三个儿子都遭受了身体和心理上的伤害。特别是弘壹，拷打的后遗症使他连路都走不稳。看着儿子们的状况，我真是心如刀绞，却又不能表露出来。我对儿子们一直是愧疚的。挂断电话，儿子的声音还久久回荡在耳边。

12月7日，还剩一天就要进行总统选举了，可我的弟弟大义却离世了，我亲爱的弟弟！儿时我们曾一起在荷衣岛的野地里翻滚，一起看着大海怀揣着梦想，朝鲜战争时期在木浦刑务所里一起迈进了死亡的门槛又逃了出来。他心甘情愿地承受了我的苦难，一直在背后像我的影子一样生活。临终之际，大义叮嘱家人不要对外界透露自己死去的消息，或许是因为害怕给本来就健康问题缠身的我增加心理负担，害怕那些大权在握的人从他的死当中联想起我的健康问题。他对先我而去感到歉疚，大义就是那样上路的。我怎能忘记这个弟弟啊！

金泳三总统打来电话祝贺我当选，并对我的健康表示担忧，提议尽快相见。早上青瓦台政务首席提着花篮来到我家。我打电话给大国家党候选人李会昌和国民新党候选人李仁济，对他们的落选表示慰问，两人对竞选失败淡然接受。我也郑重地邀请他们在今后的国家执政当中协助我。

我和妻子一起站在庭院前面，市民们将我家围了起来。媒体照相机的闪光灯闪烁着，欢呼声此起彼伏。我作为总统当选者第一次向国民们致辞：

"真心地感谢所有国民。经历了建国以来第一次朝野之间的政权交替，现在这个国家新的历史已经开始了。"

上午 9 点在国会议员会馆举行了记者招待会。我强调为了克服金融危机，恢复国际金融信用度是最重要的，并声明新政府将忠实履行现政府与国际货币基金组织之间缔结的协议事项。我呼吁韩国国民的和解和统一，并强调了"民主主义和市场经济的并行发展"。

"1997 年 12 月 18 日将作为全体国民团结一心的历史转折点而被铭记。在这个国家当中再也不允许出现政治报复、地域和阶层歧视。我同样地尊重和热爱所有地域和阶层。作为总统我将扫除一切差别歧视，公平保障所有国家成员的权益，在这片土地上将没有因歧视而对立的立足之处。"

我们将把所有企业从权力的铁链当中、从权力的庇护当中解放出来。将来在激烈的世界经济竞争当中，适应市场经济的企业才能生存。这就是全球化时代的现实。经济的目的是创造国民的幸福，因此我会全力保护庶民的权益，开创我们的经济走向民主市场经济的时代。新政府将会用 21 世纪的哲学和洞察力、高效率的战略方针和政策来经营国家。

结束会见后我参拜了铜雀洞国立显忠院。回到国会后，我接到了美国总统克林顿的电话：

"为民主主义和政治进步而献出一生精力的金当选者取得了伟大的胜利，对此表示祝贺和尊敬。"

祝贺词给我留下了很深的印象，但是现实不允许我们只谈良言，因为国家的命运危在旦夕。克林顿总统敦促我诚实地履行和国际货币基金组织之间的协议。他还说，当前韩国经济面临危险的处境，他们会尽快把美国的协商团派过来。说实话，我认为克林顿的这种发言有点过分，因为这是和当选者的第一次通话，稍嫌无礼。但是他的话没有丝毫夸张，当时韩国整个国家面临很大的困境。

和克林顿总统通完电话后，日本首相桥本龙太郎的电话在等着我。我请求他帮助面临最大危机的韩国，桥本龙太郎承诺会尽最大的努力来帮助我们。

下午我参拜了“4·19”墓地。民主化实践家族运动协议会和全国民族民主遗属协议会的妇女们在等着我。她们眼里噙着泪水紧紧抓住我的手久久地没有放开，是她们的眼泪抚育了这片土地的民主主义，我怎能忘记她们的眼泪呢！她们曾经说过，实现民主化就会为儿子们跳舞，可今天她们却在流泪。我发誓：为新的世界而献身！回到家时，驻韩美国大使博斯沃思来到了我家，我们谈了一些关于韩国经济危机的问题。

晚上我和金钟泌、朴泰俊两人在我们家共进晚餐。选举期间我们三个人曾共渡难关，我感谢了他们两位。胜利的果实是甜蜜的，成功后获得的喜悦是无穷的！虽然是胜利者的晚餐，但却有些沉闷，好似有沉甸甸的东西压在心灵深处。两位也感觉到了这一点。经济危机确实是国难。

夜里 11 点多，国际货币基金组织总裁米歇尔·康德苏打来了电话。紧接着国际复兴开发银行（IBRD）总裁沃尔芬森也打电话找我。我向两位求救。他们祝贺我的当选，也表示会帮助韩国。

过了凌晨我才上床，却久久难以入睡，反而越来越精神了。选举结束后真想好好睡一觉，当时想着如果当选的话要在寂静的地方一步步地思索国政。但是，现在所有人都在找我，许多问题在等待着我，我必须要作出决定。当选者的一天就这么过去了。

外电很关注我的当选并且对我的当选附加了很多意义。《纽约时报》和《华盛顿时报》等主要媒体都在头版头条报道了我当选的消息。特别是对我遭受的长期的政治磨难和作为政治者的荣辱作了详细的报道。宣称我的当选是“永远反对者的历史性胜利”，是“韩国民主主义革命”，是韩国历史上第一次在野党候选人被选为国家领导人。

《华尔街日报》报道说：“是和南非的纳尔逊·曼德拉和波兰的莱赫·瓦文萨当选为总统的事情比肩的伟大的政治事件。”德国媒体报道说：“似前联邦德国总理维利·勃兰特通过东方政策在欧洲结束冷战一样，很多韩国人在期待金大中谋求朝韩和解之路，会结束东亚的冷战。”

外电还担忧外汇危机造成的隐患对我的严峻考验。外电甚至还宣称，我面临着“被赐毒酒”的局面。

中国的《人民日报》报道了凌晨 1 点的选票票数并刊载我的照片，并报道我的当选是不容置疑的。《人民日报》如此迅速地报道外国的选举结果是很出人意料的。特别是中国外交部发表言论，“热烈欢迎”我的当选。中国政府在注视着我！

我开始着手办理政权移交，了解长久未能解决的悬案。首先查看国库。20 日上午 10 点，我把副总理兼财政经济院长官林昌烈叫到国民会议厅。我最想了解的是外汇情况，所以问了金库的状况：

“12 月 18 日外汇储备为 38.7 亿美元。即使国际货币基金组织给予支援，也无法还清来年 1 月份到期的外债。”

国库居然空空如也！负责国家运营的人们都哪里去了？只有垂头丧气的副总理一个人坐在我的面前，没想到一个国家的财政危机到了如此严重的地步！国际货币基金组织的救济金也挽救不了国家破产的局面，该怎么办呢？

“经济到了这种地步，政府到底在干什么？”

林副总理这才承认政府的失职：

“政府没有适时采取措施是经济危机的主要原因。”

林副总理坦白，对短期外债和外汇储备疏于管理，只做汇率预防是引发危机的原因。我敦促财政经济院反省。可是这已都是过去的事情，现在最紧要的问题是国家濒临破产的边缘。我对林副总理说：把这次的经济危机当成因祸得福的契机，新政府彻底遵循市场经济的原则，在经济政策方面彻底排除政治逻辑，只遵循经济原则。

这天，我约了金泳三总统在青瓦台共进午餐。金总统到大厅迎接我。会谈由我来主导，当然反映了很多我的意思。

我们达成协议，因经济的紧迫性和重要性，政府和接管委员会各抽 6 名人士组成紧急经济对策委员会，立即成立 12 人组成的紧急经济对策委员会。任命自民联副总裁金龙焕为委员长。他曾经担任过财政经济院长官，具有卓越的政治能力，各方面均值得信赖。紧接着办理紧急经济对策委员会的人选问题。国民会议选金元吉政策委议长，张在植议员，柳钟根全罗道知事，自民联选了政策委议长李台燮和议员许南薰。政府方面的委员有经济副总理林昌烈、外务部长官柳宗夏、通商产业部长官郑海舟、总统经济首席金永燮、总理行政调整室长李永铎、韩国银行总裁李经植 6 人。

紧急经济对策委员会事实上就是经济紧急内阁。政权移交前虽然由现任政府负责国政的运营，但是经济必须由下届政府来参与。最重要的是国民和国际社会不信赖现任政府。如果现在经济真的破产的话，这个责任得由下届政府承担，这是国家的灾难也是国民的痛苦。

对全、卢二位前总统的赦免以及恢复权利问题可能会有不小的反抗。但是，被害者原谅陷害者，和解才有可能实现，因此我想实践我平时主张的“宽恕论”，对两位前总统赦免并恢复其权力，从此以后不应有政治报复和地区间的敌对现象，这就是载着我的愿望的象征性措施。

我有一段时期对新军部势力感到深恶痛绝，他们的野蛮暴行甚至出现在我的梦境里，但我还是决定饶恕他们，因为我想起了英国民主化下的“宽恕的政治”。

1649 年英国清教徒革命时期，处死了国王查理一世。但是这种政治报复带来了局势的混乱和内乱，其结果出现了更加狠毒的独裁者——克伦威尔。此后英国国民在 1688 年光荣革命时期，帮助了蹈袭查理一世王权主义的詹姆斯二世的在外流亡。詹姆斯二世在法国流亡时期建立了流亡政府，他的儿子、孙子，子孙三代誓死要恢复王权。英国政府预料到这种局面，可是并没有把他们置于死地。英国之所以在宽容和秩序中开放政治之花，就是因为其深处有着宽恕与和解精神。

与为阻止路易十六和他的王妃逃往国外而将其处以死刑的法国，还有把尼古拉二世一家全部处以死刑的俄国相比，英国的决定是明智而伟大的。英国使用这种宽容政策整整三百年之久，从而维持了民主与和平。我记起英国的这种宽容与和解，虽然这样做很难，但我还是原谅了他们。

全、卢二位前总统 22 日被释放了。我仔细看了全斗焕前总统的感想录：

“我非常高兴看到尊敬的、值得信赖的金大中当选。”

美国财政部部长大卫·利普顿一行 22 日来到了韩国。在美国最大的节日圣诞节前夕，克林顿总统委派他们过来。利普顿到来之前我把全罗道知事柳钟根叫到了我的办公室。柳知事是美国纽约州立大学经济学博士，曾经担任过新泽西州州长首席经济咨询官，他是美国“经济通”。我经常向他求教，而他的指点均很有效。我问他利普顿会向我们提出什么样的要求。

“也许会提出来整顿和解雇的问题。美国方面要测探当选者的意图，是来摸底的。”

对利普顿一行表明什么，用什么来赢得他们的支持？我彻夜难眠、思绪万千。

22 日清晨，对外协力特别大使金基桓来到了我家。金大使刚从美国回来，他去美国会见了政界和财界的主要人士。他汇报了我们的外汇危机的实际情况和美国政府的态度。金大使给我看了韩国银行的统计资料“预计年末外汇储备额是 -9 亿 ~ -6亿韩元”。离年末只剩下不到 10 天的时间，我问：“这是事实吗？”

对这个问题，金大使比较详细地作了说明。我又问，如何做美国才能帮助韩国。

“整顿解雇制度的接受、外汇管理法的改正、对抗性合并的容许、引进集体诉讼制度等。”

这些都是 1996 年 2 月 3 日同国际货币基金组织缔结的协议里所没有的事项。他们向我们要求当时的协议里没有的内容，所有的内容都不是轻易能够接受的事情，特别是关于整顿解雇制度，这是我在竞选期间和国民约定好的，如果接受这个条件的话，劳动界肯定会反对的。但是为了不失去4 000万人口的一个国家，我下了决心。

上午11点30分，在汝矣岛国民议会大厅我们会晤了利普顿、驻韩美国大使博斯沃思一行。我方由金元吉、张在植、金永汉、柳钟根出席。这是美国对我与新政府的面试。

果然不出所料，利普顿提出了韩国今后劳动灵活性的方向。我的回答非常清晰：

“现在，公共机关或一般企业如果不通过调整结构精减人力的话，就不可能起死回生。我们的国民对此也非常清楚。所以，如果真的到了必须裁员的地步，我们也没有其他的选择。如果因为解雇10%～20%的劳动者的问题而犹豫不决，导致企业倒闭，就会使100%的劳动者失去工作。如果企业解雇掉一部分劳动者而转危为安，恢复竞争力，那么可以重新启用被解雇的员工。而且，我认为民主主义和市场经济是车之两轮，我们将不断推动经济政策的发展。”

美国代表团的表情顿时变得晴朗了许多。我使他们产生了强烈的信任感。利普顿一行留下了意味深长的微笑，并带着微笑回到了美国。圣诞节前夜，我们接到了13个国家与国际货币基金组织将会先期支援100亿美金的通报。终于解决了眼前的破产危机。

如果前面只有一条路可走，那还有什么可犹豫的呢？我决然的立场声明反而赢得了包括美国克林顿总统在内的发达国家领导人的信任。外国媒体表示如果当时我没有表明关于整顿解雇制度的确切的态度，那么早期金融支援就不会实现。

《华尔街日报》社论评论道，在财团和工会组织中，我更加亲近工会势力，我的这种政治立场将会在对企业执行政策时起到有利的作用。

“金大中的第一把火是他在当前时势下为证明自己是最合适的人选，从而为满怀期待的人们带来希望而点燃的。”

问题在于劳动界是否能欣然地共同参与。事实上，韩国经济的外汇危机是政府干预金融的原因。大部分的企业不惜借债以壮大规模，不能从所谓的“大而不倒”的幻想中解脱出来。政府与金融机关却对这样的现象置之不理。围绕特惠贷款产生的腐败问题从未间断。

财团们并没有停止过度及重复投资，并不考虑成本—收益，甚至根据财团总裁的喜好来决定投资的种类。对金融机构的资金就像个人的财产一样随意使用，如果成功的话就是运气好，如果失败就把责任推卸到政府身上。长此以往，企业就会失去竞争力，金融机构就会经营不良。

从年初开始，东南亚一带的通货膨胀就开始了。1997 年 7 月，随着泰国货币泰铢的贬值，危机逐渐扩散到印度尼西亚、菲律宾、马来西亚等地。中国香港与新加坡等国际金融市场也变得梗塞。紧接着，我们的金融机构借入美金就变得更加困难。这时，如果政府与金融当局能够制定有效的对策，那么最少可以阻止陷入 IMF 体制。政府一直被汇率防御而困扰，如果不是耗尽了外汇储备量，金融危机也不会这么快到来。

总而言之，外汇危机是只重视成长的“朴正熙式发展模型”带来的恶果。建立在劳动者与中小企业的牺牲之上的政经粘连的危楼终于开始倒塌了。这是我们没有实现真正的民主主义的后果，也许其实这是早就已经有预告的灾难。如果与民主主义并行发展经济的话，政经粘连与政府干预金融所带来的严重的腐败问题就不会发生了。就算实现了市场经济，而没有实现民主主义的话，国家建设还是会向一边倾斜。历史会这样证明的。

很多人认为苏联与东欧的没落，是资本主义的胜利、社会主义的失败，但是我却不这样想。苏联与东欧国家没有实现民主主义，所以导致了急速的崩溃。

12 月 24 日，我与全国经济人联合会等经济团体领导人会面，发布了企业政策的原则。整体的框架是没有竞争力的企业自行调整，减少政府的介入，成立大企业与中小企业的互助与协作体制，坚决根除政经粘连与政府干预金融。全国经济人联合会会长崔钟贤的话让我记忆犹新。

“作为经济人，听到了很痛快的一番话。最近经济人真的是没有面子，这一切都是我们经济人的错误。我们是罪人中的罪人。”

25 日，确定了总统一职承兑委员会委员长与 24 名委员的名单。

26 日，汉城三清洞教育行政进修院举行了揭牌仪式。在野党终于成为执政党，对这一历史性的政权交替，委员们都掩饰不了紧张。李钟赞委员长认为“承兑委员会担负着现政府的过去、现在、未来总体检察作用”。李海瓒委员表示“担负这样的责任，感觉肩上的任务很重”，并再次表明了决心。我对每位委员都表示了鼓励。

一开始委员们的热情过度，让世人觉得有些接近权力机关。承兑委员会想构建出一幅完全不同于过去政府的新政府的蓝图，对现政府将国家引入危机的错误进行彻底的追究。我对委员们的忠心很了解，但是承兑委员会很容易会被误解为凌驾于国民之上的机关，我再次强调一定要全力戒备。

在接受承兑委员会业务报告的过程中，我们听到了青瓦台与一部分部所正在销毁有关文件的报告。特别是安全部等信息机关，在总统选举结束以后，将各种机密文件进行了有组织的销毁。承兑委员会向高健总理提出了即刻终止销毁文件的要求。但是青瓦台与主要部所却一直在销毁文件。可能有很多需要隐藏的东西。数十年间一直放置不管的不正之风会有多少呢。

承兑委员会在历时两个月的活动后，选出了“100 大国政课题”。经济领域 40 个，统一 /外交/国防领域 20 个，教育/文化/福利/环境领域 20 个，政务/法务/行政领域 20 个。虽然初期也出现了一些混乱和困难，但是委员们不分昼夜地工作。这是大家都没有经历过的政权交替，委员们一定也感觉到了沉重的使命感与责任。我非常感激努力工作的承兑委员会。我请委员们将我们珍重的业务完善地记录下来编成一份白皮书。这份白皮书对下一届政府也将会非常有用。

我提拔金钟权为秘书室室长。周围的人们对此反应较大。他是庆尚北道出身，再加上还是卢泰愚政府时期的政府首席，提拔他表明了我不顾出身或地区的“广征人才”的意愿。而且这也将参加总统选举时我所提出的不问从前，只根据能力来选拔人才的公约进行了可视化的行动。当然我平时就一直关注金室长的品性与能力。

29 日，我访问了前方军部队。我强调了安保的主体是人，所以军队的士气比什么都重要，而且一定要公正地处理人事问题。当时，三星将军以上的高层职位中全罗道出身的人只有一个。我发表了讲话：

“不论地区或学历，进行公正的人事处理，军队就不会一直等着汉城的指示，就会向北方集中全力。”

30 日，我访问了陆海空三军指挥部聚集的大田鸡龙台。登上本厅台阶时，在鸡龙台服役的大校以上的 70 多名将军列队向我敬礼。他们肩上的星一共有 120 颗。我保证今后将作为军统授权者，保护军队的权益。将军们的鼓掌非常热烈。我与将军们共进午餐，三军总裁依次讲了祝酒词：

“向军统授权者致以无上忠诚。”

虽然解救了外汇危机的燃眉之急，但是金融市场还是非常不稳定。世界对韩国的看法还是非常的冷淡。为了恢复信任，不得不面对劳动的弹性改革。但是，劳动界的反对声音却很强烈。我们亟须社会范围内的相互体谅。我在提出公约的时候曾经承诺过，为了调整现有劳动界的所有现案，将会成立劳资政委员会。为了寻找实现劳、资、政三者的相辅相成之路，而成立劳资政委员会，这是非常具有历史意义的事情。如果没有工会与业主所有的牺牲与协议，就不能克服外汇危机。我回忆起了劳资政委员会的诞生过程。

12 月 26 日，我与韩国总工会委员长朴仁相会面，要求他一起参加劳资政委员会。但是朴委员长要求财团与官僚们应该率先垂范，他的态度让人觉得有些保留。27 日会见的民主总工会委员长代理白石范态度则更为强硬。他以参加劳资政委员会为条件，来换取经济听政会以及处罚负责人、财团领导的正式道歉与个人财产的捐献等。另外，他对整顿解雇制度也表示了鲜明的反对态度。我恳切地想要说服他：

“接受 IMF 的合作，吸引海外投资，就必须引进整顿解雇制度。”

我们就整顿解雇制度与 IMF 进行了协商。另外，为了今后企业与金融的结构调整，这也是必不可缺的政策。但是，劳动界还是没有丝毫的动静。虽然为了协商包括整顿解雇制度在内的所有现案而成立劳资政委员会，但是劳动界却按兵不动。真让人难堪。

我没有放弃，一直坚持说服他们。我坚信如果我把我们的经济面临什么样的处境以及现实情况告诉他们的话，劳动界也会有所表示的。劳与资，不能偏向任何一方，必须作出公正的仲裁，这样劳动界才不会觉得吃亏。即便如此，劳动界的反抗还是非常顽强。虽然我理解他们的处境，但还是觉得他们不近人情。我一直自豪自己非常了解劳动者。这样的我，怎么会单方面让劳动者们陷入困境呢？但是劳动界却没有解除疑惑。不过，历届政府确实从未站在劳动者的立场上为他们着想过。我还是坚持着想要说服他们。

韩国总工会于 1 月 13 日的深夜发布了参加劳资政委员会的声明，而一直顽固坚守的民主工会则于 14 日凌晨发布了参加劳资政委员会的声明。那天早上韩光玉副总裁向我报告劳资政委员会的成立得到了妥善的解决。多么让人高兴的消息啊！我于 15 日在汉城汝矣岛中小企业会馆举行的劳资政委员会成立仪式上，强调了劳资政委员会作为克服外汇危机与创造 21 世纪韩国经济的新蓝图的中流砥柱的作用：

“本次外汇危机是上天给我们的机会。如果我们能够好好利用，幸运女神就会慢慢走近，而如果不能好好利用，那么厄运女神就会带来毁灭。”

劳资政委员会（委员长韩光玉）成立后便提出了在委员会上讨论的十个议题。劳、资、政三个方面将会如何分担困难，经过讨论并向对方提出要求。企业方面提出了财团体制的改革方案与非商用不动产的买卖等，政府承诺维持物价稳定与社会保障制度等，劳动界提出了整顿改革雇佣调整等制度。

最后针对整顿解雇制度的明示产生了一些分歧。劳动界对在共同宣言中明示整顿解雇制度立法化提出了反对，最终采取了“劳资政委员会中协商通过的议题，根据 2 月临时国会的日程，尽快进行妥善解决”的迂回表述。虽然结果并不尽如人意，但是通过对话与妥协，我们看到了找到解决现案的可能性。

整顿解雇制度的引进法案已经纠结不清。虽然明白这项法案的宗旨，但是工会领导层却不可能那么容易就说服工作岗位上的劳动者们。我们也要给劳动界提供些什么，但是我们不能只想到权宜之计。整顿解雇需要强有力的说服力。我提出赋予工会政治活动的权利，并承诺教师工会于1999年7月开始合法化。另外劳动基本权也进行了扩大。这是劳动界的夙愿。公务员职场委员会也于1999年1月成立。4.4兆韩元的失业对策财源也增加到5兆韩元，从而扩大对失业者的支持。

劳资政委员会于2月6日通过了10个议题，90多个课题也得以妥善解决，向全世界展现了通过妥协打开共生之路的创举。虽然历经了千辛万苦，但是我认为劳资政委员会是渗透着我的灵魂的产物。相关的法案也于2月14日在国会通过。

1998年的新年到来了。这一年对韩国人来说是灰暗的一年。舆论在新年伊始就提出今年将会是难上加难的一年。我的心情也异常沉重。我一直在构想让经济恢复的方案。休假期间一直在下雪，我在酒店里面透过窗户看外面的世界，白雪皑皑。如果白雪能够帮助国民忘掉忧伤该有多好！

4日，我与国际金融投资人乔治·索罗斯（George Soros）进行会晤。他坚信“拥有人道统治哲学的民主主义领导人的国家，国际社会应该进行支援”。他表示为我的人权与民主化斗争而感动。在总统选举之前，他与我进行了电话会谈，对克服外汇危机而向我提出了许多建议。虽然国际社会对他有“外汇投机的鬼才”的否定看法，但是他在苏联解体后，给予东欧和俄罗斯巨大的投资和捐款。

新年伊始与乔治·索罗斯会长见面，是我受想吸引海外资本的迫切之心的驱使。接到我的邀请后，他取消了新年休假赶到韩国来见我。他承诺将会积极地向韩国提供投资。我在此之后又见了许许多多个人与企业的投资者，我恳请他们向韩国投资。我动员了我周围所有的资源。如果之前我还有那么一些国际名声，我真想把这些都卖掉来换取美元。如果之前我们有积攒下来的国际信任，我想用它做担保来贷款。

5日，我参加了在国民会议汝矣岛党社召开的开始办公仪式。在会议上我强调了不能只将痛苦强加在劳动者身上，政府与企业也要进行相应的努力。开始办公仪式也兼备着新年贺礼，但是气氛却非常沉重。结束演说之后，所属议员与当职者握手时我说道：“我执政之后还让你们如此受苦，真是非常抱歉。但是我们一起肩负着责任共同前进吧。”

第二天，6日，是我的生日。我指示不能准备任何的庆祝仪式，不与家人聚餐，也不举行生日聚会。一碗海带汤就能代替所有的东西。那天我非常的忙碌。上午与金泳三总统在青瓦台进行了政礼会同，听取了劳动部长官的业务报告。下午参加了市民社会团体共同新年贺礼仪式，之后又与日本前首相中曾根康弘进行了会晤。

这天，任命朴智元为总统发言人。在这之前，他向我所展示的找出事件核心的能力与特有的诚实，让我对他十分信任。

每天都有让我感动的事情发生。让全世界都为之动容的收集金子的运动中，国民们纷纷拿出柜子里面的金饰品到银行去。全国大大小小的银行门口，手持金饰品的民众排起了长长的队伍。金戒指、金项链等数不尽的首饰包含着许多感人的故事，都是非常珍贵的纪念品。

百姓们用自己的金饰品填满了空空的国库。新婚夫妇拿着他们的结婚戒指、年轻夫妇拿着孩子的周岁戒指、老年夫妇拿着孩子们孝敬自己的金戒指，都交给了国家。运动员们交出了他们平生引以为豪的、凝结着血汗的金牌。枢机主教金寿焕就任时收到的十字架他十分珍惜，可是他却捐出了如此珍贵的纪念品，周围的人表示惋惜，他却说：

“耶稣连自己的身体都奉献了，这不算什么。”

这真是枢机主教的作风。电视画面中每天都播放着这些让人感动的事迹。

我看到这些无私奉献的国民，他们带给我的感动让我无法用言语形容。我生活在一个拥有这样的国民的国家，是这些国民推选我为这个国家的总统，让我无比感动！这让我由衷产生了一种可以克服患难的自信心。夫人拿出了幸运的四枚钥匙以及戒指等120盾[①]的金子，我也找出了100多盾的金子。

其实收集金子的运动从去年年末就开始了，与消费者保护团体的干部举行见面会时，我就曾经提出了这个建议：

“我们国家每年进口价值60亿美元的金子，大部分都堆积在金库里。通过收集金子的运动，将这些金子卖出去，就可以获得足够多的金子了。”

这只是我个人提出的一个构想。就像旧汉末百姓们开展了国债补偿运动，家家户户将自己家柜子里的金子都收集起来，就可以在一定程度上解决外汇危机的困扰。民间团体收集起来的金子换成美元，用来还外债，三年以后就可以将金子的钱再加上利息一起还给国民，这种方法也曾经提到。

收集金子的运动一开始也遭到了很多反对，但后来市民团体与电视台也加入了，一直到1998年3月为止，全国一共有350万人捐出了226盾的金子。按照当时的市价一共是21.5亿美元。收集起来的金子出口，美元就赚进来了。1998年2月出口增加了21%，实现了32亿美元的贸易顺差。其中，金子的出口额为10.5亿美元。百

① 盾，韩国黄金计量单位，1盾=3.75克。——译者注

姓们为处于濒死状态的国家注入了新鲜的血液。

收集金子的效果还反映在方方面面。全世界都为之感动，世界各国都掀起了帮助韩国的热潮。韩国的形象也变得焕然一新，对外信任度也提高了。收集金子的运动通过电波散播到了地球村的每个角落。世界开始相信韩国的未来。之后，我又会见了中国的总书记江泽民、美国总统克林顿以及加拿大总理让·克雷蒂安，他们都对韩国的做法表示叹服：

“真是让人惊讶的事情。我们认为资助拥有那样的国民的国家是非常有价值的。所以，我们打算资助韩国。我们坚信韩国一定会克服危机再次站起来。”

1 月 18 日，我与国民进行了电视谈话。我于重新回到政界的 1995 年以后，进行了推广国民应该直接参与政策决定的新政治的演说。任何人都能在自己家的客厅里通过按钮就可以对某个政治决策进行反对或支持，这些意见被收集起来反映到政治决定中，实现真正的国民做主的民主主义。

不论是过去还是现在，我都不习惯用电脑。我这个年纪的人们都和我差不多，熟悉新的机器都需要一段很长的时间。虽然我多次想尝试学习，但是实在是不太容易。现在也只不过是摸着鼠标点几下的水平。但是，并不是只有直接操作才能明白它的原理。我所需要的不是技术或技能，而是对未来社会的展望与诊断。与国民进行的电视对话是双方参与的民主主义的形态。我真诚地回答了国民提出的问题：

“请告诉我们经济危机的真相。”

“我虽然也从政，但是不知道严重到这种程度。当选以后，接受实情报告时的心情，就像是拿到了金库的钥匙，打开金库的门以后，发现连 1 000 韩元都没有，却有着重如山的债务。现政权执政初外债为 400 亿美元，但是现在却成了 1 500 亿美元……我们一直借着别人的债，债权国一直督促我们还钱，所以我们就一步一步地走向了破产的边缘。3 月末之前需要还的短期外债为 251 亿美元。但是今天的报告中说，现在外汇持有量为 120 亿美元。现在为了解决这个问题只能延长贷款的时间，短期外债改成长期外债，尽快争取吸引更多的外国投资，同时也要扩大出口。现实虽然非常严峻，但是国际信任度提高了，国民们通过收集金子运动等协作赢取了全世界的感动。现在有一线克服危机的希望，但是还没有到可以安心的阶段。”

我提出将会积极地吸引外资，我还讲到吸引外国投资者的投资将会有三个好处：第一，可以吸引外汇的流入；第二，可以学习外国的优秀经营方法，提高国内同类企业的竞争力；第三，可以提供更多的就业岗位。然后，国民又向我提出了要求：

“为了解决国家的破产危机，请加快政府与财团的改革可视化。另外，还请切断政经粘连。”

“从1995年开始，在《思想界》等杂志上刊登劳动问题的文章，对劳动者更加关心。所以，现在的劳动问题让我痛心疾首。首先，政经粘连的时代已经过去了。金泳三政权时期，企业向执政党提供了1 400亿韩元的委托金，但是连1 400韩元也没有向我们提供。我们没有欠企业的钱，所以就没有理由进行政经粘连。我喜欢在国际市场赚取更多的美元，为国民提供更多的工作岗位，使他们成为能够制造出世界上价格最便宜、质量最好的产品的企业人。

当选总统后，第一次和国民会面

“为了解决失业问题，我将竭尽全力。对企业也将提出以前难以想象的要求，同时改革体制，制作财务报表，除了主力企业以外，全部进行调整，命令企业领导投资私人财产，如果不善经营就必须让位。绝不会只对劳动者强加压力。青瓦台职员会减少一半，政府也会加大改革的力度。”

我将我所准备的事情、我所知道的事情都原原本本地讲了出来。最后，我呼吁我们大家一起分担这份痛苦。

“现在我有两种心情，想到国民的痛苦与不安我的心里也十分痛苦。同时，另一方面大家作为历史的主人一定要为解救国家的危机而贡献一份力量。我们可以向世界展现我们的力量。为了克服危机，政府会全力以赴。今年也许短期内看不到希望，但是明年的下半年我们应该就能看到新的希望。”

“请不要叫阁下”（1998年2月25日—5月12日）

“祝贺您!”2月25日总统就任仪式当天早晨，妻子对我说。今天的荣誉怎么能是我一个人的呢？我对妻子说：“也祝贺你!”

参拜了国立显忠院后，公务员上班的时间——9点左右，我和妻子走进了青瓦台。来到办公室，我用韩文在已确定的金钟泌国务总理和韩承轩检察厅厅长的任命同意书上签上了我的名字——金大中。这既是我的首次正式公务，也是首次行使权力。

我走向就任会场。天空蔚蓝，以至于我都怀疑这是否是2月的天空。柔和的阳光照在身上，是祝福！前任总统金泳三、卢泰愚、全斗焕、崔圭夏等都出席了仪式。会议还特别邀请了在我被判死刑、软禁、劫持、流亡时为了我的生命和安全而鼎力相助的人士，他们是前德国总统里夏德·冯·魏茨泽克、前菲律宾总统科拉松·阿基诺、美国议员伯格里·艾特等。出席会议的还有前日本首相竹下登、前日本外相河野洋平、前日本众议院议长土井多贺子、国际奥委会主席萨马兰奇、俄罗斯外交学会副院长巴扎诺夫、前中国人民外交学会会长刘述卿、流行歌手迈克尔·杰克逊等。四万多名民众聚集在国会前的广场等着我宣誓就任：

“我在国民面前郑重宣誓：遵守宪法，保卫国家，为祖国的和平统一和国民的自由、福利及民族文化昌盛而努力，忠诚履行总统的职责。”

礼炮鸣响，白鸽飞起。以“国民政府”为名的新政权大总统就任了。声乐家曹秀美唱了祝歌《啊，东方的晨之国》，接着我作了一场以“克服国难和开启再跳跃的新时代”为题的就任演说。

首先，我对国民讲了“国民政府”的意义和感受。“今天这个就任仪式应该说历史意义重大。今天既是在这片国土上最初实现民主政权交替的骄傲的日子，又是一个发展民主主义和经济的政府诞生的日子。这个政府是通过国民力量而产生的真正意义上的‘国民政府’。我把所有的荣誉和祝福献给大韩民国国民，并发誓献出我的全部心血为大家服务。”

我强调要全盘改革国家的体制，号召国民分担困难。“我们可能正面临着国家处于危在旦夕的一刻，身负巨额债务，每天都忙于去应付到期的外债，不能不说是无可奈何的事情。我们免于破产都应归功于具有爱国心的国民们的合作和国际货币基金组织、世界银行、亚洲开发银行以及美国、日本、加拿大、澳大利亚等友邦的帮助。今年一年，物价会上涨，失业率会增加，消费能力也会降低，倒闭的企业会层出不穷。我们大家都要付出汗水和眼泪。”

第 15 届总统就职典礼

新总统要国民付出汗水和眼泪，这个现实实在让人痛心。领导层犯错，痛苦却让国民承担，我不由得哽咽了。“国民政府不会实行任何政治报复，不容许任何的差别和特惠，发誓坚决不会留下地域政权、各道差别的话柄。”

我又明确了为了国家的未来要建设信息强国的抱负。“我们的民族是有着良好教育和灿烂文化传统的民族。我们的民族是为21 世纪信息化社会而发挥巨大潜力的民族。新政府会为正在成长的新一代成为世界信息社会的主力而努力。努力做到从小学开始普及电脑，在大学也可以选电脑专业，努力使我们成为世界上最擅长使用电脑的国家，从而为成为信息大国打下坚实的基础。”

就南北问题我阐明了新政府对朝鲜的三大原则。“我在这里要阐明当前对朝鲜的三大原则：第一，不允许任何武力挑衅。第二，我们没有侵害或收复朝鲜的意思。第三，会积极促进与朝鲜的和解和合作。我希望根据《南北基本协议书》，能实现南北各个领域间的交流。首先提议为履行《南北基本协议书》而交换特使。如果朝鲜愿意的话，我们也可以进行首脑会谈。”

最后我强调了现在我们民族站在前进和后退的岔路口，号召国民要共同克服国难、打开崭新的时代。“五千年的历史在注视着我们，祖先的灵魂在激励着我们。和不屈不挠救国救难的祖先们一样，我们也要克服今天的苦难，成为实现新的跨越的伟大历史的创造者。把今天的危机转化为契机，我们的国民能做到、会做到的。从‘6·25’的废墟中站起来的历史证明了这一点。我会站在队伍的前列，再一次提高大韩民国的荣誉。”

结束就任仪式后，我走出议事厅。路两边站满了市民，他们鼓掌欢呼。我一边欣慰地接受，一边感觉到要肩负国民的期待，深感压力沉重。

回到青瓦台，我询问了一下国会的情况。收到消息说：早晨签署的总理任命同意案，因大国家党全体议员的缺席，竟然都没上呈。庞大的在野党向新总统正面展示了它的力量。理由是金钟泌不适合做总理。我早担心会发生这种状况，所以在就任仪式上号召：“向国会多数党在野党的各位：我再三请求，没有各位的合作是绝对克服不了今天的僵局的。我会跟大家商讨所有的事情。请大家帮帮我，哪怕是一年！这一年国家正濒临危机，希望大家帮帮我。”

我公开表露如此迫切的心情并请求合作，但是大国家党议员连就任仪式也没有出席，还缺席了当天下午召开的临时国会全体大会，出现了有史以来第一次没有新总理和内阁而只有总统一人的局面，我甚至无法向国民发布新内阁的名单。身为少数派政权的总统，这预示着将来的五年是很艰难的。

我给秘书室室长金重权、政策企划首席姜奉均、政务首席文喜相、经济首席金泰东、外交安保首席林东源、社会福利首席赵圭香、公关首席兼代言人朴智元颁发了任命状。文民政府由11名首席秘书官和51名秘书官组成，但国民政府由6名首席秘书官和35名秘书官开始了新的政权。

当天下午4点，在世宗文化会馆世宗厅举办的总统就任庆祝酒会上，有1 000多名国内外贵宾出席。在酒会上我也再三请求庞大在野党合作治理国政。“国家正处于分秒必争的时刻，但因执政党没有多数席位而使国政瘫痪。为了让大总统工作，请批准总理任命同意案。”

夜幕降临了，我在逼迫过我的历代职权者所停留过的青瓦台官邸沉思默想。他们在这里到底都想了些什么呢？眼前还隐约浮现着在就任仪式上欢呼的市民们的身影。就任仪式耀眼且严肃。虽然内外条件很恶劣，但新的起点便是希望。实在无法理解对总理任命同意案连表决都不做的庞大在野党。房间太大，妻子对这一切不太适应。对于70多岁的夫妇来说，居住在这儿显得有些清冷。我们无法入眠。

第二天我一整天都在办公室招待外宾，间隔15～20分钟分18次接见了12个国家的79名外宾。第一位客人是前德国总统里夏德·冯·魏茨泽克，对德国积极帮助解除我们的外汇危机，我深表谢意。接着，我接见了中曾根、竹下登前首相等日本高层人士并强调了成熟的韩日关系。过去的韩日关系只停留在表面上的亲善，我希望增进实质性的关系。紧接着我接见了前驻韩美国大使，并与之畅谈。法国总理带来了法国总统的亲笔信，前菲律宾总统阿基诺也带来了总统拉莫斯的亲笔信。我希望他们积极帮助我们脱离外汇危机。同时还邀请流行歌手迈克尔·杰克逊在韩国进行投资。

礼宾秘书室担忧我这样密集的安排。下午我的嗓子开始沙哑，但是需要见的人都得见。秘书们要我多听少说，但我内心焦急。国家的经济和政治状况促使我说话，我不能不说，我说了又说……

我们迎来了就任以后的第一个庆祝日“三一”节。为了履行《南北基本协议书》，我在纪念演说上再三敦促向朝鲜派遣特使。“南北双方要互相尊重各自的体制，不能做任何不利于对方的事情。为了和平共存、和平交流、和平统一，我们有诚意接受任何层次的对话。”

当前立刻统一很难，但应马上解决南北失散亲人的相聚问题，实在不行至少应确认亲人在世与否。为了这事我可以接受任何形式的对话，但朝鲜没有任何反应。

“三一”节是星期天，虽然是节假日，但我住在官邸里。以往每个星期天去天主教堂望弥撒后，与儿子、儿媳妇、孙子孙女共进午餐已经是惯例，但今天没去教堂。因为警卫有可能扰乱教堂的气氛，而且教徒会觉得不方便。在青瓦台仅仅住了四天，却仿佛过了一年。妻子晚上去艺术殿堂观看筹集美元特别演奏会。很感谢音乐人的诚意，但是在荡漾着优美旋律的演奏会上添加“美元”二字，实在令人心烦意乱。

为了表决国务总理任命同意案，3 月 2 日召开了国会会议。2 月 27 日，我与大国家党总裁赵淳共进午餐时对表决问题达成了共识。赵总裁再三要求撤销金钟泌总理。我明确地回绝了：

“与自民联的联合是和国民的约定，打破与自民联的协议是背叛行为。如果认为金总理的提名不合适，可以参加反对投票。”

我全身心都在国会上，没有安排特别的日程，只关注国会那边，但是只有悲观的报告。大国家党议员虽然参加了表决，但是投了空白票。察觉到这一点的执政党议员强烈抗议闹事，最终导致投票中断。我很伤心，这是不服从大总统选举结果的政治手段。

我被迫下定决心，不能再被庞大的在野党推来推去。我 3 月 3 日发布了金钟泌代理总理的任命书。按照离退任还有一天的高建总理的提请，结束了 17 个部署的组阁。真心感谢高建总理。为了迎接 IMF 外汇危机，达到受创小且效率高的目标，废除了经济及统一部总理制，把 23 个政府部门裁减到 17 个，并以国民会议的配额任命了远东问题研究所所长康仁德为统一部长官、朴定洙议员为外交通商部长官、朴相千议员为法务部长官、千容宅议员为国防部长官、金正吉前议员为行政自治部长官、李海瓒议员为教育部长官、申乐均议员为文化观光部长官、朴泰荣前议员为产业资源部长官等。

根据自民联的推荐，我提拔了前财务长官李揆成担任财经部长官、姜昌熙议员担任科学技术部长官、裴淳勋大宇电子会长为教育部长官、崔在旭前议员为环境部长官、朱良子前议员为保健福利部长官、李廷武议员为建设交通部长官、金善吉议员为海洋水产部长官、中央大学教授金成勋为农林部长官、劳动部续任李起浩长官。国民会议和自民联的共同政府就这样诞生了。

第二天，我任命了原总统交接委员长李钟赞为国家安全企划部部长、起亚集团会长陈稔为企划预算委员长。接着，3 月 6 日任命了前通商产业部长官郑海舟为国务调整室室长、前忠南大学教授全哲焕为韩国银行总裁、非常时期经济对策委实务企划团长李宪宰为金融监督委员长、前梨花女大校长尹厚净为女性特别委员长、续任田允哲为公平交易委员长。

我在任命代理总理时发表了声明："再也不能让国事处于空白状态。为了完成我的责任我不能再有任何犹豫。虽然极其不情愿，但因情况危急，不得不任命金钟泌为代理总理，以便能暂时管理国政。我迫切希望早日结束这种状况，希望国民能够理解并且合作。任命自民联名誉总裁金钟泌为国务总理的事情是选举当时就已经向大家申明过的。"

3 月 13 日，实行赦免和复权决策，人员包括大批企业家、工人、公务员、政治犯共 552 万名，这是建国以来规模最大的一次。其中包括很多政治人士，但牵连到韩宝事件的权鲁甲前议员除外。了解我和权鲁甲前议员关系的人士来找我，请求赦免他并谈及他是被冤枉的，对此我一一回绝了。虽然冤枉，但不得不考虑民意。虽然权鲁甲二话没说就接受了，但我心里还是很不好过。

来青瓦台的前一天晚上，前秘书崔在升等人来拜访。想到他们与我一起历经了那么多的磨难，以后却不能经常见面，心里很不是滋味，我的眼圈都红了。他们应该也一样吧。在大总统选举当时，被称为所谓同校同系的前秘书韩和甲、金玉斗、南宫镇、尹铁相等人，公开宣言如果我执政，他们不参与政权。当选以后，我表明"有民主化同志，但没有家臣"的原则，他们再次表明不参与任命的公职。

在韩国政治史里，俨然存在东桥洞派。我很清楚人们否定我们的东桥洞派，但在看不见出路的黑暗专政时期，如果没有他们的勇气和智慧将会是怎样的结局呢？我又会怎么样呢？团结就是力量。我对他们感激不尽，但是却不能及时准确地表达谢意。

4月2日，在英国伦敦召开了亚欧会议（ASEM）。我指示简单设宴开欢送会，一律不允许悬挂纪念横幅、太极旗等。省略了三军仪仗队检阅仪式，也没奏乐。作为惯例的电视现场直播也取消了。汉城机场送行的人不过十多名，随行人员也减了一半。

ASEM是我第一次登上首脑外交的舞台。但是国民在受苦，所以我不想奏着乐踏上红地毯，只是想发扬实事求是的外交精神。我感觉特别悲壮。到了伦敦，我公开阐明“来伦敦是做推销的”。

英国的权威日报用三个版面对我和韩国的经济、国防、社会、文化进行了特别报道。

我争分夺秒地会见首脑们。能够这样一下子见到这么多主要国家的首脑们，既是我的运气又是福音，因此我尽全力去说服他们。与首脑们的见面，开场不同，结局却一样。

“相信我，请借钱给我。相信韩国国民，请投资。”

对我来说英国是一个值得我感激的国家。剑桥大学曾邀请过在总统选举中失败的我。我在那里抚平失败的伤痕，储备了东山再起的力量。我想重新走访那个留有完整回忆的地方，但是却怎么也抽不出时间。

我不得不成为商人，坦率而又真诚地说服各国首脑。中国总理朱镕基、日本首相桥本龙太郎、英国首相布莱尔、法国总统希拉克等各国首脑倾听着我的话，并高度评价我对改革的执著和勇气。我向朱镕基总理请求帮助，我说：“危难时刻见真情。”

与法国进行了不在日程上的首脑会谈，是因为希拉克总统的恳切邀请，他说任何时候都可以，只要我能抽出时间。我敦促希拉克总统返还外奎章阁（韩国朝鲜时代的国立图书馆）的图书。

在ASEM上取得的最大成果是制定了解决亚洲经济危机的具体方案，欧洲决定派出“投资促进团”。这是我的提议，并坚持到底促成了它的实现。第二次首脑会议上，作为欧洲支持亚洲的可视性措施，我紧急提出了派遣投资促进团，但是看样子不会轻易被采纳。英国作为议长国，其总理布莱尔想敷衍过去说“将来研究看看”，但是不能就这样算了。我决定充分利用女王伊丽莎白二世（Queen Elizabeth Ⅱ）主办的晚餐宴会，到处寻找各国首脑，并对布莱尔总理说了近乎威胁的话：

“这个时候不帮忙，在亚洲会传出‘不需要 ASEM’的话。有可能这次会成为最后的会议。”

在伦敦与英国首相布莱尔进行首脑会谈

法国总统希拉克和日本首相桥本龙太郎积极响应。第二天连续召开的三次会议上，首脑们搁置了最初的提案《ASEM 的将来》，全部埋头于我提出的议题。布莱尔议长和希拉克总统、桥本龙太郎首相掌握着会议的走向。德国总理和意大利总理也助威。我的提案以更强势的名称“高层企业人士投资促进团”被议长声明书采纳。各国首脑们祝贺我说“在正式登上外交舞台前就钓到一尺多长的大鱼”。这是因为他们理解我的热情和真心，事情有了可能性。

紧张的六天五夜。我通过与首脑们的会谈得到了自信。

就任后，我指示不要做惯行的几件事情。

首先不要用“阁下”的称号。

“总统本身就是敬语。先生和社长本身也是敬语。平时说话的时候用‘总统’，称呼我的时候叫‘总统先生’就好啦。”

对于我来说，“阁下”就像权威大石头，听着都直打冷战。选举大总统那个时候也好，就任后也好，我多次在会议上强调过这点，但是很长时间没人遵守。想要取消“阁下”的称号需要时间。

其次不要在政府机关悬挂我的照片。国民都认识总统，我每天都在报纸和电视上出现，没有必要另外悬挂总统的照片。可就在当时，不管政府机关还是街道办事处，甚至派出所也挂着总统的照片。整个国家都在经济危难中呻吟，重新张贴数万张照片本身就是浪费。

在任期间，除了国家安全企划部更名为国家情报院的时候，受李钟赞院长的嘱托，写过院训外，我没有做任何挥毫题字做牌匾或刻石的事情。邀请当然数不胜数。我之所以拒绝，首先是因为对自己的字没有信心，再则我很清楚再有意义的东西也会随着岁月而褪色。“情报是国力”几个字立在国情院的庭院。当时我认为他的邀请有一定的道理，即祝贺重建为纯粹的国家情报机关后，清理了稽查政治和监视老百姓等负面活动。我犹豫了半天才动笔。国情院体谅到我的意思，把我的名字刻在了背面。当我探访国情院知道了此事后，就连名字也拿掉了。因为我的任期只有五年，但是国情院会一直存在下去，不应该让别人看了后觉得有负担。

有了新的院训后，过了十年才重新换了国情院的院训。不知道我的字怎么样了？我只对现实做最大努力，因为世界总在改变。如果这样留着，我会觉得歉疚，幸好推掉了那么多的题字邀请。

我提拔陆军大学校长安周燮为警卫室室长。安室长沉默寡言，在任的五年期间，执行了无数次国内外重大活动，但没有一次失误。我嘱咐他要“民主警卫”，不要对准备总统活动的政府机关或民间机关耍威风，以免带来怨声。

过去，警卫本身就是权力。独裁越强大，警卫室就越得势。随着警卫工作朝开放和民主的方向发展，他的工作就越发紧张和繁重。警卫室默默地遵循了我的意思。我在任期间，警卫室得到了“绅士警卫”的评价，在海外寻访活动中尤其发挥了重要作用。

我指示警卫室，不要限制参观青瓦台。男女老少谁都可以参观。一年有 25 万人参观，五年有 127 万人参观。上班或下班的路上，我看见游客就下车与他们一起握手或照相。这使得警卫们惊恐万分。警卫们让我过得很舒服，从他们那里找不到威风和权势，所以对他们来说保卫我是很辛苦的事情，因此我更感激他们。

就任后一个多月，我陆续从各部门收到了工作报告。法务部和安全企划部的工作报告很特别。过去，这两个机关对我非常残酷。现在，我却成为总统跟它们打交道。

4 月 9 日，我接到了法务部的报告。接到其报告后，我问金泰政检察厅长：“过去侦查韩宝事件的负责人更换后，老百姓谴责说是隔靴搔痒，厅长您认为当时的侦查公正吗？”

可能金厅长没预料到我会这样提问，半天说不出话，最后才开口说：“当时对检察厅来说是尽了最大努力。但是很遗憾，人民不信任，并且没有得到人民的支持。

作为检察厅长，在位期间我会尽最大努力，会让所有的调查都得到百姓的支持和信赖。”

我很想信任他，如果是金厅长的话应该可以营造那种氛围。我在自由讨论结束时，把我对检察厅的想法跟他们说了一下：

“无法用语言表达检察机关的重要性。虽然不能说今天我们所面临的经济危机是检察机关的责任，但是如果检察机关以使命感阻拦了政经勾结和贪污腐败，我们的经济也不会如此。由于政经勾结，有权者以控制银行行长的人事权来决定贷款，以致造成韩宝事件。如果检察机关充分地行使了‘法律的守望者’职能，银行也不至于到今天这个份儿上，企业也不会丧失竞争力。造成经济危机的直接责任人是银行和企业还有政治家，但如果检察机关也做了努力的话，可能会将损失控制到最小。想想日本检察拘留田中首相的案例。只要检察机关站得正，谁也不敢搞贪污腐败。但是过去的检察机关受权力的支配，大多只针对权力的目的进行调查。这是我真正想说的话。再次明确一下，我的政权不会受学缘、地缘的约束，会放开人事权。也不会为了权力而行使检察权的。”

我克服以往的犹豫，果断嘱咐他们要塑造新的检察形象。回想我过去被监禁的生活，也嘱咐全面改善教导所环境。一个房间关押十名犯人，不但不能教化，反而只能增长人的恶性。

5 月 12 日，我访问国家安全企划部时收到其业务报告。安全企划部的前身中央情报部是韩国政治工作的巢穴，名字本身就恐怖。换成安全企划部以后也没有任何的改变。且不说收买、威胁、窃听、监视，就是拘留、严刑逼问、绑架也是常有的事。我就是情报机关的最大受害者。1973 年，他们介入东京绑架企图谋杀事件。我被软禁在家的时候，他们就曾买通我家隔壁的邻居来监视我。要员常住在那里监视我的一举一动。每当选举时，他们就制造一些间谍事件，使选举大战有利于执政党，还传播黑色宣传资料，把我骂成赤色分子或骗子。想想这些镇压和迫害，安全企划部的工作报告应该不会寻常。我向安全企划部的干部再三嘱托：

“安全企划部过去不幸的历史标本就是我。因安全企划部的工作，我经历过被绑架、被宣布死刑等各种事情。安全企划部再也不能做我所经历过的事情，要开始新的起点。总统是国家的元首、是行政首长，所以没有必要以政治侍奉。我的政权绝不会把安全企划部当成政权工具。”

李钟赞部长已经向我报告安全企划部的名称改为国家情报院，院训也定为“情报是国力”，名副其实重生为纯粹的情报机关。院训也很合我意。过去的院训“在阴间工作，心却朝阳”，意思模模糊糊，还让人觉得阴沉沉的。结束时我再次嘱咐：

“安全企划部给人民带来了叹息和担忧，政治上被认为是反面机关。现在安全企划部重新诞生为国家情报院。就如经济研究机关的名称，要强化情报力量。在经济战争中各位要做决定胜败的重要决定。要探索如何开放朝鲜。国家情报院不应在国内称霸，要和国家机关共享情报，彻底研究国家危机的原因。国家情报院要直言警告。作为总统我最后嘱咐大家，要完全中立。”

难得悠闲的星期天，却发生了难过的事情。妻子在书房要坐到椅子上的瞬间，带轮子的椅子向后移开，妻子直接坐在了硬邦邦的地暖炕上，臀部严重摔坏不能动弹。虽然叫了职员，却谁也没有跑过来。妻子一个人在那里坐了 20 多分钟。因书房门太重的关系，有可能大声叫大家也没听见。听到消息的主治医生许甲范和医务室长张锡一急忙赶过来。

妻子的大腿部胫骨骨折，住在国军汉城地区医院。结婚后，妻子从来没有因伤住过院。就算病了也没有时间和精力去住院。经历了那么多艰难的岁月，她却在青瓦台的书房摔伤住院。每天晚上，工作结束后，我都去医院看望妻子。没有妻子的青瓦台官邸更显冷清。独自一人在宽敞的房间，春晚寂寞，天气阴沉。

四大部门改革（1998 年）

我喜欢花，喜欢春天的迎春花和金达莱，喜欢秋天的大波斯菊。每年春天，沿着汉城北岳航线、南山小道兜风的那种喜悦之情尤为特别。开满金达莱的山坡令人陶醉，望着它仿佛在仙境里。

某个星期天，难得抽出时间与妻子一起兜风。虽然看着好看，但是迎春花和金达莱同时开花就很奇怪了。应该是先开迎春花，后开金达莱，但是它们却同时开着。它们无视节气，开得婀娜多姿，我感到不祥。

4 月 10 日，我接到环境部工作报告。“实际上没有比我们所说的‘保护环境’更傲慢的事情。把环境搞得一塌糊涂，然后好像是什么恩惠似的说‘保护’。每当这时，我一定说：没有比人类更会祸害环境的动物了。”

回顾人类的历史，我们的祖先很环保。我们所说“天下太平”指的就是天下所有事物都太平的意思。圣经上也写到，上帝创造了地球，做出一个一个动植物，为了治理创造的所有事物，上帝最后创造了人。众所周知，治国就是要让老百姓过得舒服，让我们给自然一个舒服的环境。

但是在人类历史上，我们现在比任何一个时期对环境的破坏都严重，不知道我们会遭受什么罪？厄尔尼诺现象就是其中之一例。

我们所面临的经济危机也如此。要革新拿债务享受富裕的经济，大家都要流汗水和眼泪。但是总统怎么能不顾人民的眼泪呢？要想复苏经济，就要无情地、严厉地进行改革，这样难免造成大规模的失业。鲜花在欢笑，但失业大乱却是现实。1998 年春天是我一生中最痛苦的日子的延续。春天和煦，但心事重重。

虽然浇灭了外汇危机的大火，但火种还残留着。如果世界不信任我们，不帮我们，我们仍随时都有可能被患难之火所包围。我们要清理官治经济，转到真正的市场经济。危机也是机会。如果没有改革，就提高不了国际信任度。没有改革的话，无法延期外债或引进外资。没有选择的余地。我下定决心通过这次一定要脱胎换骨。

市场经济的基本原则是自由竞争和责任经营。一直受到政府的统治和保护的企业和金融机构必须要回到受这些原则支配的市场中去。政府组织和国有企业等公共部门也要适应市场经济法则。劳动部门也要随着国际趋势对僵化的劳动市场灵活地做出改变。我决定全面革新企业、金融、公共、劳动部门，即所谓的四大领域的革新。

四大领域中最重点的改革是金融改革，金融改革的焦点是银行，银行必须成为改革的中心。银行要恢复竞争力，恢复原有职能，这就是改革的始发点。这样才能向企业施压。外汇危机部分也是因为银行在没有对企业做好评估的前提下大规模进行贷款的后果。

一直以来，银行的管理人员就已经是金融官僚。大企业垄断着贷款，这是官治金融的产物。我被选为总统后，指示任何人不要参与银行人事，也不要对贷款行使权力等。我也没做任何委托。

要马上关闭亏损银行。如果放任亏损银行，它们为了制止继续亏损，会对资金运营采取保守的态度。这样会深化信贷不畅，紧接着会造成企业资金短缺，造成金融资产的经营不良，形成亏损的恶性循环。当时银行的亏损贷款规模多达 120 兆韩元。只有银行恢复正常机能，企业才能站起来；企业健康，国家才能强大，这是常识。

根据这个常识，我指示要公开银行的结构重组。1998 年 5 月 20 日，金融监督委员会组成银行经营改善计划评价委员会，开始审核 12 个银行提出的经营正常化计划。关闭银行的轮廓大体出来了，紧接着是这些银行的反抗。为了存活下来，银行展开了激烈的贿赂战，动员所有的关系和门路，又是哭诉又是威胁。全国都沸腾起来了。我对金鉴委员长强调不要被任何情况动摇，一定要按照原则处理。

6月29日，李宪宰、金鉴委员长公开发布名单，宣布东南、大东、京畿、忠清等银行的关闭。外换、朝兴、韩一、商业、和平、江原、忠北七个银行以大幅度重组管理层和大规模扩大股权出售等条件，认可了经营正常化计划。这是历史上没有过的事情。

关闭银行名单一发布，银行工会的反抗就强烈起来。这些都是预料到的。韩国总工会和民主总工会都要求继续雇用关闭银行的员工。它们以缺席劳资政委员会和宣布共同罢工来要挟，但是接管银行不愿意重新雇用这些员工。对于大喊经营正常化的政府来说，不能强迫雇用。姜奉均首席报告说："会邀请接管银行再雇用四级（代理级）以下的全部职员。"虽违反原则但没办法。我特别指示"不要让关闭银行职员吃亏"，但是五个银行的8 000名职员中有5 000名失去了工作。

存活的七个银行也不能安心。它们只有一个月的时间，准备引进外资或合并等经营正常化方案。意料之外的是大型银行很快就合并了。韩一银行和商业银行同意合并。就这样诞生了资产规模达100兆韩元、排世界前90位的大光银行。

1999年2月，朝兴银行合并江原、忠北银行。1998年7月，外换银行从德国商业银行引进3500亿韩元，实现独立的经营正常化。1999年1月5日，优秀银行中的国民银行和长期信贷银行合并。隔一天，韩亚银行和宝蓝银行合并。就这样，1998年6月末，由五个亏损银行退出作为始发点的第一阶段的结构重组收尾了，这是改变金融界的特大事件。

1997年末，2 101个金融机构中没有复苏可能性的659个机构关门。金融机构的自有资本率（HIS）提高到国际水准，银行的不良贷款率由12.9%明显下降到3.4%。通过这些改革国内信用等级提高上去了。

金融结构重组需要巨额的政府资金。要由政府买入金融机构所持有的不良贷款，使之财务状况好转，扩充资本，使资金中介机能顺畅。但是不知道需要多少政府资金。因为很难掌握金融机构的亏损规模，李揆成财经部长官报告说最少需要50兆韩元。5月20日，召开经济对策调整会议，决定向金融圈支援50兆韩元政府资金。以此加上我上任前投入到第一银行等的14兆韩元，筹集了共64兆韩元的政府资金。

用这个资金，到1998年末顺利地结束了金融机构重组。但是进入1999年，因大宇集团的经营不善，不良贷款重新增加。2000年，因现代集团的经营不善事件，金融圈又不安起来。若不稳定金融圈，第一阶段完成的金融和企业结构重组就有可能动摇。第二次经济危机说也传开了。第二阶段结构重组刻不容缓，随之需要附加政府资金。新上任的陈稔财经部长官报告说需要附加40兆韩元。但是遭到在野党的强烈反抗。大国家党指责我滥用政府资金，要求我道歉并追究负责人的责任。

政府资金附加筹集同意案一个多月未被处理。我指示在筹集政府资金和执行过程中，对出现道德风险的人，要严加惩处，这是为了确保在野党所要求的透明性。但是大国家党很顽强。我不得已给李会昌总裁打电话嘱托。12 月初，虽历经周折，国会终于还是通过了，也算万幸了。这样政府资金筹到了共 104 兆韩元。

我再三强调在筹集政府资金的过程中，要严格处理经营不善的企业主和机关科员。实际上在调查的 464 个金融机构中，举报处置了 1 300 多名检察人员。虽然有很多争议，但是为了阻止金融系统的崩溃，筹集政府资金时就已经预想到了损失。好在回收率逐渐增加，从 2006 年开始超过了 50%，真是万幸。相比国外事例也是令人鼓舞的结果。

•

为了改革，一定要打破“大而不倒”的说法。1998 年 1 月 13 日，当时是总统当选人身份的我接见了三星公司李健熙、现代公司郑梦九、LG 公司具本武、SK 公司崔钟贤会长四大集团总裁，共达成了五个事项协议，以提高企业经营的透明性、解除信用互保、划时代改善财务结构、集中力量到核心主力事业以及强化中小企业的合作、强化股东和经营者的责任感等。

我向总裁们附加邀请了“捐献私人财产”。对这一点我苦思冥想直到最后关头。要求完整的市场经济，就不能强迫向社会返还个人财产，但是不能忽视各阶层对财团的谴责。当时劳动界说各财团总裁非法谋财，要求返还私人财产。我把这种情况坦诚地告诉了财团总裁们。作为对策我提出了把私人财产投资到自己公司的方案。

但是财团的反抗非常强烈。首先 LG 公司和现代公司进行了结构重组，但令人失望。利用这个机会，财团们只想整顿赤字分公司。但是绝不能就这样敷衍过去。我指示紧急经济对策委员会提出 30 大财团的具体结构重组案，然后通过主要交易银行评价各个集团的结构重组计划，通过银行对财团进行改革，政府不直接压迫财团进行结构重组。通过政经勾结得到巨大贷款特惠的企业，只要缩紧银根，就会马上垮台。不进行结构重组就无法生存下去，到那时财团不得不自行改变。

财团的结构重组一直原地打转，就连国外的舆论也沸沸扬扬说改革只是装装样子。如果再这样放任下去，对外信任度有可能会再次急剧下降。将要破产的企业和要起死回生的企业界限不清，因此所有企业都在动摇。

上任后，为了调整企业结构重组等问题，我新成立了经济对策调整委员会，由总统担任议长。3 月 11 日，在首次召开的经济对策调整会议上，我极力督促鼓励财团的改革，强调改革决定着我们的生死。

对我们来说，虽然改革的质量很重要，但更重要的是速度。再好的方案，若没有速度就会产生副作用。时间一长，就会丧失政权初期的动力，又会成为泡影。我指示金融监督委员会5月底之前必须整理经营不善的企业。

但是进展很慢。6月3日，李宪宰报告了退出企业名单，但内容很让人失望。看不见五大集团的分公司，还好退出对象中包括了21个社。当时，审核企业是64大集团所属的313个社。我督促重新选定。6月16日，国务会议中，我再次申明我的立场，责令要让五大集团带头进行结构重组。第二天，金鉴委员长重新报告了退出对象企业。退出对象企业增加到55个，五大财团的分公司也包括了20个。

但是之后财团对结构重组依然很消极，财团总裁们犹豫不决。最终现代集团被拆分，大宇集团衰落。

1998年1月24日，大宇集团金宇中会长建议企业带头大幅增加贷款，一举填满国家的仓库。主张大幅削减不必要的进口，提高500亿美元贸易赤字，暂时克服外汇危机。同时，申明这次只有经济界全体落实结构重组才能生存下来，并承诺“在结构重组中起模范作用”。我对金会长感激不尽。

但是在1月末举行的达沃斯论坛上他却说了完全不同的话。他说，外汇危机乃是“金融机构恣意增加短期债务的结果，我们企业有什么错呢”，并推卸责任。我很诧异金会长为什么会改口。

也许金会长认为可以引进巨额外资。2月2日，大宇集团发表了与GM签订引进外资70亿美元的谅解备忘录。4月25日，GM会长亲访青瓦台说明了与大宇集团的合作方案。我真心祝福合作成功。大宇集团以70亿美元为信贷，通过发行期票（CP）或公司债券融资了所需资金。但是集团因为美国GM总公司的大罢工，引进外资成为泡影。因此，大宇集团把方向转向收购起亚公司，但是告吹。在公开招标中，现代公司中标。

大宇集团老是深陷泥坑。能够吸引外资的好机会一个个消失了。10月29日，日本野村证券公司发布了《大宇集团响起警铃》的报告，市场反应更加凄凉。

我高度评价金宇中会长的经营能力和品德。金会长帮了我和在野党很多忙。我没有忘记金会长的好心肠。我对金重权说，尽早与金会长见面督促结构重组的事宜。金室长转告我说金会长想见我。

在青瓦台见了金会长。金会长对我说了鼓舞人心的话。不要说结构重组，还可以把大宇电子转给三星。积极出面解决与三星的“大交易”可谓是具有里程碑的意义。

当时政府鼓励大企业直接积极进行“大交易”。只要是能赚钱的领域，大大小小的企业们都一股脑儿往里钻，虽然业种增加了，可是竞争力却下降了。为了修正这样的无差别重复投资，企业间的“大交易”就显得极为重要。当然，在市场经济条件下，干预个别企业经济行为的这种“大交易”是一种不当的行为。但是如果大企业自发地进行这种行业结构调整，我们的经济体制将会更加健康地发展，而且大企业也有带头领导结构调整的象征性。

但是大宇集团的这种构想出台的时机太晚了。大宇集团的结构调整案没有得到市场的信任。再加上政府限制贸易金融的举措，导致依存对外出口的大宇集团陷入了严重的资金压力中。金会长为了见我，特意飞到召开亚太经济合作组织（APEC）会议的越南河内来。12月15日在河内大宇酒店与我共进早餐。康奉均首席也一起参加。金会长请求解除贸易金融的限制令。我指示康首席对此进行调查研究。

金融监督委员会作出了因为大宇集团的海外事业的不确定性因此不能对其进行支援的决定。政府以及我本人都没有别的办法了。在这期间，三星汽车与大宇电子的“大交易”也没有什么进展。大宇集团对收购三星汽车提出了需要2亿韩元现金的要求。我再次请金会长到青瓦台来。虽然是对他的警告，但是换个角度来说也是一种怜悯。我敦促他拿出可视化的成果来。但是情况并没有发生太大的变化。

我于4月6日的国务会议上，批评了五大财团的改革不力。我反复强调要通过彻底的结构调整来提高国际竞争力。4月14日通过记者招待会，我发表了政府将干预财团改革的明确声明：

“财团们如果不采取可行性措施，政府将会通过银行进行金融限制，现在五大集团也包含在需整改的企业中。”

长久以来，我不断引导五大集团自发进行改革，但是今后政府将会介入它们的改革。康奉均首席提出五大集团中的两个存在着问题，他提出这两个集团就是大宇和现代。4月19日大宇又发表了自救计划。计划提出将大宇集团的主要企业之大宇重工业造船部门及希尔顿酒店等11个连锁公司及事业部门进行抛售。金会长提出本次结构调整将作为自己一生最后一次使命来进行。4月27日召开的政经界座谈会上，金会长反复强调说道：

“我很抱歉我们的结构调整开始得太晚。我将会按照承诺的内容在年底之前进行调整。我保证不会再为总统先生带来麻烦。”

但是市场却没有任何反应。大宇的资金困难愈演愈烈，与三星汽车之间也因为“大交易”而互相钩心斗角。之后，三星汽车声明将放弃“大交易”。三星企业申请了法庭调停。7月19日金会长发表了将拿出10兆韩元的全部家产作为担保等自救政策。但是市场已经完全冻结了。8 月 26 日大宇的 12 个连锁公司进行了企业整改。

经济界排名第三的大宇集团就这样解体了。这一事实瓦解了“大而不倒”的一般定律。金会长卸任了全国经济联合会的会长一职，于 10 月离开了韩国。他曾经高喊着“世界经营”，堂堂地穿梭于世界各地，而如今他却游荡于各个国家。曾经带给一代年轻人希望与野心的时代之偶像的金会长就这样没落了，真是让人痛心疾首的事情。有时会听到他出现在哪个国家的消息，我不禁感慨万千。

金会长的没落与大宇集团的解体是我不想看到的不幸的事情。我十分信任他，也相信大宇集团的未来。但是他却不顾我的意志，也太低估了市场的动向。不知道他在结构调整面前犹豫什么。大宇集团的解体告诉我们一个事实，通过贷款而扩大事业的规模、通过做假账等非法手段而遮掩不善经营的做法不再行得通的时代已经到来。我相信他还会回来重整旗鼓。回想起来，必须埋葬他的成长神话是多么残忍的一件事情！

关于改革，政府组织也不能例外。新政府班子出台之前，我就下决心要将政府组织的调整进行到底。1997 年年末，我将此事交给朴权相先生来负责。我请求他要建立一个花费更少的税金而更有效率的组织。朴权相委员长领导的政府组织调整审议委员会（政改委）于 1998 年 1 月 6 日正式诞生了。

我的想法是要建立一个“虽小却能干的政府”。首先，以总统为中心，可以有效地发挥领导力，改善国政运营体制。我对政改委的委员们下达指示，要求他们研究出一套预算与人事可以直属总统管理的方案。根据此项内容，通过了由长官级负责的财经院预算室变更为总统直属的企划预算处，成立由总统直属的中央人事委员会的议案。

这样的构想马上遭到了大国家党的反对。大国家党认为预算与人事机能都由总统直属管理的话，总统可以利用权力干预人事，而导致专权的部署，所以强烈反对。但是这些都是误会。中央人事委员会独立的话，总统与各个部署长官行使的人事权就可以通过人事委员会进行有效的牵制。我向朴委员长反复强调这些改革措施一定要贯彻到底，但是结果却让我很失望。政府的组织调整案最后进行了妥协。企划预算处分离为企划预算委员会与预算厅，分别归总统直属与财经部下属。这形成了预算编制的方针由企划预算委员会编写，实务性的预算执行则由预算厅来进行的十分畸形的组织形态。中央人事委员会则流于空谈。

副总理级长官管辖的恐龙部门则由财经院变为了财经部。预算职能赋予预算厅，金融监督业务由金融监督委员会来负责，对外通商业务则由外交通商部来执行。财经院缩小的原因是财经院掌管着经济政治等全方位的核心机能，错误的政策不能真正地受到牵制，体制很不健全。各个部门分散的通商交涉机能则统一由外交部来进行，将其整合为外交通商部。1998 年 2 月 17 日，政府组织改革调整案由议会通过了。

就任以后，政府组织的改革也变得不能逃避。企划预算委员会委员长陈稔提出将政府组织进行诊断的报告，特别是将政府组织交给民间的经营咨询公司来诊断。这种做法非常出人意料。但仔细想来，以民间机关的视角来诊断政府组织，也会有一定的意义。政府组织在官僚思想、部门间的利己主义的影响下，组织改革屡屡碰壁。19 个民间经营咨询公司将政府组织分为 9 个领域进行了组织诊断。

4 个月的诊断结束后，第二版政府组织改革案出台了。1999 年 3 月 4 日发表的改革试行案颇具划时代的意义。企划预算委员会与预算厅合并，成立了企划预算部。这是再次加强预算与人事机能的做法。另外，第一次改革时，告吹的中央人事委员会也准备重新成立。产业资源部、科学技术部、信息通信部合并成为产业技术部，劳动部与福利部合并成为劳动福利部，还有废除海洋水产部的议案。陈稔委员长咨询了各个相关部门的长官的意见，大部分人对此还是满意的。他斗志昂扬，大刀阔斧地开始改革。

但是，第二次的改革案却遭到了强烈的反对。相关部门以及自民联的反对也异常激烈。主张以内阁制来进行改革宪法的自民联强烈反对以总统为权限中心的政府组织改革案。我指示陈稔委员长与金钟泌总理进行积极的协商。金总理召开了国务委员座谈会，并召开了国民会议和自民联的党政会议，调整互相之间的意见。

结果部门之间的合并基本上流于空谈。本来归为总统直属部门的企划预算部也变为企划预算处，改为总理室下属机构。只保留成立中央人事委员会的决定。通过民间机关的咨询推出的第二次政府组织改革，也虎头蛇尾地结束了。希望成立“虽小却能干的政府”的梦想，也终究成为了“不能完成的改革”。将来希望有人能明白我所作出的努力。

我在就任时就高喊着要进行规章制度改革。然而，官僚们提出了一成不变的对策，虽然这也是我已经预料到的事情。1998 年 4 月 14 日，国务会议上，我强调要加快规章制度改革的步伐：

“改革的速度太缓慢了。不要妄想一次性解决所有问题。首先从最容易的下手，进行第一次改革，紧接着研究剩下的内容。”

两周以后，4 月 28 日，国务调停室室长编写了《规章制度改革综合方针草案》，提交到了国务会议。其主要内容在于现行政府的规章制度缩减为2/3。但是，为什么是2/3，却没有明确的标准，让人感到很茫然。这显然是定下目标，然后再往里面填写这样那样内容的典型的旧方式。

我下令再次针对所有的规章制度进行检查，只留下需要的规章制度，其他的则一概废除。国务调停室室长报告说5月“1万多条规章制度中需要废除的为7 000多件，占总数的60%”。但是都到了6月，却没有什么进展。虽然我提出从最容易的下手，却没有任何报告给我。这让我非常焦急。

规章制度改革进行的过程，政治圈或利益集团的反对非常激烈。有关规章制度改革的主要法案在国会审议的过程中保留或变质的情况非常多。

与规章制度改革相关的268个法案中，50个在国会的审议中发生了变质。利益集团拼命进行院外活动。我打算对于变质的法律行使拒绝权。但是采取强硬的反对，将会带来太多的政治负担。所以我等到所有的法案都公布以后，再从变质的法案中按照政府的原案修改18个法案，1999年2月再次向临时国会提出。

就算这样，针对规章制度改革的相关团体的抵抗与政治圈的不作为也还在继续。国会依旧将相关的法律变质，在删改与删除间忙碌不休。1999年年末，我再次向国务会议提出指示，向政治圈发出了警告：

“在国会推行的法案中，如果有任何破坏规章制度改革的基本主旨与本质的修改，政府将会考虑行使拒绝权。”

在激烈的反对下，中央部门的11 125件规章制度中5 430件（48.8%）于1998年被废除，2 411件（21.7%）得到了改善。1999年又集中进行审查，废除了503件，改善了570件。

公共机关也不能免除改革。劳动工会的反抗十分强烈，但是我却没有停下来。11个公共机关选定了民营化的对象。过去政府也曾经试图将公共机关民营化，但是都没有成功。我认为具有代表性的公共机关浦项制铁应该实现民营化。有必要与浦项制铁实际上的创始人朴泰俊自民联总裁进行协商。朴总裁欣然同意。他是一个能够展望未来的人。我对总管公共机关民营化业务的企划预算委员长陈稔强调过去政府数次试图改革都没有取得成果，这次一定要成功：

“国民的政府要彻底地大刀阔斧地进行公共机关的民营化。”

但是，公共机关的民营化进行得并不顺利。由于有关部门担心外国资本的收购合并而进行反对，导致浦项制铁成为第二次销售的对象。韩国电力的经营层也公然反对韩国电力的买卖。如果一直这样观望，恐怕这次改革又要变得含糊不清。1998

年6月16日，国务会议上追究了企划预算委员长陈稔的责任。这也是为了让他能更有力度地推进工作。

“政府与公共机关的改革努力十分不足。各个部门的长官都表示反对，这是不可能发生的事情，请按照原则尽快地做出决断。”

企划预算委员会于7月3日发表了第一次公共机关民营化计划。26个公共机构中的11个被选定为民营化的对象。浦项制铁、韩国重工、韩国综合化学、韩国综合技术金融、国政教科书五个机构被选为完全民营化的对象，并即刻执行。韩国通信、烟草人参公司、韩国电力、大韩输送管公司、韩国煤气公司、地区热力公司六个机构则将进行阶段性的改革。

虽然经历了各种困难，但是我任期内，八个公共企业实现了民营化。韩国电力、煤气公司、地区热力公司三个能源公共机构的民营化却最终也没有实现。

劳动市场的灵活性与劳动基本权的扩大是硬币的两面。一直以来政府与企业主之间就劳动者的雇用及工资进行一定的保障，同时也保障劳动基本权。因此要实现劳动市场的灵活性，也要确确实实地保障劳动者的权益。我实现了教师工会的合法化，并且保障了工会的政治活动。

全国教职员劳动工会（全教工会）于1989年5月开始了公开的活动。当时卢泰愚政府将此定性为非法的组织，将1 500多人罢免以及解任。我们社会中第一次产生了“免职教师”的说法。金泳三政府时期被免职的教师中1 200多名重新复职，但是全教工会并没有实现合法化。全教工会作为法外的工会进行了各种各样的活动，一直在为争取合法化而努力。

我认为应该对现实存在的全教工会加以认可。当然反对的舆论也非常强烈。教职工团体的教育总会的反对也异常激烈。如果同意全教工会的存在，那么两个团体就会成为对立团体，教职社会就会发生分裂。但是相反，如果利用两个团体之间的矛盾进行善意的竞争，反而会对教职社会的改革提供很多帮助。

全教工会的名称也引起了很多非难。曾有一部分人说教师怎么能成为劳动者而加入工会呢，但是有这样一个团体能够为教师维权也是非常有意义的。特别是教师自己承认自己是劳动者的话，就不会出现什么问题。只是，劳动三权中，团体行动权是不能赋予他们的。

对于民主工会，在我就任以前就承认了它的实质。1998年1月，参加了劳资政委员会，所以民主工会就更早地实现了合法化。1999年11月23日，民主工会成立4年以后终于实现了合法化。

就这样，我在四大部门的改革中呕心沥血。每天都像一场战争，每天都要说一些不想听的话语。对那些一直坚持信任我、跟着我前进的阁僚与公务员表示感谢！我们通过这些改革，改变了国家的体制，在IMF的体制下也能心怀希望，跨过新千年。

但是，最让我担心的就是失业问题。每天都有1万多人失去工作。每天有上千家企业倒闭。外有外汇问题，内有失业问题。外汇问题虽然展现出了一丝希望，但是失业问题却还是一片黑暗。3月26日，第三次经济对策调整会议上听取了有关部门的报告，报告指出今后失业人数将上升为150万名。如果算上失业人员的家人，那么将有数百万人的生计变得困难。我说国民的政府也是“失业对策政府”，每次举行国务会议时，我都会让人们提出最有效的方案。

4月的一天晚上，我翻来覆去地考虑失业的对策，因为睡不着觉就吃了一粒安眠药。那天早上我指示将各个部门制定的失业对策用图表做出来。我还嘱咐所有的部门领导维持有机合作关系。这就是我强调的不论白天晚上都要考虑失业问题。

我向访问汉城的阿尔文·托夫勒博士请教失业的对策：

“对于失业问题并没有简单的解决方法。参照美国的经验来说，现在总统阁下强调的培育中小企业的方法是非常重要的。在过去十年里，美国的大企业也缩小了雇用工人的规模。相反，中小企业则扩大了雇用工人的规模。所以结果是中小企业所增加的工人比大企业减少的工人还要多。”

托夫勒博士认为我们所准备的失业对策中，培养中小企业及风险企业的方案最为合理，这为我们注入了信心与力量。

我提出了解决失业问题的四大对策：第一，向企业提出减缓解聘职员的要求，国家会给予其补偿。第二，培育中小企业与风险企业，增加就业岗位。第三，为了让工人适应新的岗位而开展职业训练。第四，建立社会安全网，由国家来承担失业者的基本生计。我想关于这四条有关部门的公务员可能已经都听到耳朵长出茧子了。

“国民政府”初期管理国家经济的决策者大部分都是自民联所推荐的人士。李揆成财务部长官、李宪宰金融监督委员会委员长是以自民联的身份来入阁的，在克服外汇危机以及经济改革中都展示了其能力。另外自民联副总裁金龙焕的贡献也非常重要。我虽然好几次为他留出了长官职位，他都拒绝了，但是每次大风大浪，他都能以其特有的突发力量让政策取得市场的信任，特别是推荐了像李宪宰、李揆成这样的人才，我觉得他很有眼光。

在别的领域也有自民联推荐的长官们在努力地工作。我不会对任何阁僚采取不同的待遇，也不会持有其他的看法。我最珍惜工作能力强的长官们，他们也忠心地为我保驾护航。我相信他们的国政经验，他们也没有让我失望。他们非常有力量，非常适合与我一起克服经济危机。

在美国的八天九夜（1998 年 3—6 月）

从我当选总统到就任为止，朝鲜一次也没有向我提及过“国民政府”。即使这样，南北问题和统一政策一直在缜密地研究和探索中。朝鲜于 1998 年 3 月在北京举办的第五次南北红十字会代表接触中，请求韩国支援 20 万吨化肥。

我在就任致辞中阐明了对朝鲜的三大原则：不能容忍朝鲜的任何武力挑衅，无意伤害或合并朝鲜，积极推进和解合作。这样的三大原则受到包括美国在内的中国、俄罗斯、日本等所有国家的支持。同时，建立了关于南北间具体合作问题的三个原则：第一，人道主义援助；第二，政经分离；第三，互惠主义。

朝鲜可以选择的道路有三条：第一条路，铤而走险向韩国进行武力挑衅。这是朝鲜的绝望行动。这是南北共同灭亡的最坏选择，因此可能性几乎不存在。第二条路是拒绝交流，拒绝开放，选择自我孤立。第三条路是从开放中走出来。我认为朝鲜为了生存，会走第三条道路。即使不是马上，从长期的角度上来看，可以判定为只能这样。

第一条路是共同灭亡，第二条路是自我灭亡，相信第三条路是共存的。“国民政府”的对北政策为了使朝鲜选择第三条路，推进了支援方向。

我阐明了三大原则，并等待朝鲜的答复。最终在南北红十字会谈中，朝鲜向我方发送了有意义的信号。因为朝鲜也深刻了解到我是进步性的统一论者，也是积极的和平论者。

为期一周的朝韩副部长级会谈于 4 月 11 日开始，在中国北京举行。这是从 1994 年 6 月首脑会谈预备接触后以来的 3 年多后，韩国和朝鲜的官员们首次坐在一起。韩国方首席代表是统一部副部长丁世铉。朝鲜提出从人道的角度，请求提供支援 20 万吨化肥。我方同意将在春天提供。我方提议从人道主义出发，允许离散家属于中秋节相逢。朝鲜反驳道“人道主义问题上的互惠主义原则本身就是非人道主义”。

朝鲜主张优先协商化肥支援问题，其他问题则避而不谈。漫长的探索战下，会谈破裂。

这是“国民政府”上台后，首次韩国和朝鲜的争斗。我决定既不强求，也不停止，不急于朝韩问题。我认为同意离散家属的相逢是理所应当的。离散家属在离开人世之前，见一次面，确认一下生死，还有什么比这个更重要的呢？

但是朝鲜强烈地谴责了我方的互惠主义。在北京会谈结束的十余日后，朝鲜通过平壤电视台谴责了“国民政府”，说只是沿袭了过去政府的反朝政策，打破此前对“阳光政策”的沉默，开始指责。北京会谈无果而终，国内外都没有掩饰这种失望。有的人指责“以离散家属问题为条件是错误的”。一部分舆论一个劲地嘲笑“不能够解决离散家属问题的‘阳光政策’”。

我了解到朝鲜比想象中自尊心更强。

在我就任初期，国家安全保障会议（NSC）的职能和运营焕然一新。此前，军队出身的总统们对安保问题的认识停留在构想程度，因此有名无实。紧急企划委员会作为各种战时动员计划、战争初期政府行动方案的机构，与国家安保会议有很大的距离。以前政府主要是当朝韩关系的重要事件作为焦点抬头时，相关长官聚在一起交换意见。作为协商外交、安全保障、对朝政策建立等的临时机构，不具有合法性的约束力，当然也没有责任感。

如美国的情况一样，我们使 NSC 成为外交安保的最高决策机构，由总统担任议长，国务总理、统一部长官、外交通商部长官、国防部长官和安全企划部长官以及安保会议事务处长（青瓦台大外交安保首席兼任）。作为统一、外交、安保相关的最高决策机构，设立了安保会议的六人常任委员会和办事处。六人常任委员会由统一部长官、外交通商部长官、国防部长官、安全企划部长官、事务处长、国务调整室室长参与。

在作出安保和朝韩问题相关的重要决定时，需由总统主持召开 NSC。每周定期召开的常任委员会征集外交、安保、统一领域的意见，辅助我工作。我信任并尊重常任委员会的决定。在任的五年间，NSC 常任委员会的建议大部分被接受。国民们也逐渐信赖了 NSC 迅速、慎重的应对能力。

以外交安保首席林东源为中心的 NSC 常任委员会提出报告，为了实现对朝政策的三大原则，取决于六种政策主题。此报告在 3 月 19 召开的国务会议上被正式采纳。

六种政策主题为：第一是安保与合作的并行推进；第二是和平共存与交流合作的优先实现；第三是通过更多的接触、更多的对话、更多的合作，提供朝鲜变化的条件；第四是谋求朝韩间的相互利益；第五是确保朝韩当事者原则下的国际性支持；第六是透明性和不急于推进对朝政策。

4 月末，公布了《南北经济合作活性化措施》。根据“政经分离原则”，放宽了所有企业家们访朝的规章制度，允许生产设备无偿运出或租赁。据此，使企业家们依据自身的判断，自由进行对朝经济合作事业。

这时候，美国国务卿马德琳·奥尔布赖特来访韩国。这是在一个月后的韩美首脑会议召开前，为了事先调节两国间关注事情的访问。马德琳出生于捷克斯洛伐克的布拉格，随作为外交官的父亲避难于美国，经历各种磨难，成为美国历史上首位女性国务卿。5月1日在青瓦台我见到了她。我从叙旧开始：

"您不仅是友邦国家的长官，同时是尊敬的人权领袖、韩国国民的真正朋友！欢迎您！非常感谢您对我的民主化斗争提供不间断的帮助。"

"记得1986年的夏天，直到现在我仍保留着您赠我的墨宝。"

我向马德琳展示了我一直珍藏的墨宝，是"实事求是"。这是在东桥洞我的家中写的。当时，她与人权团体相关人士一同来找我。我在软禁中，她是乔治敦大学教授。

12年后，我们以总统和友邦国家国务卿的身份再次见面。她作为驻联合国大使受到瞩目，成为克林顿总统的核心亲信，驰骋世界。我说：

"如此认真地生活，肯定会成功。"

她似乎也感慨万千：

"看到您在这个位置，不知道有多高兴。真不知道还能说些什么。"

我们远远超出预定的30分钟，进行了1小时20分钟的交谈，时间怎么流走的都不知道。我解释说明了"阳光政策"。马德琳很干脆地作出了回答：

"因为金总统的对朝接近政策很出色，所以相信朝韩间的信赖结构会取得成果。全力支持韩国的南北对话努力。"

6月4日有地方选举。这是我就任后的第一个全国性的选举，是除了国民会议和自民联共同政府接受国民审判的日子。结果是共同执政党的胜利。16个广域团体场中国民会议6处、自民联4处、大国家党6处获得胜利。特别是涉及汉城、京畿道、仁川等首都圈，为推动我和国民政府的改革注入了力量。

国民会议的候选人高健当选为汉城市市长。虽然有一部分人反对高健，但他还是当选了。反对的人们提出高健是前政府的总理，本身具有问题，这是值得充分考虑的问题，但是我想要选择有国政经验的候选人。"法律日"获奖者在午宴上这样解说道：

"把国民当作天来拥戴的姿态，才是国民政府的政体性。"

刚好在迎来就任100天的时候，共同执政党获得了令人振奋的胜利。我受到国民如此的支持，踏上了访问美国的道路。应克林顿总统的邀请，预计于6日出国。这是八天九夜的国事访问。

我很激动。美国对于我来说是很特别的地方。美国两次救了我的命。访问美国前，我与《纽约时报》的人员进行了会谈。他问了很特别的问题：

“您过去停留在华盛顿期间，进入白宫是非常困难的，也受了很多苦。现在在议会演讲，还在白宫举行会谈。您个人感到兴奋吗？”

“对此我有两方面的感触：首先，人要活得长久；其次，人要正直地活着。这样的话，我相信最终会获得认可的。”

新军部掌权时期，我在美国度过了2年零6个月的亡命生涯，既悲惨又辛酸。进入美国国务院，右侧有负责管理东北亚的人员，正与全斗焕政权交流。左边坐着负责人权事务的国务次长，他如在国际赦免委员会上一样，很果断地采纳了关于韩国的人权报告书。所以，当时我曾经对朋友们说，真不知道对美国是应该生气呢，还是应该感谢。真是如此，美国对于我来说是如此与众不同的地方。我在机内的恳谈会上很坦率地吐露心声：“美国的朋友很神奇，同时给我的感触也很大。”

我为这次访问竭尽全力，主要演讲稿全部用英语准备。虽然我的英语并不好，但是为了说服美国国民，还是用英语演讲比较好。我的国事访问是摆脱经济危机的契机，美国仍然是我和国民的机遇之地。因为我是自学英语，虽然对语法很有自信，但发音不是很好。甚至有人说我英语发音中掺杂着全罗道的语调。因此我拜托发音好的秘书官将英语演讲稿进行录音。只要有时间，我就听录音带，然后跟着读。

包括15次演讲在内的70次以上的活动等待着我。因日程安排得很紧，周边的人很担心我的健康，但是我很期待。6日下午，到达纽约肯尼迪国际机场。美国驻韩大使斯蒂文森从华盛顿飞往纽约。30余名外国记者接近专机展开了采访竞争。

第一个行程是访问联合国本部，与联合国秘书长安南进行会谈。我将拙作《金大中的三阶段统一论》作为礼物送给安南，他如此回答道：

“虽然总统写了这本书，但由我来实行吧。”

在下榻的酒店获得了国际人权联盟颁布的人权奖。我通过获奖感言，向国民们表达了真诚的谢意：

“这所有的成果都归功于韩国国民，他们在漫长的苦难和痛苦时期，向民主主义和人权迈进的脚步一刻也没有停止过。因此，我认为今天的人权奖不是我个人所获的荣誉，而是回报与我一起战斗并争取民主主义的韩国国民的荣誉。”

国际人权联盟在1980年我被宣判为死刑的时候，向新军部提出强烈抗议并展开了拯救运动。我通过演讲表示，为了成为名副其实的“国民政府”，将制定人权法和设立国家人权委员会。

第二天上午我访问了纽约证券交易所。在我演讲之前，理查德·格拉索理事长致辞。因他的幽默，所有人都笑了：

“金总统三年前访问这个地方的时候，道琼斯指数是 4 300 点，现在超过了9 000 点，增长了 1 倍。三年以后再次来访，要是指数还是成倍增长就好了。”

我通过《韩国经济的挑战和发展蓝图》的演讲嘱托美国金融界人士相信韩国的潜在力并进行投资。我以“民主主义和市场经济的并行发展”为话题，宣布了韩国经济在美国金融界的正式开放。

我与格拉索理事长等纽约证券交易所的高层负责人们到了 2 楼的营业厅，上午 9 点 30 分按响了股市开盘的铃。我在营业厅转了一圈，中介商们的掌声和欢呼声此起彼伏，正如对韩国经济的声援。

6 月 8 日，我抵达华盛顿。首先在驻美大使馆官邸召开了侨民招待会。官邸的每个空地上都挤满了人，犹如一个小型选举演讲场。在国外，在说着相同语言的人们面前，用我们的语言进行演讲是多么令人欢欣鼓舞的事情啊！

在人们的掌声和欢呼声中纽约证券交易所开张了，他们竖起拇指欢呼

“真是让人感慨万千。为了韩国的民主化，在这块土地上与各位一起东奔西走的日子就好像是昨天。各位，我们的国家终于进入民主化了。与独裁抗衡的我正是依靠国民的支持，依靠各位的声援，最终成为了总统，是真正的总统。

“我们经历了非常艰难的斗争。从前，其他的国家说到民主主义的时候，我们感到多么羞愧。当时在国外生活时，‘我们国家是不亚于美国或者英国的民主国家’，我多么想能够说出这样的一句话。各位也是和我一样的心情吧。

“现在我们的经济有点困难，但因为实现了国民的自由言论、国民50年来首次的民主主义，不论在谁的面前我们也不会感到羞愧了。这是韩国国民的胜利，也是支持我们国家民主运动而聚集在此的各位的胜利。我向各位表达深深的感谢!”

我与出席招待会的职业高尔夫选手朴世莉见了面。朴世莉是美国女子高尔夫协会（LPGA）冠军赛中年龄最小的夺冠者，给祖国带来了荣誉。她说到这是她平生第一次穿高跟鞋。她说完自己“很辛苦”后露出了羞涩的笑容。

朴世莉在1个月后召开的US公开决赛上，为韩国国民奉上了令人无法忘怀的精彩场面。她为了击到落于莲花池旁的球，脱掉袜子跳入水中。朴世莉的赤脚奋斗，使她最终举起了冠军奖杯。这是唤醒因经济困难而被忧愁所淹没的国民的喜报。直到现在我也不能忘记那个场面。在她回国后，我向她颁发了体育勋章猛虎章。她是提高国民士气的时代英雄。我一提出英雄称号，立刻有某家媒体追究女性可否称呼为英雄。我反驳道“英雄是没有男女区别的”。她在LPGA大赛中连续三次获得了冠军。令人难以相信她刚刚20岁。

9日是召开韩美首脑会谈的重要日子。我与妻子通过白宫西南方向的门，到达国家元首们的出入口。军乐队的演奏响了起来，礼宾长官将我们介绍给克林顿总统夫妇。这样我们见到了克林顿总统、戈尔副总统夫妇、国务卿奥尔布赖特。在克林顿总统的指引下，我登上了检阅台，与克林顿总统一起检阅了仪仗队。克林顿总统致欢迎词：

“我们生活在特别值得一提的时代。这个时代有80年代独裁体制下曾为政治犯的波兰的莱赫·瓦文萨、捷克斯洛伐克的哈维尔、南非共和国的曼德拉，还有长期受到政府不当和残酷镇压，甚至最终曾被宣判死刑的韩国金大中总统等自由英雄们。现在有多么大的不同。莱赫·瓦文萨当选为波兰的总统，哈维尔和曼德拉也成了他们祖国的总统。还有金大中也当选为总统……他今天就站在这里。

“我想说，为了保护人权而努力的全世界的人们所做的事是很重要的。正是各位引起了国家的变化，终结了独裁政治……金大中总统正站在这里。金大中总统是人权的开拓者，是具有勇气的生存者，为了世界建设更好的未来的美国伙伴。”

我致答谢词道：

“韩国国民在长达50年不懈的民主化努力下，引领了执政党和在野党之间和平的政权交替，取得了民主主义历史性的胜利。我记得在韩国国民的辉煌胜利后，美国国民所传来的对自由和民主希望的信息。

“现在韩国已经开始了新的斗争。全部清除压迫民主主义和市场经济的独裁所遗留下的产物，通过实现两者的并行，不但将摆脱今日的国难，还将开始向21世纪的世界先进队伍进军而斗争。在这样的斗争中，我与我们韩国的国民一定会取得胜利。”

我与克林顿总统在白宫进行了超过预计25分钟的60分钟首脑单独会谈。我方由外交通商部长官朴正洙（音）、外交安保首席林东源、驻美大使李洪九陪同出席。美国方面由副总统戈尔、国务卿奥尔布赖特等陪同出席。克林顿总统请我对对朝政策进行解说。我正等待着这个。我用30分钟对“阳光政策”及其背景进行了介绍：

“仔细观察‘阳光政策’的话，它是从美国的成功中学到的东西。第二次世界大战后，美国维持了对苏联的极端冷战体制，但结果回报来的只有武器竞争。这使得共同灭亡的危机感加重。因此，美国从70年代中期开始，改变为缓和政策，并进行了经济合作与交流。”

所有的人都认真倾听了我的言论。克林顿总统向我说道：

“从金总统的经验来看，希望能够由金总统主导现在的朝鲜半岛问题。金总统抓住方向盘驾驶，而我移到副驾驶，将提供扶助作用。”

听到克林顿的这番话，我非常高兴。这是我们南北分裂后，指出主导对朝政策的首次象征性发言，这翻开了自主外交的新一章。

克林顿总统向我提出积极说服议会接受“阳光政策”的要求：

“考虑到金总统在美国的影响力，我请求您向议会提出并强调‘阳光政策’领域的重要性。称赞金总统的议员有很多，对朝鲜持有不信任与厌恶态度的议员也有很多，但是却没有与金总统志同道合的人。”

然后，克林顿总统没有提到韩美的现案，而是就其他议题向我提问。这些内容都是很难在领导人峰会上提出的问题。

紧接着召开了25分钟的扩大峰会。扩大峰会的内容指出，美国将向韩国派出投资团，并提出了在短期内签署韩美投资协议的原则。克林顿总统表示“美国将会大力支持金大中总统开展的经济改革，将会携手完成韩国经济的恢复”。

当天晚上有一场克林顿总统举办的国宾晚宴。白宫东边的房间非常的静雅。克林顿总统在晚餐欢迎词里讲道“就算天塌了也有人能顶住”，他还引用了我的《狱中书信》中的句子，祝愿我们的经济复苏，也为我的胜利而祈愿。留美韩侨洪惠景先生也来参加了晚宴。洪先生在唱歌之前讲道：

“因为我的母亲特别爱戴金总统，所以我们家里称金总统为‘母亲的男朋友’。”

晚宴的来宾都大笑起来。洪先生唱了一首描写我的一生的《哦！我的主啊!》和一首期盼统一的《思念的金刚山》。

“金刚山是位于韩国境内的一座风景秀丽的山。朝鲜的人们在近 50 年的时间里，虽然不能去金刚山，但是一直在思念着金刚山。我们把期盼统一的思绪寄托到这首歌里，这首歌就像我们的第二国歌一样被广泛传唱。”

首脑会晤结束后，在国宾宴会场和克林顿夫妇在一起

他全心投入地演唱了这两首歌。演唱一结束克林顿总统就发表了感言：

“在今天的这个瞬间，我们都成了韩国人。”

这天的晚宴开始之前，来宾登记的时候发生了一件事情。被邀请的客人中有电影明星白南准先生。那时，我与克林顿总统、希拉里女士与我的夫人站在入口处，与前来参加晚宴的客人寒暄。白先生坐着轮椅出现了。他看起来身体不太好。他从轮椅上下来向克林顿总统走去的时候，他的裤子突然掉了下来。他没有穿内衣，所以完全暴露出来了。白宫的工作人员马上跑过来收拾现场。我与克林顿总统相视一笑。我们都将天才艺术家的天真的行为看做是一种艺术。他的一生就是一种超现实的艺术，所以那天的事情可能也是他事先“计划好的行为”。我很担心他的健康问题。

10 日上午，我在国会议事堂的上下两院联席会议上发表了演说。当时，美国议会的结构是在野党远远超过执政党的席位，所以议会的合作就变得极为迫切。克林顿总统在峰会时也特别要求我去说服议会。我竭尽全力，费尽心血写了演讲稿。反复修改之后，发表演说的前一天晚上才得以定稿。我一走进下院的会议厅，所有的议员全体起立为我鼓掌。

“为了实现与朝鲜的和解，韩美两国应在强有力的安保势态基础上，谋求引导朝鲜开放的‘阳光政策’。而且对于朝鲜，应该持着善意的真实态度，让朝鲜自己卸下怀疑的包袱，自主地走向开放之路。所以，现在最需要的就是有弹性的政策。就像想要脱下行人的外套，最好的方法不是强风而是温暖的阳光。我们在本着政经分离的原则下，在众多领域进行经济合作。我们希望美国能对这些合作作出支持。”

议员们对我报以特别的关注。

马不停蹄的日程，让我很难适应。很多人要求与我面谈，但是我都没有时间会见。虽然卡特前总统也要求与我会晤，但是我却没有时间应对。这些都让我很遗憾。终于抽出时间在韩国的大使馆内会见了韩国特派员们。席间有一个人开玩笑地问道：

“我听说总统先生也看《周易》。最近，克林顿总统虽然政绩优秀，但是也绯闻缠身。这次您见到他，看到他的面相，您觉得他未来的命运会如何？”

“我想着他的绯闻，仔细看了他的脸，他不是那种会被绯闻打倒的面相。他的脸像小孩子一样非常纯真，所以就算噩运找上门来，也会躲着走的。”

说完，我们一起笑起来。

我在下榻的迎宾馆接见了国际货币基金组织总裁米歇尔·康德苏与世界银行总裁詹姆斯·沃尔芬森。对于他们在外汇危机的时候提出的建设性的意见表示衷心的谢意。沃尔芬森担心结构调整会带来大量的失业问题，他建议我研究一下社会保障政策。

结束了在华盛顿的日程之后，我前往旧金山。旧金山市宣布将我到访的日期11日定为“金大中之日”。我在亚洲博物馆招待了这个地区的侨民。市长也前来参加，宣布了“金大中之日”。他还带给我一枚幸运的钥匙：

“这枚钥匙是这个城市的市民向您传达的和谐与感谢的象征。这枚钥匙其实非常沉重。有了这枚钥匙，您可以随时打开旧金山的门，这里就是您的家了。”

我上台致辞的时候，侨民们齐声欢呼鼓掌。回想起来，在我亡命的过程中，旧金山比任何一个城市都热烈积极地支持我。

接下来，我访问了斯坦福大学与硅谷。硅谷从附近的斯坦福大学、伯克利大学、圣塔克拉拉大学等名校吸引来众多的人才。不拘人种、年龄、出身，这些人才不会受到任何的约束，可以专心地进行科研。拥有自由灵魂的人们开始创造网络世界。这里是尖端产业的研究基地。世界上的精英人才聚集在这里，每天为未来产业谱写新的篇章，光是看到这些就让我感动不已。我在与硅谷的主要企业人会晤时，提出邀请风险企业到韩国来投资：

“我们是世界上最善于使用电脑的国家，有着精通电脑的国民。请到这样的企业到韩国来投资吧。”

我访问了惠普与英特尔公司。这是对尖端技术公司的现场体验。

洛杉矶也宣布将我到访的12日定为“金大中之日”。霍尔特议员代表洛杉矶市议会向我转送了纪念牌。我还拿到了荣誉市民证。在我下榻的欧姆尼酒店举办了侨民招待会，在美国职业棒球联盟的洛杉矶道奇队效力的朴赞浩投手也前来参加。他送给了我印有“DJKIM”字样的道奇队的队服。他凭借着急速的直飞球成为了美国棒球界的新星。他仪表堂堂，让人有一种值得信赖的感觉。朴选手在我退任以后偶尔还来探望我。有一次，他带着未婚妻一起来了。我衷心地祝福两位新人，同时也叮嘱他们一定要心系祖国。

我还拜访了前美国总统里根的夫人南希·里根女士。我们一起回想起了1980年我被新军部宣判为死刑的时候，里根总统为了营救我而东奔西走。我让她代我向卧病在床的里根总统转达我的问候。

我在美国受到了难忘的热情的款待。美国媒体称我为“回归的英雄”。《纽约时报》、《华盛顿邮报》等主要报纸以及CBS、NBC、ABC、CNN等电视台也对我受到的苦难以及充满戏剧性的一生作了有深度的报道。

我对我的日程尽了全力。每天都因为时间不够用而感到惋惜。对于我的营销外交，有一家报纸评价道“政府直接控制外交氛围，提升国家的信任度，而民间则在幕后得到实惠，这是一种新型的经济型外交”。同时，这家报纸还报道了通过国务访问而带来的美元达到了167.97亿等具体的内容。这个数字达到了当时外汇持有总额350亿的一半之多。舆论界为此有很多有意思的说法：

“改革列车加满了‘汽油’”，“拿到了经济复苏的‘救济贷款’”，“厚厚的‘回国公文包’，装满了改革的本钱”。

第八部　1998 年 6 月—1999 年

“知识信息强国”，我成为总统，获得了实现这一梦想之机会。纵观人类历史，每当经历变革时期都会出现新的王者。朝鲜民族有底气引领知识信息化时代。

朝鲜民族有着数千年间流传至今的文化之力量。“知识信息化大国”，这是韩国必须拥有的光环。

牛群，穿越板门店（1998 年 6—9 月）

1998 年 6 月 16 日，牛群穿越了板门店到达朝鲜。现代集团名誉会长郑周永赶着 500 头牛踏上了北方的故土。他还带去了他的弟弟及儿子。他大概是想把朝鲜的事业当成遗产留给后代。当时，我结束美国国宾访问回国才刚刚两天的时间。踏上归乡路途的郑会长对国民们讲述了临行感言：

“小时候不顾一切寻找到汉城的路，如今能通过板门店踏上归乡之路，真是三生有幸。我出生在江原道通川一个普通的农民之家，18 岁那年胸怀青云之梦，怀揣着父亲卖牛换来的 70 韩元离开了家。现在，那时的一头牛变成了 1 000 头。为了还清背井离乡的债，我要回到魂牵梦萦的故土。”

真不愧是郑会长，出手大方，一言九鼎。83 岁的高龄还满怀梦想。他作为世界级的企业家，衣锦还乡，我由衷地为他祈福。他留给这个时代太多的话题。他将 5 万吨玉米、500 头牛装上卡车，穿越板门店的瞬间，就像童话里的一个场面，而他就是这童话里走出来的牧童。

有一位美术评论家说，郑会长的“赶牛访北”是他自编自演的一场行为艺术。在南北的分界线上，赶着牛群穿越板门店，整个世界都为之动容。郑会长步行越过了南北军事分界线。以 CNN 为代表的各大美国电视都现场直播、报纸以头条报道了这一激动人心的时刻。

看着赶着牛群的郑会长轻而易举地越过休战线，背井离乡的人们却只能站在临津阁上默默流泪：

“真想躲在卡车的角落里，回故乡看一眼。”

“牛群啊，把统一的种子撒播到北方去吧。”

“牛群啊，把我的心也带到北方去吧。”

南北离散家属的眼泪让我心痛不已。那天早上正好召开了国务会议。统一部长官姜仁德向我作了报告：

“早上 9 点开始，牛群就全部穿过分界线到了北方。相信名誉会长郑周永一行也通过中立国监督会议室到了北方。牛群的数量是之前承诺的 1 001 头，本来是 1 000 头，但是郑会长说 0 代表结束，而 1 代表开始，所以最后数量是 1 001 头。这次先带 500 头牛回去，成年牛 287 头、未成年牛 213 头，价值 8.7 亿韩元。这些牛分配到郑会长的故乡江原道通川郡、咸镜北道、两江道及慈江道圈养。”

赶着牛群越过边境的郑周永名誉会长。他作为韩国企业家第一人，对于极难解决的对朝事业挥洒了热情，揭开了民族共荣的新篇章

姜长官表示，这次郑会长访北会针对金刚山旅游、开办汽车工厂等议题进行讨论。真是令人振奋的报告。这是“政治经济两制”政策的第一步，也是北方接受南方“阳光政策”而迈出的第一小步。于是我说：

“500头牛中有150头母牛已经怀了小牛，那不是相当于650头牛了吗？”

国务委员们的表情都很明朗。

23日，郑会长回来的时候打开了更大的包袱。包袱里面是与朝鲜签订了关于开发金刚山旅游事业的协议。郑会长召开的记者见面会让所有的国民都为之激动：

“最快今年秋天开始，拿到政府的许可后，一天将会有1 000名以上的游客乘轮船去金刚山旅游。”

我们民族心底深处最美丽的山金刚山对我们来说是在歌谣和艺术作品中的很神圣的地方。我还没有去过金刚山。金刚山有着一万两千个山峰，整座山脉就是一个传说，到底是怎样的一座山呢？隔了半个世纪，金刚山的大门才朝南方开放，我是第一个激动不已的人。这就代表着“小范围统一”。哪怕只是想象，就已经让我感动得心头发热。

在这样的大好形势下，对朝鲜“阳光政策”却面临着考验。前一天在江原道束草海域发现了一艘朝鲜的潜水艇。战斗潜水艇被渔船的网拦住漂流在那片海域。朝鲜潜水艇事件成为了对朝鲜“阳光政策”的严峻考验。我们把牛群送了过去，他们却送来了潜水艇，这极大地伤害了国民的感情。

但是，朝鲜在事件发生后24小时以内就作出了快速的反应。平壤电视台的报道说“训练中的一艘小型潜水艇失去了联络”。事件处理的方法很不同于以往，报道的内容也很谨慎小心。报道称这艘潜水艇“因为海流及风向而迷失”，朝鲜的有关机关也在寻找潜水艇的下落。朝鲜不希望本次事件继续扩大化。

虽然发生了潜水艇事件，我还是强调希望继续推行对朝鲜“阳光政策”。我亲自主持召开了国家安全保障会议。会议结果是发表了关于“绝不允许挑衅，但是维持‘阳光政策’基础”的议决书：

“政府根据现阶段形势的两面性，坚持确保国家安保势态，同时维持促进交流合作的并行战略，强硬的安保势态是确保交流与合作的基石，而交流与合作在减少军事威胁的同时推进南北安保的进程。”

在野党和舆论连续几日对政府进行了抨击。围绕着潜水艇展开的攻防持续不停。我认为我们不能因为朝鲜的一举一动就大动干戈。过去在没有实行“阳光政策”而奉行“强硬政策”时，朝鲜军方的渗透也是常有的事情。

另外，“阳光政策”并不等同于绥靖政策。“阳光政策”离开了力量、自信及坚毅是站不住脚的。朝鲜的领导层批判我们的“阳光政策”，引用了伊索寓言，指出“阳光”的含义是要“把衣服脱掉”，所以他们不可能欣然接受。对朝鲜来说，“阳光”这个字眼是他们断然不能接受的。

对于我们的“阳光政策”，在英国召开的亚欧会议上亚洲及欧洲各国都达成了高度的共识，周边的大国也表示支持。特别是美国的克林顿总统公开表示了他的赞同态度。“阳光政策”是得到国际认可的政策。我阐明了我会坚持不动摇对朝鲜的三个原则。我对我们国家的安保有坚定的信心。就算朝鲜改变想法，我们也没有必要不安及恐惧。

在潜水艇事件发生以后，舆论调查结果显示有高达86.6%的国民支持“阳光政策”。对于国民的这种自信的态度，我真是既感激又信任。

就在这个时期，联合国司令部及朝鲜军时隔七年在板门店召开了将军级会谈。朝鲜接受了讨论潜水艇越境的问题。会谈比以往任何时候都更有弹性，更为泰然。我在各种非议中看到了一丝希望。

7月21日举行了国会议员再补选。执政党国民会议由京畿道光明市的赵世衡代理总裁当选，钟路由卢武铉副总裁当选。舆论调查的结果显示会以绝对优势取得彻底的胜利，可是最后的结果却是七个地区只有两个地区取得了胜利。最后的结果是自民联在一个地区、大国家党在四个地区当选。

虽然一再强调公平选举，但是贿赂、黑色攻击、散发选举金等各种不法的选举手段却再次上演。不法及逃避法律制裁的行为大肆出现，让人担心政治改革和选举改革会不会成了空口号。这些过热的势态终究一发不可收拾，演变成了大批的告发、起诉。

在本次再补选中当选的两位代表是我与政府不可或缺的人才。赵世衡代表在编外时就曾经忠实地履行了执政党代表的职责。他不仅有着清晰的头脑，而且做事很有理性。正因为他的加入，国民会议才能更为有机地进行议政。另外，我对卢武铉的信念和执著作出了很高的评价。拒绝了三党合并，他参选釜山国会议员选举及市长选举连续落选。虽然是玉碎的结果，但是他却没有选择回避。国民政府出台后，他对我说：“不论是股长还是科长，让我做什么我就做什么。”

真是说到我心里去了。他的支持改革的形象及自信是我们的政治资产。他的梦想也插上了翅膀。

7月25日，我去青南台休了一周的假。自从当选为总统那天起，我就马不停蹄地工作，连休息的时间都没有，所以，我决定给自己放一个假。

时而散步，时而垂钓。有多久没有垂钓了！仿佛是20年前的事情，我曾经和芮春浩议员等人一起在水源近郊钓过鲤鱼。悠闲地读读书，《世界经济展望》、《知识资本主义的革命》及《孟子》就是那时读的。

夏天休假的时候在青南台给鸭子喂食，可是心里却一直想着国情

夫人每天都去户外的游泳池。夫人髋关节受伤后，在医生的建议下她开始尝试游泳，她自己一个人游得兴致盎然，一下游泳池就不想上来。她和我结婚以后，这是第一次在户外游泳池游泳。可能这样悠闲的时光是她一生中的第一次吧。看着夫人这样幸福快乐，我本身也感到一种幸福和享受。

青南台的周围很幽静。所以有时蓦然就会想起现在还未解决的棘手难题：经济改革的速度缓慢，劳动阶层的反对声音越来越高；国会依然在受在野党的支配，南北问题也看不到将来。想到这些我就把青瓦台的首席长官叫到青南台来，或者打电话和他们商议国政。总统真的不是“自然人”，不能心平气和地享受大自然。

7月31日休假结束后，我邀请前任总统夫妇们共用晚餐。崔圭夏、全斗焕、卢泰愚、金泳三前任总统出席了晚宴。在世的前任总统一起参加晚餐，在我们的现代史上还是第一次。

我想对国民传递一个合并一体化的信息。与前任总统们一起讨论国政经验，希望他们为克服国家的困难出谋划策。

“应该一如既往地努力克服危机。”（崔圭夏）

“看到金总统克服经济危机的领导能力，真的是很让人钦佩。”（全斗焕）

“听了金总统的一席话，让人很是安心。”（卢泰愚）

招待了前任总统们，这是就任后在世的前总统聚在一起的第一次机会

“最近都说金刚山的风景很美，在巨济岛附近的海金刚风景也不逊色。”（金泳三）

就这样，大家的言论有些不同。前任总统们日后待我的态度就像他们那天的讲话一样。

俄罗斯突然遣返了我们的外交官。俄罗斯政府在事前没有与我国政府达成任何协议的前提下，提出要遣返驻俄罗斯韩国大使馆的参事官。同时，还逮捕扣押了我们的参事官，并将调查的内容向媒体公开发布。我国的参事官是挂着外交官身份的国家情报员，他脱离了自己的活动范围，同俄罗斯外务部的情报员接头，在获取极为机密的情报时暴露了行径。但是俄罗斯政府的行为是违反外交官国际协议及外交惯例的做法。这是单方的处理手段。随后，我国的外交通商部也遣返了驻韩国俄罗斯大使馆的参事官。这也是采取了强硬的手段，遣返外交官成为了外交纷争的导火索。

政府企图通过韩俄外务长官会谈来阻止势态的恶化。就在这个紧要关头，外交通商部的长官就是否签署了允许俄罗斯参事官再入国的幕后协议，而陷入了国民的怀疑中。允许遣返的外交官再次入国是一件耻辱的事。我在互相遣返外交官事件的初期就多次指出，对俄罗斯的处理态度要尽量淡定，但是外交通商部长官陷入这样的怀疑中实在是一件祸事。外交通商部与国家安全企划部的主张产生了分歧。

8 月 4 日，外交通商部长官朴定洙在报告与俄罗斯外务部会谈结果的同时，提出了辞职的意向。朴长官在国民政府出台以后，以满腔热情投入工作。他还是我提出的“销售外交”的忠实战将。虽然很遗憾，但我还是接受了他的请求，并任命外交通商部本部大使洪淳瑛为下一任长官。

那一年的 8 月，整个国家都被洪水淹没了。从 7 月 31 日开始，暴雨袭击了智异山一带。95 名避暑游客或死亡或失踪。气象局于事故发生前的 7 月 28 日宣布梅雨季节已经结束了，所以这是大家都没能预测到的。雨一直没有停，一直持续了 20 多天，全国各地都爆发了洪汛。

我寝食难安，凌晨给有关长官、地方官员以及气象局打电话询问。我很无奈也很气愤，因为我能做的就只有这些。气象局每天的预报都出错。但是也不能都怪气象局，因为像这种游击式的局部暴雨的确很难预测。

整个地球都在闹水灾。中国的长江也面临着泛滥的危险、泰国和孟加拉国的洪灾也非常严重。伊朗和也门也发生了洪水引起的山体滑坡，导致了大量的人员伤亡，气候变得越来越怪异。

我视察了京畿北部地区的受灾现场、受灾民安置机构和军队营地。我叮嘱灾民不要丧失重建家园的信心和热情。受灾现场非常惨烈，如果是火灾还能留下燃烧的灰烬，可是大水冲走了就什么都没有了。

“灾难虽是从天而降，可是抚平伤痕却要靠人的双手。”

我强调了一定要彻底重建家园。回来的路上，思绪万千，脑海里一直浮现抓着我的手的痛苦的受灾民。之后大雨不知疲倦，像要吞没世上山河一样的气势不停地下着。全国范围内死亡及失踪者达到了 322 名，经济损失达到了 1.3 兆韩元。

1998 年的夏天天气十分异常。大雨就像互相约定好了一样，把朝鲜半岛的各个角落都淹了个遍。好好的天气，突然就会乌云密布，大雨如注。我读过一则关于游击性暴雨的报道，上面说从暴雨开始到停一共不到两个小时的时间。

这是大自然对我们的报复吗？地球上最大的生命群体究竟在遭受着什么惩罚？人类在自然面前是多么的无力，又对自然是多么的无礼呢？我看到了国民赈灾捐款的队伍。募捐金子的运动才刚过去不久……这让我心情非常沉重。

政府成立 50 周年的光复节。8 月 15 日我在庆祝词中高喊“第二次建国”：

“包括经济在内的我们社会各个部门整体实力不够强，国际竞争力处于弱势。因此，为了增强国家的生产性及竞争力，必须进行结构改革。”

我在强调“第二次建国”的必要性的同时，提出了实现参与民主主义、摆脱政府干预经济方式的结构改革、树立普遍的世界主义价值观、建设创造性知识国家、创造新劳资文化、开启朝韩交流合作的时代等几个国政任务。

我还特别提出针对朝鲜“创立以长官及次官级的代表组成的南北常设对话机构”的建议。另外，我还表示如果朝鲜也同意，为了解决问题，还可以派总统特使到平壤去的意向。最后我号召国民一起参与“第二次建国”。

“第二次建国”是我们作为历史的主人，解救处在国难当中的祖国，开启国家的新命运，是时代的选择。以产业化及民主化为基础，为了完善民主主义与市场经济而推进的国政改革与国民运动。

实现国民政府的原则是重视自由、正义及效率。“第二次建国”不是由政府单方领导，而是集民生的智慧于一体来推动的。只有这样才能成功。

最后“第二次建国”运动还是以失败而告终。虽然我很期待社会的支持与国民的积极参与，但事实却不尽如人意。所以，最后还是变成了政府单方领导的局面。这是没能让民众彻底理解的缘故。这也说明了只是固执于名分，而不实际地扎根到民众当中去，势必是不会成功的。

金钟泌总理代理带了5个多月的“代理”尾巴终于可以丢掉了。8月17日下午，国会通过了任命同意案。其实“代理”这个尾巴从“国民政府”出台以后就一直被在野党踩在脚下。虽然建立了“国民选择的共同政府”，但是面临在野党的攻击，每时每刻都让人心痛。特别是金总理本人更是感到无力。第二天我将任命状交给了金总理和韩胜宪检察厅厅长。金总理带着久违的笑容表达了他的谢意：

“您给了我两次任命状，也就是我被任命了两次。”

8月25日就任后我第一次访问木浦。真可谓衣锦还乡。参加了木浦到务安高速公路的开通仪式后一进木浦市区，数万名的市民蜂拥而出。我决定留在木浦过夜。住的地方可以看到木浦的大海。在荷一岛和木浦的那些记忆像走马灯一样闪过脑海。在荷一岛的时候亲朋来的那一夜，儒达山的怀抱是那么的趣味盎然。

第二天我去参拜了光州望月洞“5・18”烈士陵园。我在留言簿上只写下了“1998年8月26日金大中总统”，然后一句话也没说。

1997年5月，陵园竣工仪式举行的时候，我作为在野党的总裁参加仪式，那时我在留言簿上留下了“永远的胜利”的留言。1年零3个月之后，我作为总统再次来到望月洞，但是这一次我却找不到合适的语言来送给里面安息的英雄们，因为我想以后能把“成功的总统”这一称号送给他们。

我在全罗南道道厅接受了政务报告。道厅是“5·18”光州民主抗争的中心地，市民军队以生命来保卫的地方，而现在我就坐在这里。市民军队一直保卫到最后的究竟是什么呢？我百感交集。他们喊着要求释放的死刑犯如今回来了，还带着总统的头衔。我在望月洞没能讲出来的话在这里开了口：

“世界上屈指可数的民主抗争。我想对坚持抗争到底的光州市民表示敬意和赞扬。向为此而牺牲的民主烈士致以深深的哀悼和谨求冥福，也向烈属们表示诚挚的慰问。

“光州抗争结束到现在，春秋也变了几许。沿承光州精神，我们的抗争终于取得了成果，50年以来第一次实现了执政党与在野党的交替，实现了民主政权的诞生。我会一直谨遵光州精神，做一个正直的总统。我会不辜负为了释放金大中而牺牲的烈士们，我会尽最大的努力让他们的抗争变得有价值有意义。”

随后，我邀请检察厅部属到青瓦台来做客。以韩胜宪厅长为首的检察厅本来的作用是“国政的守望者”，他们一直为此而努力。1997年4月我已经直接到检察厅接受了报告。舆论报道说总统直接到检察厅是25年来第一次，并把我和韩厅长的关系大肆渲染。我也没有隐瞒自己的想法，那天的午餐会上我一直向他们表达了我对韩厅长的信任：

“韩胜宪厅长是我的老友，也是我特别信任的人。请各位国民的检察厅以厅长为中心，做出更多的成果来。”

韩厅长因为“65岁退休”的限制，1年半以后就离任了。他在任的时候曾经将厅长的退休年龄延长到了70岁，但是在自己身上却没有适用。他的品性一目了然。送他离开时我依依不舍。韩厅长在军事独裁时期不顾自己的利益，在法庭上为数不尽的民主斗士辩论。他是名副其实的韩国代表人权律师。他品格高尚、博学多识、文采斐然，同时又兼备幽默风趣，是不可多得的人才。

我参演了吸引外国游客的广告，欣然接受了文化观光部长官申乐均的建议，在金浦机场及青瓦台绿地院完成了拍摄。8月28日，我邀请同我一起拍摄的艺术及体育界人士共进午餐。

这一天国民会议及国民新党完成了合并。我与国民新党李万燮总裁一起于8月28日发布了这一消息。采取吸收合并的方式，包括李仁济先生在内的7位议员达成合并。大国家党于8月31号召开了全党大会，李会昌先生被选为党内总裁。李总裁在上次大选落选8个月后，再次回到了政治一线。他在总裁就任演说时提出领袖会谈的提议。

8 月 31 日，朝鲜发射了一枚火箭（大浦洞 1 号）。导弹从大浦洞发射落在了 1 550千米开外的距日本东北地方 750 千米的太平洋公海上。美国与日本都非常震惊。我们政府 8 月初就已经发现了咸镜北道大浦洞导弹发射基地在准备试验发射的征兆。8 月中旬接到导弹已经装备完毕的报告，所以就一直在关注这个问题。9 月 4 日朝鲜发表了有关言论：

“大浦洞 1 号是三段推进导弹，发射后已成功进入轨道。本卫星将以 165 分 6 秒为周期绕地球旋转，传送金日成、金正日将军的歌曲和信号。”

朝鲜宣称卫星已成功进入绕地球旋转的轨道，并将其命名为“光明星 1 号”，结果却证实是以失败告终。但是朝鲜却向全世界展示了其不仅对日本列岛而且对夏威夷等美国部分地区都可以构成威胁的弹道导弹开发能力。我们缜密地研究了朝鲜的意图：庆祝朝鲜政权成立50 周年（9 月 9 日）、营造“强盛大国”的氛围、宣布金正日时代的到来。

国民政府对朝鲜“阳光政策”也蒙上了一层乌云。对朝鲜发射导弹的恐惧心理在日本扩散开来，最后日本中断了与朝鲜建交协商以及粮食支援政策。日本将这一问题带到了联合国安理会。根据《日内瓦协议》，原定为由日本承担的对朝鲜轻水反应堆 10 亿美元支援金的署名也无限期延期。

美国对朝鲜的导弹发射也作出了敏感的反应。共和党的强硬派议员们要求减少对朝鲜的柴油支援预算。他们还要求停止一切与朝鲜的对话及接触。

正好美国前国务卿亨利·基辛格先生来访问韩国，我请他赐教。他是过去中美建交及解决苏联问题的专家。基辛格指出中国的领导层也非常担忧朝鲜发射导弹的问题，同时提出应该慎重解决这一难题：

“如果对朝鲜的导弹发射试验作出草率的反应，就会影响到其他的方面。虽然没有人喜欢朝鲜的这一手段，但是要深思熟虑来解决。”

朝鲜在发射导弹的第二天召开了最高人民会议第十届第一次会议。提出废止国家主席一职，再次拥戴金正日国防委员长为最高长官。修改宪法，改最高人民会议常任委员长（金永南）为国家代表，国防委员长（金正日）担任国家最高职位。从劳动党总书记、党中央军事委员会委员长，到人民军总司令官，金正日掌握了所有最高的权力。1994 年 7 月金日成主席去世后一直持续的所谓“遗训统治”正式落下帷幕。朝鲜让国内外都知道了“金正日时代”开始这一事实。

我早就猜想金正日委员长不会登上主席这一位置。整个世界都猜想他会登上主席的位置，而我的想法却不一样。结果被我言中。金委员长或许是觉得负责整个行政部的主席一职很有负担。人民都生活在饥饿中，而往往怨声就会落到自己头上，他不想看到这种情形。结果金委员长选择了将负担分散开来，而自己掌握实权的方法。

朝鲜修改宪法是一个很重要的变化，我特别叮嘱外交安保首席长官密切注视朝鲜的一举一动。

奇迹不会奇迹般地出现（1998 年 9—10 月）

德国总统赫尔佐克 9 月 15 日访韩。他是国民政府成立后迎来的第一位外宾。他在青瓦台的晚宴上致答谢词的时候，引用我的论文说我们的政府所走的路是非常正确的：

“韩国政府为了摆脱危机，采取了向世界开放的方法。我坚信这是一个正确的选择。总统强调了民主主义与市场经济是硬币的正反面。金总统于 1994 年发表的论文中曾经证明，从历史的角度来看，亚洲也存在这样的准备阶段，就像欧洲一样对民主主义十分有信心。早在 19 世纪，韩国也存在民主主义色彩非常浓厚的哲学性的苗头。我觉得这篇论文值得大家都去读一读。特别是对于相信民主主义不适合亚洲，或是亚洲不适合民主主义的这个时代，是非常重要的一篇著作。只有民主主义和市场经济才能营造创新的生活，才能满足人们追求福利的热切希望。”

他还积极地支持“阳光政策”：

“我衷心地希望，南方发出的‘阳光’可以照在北方政策决策者的头顶，能够照进他们的心里。此外，以长远的眼光看来，这个政策是唯一的理性政策。”

10 月 1 日是我就任以后第一个建军节，还是建国 50 周年的纪念日。就任后第一次建军节活动，我内心非常期待。前任总统们当时的心情肯定也是这样吧。节日之前，最担心的就是天气，因为秋天的台风才刚刚袭击过南部地区。

南方部分地区再次被洪水淹没。我很担心准备已久的建军节活动那天天公不作美。炎炎夏天，将士们在烈日下不停地训练，为的就是这一天，如果下雨他们会多么失望啊。如果活动取消或是缩小规模的话，甚至可能会影响到军队的士气。

下大雨或是不下雨都让人担心。满腹忧虑无处诉，这大概就是总统的宿命吧。幸运的是台风没有北上，而是渐渐退去了。建军节当天，秋高气爽，万里无云。在汉城机场举行了纪念仪式。媒体这样报道，我作为最高统帅在阅兵典礼及检阅分列仪式时一共致了89次举手敬礼。舆论对我敬礼次数如此关注，可能是因为我以往和军队的特殊关系。

就任以后迎来的第一个建军节。用89次举手敬礼来答谢阅兵典礼及分列仪式

我在接受我们军人的敬礼时也是思绪万千。过去的时间里，政治军人以及与他们步调一致的政治势力们一刻不停地挑拨我与军队的关系。军队就像是我永远的反对集团一样，扭曲散布事实。但是像这样的谎言及做法是不能渗透到“国民政府”军队内部的。我在那天的讲话中强调，我作为军队最高统帅不允许这片土地上再发生战争。我还要求朝鲜也来关注：

“以朝鲜新领导班子的登场为契机，希望与朝鲜携手共创和解与合作的新时期。”

10月7日，我出访日本。我希望韩国和日本能把不幸的过去翻过去，寻求共同发展携手并进的契机。在20世纪的历史中，两个国家间所产生的怨恨和伤害不能一直带到21世纪去。金泳三政府时期，与日本的关系曾经大大恶化，现在是时候来恢复两国间的关系了。金泳三总统曾经在独岛领土权白热化的时期，对日本说出了“要改改他们的毛病”之类的强硬言论。可是强硬的态度又导致了强硬的对应政策。于是韩日两国外交之路断裂，政府间的信任也完全崩溃。这对于两个国家来说都是很不幸的事情。

日本举国上下对我的到访表现出了极高的关注。本来应该在他们的国土上被劫持而且被处死的人，如今活着并且作为总统来出访，这不能不说是一件值得关注的事情。日本的媒体集中报道了我一生的逆转。

明仁天皇夫妇举办的欢迎晚餐

到达东京的第一天，我拜访了天皇夫妇。接着参加了明仁天皇举办的晚餐，晚餐在宫城丰明殿举行。雅子皇太子妃说道：

“我曾经在哈佛大学听过总统的演讲。”

那么她应该是在我流亡生活中在哈佛求学的1983年听到了我的演说。这样我也算和她是同门了。于是我也向天皇寒暄：

“天皇陛下，皇太子夫妇真是一对璧人。”

我说出了“天皇”这一称呼，这在我访日的前后成了争议的话题。一部分媒体认为我应该称呼其为“日皇”。我也理解民众们对日本的感情。但是在外交事务中，应该按照对方的国民意愿来称呼对方的领导。我对国民作出了如下解释：

“一个国家领导人如何称呼，应该按照那个国家的国民使用的称呼。日本人称呼天皇，我们也称呼天皇；英国人称呼女王，我们也称呼女王；西班牙人称呼皇帝，我们也称呼皇帝；我们称呼总统，那么外国人也称呼总统。我们没必要改变对方的称呼来刺激对方。”

天皇在晚餐致辞时提到了韩国与日本的历史关系，而且他还对殖民统治向韩国谢罪：

“贵国的文化对我国产生了深远的影响。8世纪时撰成的《日本书记》中可以找到诸多交流的痕迹。虽然有着密切交流的历史，但是我国也曾有让朝鲜半岛人民生活极其痛苦的时期。为此，我的记忆里总留着悲伤的一页。”

明仁天皇在晚餐后的谈话中指出，韩国和日本是一衣带水的邻国。他还强调两国之间相隔的东海不过是一条窄窄的带子，他的话让人很吃惊：

“建都京都的桓武天皇的生母是百济来的入籍者。”

天皇的话出乎我的预料。天皇非常谦虚，对历史的见地也很深。

美智子皇后向我寒暄道：

“总统阁下虽然经历了那么多苦难，但还是保持着温和的哲学、强韧的信仰和永远不放弃希望的生活态度。”

“您过奖了。我本来是个没有勇气而且很胆小的人。说起来有点可笑，晚上一个人走夜路的时候，我会害怕有没有小鬼出来。但是给我带来勇气的有两件事情：

“一是作为一个天主教徒的信仰。真正的耶稣门徒应该像耶稣一样，为了解救受苦受难的人们，与镇压者进行抵死抗争，最后被钉死在十字架上，他们应该与这个世界上的不义、独裁与腐败进行抵死抗争。二是对历史的信仰。纵观历史，虽然有的暴政昏君没有在当时受到历史的审判，但是他终究会被后代的历史审判。相反，圣贤君主虽然在当时没有受到人们的认可，可是后世终究会给他一个公正的评价。

“日本有一位叫坂本龙马的先生。大家都知道他是一个浪人，他没有取得任何成功也没有出人头地就去世了，但是他却是明治维新的最大功臣，比那些后世的贵族和总理更受日本民众的尊敬。正直的人一定不会失败，从日本的历史当中也能找到这样的训诫。”

对话非常愉快。我们互相交换对韩日两国历史的意见。皇后读了我夫人的书，对书的内容了如指掌，黑田清子公主居然还知道我喜欢有关动物的电视节目。我们与天皇一家谈天论地。就这样，在日本的第一夜渐渐深沉。

我在宫城的晚餐上，对过去的历史只字不提。日本舆论报道说这是一个例外。因为日本国民非常尊敬天皇，所以在那样的场合下就更不应该提起敏感的历史问题。如果在天皇面前使用过激的言论可能是对日本国民的一种侮辱。这样的反应很好。《朝日新闻》作出了如此的评论：

“金总统在访日之前显示出清算历史问题的强硬意志，可是他照顾到天皇象征性的立场，表达了他对两国亲善的迫切愿望。”

第二天，与小渊惠三首相进行了首脑会谈。席间我提到了历史问题，同时也提出了两国间关系的最根本问题：

“如果日本首相在会谈时谈到对过去历史的反省及道歉，那么不久后日本的阁僚或是执政党支持者就会发表与首相完全相反的偏激言论，这样的事情不少见。这在韩国看来，日本的首相只是一种形式上的道歉，就会误会日本的本意并不是真心道歉。舆论自由，所以日本的民众当中肯定也有很多不同的声音，但是，最起码执政党中不应该有人发表过激言论。”

对于我的指责，小渊首相也同意不信任只能导致不信任，必须中断这种恶性循环。

我与小渊首相在会谈时，发表了双方达成共识的《建立21世纪韩日合作伙伴关系共同宣言》。这个《共同宣言》中涵括了许多原则与计划，其中最重要的要算日本首相针对历史问题向韩国谢罪：

“小渊首相阁下回顾了本世纪韩国与日本的关系，承认在过去一段历史时间内，日本因为对韩国实行殖民统治，给韩国国民带来了极大的损害及痛苦，针对这样的历史事实，作出痛切的反省及发自内心的谢罪。”

这是日本政府第一次将“对殖民统治作出痛切的反省及发自内心的谢罪”表述写入外交公文，另外还直接指明向韩国道歉，这也是非常有意义的。社会党出身的村山富市首相也曾于1995年表示反省与谢罪，但那时谈话的内容中谢罪的对象是“亚洲各国”。

另外重要的内容是向韩国市场开放日本大众文化的决定。这项决定充分反映了我的意志。当时国内认为开放日本大众文化还为时过早的意见占多数。他们担心本国的文化没有竞争力，韩国会沦为日本的文化殖民地，但是我不这样认为，我相信我们的国民以及我国文化的力量。

接受先进文化，却可以韬光养晦，将其创造为我们自己的东西，这就是朝鲜民族独特的能力。解放后，各种文化如潮水般涌入，我们能去其糟粕，取其精华。我坚信接受日本文化也不会出现问题。相反，限制日本文化的传入却很容易产生问题。良好的文化不能引进的话，暴力与性等低俗的文化就会悄悄渗透。

文化不能以历史某个瞬间的优劣来判断能不能交流。文化是过去、现在和未来相连接所形成的。站在这个角度来看，文化交流就是互相学习的过程。限制日本文化的传入是我们的羞耻。

我认为不能再有文化锁国主义的存在。我们的文化是令人引以为豪的。我不觉得开放引进日本的文化有什么犹豫。我的预料不错。开放引进日本文化以后，反而在日本掀起了“韩流”之风。

与小渊首相还签订了渔业协议。《联合国海洋法》协约于1994年生效，世界法制应该改为200海里排他性经济水域（EEZ）。1965年签订的《韩日渔业协定》规定只认证12海里全管水域，但现在的海洋环境已经从根本上发生了变化。日本于1996年宣布实行200海里EEZ制度，单方停止了《韩日渔业协定》。

这一事件发生以后，东海地区围绕渔业问题曾一度陷入了混乱的局面。在这种情况下，应该尽快确立新的渔业操作秩序。

《韩日渔业协定》中的第一条就协定的场所范围进行了如此规定：“本协定在韩国的专属经济水域与日本的专属经济水域范围内适用”。在两国的经济水域范围内适用的含义换句话来说就是在两国的领土、领海以及第三国的EEZ区域是不能生效的。因此，我国的领土及独岛，以及独岛周围的12海里范围的领海不是渔业协定规定的适用地区，所以更不能受渔业协定的影响。

与小渊惠三首相进行首脑会谈。小渊首相在我在任时去世，让我深感遗憾

新出台的《韩日渔业协定》既尊重了国际法的规定，又考虑到我们的实际利益，是反复斟酌后作出的选择。将独岛放入中间的水域，是因为本协定与领土主权是毫无关系的。一开始，围绕着捕鱼量的多少引起了争端，也同时引起了不少渔民的反对，但是却比日本渔民的反抗要轻得多。在认证EEZ 200海里以内为捕鱼区域，不仅扩大了捕鱼的海域，同时还确保了独岛作为我国领土的地位，也摆脱了EEZ的法律效力。我再重申一遍，独岛是我国的领土，只要我们还对独岛持有实效的管理与支配权，就不要让独岛陷入到国际纷争的问题里去。因为让独岛陷入到国际纷争中去才是日本期望看到的局面。

结束了首脑会谈，我到参议院作了一场演说。我的国会演说吸引了媒体以及议员们的到来。有527位来参加我的演说。据说这是国会演说史上参加人员最多的一次。另外，小渊首相夫妇以及5位前首相及其夫人，阁僚、议员及其夫人都来参加，这也是非常不寻常的事情。那天的演讲由日本放送协会电视台进行了全国实况直播。

我在演讲的开始表达了我对日本政府及国民的感谢：

“25 年前的东京绑架事件及 1980 年被宣判死刑，在这些为了民主化斗争的过程中，有好多次我都险些失去生命，现在，我作为韩国的总统站在这里，向大家演说，禁不住思绪万千，感慨不已。我永远都不能忘记，为了保护我的生命及安全，在漫长的岁月里支持着我，为我出力的日本国民、媒体舆论界以及日本政府的恩惠。”

另外我还表示，在过去的 50 年间，我们民族与独裁抗争而换回了人权及和平，我一定会守护这样的成果：

“奇迹不会奇迹般地出现。韩国的民主化，特别是宪章史上最初的和平政权交替是韩国国民用血汗换来的奇迹。我们国民与我对于如此艰辛而获得的珍贵的民主主义，将会毫不动摇地守护下去。”

我还向日本民众告诫，眼下最重要的不是纠结于过去的历史，而是要展望未来。这只有能正视过去历史的人才能做到：

“韩日两国在直面过去历史的同时，也迎来了建立面向未来的可持续发展的友好关系的新历史时期。直面过去历史就是要接受历史事实的真相，面向未来的意思就是要在历史的真相中吸取教训，为创造更美好的明天而一起探索、一起努力。

“日本需要寻找直面过去的历史、不畏惧历史的真正的勇气，而韩国则应该正确地评价日本现阶段的变化，寻找对其未来可能性的信心。”

我演讲的时候，议员们一直不断地热烈鼓掌。我的议会演讲也深深地留在了很多人的脑海里。有许多议员表示，我的演讲让他们深深地体会到“政治家的语言”是多么的有分量，而其威力又是多么的有影响力。

我去参加了小渊首相举办的晚宴。他发表了晚餐祝词：

“总统在日韩外交恢复正常化之时，在国会的大多数议员都对邦交正常化持反对意见的前提下，非常勇敢地坚持赞成邦交正常化的决定，而且还强调了两国国民的友好关系及互相理解的重要性。而今天我们看来，如果没有 1965 年的历史性的决定，就谈不上日韩关系的现在和未来。总统在戏剧性的波澜起伏的政治逆境中，为人权及民主主义的发展，就像‘行动的良心’所表达的那样，以无穷的勇气及坚定的信念战胜诸多的苦难与逆境，我本人对此表示最衷心的敬意。我本人最敬爱的已故作家司马辽太郎先生，于 1980 年，总统尚在斗争的荆棘路上行走时，曾向铃木善幸首相及伊东正义外务大臣传递过书信。书信的内容是‘我作为一个人，一直在为金大中先生的获救而祈祷’这样短短的一句话。总统在经历了无数的艰辛及磨难之后，终于当上了总统，登上领导韩国的位置。总统一路走来的艰辛路程，就是韩国民主主义及经济发展的历史之路。”

小渊首相还提到了在日本棒球联赛中为日队效力的宣铜烈选手及歌手桂银淑在日本的活动是多么的活跃，强调了相互交流的重要性。他还说他来韩国时我为他题的“敬天爱人”四个字被他当成了座右铭。

10月9日早上，我邀请在日本的朋友到迎宾馆来做客。那天，我与在困难时期帮助过我的70多位朋友一起喝茶聊天。

田英夫参议员是当时“金大中东京绑架事件”的真相调查委员长。佐佐木秀典众议员则是当时真相调查委员会的实际业务负责人。旅日侨胞赵活俊先生是绑架事件时在我身边的秘书。小学同学金钟忠在我流亡时将自己的住宅提供给我作为藏身之所。发行《世界》月刊的岩波书店已故安江良介社长夫人及总编辑也与我见了面。安江良介社长曾将我的会见报道以大篇幅登在《世界》杂志上，使我的名字在日本家喻户晓，他和我有着非常特殊的关系。土井社民党党代表村山前总理是支持我的代表性的政治人士。自民党河野前总裁是我30年的知己。获得了诺贝尔文学奖的作家大江健三郎先生，以及正在开展撤销指纹盖章运动的李仁夏牧师也来参加了聚会。

大家都为我而担忧，为了救我的性命而作出了努力。我没有死，反而作为总统出现在他们的面前。我对他们的感激无法用言语来形容，他们也是百感交集。岁月不饶人，他们也苍老了许多。我说我和他们的友谊将会永远不变，万古长青。

我们见面的时间只有一个小时。因为是秋天，我想晚上邀请他们来，大家小酌几杯，应是甚好。又或者长久地握住彼此的手也能让我欣慰许多。可是我们上午见面，却连午饭都没能一起吃，就那样互相分开了。那天来的人里面，有些是生离，而有些竟是死别。这样想来，什么是斗争，什么是革命，谁又是朋友，这些都是虚无缥缈的。

天皇夫妇到迎宾馆来，对我进行临别礼节性访问。我正式向天皇提出邀请他们夫妇到韩国来做客。天皇说他对我的邀请表示衷心的感谢。我猜想如果天皇来访问韩国，那么两国的关系将会发展得更为成熟，但是他至今还是没能踏上我国的土地。

我邀请日本政界领导者一起来参加我举办的午宴。中曾根、竹下、桥本龙太郎、村山、羽田孜、海部俊树六位前任首相及民主党代表菅直人、自由党代表小泽一郎等五位党代表参加了午宴。我们一方有自民联的朴泰俊总裁、申铉确前总理、金守汉前国会议长一起参加午宴。

社民党的土井代表的讲话给我留下了很深的印象：

“现在想起来，（绑架事件发生的）1973年8月到现在已经过去了25年。回忆起这一段时光，就会越发感觉到金总统本次访日让人感慨万千。这25年间，每当我遇到困难还有一些棘手的事情时，提醒我不要轻易放弃、为我鼓劲的人，我想应该就是金总统。

“他昨天在演讲时讲到‘奇迹不会奇迹般地出现’。我个人认为这句话是他本次会议演讲内容中最为经典的一句，一定会长久地留在我们的心中。这 25 年间，不论有多么困难的事，不论遇到多少风吹雨打，他都坚持着不忘初衷、不懈努力的原则，我认为他以自身的行为，为所有的政治人树立了一个榜样，告诉我们应该拥有什么样的心志与态度。”

担任韩日协会委员会会长的申铉确前总理也讲了话：

“韩国的总统访问日本已经不是第一次了，但是以往的访问绝对不能达到像这次访问一样的评价及影响力。我自身回顾过去的记忆及经验时，本次访问才真正体现了面向 21 世纪的两国间互助合作的体制是可以实现的，我对此充满了信心。”

日本访问的行程中，邀请日本政界人士聚会的这一天才是最难忘的。元老们的话语既周全又温暖。所有人都是真正的同伴，而且都对韩日的未来持乐观的态度。

9 日的下午，我从东京羽田国际机场出发到大阪去。小渊千鹤子首相夫人亲自到机场来送别我们夫妇。到达关西国际机场后，我们乘车去帝国饭店，沿途上市民与学生都一涌而出，手里挥舞着太极旗与日章旗。这些人里不仅有很多旅日侨胞，当地日本人也有不少。虽然警卫队阻止了我的行动，但是我还是下车和他们一一握手，向他们一一问好。

大阪在现代史上是对我们很特别的一个地方。日本殖民统治时期，数以万计的韩国人被强行征用，漂洋过海到这里来工作、服务。然后，他们就在这里定居下来。现在可能旅日侨胞人口最多的地方就是这里。据说大阪市民的性格及心性和韩国人很相似。我想这与近代史上发生过的事情是不无关系的。

10 日的早上，我与文化界的人士有一个座谈会。小说家曾野绫子说了一段意味深长的话：

“韩国与日本之间，有一段让人很遗憾的过去。战争爆发的时候，我当时只有 13 岁，而天皇还只有 11 岁，我们都还只是孩子。我认为正因为有着过去一段不愉快的历史，我们更应该去创造能够忘记这段不愉快历史的美好未来，这将会是两国迈出的新的一步。我虽然是个小说家，但是我认为互相关心才是爱的开始，有时互相的关心形态虽然是以恨的形态出现，但是最终却会发展为爱的形态。”

我对她的发言作出了以下的回答：

“在日本殖民统治时期，我已经是青年了，关于战前与战后我都知道真相，现在想来，所谓经济性的榨取等几乎不会留下创伤，但是文化性的压迫与侵略却会留下不能磨灭的伤痕。韩国人对自己的姓看得比生命还重要，但是日本殖民统治时期，不仅将韩国人的姓改成日本式的姓，还禁止使用韩语。另外，还不准学习韩国的历史，将韩语的报刊强制性停刊，不允许韩国文学的写作。最后，还将天真无邪的少女强制性地编入‘女子挺身队’，让她们沦为了日本军队的‘慰安妇’。像这样的文化性的、人权性的问题，到现在为止还是不能磨灭的伤痕。但是日本人却大多数都不知道这样的事实。因为不知道所以就不会去反省，因为不会真心地反省，因此就不能做到真正的谢罪。我个人认为，诸位因为是文化界的人士，应该会理解这种文化性的伤痕比经济性的伤痕要更深，并且是一种本质上的伤痕。”

我平安地结束了日本国事访问。日本对于过去的历史明确地道歉，并做出书面上的道歉，同时还承诺会向我国以每年2% 的善意低利息提供30 亿美元的借款。归国后的发布会上，我将以上的内容作为本次出访获得的成果，但是，还有许多看不见的收获。

如果将1965 年邦交正常化以后的韩国与日本的关系称为“1965 年体制”，那么我与小渊首相共同发表的《建立21 世纪韩日合作伙伴关系共同宣言》之后的韩日关系则应该称为“1998 年体制”。

但是《建立21 世纪韩日合作伙伴关系共同宣言》的成就，历史会为我们证明的。而我的职责则是为了能够得到最好的结果，进行“精确”的努力。

我认为此次访问日本能够有所收获，应当归功于民主性的政权交替的力量。说服日本国民，说服舆论媒体，说服执政党与在野党，都应该归功于政权交替的威力。我们通过连日本都没能实现的民主性的选举，成功地进行了政权交替。对于我们民族的如此强大的底气，日本国民乃至世界人民都对我们表示尊敬及羡慕。

联合国秘书长安南为了领取汉城和平奖访问了韩国。他出身于非洲加纳。我向他提了几个很想知道的问题：

“您认为，在非洲各国中，从民主主义与市场经济并行发展的方面来看，最具备可能性的是哪一个国家？”

“我认为南非共和国是可能性最大的一个国家。经济先进，金融、机械工程以及矿产业也具备了坚实的基础。站在民主主义与人权的角度来看，曼德拉总统的个人领导能力及他的德望起到了很大一部分作用。”

“东帝汶情况怎么样呢？”

“印度尼西亚当局已经做好了允许东帝汶相当程度上自治的准备。除了国家安保、金融、外交方面以外，在社会、教育、政治、经济等所有领域，已经开始了关于自治的议论。我们也向印度尼西亚提出从东帝汶撤军、释放政治犯等要求。”

我与来韩国访问的联合国秘书长安南在一起

“我个人非常关注缅甸的人权问题。我们100位国会议员联名上书的抗议书信已经发给了缅甸政府，我也以我的名义发过两次书函。我也在试图和昂山素季女士联系。我认为缅甸的军事政权是不可饶恕的。如果联合国能够以更加积极的态度来进行干预，应该会有一个更好的结果。”

“联合国派了特使去缅甸，促请缅甸当局不要镇压素季女士一党，但是当局并没有接见联合国特使。他们的理由是还没有做好准备。”

“在世界上，军事政府不认可选举结果而掌握政权的事件有两起。一起发生在海地，另外一起就发生在缅甸。发生在海地的事件结果是，为了使当选的总统及其政府能够完全建立，美国采取了军事力量介入，并积极地帮助了海地政府。但是，对于缅甸的事态，我认为美国的努力还很不足。”

日后，我对这两个国家的动态也一直保持着高度的关注。

那天下午，我接见了海外被领养侨胞祖国文化体验团一行。访问团中有一位特殊的客人。1989年2月，我在瑞典国际研究所进行演讲时，一位身穿韩服的女生问了我一个问题：“您怎么看待韩国的被领养儿童问题？”几年以后，我再去访问瑞典时，那个女生已经成为了一名记者，前来采访我。那位特殊的客人就是这个女生。这一次是我们第三次见面。这一次，她摇身一变，以一位33岁的法律咨询师的身份出现在我面前：

“总统阁下，我很荣幸能够再次见到您。您第一次来瑞典的时候，还是一位民主斗士。那次见面，使我的一生发生了很大的变化。来到韩国，我发现韩国正在朝着民主主义、力争平等的国家而前进。这一发现，使我不知道怎样来用语言来形容自己的激动之情。”她哽咽着。她的名字叫做金莉娜（Lina Kim）。

很多访问团成员都在啜泣。他们的眼泪一直流到了我的心里。他们在幼小的年纪，就漂洋过海到了陌生的国度，该是多么的孤单无助、多么的伤心欲绝啊！祖国在遥远的天边，他们该有多么的绝望啊！想到这些，我再次向他们道歉：

“我作为韩国的总统，向各位表示最深深的歉意，祖国和我做了对不起大家的事情，再次向大家谢罪。”

现代集团名誉会长郑周永赶着501头牛完成了第二次访北，于10月31日回到了南部。郑名誉会长见到了金正日国防委员长，金委员长站在右边，郑会长的儿子郑梦宪站在左边，郑会长站在中间拍的那张纪念合照被报道了出来。这个报道让我印象深刻。我拿着照片，看着将中央的位子让出来给郑名誉会长，自己则站在一旁的金委员长，凝望了很长时间。

金委员长与现代集团针对金刚山开发、油田的共同开发、体育教育、经济合作项目等话题达成了共同协议。金刚山观光邮轮定于11月18日开始起航，这项协议最为吸引人的目光。郑名誉会长亲自向我说明会谈的结果。星期一一早，我的第一个日程就安排了接见郑名誉会长、郑梦宪现代建设会长、李益治现代证券社长访北代表团一行。

郑周永父子向我详细地讲述了访北的结果。特别是平壤周边地区遍布着油田，他们已经决定开发这些油田，供南方使用，这真是让人鼓舞的结果。我谨慎地开口说道：

“报道不能过于夸大事实，应该本着循序渐进的原则来发布。回想过去，企业闹得沸沸扬扬，结果怎么样，还不是没有什么进展。所以一定要考虑到国民的感情，最好能踏踏实实地去落实。”

虽然我嘴上这么说，但是我心里却比任何人都希望这些合作的成功。如果在朝鲜建成工团，那么不论对南还是对北都是一件大好事。朝鲜劳动者的报酬很低，教育水平却很高，所以工作的质量很优秀，能为我们的企业提供很大的帮助。

金委员长直接出面主持对韩事业，就是一个非常有意义的变化。我想，我们在过去八个月的时间里，不停地叩响朝鲜的大门，而现在朝鲜终于肯为我们打开一扇侧门了。我认为，在金委员长就任以后，朝鲜政权的内部一定也发生了不少变化。我猜想，应该是实用主义派的代表声音越来越大，越来越有分量。政治经济分离，以及“先民间经济合作，后政府当局对话”的坚持不懈的推进，使得朝鲜也开始了行动。我想，在我的总统任期之内，应该能有机会见到金委员长一面。

10 月 10 日，与大国家党李会昌总裁进行了朝野总裁会谈。当时，政局处在一个非常混乱的时期。金泳三政权末期，总统选举时期的不正之风被曝光了出来。其中，包括大国家党动员了国税厅进行选举资金的募集，并请求朝鲜在板门店制造枪击事件等事实被暴露了出来。这些都是不能容忍的事实。舆论将这两个事件称为“税风”和“铳风”。税风是将国家的税收行政乾坤颠倒的事件，而铳风则是与朝鲜结为一气，为了掌握政权而不顾国家安危的犯法行为，这真是千夫所指的罪行。这些事件已不再是朝野之间的矛盾问题，而是危及国家之根本的严重的犯罪行为。

和李会昌总裁进行朝野总裁会谈

身陷绝境的大国家党却称此事件是在镇压在野党，他们宣称要起来反抗。执政党要求大国家党正式道歉。这也是朝野政党总裁会谈的前提条件之一。李总裁只对动员国税厅进行选举资金募集的事件也就是“税风”事件而发表道歉。这是不完全的道歉。朝野政党总裁会谈经过了几次取消的危机，在千难万险之后才得以召开。我与李总裁共同协议“为了克服国难，秉着相互理解与合作的基础，通过朝野之间的对话与妥协，恢复成熟的政治局面”。在经济危机的情况下，我认为不能有更多的国民舆论纷争了。终于到了访问中国的前夜。

金刚山旅游（1998 年 11 月—1999 年 9 月）

1998 年 11 月，对我来说是外交之月。

从 11 月 11 日起，我开始了为期十天九夜的海外巡访。结束了对中国的访问后，又参加了在马来西亚召开的亚太经济合作组织举办的亚太经合组织首脑峰会。另外，我回国不久的 11 月 20 日左右，美国总统克林顿计划访韩。韩美首脑峰会正在等着我们。

每次去中国，带给我的感受都是不一样的。中国领导人及中国普通民众对我的态度很友好。过去，中国媒体对我与军事独裁政权斗争的活动进行了详尽的报道。另外，我的书也被翻译成中文，面向大众销售。在成为总统之前，我也访问过中国三次，三次都是中国人民外交学会发出的邀请。中国人民外交学会是隶属于中国外交部的机构。

第一次是在 1994 年 11 月，我以亚洲太平洋平和财团理事长的身份访问中国。当时我是一介从政界退隐的在野之人。即便如此，当时中国政府还是在我住的地方安排了警卫员。我在北京大学发表了以“朝鲜半岛的统一与中国”为主题的演讲。

此后，我分别在 1995 年 10 月和 1996 年 10 月访问了中国。现在想来，每次访问中国都是在秋天。1996 年，我访问中国的时间，正是在发生了朝鲜的潜水艇事件之后。中国政府为了我的人身安全，特别安排了警卫员来保护我这个在野党的总裁，而且让我住在钓鱼台国宾馆。这对我来说是破格的一件事情。时任副总理朱镕基先生、外交部副部长唐家璇先生与我进行了面谈。一开始，我申请与他们面谈时，朱镕基副总理表示他还有别的日程安排，面露难色。但最后，他却从大连乘直升机直接飞来我住的钓鱼台国宾馆与我见面。朱镕基副总理表示，截至当时，他从没有见过任何一位韩国政界人士。

“我非常钦佩阁下为了韩国民主主义所作出的斗争，我正是怀着这种崇敬之心来见您。我们可以交谈的时间只有 20 分钟。”

然后，我先讲了 10 分钟。随后朱镕基副总理独自讲了 25 分钟的话，主要是说明中国经济的一些谈话内容。

这次，我是受到江泽民主席的邀请，进行国事访问。两国自 1992 年建交以来，一直秉承“睦邻友好关系”。通过本次国事访问，将这种关系升级成为“伙伴关系”。

从单纯的建交，到睦邻友好关系，再到伙伴关系、传统友好合作，最后到达血盟关系的五大阶段外交关系。

11 日，到达北京机场以后，就马不停蹄地赶往钓鱼台国宾馆。在住处和旅中侨胞们召开了座谈会。我强调了与四大强国的外交，特别是与中国的关系是多么的重要：

“虽然现在中国的经济实力排在全世界的第 7 位，但是中国所保有的经济潜力以后能发展到世界第一还是第二，这些都是个未知数。现在大家就身处这样一个经济实力大国。我们对中国来说，不仅拥有优良的地理位置，在历史、文化方面也有很多有利之处。韩国处在四大强国的中间位置，虽然从坏的方面出发，很有可能成为四大强国斗争的牺牲品，但是从好的方面去想，因为我们得天独厚的地理政治学的重要性，也可以和四大强国联手合作。打个比方来说，就像是一个新娘等着四个优秀的新郎来抢。能实现这个目标的手段就是外交，而最重要的外交对象之一就是中国。从这一点出发，中国在今天就处在一个很重要的位置，而展望未来，中国的位置会越来越重要。”

11 月 12 日早上，我在人民大会堂的东大厅与江泽民主席进行了单独首脑会谈。我与江泽民主席的年纪相仿。他以我的外貌为话题开始了谈话：

“金总统不过比我大 8 个月而已，但是看起来却比我年轻。我听说金总统的一生非常传奇，非常的不同寻常。今天见到金总统之后，让我想起了两句话：一句就是‘有志者事竟成’。总统在经历了惊涛骇浪之后，终于竞选成为总统。另一句就是‘大难不死，必有后福’。金总统在历尽千辛万难之后，终于迎来了幸福的日子。”

“出访国外时，经常有人问我看起来比实际年龄年轻的秘诀。每当遇到这个问题，我就会这样回答：在过去的日子里，受到军事独裁的压迫，那时我以为人生就要这样结束了。所以可能就是在那个时候，我的老化过程也结束了吧。”

江泽民主席听了以后大笑起来。我向主席简单说明了最近我们对朝鲜的“阳光政策”，以及朝鲜出现的一些变化的苗头：

“朝鲜最近召开了最高人民会议，修改了宪法。其中包括了关于社会主义市场经济初期阶段的条款。另外，重要的变化还体现在金正日委员长在对待与现代集团的合作问题上表现出了与以往不同的积极的态度。我们一边注视着这些变化，一边满怀耐心，循序渐进地促进与朝鲜的交流。”

“我们一直坚持着朝韩当事人自行解决的原则。我认为韩国对朝鲜的包容政策是非常可行的一项政策。”

“朝鲜由于经济状况的恶化引起了严重的生存问题，导致最近朝鲜受外部风吹草动的影响很严重。这种情况下，如果吹来的不是热风而是寒风，那么人的反应往往不是脱掉外衣，而是会穿上更多衣服。所以我们要满怀耐心，不要伤到对方的自尊心，在不刺激对方的同时，制造一种宽松的环境，这才是最重要的。维持朝鲜半岛的和平稳定是中国的基本立场。我们衷心希望南北双方能够逐渐恢复信任、改善关系。”

我与江主席的会谈原定是40分钟左右，但是谈着谈着不知不觉超过了1个小时，最后我们竟然谈了100分钟之久。会谈结束之后，接着进行了所有官方随行人员都参加的扩大性的首脑峰会。我们共同协商为了两国间的国家利益，以及为了东北亚地区的和平与稳定，将中国与韩国的关系升级成为“全方位合作伙伴”关系。

这天晚上，在人民大会堂的西大厅，举行了江主席主持的晚宴。晚宴上，我与江主席谈了许多。我发现江主席对我了解很多。晚宴的高潮部分出现在军乐队轮换着演奏韩国和中国的民谣，为晚宴增添了喜气洋洋的气氛。中国女歌手演唱了一首中国民谣《夕歌》，江主席听到以后停止了用餐也跟着唱了起来。用过晚餐以后，还一边勉励歌手，一边表示自己的惋惜之情：

“歌曲的音太高了，《夕歌》的最后一小节没能唱上去。”

听到这番话，我请求主席再次高歌一曲：

“那么，请再让我们聆听一遍吧。”

中国国家主席江泽民演唱了《夕歌》，我用《桔梗谣》来对答

江主席马上请军乐队再次奏乐。他唱歌的实力很不寻常。唱完以后，江主席也请我唱一曲。可以说是一首答谢歌。我与夫人一起拿起了麦克风。我问军乐队指挥唱首什么歌好呢？军乐队指挥想了想，提出请我演唱韩国民谣《桔梗谣》。我与夫人手牵着手演唱了《桔梗谣》。

江泽民主席不愧是一个大人物。他非常直爽，对我没有任何戒备，说了很多心里话。他与我在很多方面都很相似，心灵相通。我们不用翻译，直接用英语来交流，以一个普通人对普通人的心态来交流，不论在个人的话题上还是在外交的话题上，他都直来直去，因为我们都非常信任对方，因此谈论了很多敏感的话题。

江主席在我访问中国的十几天之后，在出访日本的途中经过韩国的领空，他在飞机上给我发来了留言：

"我结束了俄罗斯访问，正在去日本访问的路上，现在经过韩国的领土上空。我向金大中总统和友好的韩国人民问好。祝贵国繁荣昌盛，同时也祝愿两国面向21世纪的合作伙伴关系更加发展。"

这是从天上发来的来自一个好朋友的问候。我通过这封信看到了他的心灵。江主席后来也曾通过中国驻韩国大使馆向随同我国事访问的12位官方随行人员送来了茅台酒。

我在北京大学进行了演讲。这是继1994年及1996年之后的第三次。演讲开始之前，为了庆祝北京大学成立一百周年，我向北京大学赠送了一副"实事求是"的字幅。大讲堂挤满了为我的演讲而来的1 000多名教授和学子。整个讲堂人挤得满满的，连通道都看不见在哪儿。我向中国的年轻人们讲了起来：

"韩中两国间搭起了全方位合作伙伴关系的桥梁，我热切希望两国的年轻人在21世纪的世界大舞台上，一起扮演主角，带动世界大舞台的发展。韩国的年轻人与在座的各位一样有着无限的可能性和充分的能力。让大家携手前进吧！贵国政府领导人和我一定会担负起建桥人的作用。"

13日这一天，我分别单独与朱镕基总理、李鹏人大常务委员会委员长、胡锦涛副主席、钱其琛副总理等领导见面、会谈。据说，像这样与这么多的中国最高领导人见面的事情几乎史无前例。

在我住的钓鱼台国宾馆与朱镕基总理见面，随后一起用晚餐。我向朱镕基总理提出了保留人民币贬值的请求，以及其他五项经济合作方案。第一，韩国企业参与中国核电站发电所的建设；第二，允许建立进口车零部件组装工厂；第三，引进我们独创的CDMA技术的移动通信事业；第四，允许韩国驻中国的金融机构开办人民币业务；第五，韩国企业参与北京至上海高铁建设。

朱镕基总理表示会接受或积极地研究我的要求。朱总理在对我的五个要求进行了肯定的回答之后又加上了这样几句：

“这不是单纯的外交修辞。这是因为对金总统怀着敬佩之情才会这样回答。”

我也婉转地表达了我的感激之情：

“我能竞选成为总统真是太好了。因为当上了总统才能见到朱总理，才能向朱总理提出这样的请求。”

当时我之所以会提出请中国采用韩国的CDMA移动通信，是因为听韩国的移动通信业界透露中国决定要采用欧洲的GSM系统。在那以后，每当我看到韩国的手机在中国畅销，都会感叹“我的这个营销外交成功了”。

朱总理也很爽快地接受了到韩国来访问的邀请，之后他悄悄地问我：

“金总统有很多神秘的地方。今天我和江主席一起谈论起了总统您的身体状况，究竟是什么原因导致了身体的不便呢？我说是因为军事独裁政权的拷问，江主席说是因为人为的车祸，我们谁说的才对呢？”

“1971年，我为了国会议员支援演说，去地方出差的时候，我开的小车冲撞到了大卡车上。当时那个事故导致两个人当场死亡，我的腿也受了重伤。现在虽然下楼梯没什么大碍，可是上楼梯的时候还是很痛苦。”

“1996年，您来访问中国的时候，我专程从大连乘直升机到钓鱼台国宾馆去见您。当时的见面没有考虑身份的高低，而是欣赏您的高尚人格，您是我所见的第一位韩国政治人物，这件事情让我记忆至今。”

我从他的话里，再次看到了他对我的关心与照顾。朱总理和我一样都有着一段不堪回首的受苦受难的过去。他在“文化大革命”期间与家人分离多年，在农村吃尽了各种苦。我们一起为对方抚平过去的岁月所带来的伤痕。我告诉朱总理我过去在教导所里在不把苍蝇杀死的前提下将其弄昏的方法，还告诉他，将活的苍蝇挂在蜘蛛网上需要很高的技术。我还开玩笑说：

“明年年初，您来访问韩国的时候，我会直接向您展示这项技术。请您带上中国中央电视台的记者一起来做一期特别采访。”

朱总理也开玩笑地回答：

“如果总统的这两项技术被纳入奥运会比赛项目的话，这两块金牌您肯定都收在囊中了。”

我执政前，处在非常困难的情况下，有很多中国友人向我提供过帮助，我特别邀请了他们共进午餐。邀请我来中国访问的前中国人民外交学会会长刘述卿、前人大外事委员会副主任李淑铮等都前来参加。

中国方面对我的待遇非常特别，最起码我的感觉是这样的。对于是否将外交关系上升到“合作伙伴”的关系，在中国政府内部展开了激烈的讨论。因为作为中国来说，不得不考虑朝鲜的立场，但是中国还是接受了我们的大部分要求。

结束了北京的行程之后，我赶到了上海。参观了浦东开发区以后，第二天去访问了韩国驻上海临时政府遗址。殖民统治时期，韩国在此建立了临时政府，为了实现独立而展开武装斗争，这样的民族史还有人记得吗？

在我就任后的第一个“三一”节，我特别宣布“国民的政府将会成为继承临时政府正统性的合法政府”。虽然在朝鲜王朝灭亡以后的9年之内就已成立了临时政府，但是临时政府的领导人却没有提出复辟，他们却成立了民国。我们的先烈们作出了正确的选择和判断。我认为朝野的水平性政权交替而成立的“国民的政府”正是符合了临时政府的法统。

站在临时政府主席金九先生的半身像前，我凝视了许久。我坐在金九先生坐过的椅子上，在留言簿上写下“不惜身命，遗芳万世”的留言。这句话包含了“爱国先烈们为了实现独立的梦想，不惜牺牲自己的生命，他们的遗愿及梦想的芳香将会万世流传”的含义。我对随行人员说道：

“读白凡先生的日记就会发现他一直在强调经济的定义和创造公平的社会。临时政府的民主主义、经济自立、正义社会的精神，值得我们不遗余力地发扬光大。”

11月15日，为了参加APEC首脑峰会，我飞到了马来西亚的首都吉隆坡。16日早上，我和马来西亚总理马哈蒂尔进行了首脑会谈，并以此拉开了为期4天的首脑外交活动。我和马来西亚总理马哈蒂尔进行会晤之前，国内外媒体就对此非常关注。我们的见面之所以会引起世界范围内的关注，是因为这样几点理由：

我在此次首脑会谈上，提出了解决亚洲金融危机的相关方案对策，马哈蒂尔总理作为本次峰会的议长而成为焦点人物，但大家彼此对亚洲金融危机的分析及解决方式的见解略有不同。我认为金融危机是经济全方位的问题，而马哈蒂尔总理则认为仅仅局限于外汇危机。

我认为在亚洲范围内扩散的政治腐败是引起金融危机的罪魁祸首，同时我提出应该将“民主主义与市场经济的并行发展”作为解决方式。相反，马哈蒂尔总理则宣称是对冲基金（短期投机性资金）造成了资金的恶性循环，“因此而成为IMF的殖民地，早晚都会饿死的”。

我们在4月份的ASEM上也曾经发生了一些意见冲突。马哈蒂尔总理在辩论演说中再三强调了以下的立场：

“亚洲金融危机的主要原因就是国际投机性资金，为了防止这种外汇投机的发生，应该建立国际金融及外汇交易的监督体制。”

相反，我却首先承认了我们的错误：

“韩国的政界对银行贷款进行干预等政治经济的粘连破坏了金融秩序，同时使企业丧失了竞争力。我们根据市场经济的原理，为了实现彻底的民主主义，加大改革的力度。虽然每个国家都有自己不同的改革方式，亚洲各国按照自己国家的国情，尽自己最大的努力来解决金融问题。”

我与马哈蒂尔总理在吉隆坡的波克酒店再次相遇。马哈蒂尔总理固执地强调了自己的看法：

“马来西亚一开始也实行开放市场，积极引进外国投资。但是有一些短期国际投机资本家钻了自由市场经济的空子，操纵市场，带来了损失。在资金、技术及市场缺乏的马来西亚，必然不能甩掉对外国资本的依赖，以后只能在生产业范围内允许并鼓励引进外资，并计划对资本流通进行限制。”

“虽然我也同意短期资本的问题性，但是资本是克服金融危机的必要途径，我认为不必对其限制过度。与其截流堵源，不如针对短期资本流动建立信息交流体制等，通过加强国家间的合作来解决问题，这才是可行之道。为了减少短期资本流动的损失，我认为七国集团应该携手共同帮助日本渡过难关。”

我强调为了克服现阶段所面临的亚洲金融危机，应该以建立自由的市场秩序为目标，积极加大改革与开放力度。我的主张与马哈蒂尔总理的看法完全相反。我在英文报刊《韩国时报》（11 月 5 日）的创刊纪念特辑上发表了论述改革与开放的必要性的社论，题目是“全方位的世界主义”：

“纵观世界文明史的变化，人们迈向以地球共同体为基础的全方位的世界主义的脚步越来越急促。21 世纪，只局限于自己民族与国家发展的个人主义，是不能解决任何问题的，只能通过世界一体化，在相互竞争的同时实现相互合作。在亚洲范围内不断发展的儒教及佛教的因果、慈悲之精神与道德规范是民主主义的基础，以此为基础将会促进及推动自由与人权问题的长足发展。”

亚洲特色的经济形态在腐败的影响下带来了经济危机，在这种环境下，人类主张应该从亚洲特色的价值观的基础上逐步开放到全世界。

虽然我们对外汇危机的看法不一样，但是韩国和马来西亚还是以自己的方式、自己的政策克服了外汇危机。孰是孰非，难分难辨。经济问题本来不存在绝对的对与错，但是从长远的角度来看，许多专家更为关注我的逻辑。

我还分别访问了新西兰、新加坡、澳大利亚、加拿大、智利等，并进行了首脑会谈，还会见了美国副总统戈尔。通过本次巡访，再次确认了我们国家“民主主义及市场经济的共同发展”的国政方向受到了国际性的支持。

11 月 18 日，金刚山观光轮船从东海港出航。现代集团名誉会长郑周永与他的儿子们一起乘轮船出发了。载着 1 418 名游客的金刚号，于下午 5 点 45 分拉响了第一声汽笛。韩国的人们只要交钱就可以去金刚山观光，就像一般的游客，可以踏上朝鲜的土地，这在以前是绝无可能的事。船上的人们和岸上欢送的人们都在挥手。观光轮船轻轻松松地越过朝韩的警戒线，到了朝鲜的国境。现在想来，在海洋上用分界线隔开两个国家是多么虚无的事情啊。我在回国的飞机上通过电视新闻报道看到了这个激动人心的时刻。

金刚山旅游的开放是“阳光政策”的果实。同时也是朝鲜半岛紧张势态缓和的信号弹。朝鲜开放了最前方地区及军事要塞长箭港。朝韩和解的氛围直接提升了国家信誉度，间接为克服经济危机提供了帮助。这是不能以金钱价值来换算的巨大的经济效果。

但是金刚山旅游却受到了一系列的不利影响。就在韩国游客沉浸在深秋枫叶美景之时，美国政府的朝鲜半岛和平会谈特使查尔斯·卡特曼对记者们发布了以下消息：

“韩美两国之间正在进行针对朝鲜的金昌里（平安北道大馆郡）正在建设中的地下设施与核开发有关的信息共享。”

卡特曼特使访问朝鲜，针对地下核设施的疑惑与朝鲜有关方面进行了意见交换后来到了汉城。我在中国香港接受了关于本次事件的报告，真是不能不让人紧张。我叫来有关方面的首席负责人，指示他们一定要查清事情的真相。这和克林顿总统的访韩看起来应该没什么关系。

虽然存在疑惑，但是却没有证据。美国方面主张握有“强有力的证据”，但是我们的有关部门却宣称“没有决定性的证据”。我让人传达采取积极态度处理的指示。最后的结果是查尔斯·卡特曼特使一改自己的言论，宣称“没有与核设施有关的确凿证据”。

11 月 20 日，江华岛海域又出现了朝鲜间谍船只。我们的海洋军警发现了朝鲜间谍船只，并一路包围追击，但最终船只还是逃回了北方。东海上观光轮船从南而北上，西海上间谍船只却由北而南下。实在是摸不清，也不能理解朝鲜的态度。但我还是认为决定与美国联手采取包容政策，实现“阳光政策”是很有效果的。

11 月 21 日上午，我在青瓦台接待了来访的美国克林顿总统。围绕朝鲜金昌里的地下核试验设施的疑惑以及朝鲜大浦洞导弹发射等问题，他来访的时间正是美国国内的负面舆论报道铺天盖地的时候。另外，他来访之时，正好因为和莱温斯基的绯闻，克林顿总统的地位也被大大削弱了。我们马上开始了单独首脑会谈。我向他说明了 APEC 会议以及访问中国的结果，而他向我说明了出访日本的结果。克林顿总统先打开了话匣子：

“我坚决支持金总统的对朝政策。但是因为美国国内的反对势力，我不得不顾及他们的反应。佩里博士作为朝鲜政策调停官和议会保持良好的关系，另外他还对韩国的情况非常了解，所以我任命他为朝韩问题解决专家。我很期待他在其中起到的调停作用。我们必须履行《日内瓦协议》。

“我认为应该采取包容政策。不要制造不必要的紧张气氛，带着耐心，保持一贯性的态度来对待朝鲜问题。

“对朝鲜的政策应在韩美共同合作的基础上，保持一贯性的态度，不断努力通过对话和协商来解决。另外还要得到国际社会的支持，特别是与日本和中国保持紧密的合作与协助，大家统一意见，用一种声音来说服朝鲜，这样做应该会得到我们所预期的效果。昨天晚上我在电视上看到了金刚山旅游的新闻。真是太让人感动了。这是总统对朝鲜政策的成功，让朝鲜将自己制作的外壳打碎，从而破茧而出。”

首脑会谈比预计的时间超出了半个小时。克林顿总统说感觉像回家般的温暖。扩大首脑会谈上我请求美国对缅甸昂山素季女士提供积极的帮助：

“我们有机会一定要多帮助缅甸的素季女士。我去访问联合国的时候，还有上次联合国秘书长安南来访问韩国的时候，也曾经提到，关于缅甸的问题，虽然联合国已经作出了决议，但是缅甸方面还是置之不理。展望 21 世纪，这是民主主义良心绝不能容忍的事情。在这一点上，如果美国以积极的态度来参与，我们也将一起共同努力，一起解决这个问题。”

紧接着我们召开了记者会。克林顿总统进行了开题发言：

“我们共同的目标是和平的韩国、繁荣的亚洲。就像我和金总统再三确认的部分一样，大韩民国的每一位国民也很想知道的，与美国保持着同盟的关系不断向前。

“我们在对朝鲜的问题上，达成了现在的政策是最好的解决政策的共识。将四方会谈及金总统的包容政策合并起来，按外交的方式去努力发展，通过防卫合作，一定可以抑制朝鲜的攻击。我们政府会尽全力支持金总统的循序渐进的对朝政策。《日内瓦协议》是解决朝鲜核问题的最优之选。平壤也应该遵守此承诺。”

克林顿总统的讲话，将韩美之间对朝鲜的政策合作是滴水不漏的这一事实公之于世。我与克林顿总统不仅行动一致，更是心灵相通。记者招待会上，有些外国记者针对“莱温斯基性丑闻”对克林顿总统提问。克林顿总统面带严肃的表情，表示

“个人也承受了很多痛苦”。

我以前从没见过像克林顿总统这样会说话的人。他不仅言语逻辑极强，而且能很有灵活性地说服对方，但是丑闻却跟着总统到了国外，让年轻帅气的总统格外痛苦。

克林顿总统在晚宴结束以后还去参加了他弟弟摇滚歌手罗杰·克林顿的演唱会。他的弟弟恰好在他访韩时到韩国来开演唱会，而克林顿总统事先没有预告地登上了弟弟的演唱会舞台。他作为客座嘉宾的身份出现。我很羡慕他的这份潇洒与无拘无束。

克林顿总统于23号离开了韩国。同一天我上了CNN电视节目，是现场直播的采访节目。我在接受采访时表示，我们会坚定不移地实行“阳光政策”，并以人道主义的原则向朝鲜提供粮食支援：

“尽管发生了朝鲜在江华岛附近的间谍潜艇事件，但是我们会以政经分离的原则，坚持对朝鲜政策。”

长篇小说《鬼火》的作家崔明姬女士年底的时候离开了人世。她生命垂危之时，我派秘书官去看望她，祈祷她早日康复，结果还是传来了噩耗。崔作家开创了韩国文学的独立空间，特别是文体非常不寻常。我再次派秘书官去她的墓地，对她表示无限追思。

克林顿总统任命的对朝鲜政策调停官佩里于12月6日访问韩国。朝鲜的“金昌里核设施问题”与导弹发射等问题给克林顿政府带来了很多难处。议会施加压力，要求全面修正对朝鲜政策。当时美国议会的比例是在野党占多数而执政党占少数。议会支持的佩里调停官是世界著名的强硬派。

佩里调停官在1994年时是“第一批北核危机”时期的国防长官。当时，他主张“准备正面冲突，攻击宁边的核能设施”，又称“北爆论”。他向克林顿总统主持的国家安保会议提交了《三阶段作战计划》的议案。此会议进行的途中，到平壤去的前总统卡特来电了，是与金日成主席关于恢复危机而协议的内容，可谓是战争前夜发生的“奇迹”。

佩里调停官从12月开始投入到官方的活动中。原定于5个月之内要将报告书提交给议会。外交首席长官林东源向我建议采取积极的对策：

“我们要确立战略，积极地去说服佩里一组人员。”

同时，他还对我提议采取“全方位的决策战略”。内容简要如下：

朝鲜的核能发展或是导弹开发的动机起因是朝鲜半岛的内战结构。因此，每当发生个别问题的时候，对每个细小问题采取对症下药的方法是不能解决根本问题的。朝鲜核能问题的根本性的解决方法是朝鲜半岛内战结构的解体。

朝鲜半岛内战结构中存在着“朝韩的不信任与对立”、“朝鲜的封闭性和僵硬性”、“美国与朝鲜的敌对关系”、“大规模杀伤性武器”、“军事方面的对峙状态与军备竞争”、“停战体制”等多种因素纠结在一起。

为了使这种格局解体，朝韩要克服过去半个世纪以来的不信任和对决，实现真正的和解。发展多方面的交流合作关系，通过和平共存的方式，建立相互信任的体制。但是美国和日本却一直持不信任朝鲜的态度。美国对朝鲜持敌对态度，而朝鲜如果一天没有解除对于美国的恐惧，就一天不会从大规模杀伤性武器开发的诱惑中解脱出来。

我们政府的基本立场是“朝鲜的核开发归根结底是不能被容忍的，朝鲜半岛一定要实现无核化”。但是军事化的措施绝对不可能成为解决问题的办法，战争是绝对不允许发生的。“反核、反战、结束冷战、和平”是我们的基本立场。在这样的基本立场之下，直面朝鲜的存在，放弃没有现实根据的“崩溃迫近论”，确立“循序渐进的变化论”思想，以包容政策为基础，推进与朝鲜政权的对话与协商。

另外，我们也要正确看待我们所主张的朝鲜的威胁及朝鲜立场上所感觉到的美国与韩国的威胁，在此基础上，试图采取“相互解除威胁”的方法来解决。为此，综观所有问题，采取“有取有舍，有施有受”的方式来妥协解决，通过“分阶段执行”来恢复建立相互信任的体系。

不仅要联手美国，更要团结能为经济重建带来帮助的日本，建立韩美日三国的共同体，还要确保中国与俄罗斯的支持与帮助。另外，对朝鲜的协商要建立在强有力的韩美联合的抑制力基础上。对待朝鲜所需要的态度就是“自信心、忍耐心、一贯性和伸缩性”。

林首席长官的“全方位的决策战略”几乎完美，他好像读懂了我的想法。政府于12月初通过NSC常任委员会的审议，确定了“朝鲜半岛冷战结构解体的全方位决策战略”。12月7日，我在青瓦台接见了到访汉城的佩里调停官，我们谈话长达1个多小时。我提出在现阶段朝鲜与美国之间的问题应该通过相互妥协来解决：

“对朝鲜的态度，应该以如果其持合作的态度就帮助它，如果持对峙的态度就严厉惩罚的政策为前提，应该资助的就资助，应该要求的就提出来。我们期待朝鲜与美国的关系能够早日正常化，也到了讨论解除对朝鲜的经济制裁的时候了。”

我和他的对话非常有意义。我很恳切地劝说他，他很认真地聆听我的请求。佩里后来回想到，他第一次到青瓦台来的时候，听到我的说明，他的眼睛瞪得大大的，一副很吃惊的样子。他是对朝鲜态度最强硬的一个人，所以我能理解他当时的震惊。

驻韩美军司令官对访韩的佩里调停官进行了报告，报告的内容大致包括朝鲜现在的情况与1994年的时候完全不一样了。司令官表示支持对朝鲜的包容政策。

佩里调停官没有表露出任何反应就回去了。我猜不到他的内心在想什么，但是无论如何我都要说服他。我任命林首席长官为特使出访华盛顿。一开始他表示这是外交通商部负责的事情，所以谢绝了。我急忙挽留他：

“这是哪儿的话。提出‘全方位的决策战略’的当事人，应该带着自信亲自去说服他们。”

最终，林特使去会见佩里调停官一行，一语道破了已经准备好了的论点，同时也说明了对朝鲜的包容政策和“全方位的决策战略”，以及韩美日三国阶段性促进策略。佩里调停官最终对我们的提议表现出了一丝积极的态度：

“真是非常有创意的超乎想象的构想。”

佩里调停官表示他正准备访问平壤。他问韩国同不同意他去访问平壤。林特使回答，金总统一定会很支持您去访问朝鲜。林特使回来后向我详细报告了以上的内容。我想派林特使去华盛顿真是一个非常正确的抉择。

佩里调停官在1999年3月初再次访问韩国。我在青瓦台见到了他。他拿着对朝鲜政策构想的分析报告来见我：

“我们做的关于对朝鲜政策的构想已经向克林顿总统报告了。总统指示美国的任何关于对朝政策的构想都要与韩国的政策相结合。他特别指示一定要向金总统报告，并请您提出宝贵的意见。”

佩里调停官打开了他的分析报告。报告的题目一下子映入眼帘：“为了促进包容政策实施的全方位决策方案”。看到题目的瞬间我的心放了下来。当天参加会议的还有驻韩美国大使、卡特教授等。佩里调停官将1994年时朝鲜半岛的情况与1999年的现状进行了分析：

“朝鲜的军事比1994年的时候相对减弱了一些。韩美联合的战争抑制力相对增强，战争的可能性减小。虽然现在朝鲜的反应还存在着局限性，但韩国带着自信心不断推进包容政策。朝鲜因其自身的经济危机带来了饥饿的社会问题，很大程度上都是依靠国际社会人道主义的支援。通过1994年《日内瓦协议》实现对宁边核设施进行监视和控制，但是朝鲜还是秘密地进行了地下核设施建设和核开发。《日内瓦协议》面临着危机。”

对朝鲜持强硬态度的佩里调停官带着对朝鲜政策构想的分析报告来到青瓦台

这样在分析了朝鲜半岛状况之后，他们提出了站在美国立场上可以考虑到的五个对策：“维持现状”、“收买”、“改革朝鲜”、“颠覆朝鲜体制”以及“减少相互威胁而进行协商”。佩里调停官选择“协商”来作为解决方法：

“美国应该对朝鲜提议进行‘为了减少相互威胁的全方位的对话’。对话的前提条件是朝鲜保留导弹的再次发射，允许接近金昌里地下设施进行调查。如果能满足这些前提条件，就可以正式开始进行对话。如果朝鲜可以接受这些条件，应该继续进行全方位对话。随着朝鲜核及导弹的威胁减轻，美国就可以开始解除对朝鲜的经济制裁，缓和与朝鲜的敌对关系。为了促使关系正常化，国务长官要根据情况对平壤进行访问。”

报告书还对韩国与日本起到的作用进行了描述：

“韩国可以通过推进与朝鲜和解等方法，为朝鲜半岛冷战的结束制造有利的环境。日本也可以推进与朝鲜的关系正常化，国际社会也可以扩大支援朝鲜经济的机会。”

他还提出最后的实践项目是“全方位的提出与阶段性的推进”：

“向朝鲜全方位地提出以上方法，根据朝鲜的接受程度分阶段来实行。如果朝鲜拒绝或是对话失败，危机管理问题就会浮出水面。彻底粉碎朝鲜核威胁的方法将会是采取加强军事预警态势，加强经济制裁等措施。对朝鲜的包容政策不得不缩减范围，《日内瓦协议》也有可能面临着毁约。如果出现这种情况，我们就要采取及时防止危机状况的扩大、防止战争的发生、加强军事控制力、孤立朝鲜等非常时期的政策。”

我对他的提案非常满意。他曾经是对朝鲜态度强硬派的代表人，真是很难让人相信他会有今天这样的变化。这一次轮到我吃惊地睁大了眼睛：

“真是很难相信，您的提案和我的想法如此一致。朝鲜也会对此非常有吸引力的提案表示赞同的。”

佩里调停官谦虚地接受了我的赞扬：

“这实际上是金总统的构想。林东源首席长官给我们带来了非常有新意的建议。真让人惭愧，其实我们盗用了林首席长官提出的战略构想，只不过把内容用美国式的构思再重新编辑了一番。”

我们一起笑了起来。大家意见一致的这个瞬间多让人感动啊。世上本来不存在什么强硬派，人会随着自己知道的内容而改变自己的想法。南北关系一片阳光明媚。我再次强调：

“现阶段与其担心会有不好的结果，不如怀着积极的思考方式，增强可以说服朝鲜的自信心。这样才能得到好的结果。对于此政策，应该争取得到国际社会的支持与合作。以韩美日三国的共同合作为基础，积极加强与中国、俄罗斯以及欧共体的密切合作关系。”

之后，我又劝说佩里调停官亲自访问平壤，并向平壤说明此政策的内容。我再三强调为了能使自尊心极强的朝鲜能够被说服，最好是采取一种正式的“有诚意的说服”方法。佩里调停官很痛快地接受了我的建议。

一周之后，喜讯就传来了。为了解除对朝鲜金昌里地下核设施的疑惑问题，美国与朝鲜定于1999年3月16日在纽约进行妥协协商。本次会议发表了朝鲜外务省副相金桂宽与朝鲜半岛和平会谈特使查尔斯·卡特曼访问金昌里地下设施修建现场，两国的政治经济关系改善等问题的协议书。同时，美国承诺向朝鲜提供60万吨粮食。北美协议实施的现场调查中确认朝鲜金昌里地下设施为“未完工的空隧道”。美国国务院发言人发表了以上内容。

佩里调停官按照与我们达成的协议于5月下旬访问了平壤。他见到了朝鲜最高人民会议常任委员长金永南，并转交了克林顿总统的亲笔书函。他还见到了朝鲜外务省第一副相姜锡柱等高层官员，并向他们说明了对朝鲜政策。

1999年9月12日，在柏林召开了北美会谈。金桂宽与卡特曼在结束了第五次柏林会谈之后，面向媒体发表了如下的共同宣言：

"本次会谈中，朝鲜与美国双方针对导弹及经济制裁问题，进行了建设性的讨论，双方达成了对彼此的顾虑及争端的深度理解，为了解决双方的顾虑，双方达成了需要进一步采取解决措施的一致共识。"

美国针对朝鲜的导弹发射测试与朝鲜进行了延缓履行的协议。美国对朝鲜减轻制裁措施，而朝鲜也对此措施作出积极回应，这是为了结束朝鲜半岛冷战体制的大长征路上的一颗信号弹。朝鲜外务相朴南顺在联合国大会主题发言时，对此进行了正式的官方确认。

9 月 15 日，佩里对朝鲜政策调停官公开发表了《对朝鲜政策指导报告书》，这成为日后韩美日对朝鲜政策的方针政策。佩里提出了三个阶段的目标：短期内的目标是对朝鲜发射导弹进行抑制，中长期性的目标为引导朝鲜全面放弃及终止核及导弹的开发计划，最终的目标是终止朝鲜半岛的冷战势态。佩里报告书同时还提出了为朝美关系正常化进行努力：

"为了平息核与导弹的威胁，如果能得到朝鲜的努力与合作，美国必须在包括对朝鲜建交等关系方面实现正常化。"

最终，佩里报告书向美国行政部提出了五项指导政策：第一，采取对朝鲜政策的全方位、综合决策方式；第二，增设美国行政部内部门间负责调整作用的大使级高层领导；第三，持续进行韩美日高层政策协议会；第四，推进美国议会的跨越党派间的对朝鲜政策出台；第五，针对朝鲜的突发状况，建立紧急应对防备能力（驻韩美军驻扎必要性）等内容。

佩里报告书发表以后，"国民政府"一直以来推进的对朝鲜"全方位的决策构想"也进入了正常的轨道。报告书的内容中，原封不动地反映了我们的提案与意见。佩里报告书从根本上是自主外交的成功事例，是我们的外交史上史无前例的一次事件。佩里报告书中提出的对朝鲜政策的里程碑被称为"佩里政策程序"。但是，我个人认为应该称为"林东源政策程序"。

21 世纪究竟是谁的呢？（1998 年 12 月—1999 年 3 月）

1998 年 12 月初，我踏上了访问越南之路，越南像我国一样，是一个自尊心非常强的民族。与我们的共同点也很多。在悠久的历史长河中，越南受到了很多次外侵，可是从没屈服过，其国民有着强烈的爱国心。

韩国军队于1964年到1973年间，出兵32万名去参加越南战争。5 000多名将士牺牲在越南的土地上，1.6万多名将士受到了重伤。战争的遗留问题到现在都还遗留在我们社会当中。参战勇士们如今却过着凄凉的晚年。但是，我们的年轻将士在异国他乡的土地上洒下热血，用他们的热血挽救了我们的经济。我深深地知道他们的牺牲换来了什么。就这样，越南这个国家深深地嵌在我们的现代史中，而且是一个我们不能轻率地去评论的国家，因为这个国家表面上的现实与掩藏的真实交织在一起。

在我作为在野党议员时期的1966年，我曾经为了慰问派遣到越南的将士们访问越南。虽然我一直反对派兵，但是既然已经决定了要参战，作为在野党的一名议员，我有义务也有责任去慰问被派遣的将士们。当时，我并没有想到越南能够战胜美国。反过来说，我从来没有想过美国会成为战败国。

如今，我们不能否认历史，不能装作韩国没有参与越南战争与越南互相举枪而战。必须要解开这个互相的心结。越南并没有对我们提出任何关于我们对过去的历史谢罪或是表示遗憾等的要求，或许这就是战胜国的自豪感吧。但是，我自己首先提出了“过去不幸的历史”这个话题，因为我想向越南人民表示衷心的道歉，希望能抚平他们的伤口。

到达越南以后，我在主席宫见到了越南国家主席陈德良，并且与他进行了首脑会谈。我是第一个提起两国之间过去历史的一位韩国总统：

“韩国与越南的关系在1992年12月两国建交之后，在各个领域都取得了超乎期待的令人瞩目的发展。我们两国之间虽然在过去一段时间里曾经有着不幸的历史发生，但是两国都努力克服这一问题，为了发展面向未来的友好合作关系而作出努力，对此我感到发自内心的喜悦。”

听完我的讲话，陈德良主席很真挚地接受了我的意见：

“金总统关于过去不幸的历史的这段讲话，让我感受颇为深刻。我想借此机会再次强调以下的内容，拥有和平与亲善传统的越南国民与领导人已经决定把过去不幸历史的一页翻过去，以崇尚面向未来的姿态，重视与韩国之间的坚实的友好合作关系，并一直为此作着不懈的努力。”

我还访问了越南共产党党委办公室。我见到了越南共产党总书记黎可漂，并与他进行了会谈。国内外都将此评价为一次非同寻常的做法。我对掌握最高实权的领导人黎可漂也提出了“曾经的不幸历史关系”的话题。黎可漂也做出了像陈德良主席一样的回答：

“我们政府与国民已经把与韩国之间的历史问题放在过去，我们现在更希望能够展望未来。站在到现在为止的两国关系的立场上，我认为不幸的过去历史已经被我们克服了。我认为我们都可以不再去回忆，可以把这一页翻过去了。”

在越南主席宫与陈德良主席就韩国与越南两国间过去的历史为主题进行会谈

黎可漂实际上是以一种官方的方式来宣布过去的历史已经不会给两国带来任何的不愉快，这种不幸已经被我们克服了。犯罪的人真诚地道歉，受害者欣然地接受对方的道歉，这个心里的疙瘩终于被解开了，心情无比轻松。我去参拜了被越南国民尊为国父的越南前国家主席胡志明的陵墓，还为他献了花。

不仅是对韩国，对于过去的历史，越南没有对世界上任何一个国家要求道歉或赔偿。虽然他们肩负了难以想象的痛苦，付出了巨大的牺牲，但是他们却没有任何要求，只是专注于放眼未来。2005 年 6 月，越南战争结束以后，越南的领导人第一次访问美国，他与美国总统乔治 · W · 布什会见的时候，没有提到任何一句关于过去历史的内容。他们只讨论了经济问题。我听说了以后，心里不禁产生了很多感慨。从那以后我对越南的看法大大改观。

在东盟 9 个国家与韩中日（9 +3）首脑会谈上，我提出了关于“东亚合作之展望小组”的构想，其目的是在东亚范围内大力发展区域内贸易及投资，加强在产业及资源领域的合作。东亚是世界上唯一一个在其区域范围内没有一个区域经济合作共同体的地区，正因如此，1997 年在东亚范围内发生的金融危机，未能找到有效快速的解决方法。另外，东亚区域内的贸易及投资比重日渐增加，相互的依赖性也越来越强烈。因此，东亚区域共同体的建立就变成了一个必然。

我提出的“展望小组”构想与其他地区的经济同盟所主导的具有排他性顽固特性的性质完全不同。这是一个企业家与学者们所参与的民间主体的机构。ASEM、APEC 也有性质相似的机构，也可以说是为了能使协会机构的运营更加系统化，而提供创意构思的知识人协会。一旦在“展望小组”结成的提案，各国政府以次官级以上的参观人资格来参加，并将提案的内容反映到政策上去。

对于我的提议，一开始东南亚各国都抱着一种警戒态度。马来西亚总理马哈蒂尔在亚细亚 9 国以及韩国（9 + 1）首脑会谈上对我提出的问题，充分地体现了他的疑惑之心：

“金总统今天提出了创立‘东亚合作之展望小组’的提案。您提出展望小组需要民间部门和公共部门的共同参与，请您再给出一些更具体的内容说明。”

“‘展望小组’是由学者、经济人士、文化人士等多个领域具有专业见识的人们聚在一起，为了东亚地区各个国家的相互发展与利益，针对究竟可以采取什么样的措施、提供什么样的帮助，而出谋划策的一个共同体。参加者通过广泛及自由的意见交换，做成提案书，在 9 + 3 首脑会谈或是核心内阁会议时提出。‘展望小组’是民间人士自由主导的，不仅在政治、经济领域，而且在青少年、女性、环境等各个领域，进行更为广泛的讨论的一个组织。”

马哈蒂尔总理又提出了这样的问题：

“成立东亚经济协议同盟（East Asian Business Council，EABC）的话，就可以达成那样的目的。它与金总统提案的‘展望小组’有什么差异呢？请金总统作出详细的解答。”

马哈蒂尔总理 90 年代初期就提出并建立了“东亚经济协议同盟”。但是，美国提出这是一个带有政治意图的同盟，并对此进行了反对，所以这个同盟就没有任何活动与进展了。我做了比较长的回答：

“展望小组是处在即将要踏进 21 世纪的入口时期，研究的对象不仅是经济问题，还包括了文化、青少年交流等面向 21 世纪的综合发展方向。20 世纪是产业化的时代，主要制造眼前能看到的真实的商品，并为此动员所有与此有关的资本与技术等生产要素的时代。但是，21 世纪是以知识产业为中心的时代，而且即将会成为文化产业支配的时代。

“这样的现象已经很明显地表现了出来。韩国的四大汽车业公司1年间生产并出口所赚来的钱，美国通过出口《泰坦尼克号》及《侏罗纪公园》这两部电影就可以赚回来。21世纪是文化的时代、专家的时代。21世纪，大学毕业证或是学位将变得不再那么重要。不管是农夫还是送货员，只要肯下工夫动脑筋，就能在自己的领域提高生产力，从而推动整个国家的生产力的提升，我们将迎来这样一个时代。

“产业革命以来，民族主义支配了整个世界，民族主义像瘟疫一样蔓延，以至于出现了殖民主义。在反对殖民主义的独立运动过程当中，民主主义得到了长足发展。民族主义时代下的经济单位是民族国家，这适合当时时代的发展，所以民族主义在这个时期得到了发展。但是，现在因为交通、信息、通信等的发达，民族国家将不再是可取的经济单位，特别是世界贸易组织（WTO）的登场，世界逐渐进入经济一体化的时代。

“我们东亚还残留着一些民族主义的因素，还遗留着一些相互之间的历史感情以及对国家利益的考虑。但是，现在我们面临一个必须走向世界化方向的局面。全世界成为一个市场，以竞争与合作的关系大步前进。

“东亚地区因为有着此类的问题，所以必须要找到一个对策。放眼21世纪，不仅在经济方面，而且在信息、文化、青少年、学术等领域都要为了加深合作而集思广益，提出发展的方向。这就是我提出创建‘展望小组’的主旨与背景。”

我所提出的“展望小组”讨论议案终于还是被东亚各国所接受了。“展望小组”在两年之间举行了五次会议，完成了包括经济、金融、政治安保、环境能源、社会文化教育、制度六个领域的东亚合作基本方向与中长期规划的报告书。这个报告书中包含了东亚自由贸易地区（EAFTA）、东亚投资地区（EAIA）的设立方案等内容。特别是将ASEAN+3首脑会谈发展成为东亚首脑会谈（EAS），为此提出了设立“东亚论坛”的提案。

我在2000年11月于新加坡召开的第四次ASEAN+3首脑会谈上提出建立东亚研究集团（East Asia Study Group，EASG）的提案。这个组织代替“展望小组”，实现“东亚经济协议同盟”，由各国政府代表组成。

东亚研究集团在两年间对东亚的经济紧急问题进行研究和讨论，并选定了创立“东亚论坛”等17个短期课题、“东亚首脑会谈”等9个中长期课题共26个研究事业。这些研究事业在2002年11月于柬埔寨召开的第六次ASEAN+3首脑会谈上被作为议题而通过。

“东亚论坛”于2003年12月在汉城召开了创立大会并正式出台。自1998年我提出“展望小组”以后，经历了5年的时间，终于在各国政府及学者的积极努力下，取得了这样的结果。那时，虽然我已经从总统的位置上下来了，但还是被邀请作为嘉宾进行演说：

“今天是一个地区合作与加强东亚共同体之间合作的意义深远的日子。过去五年间，‘东亚展望小组’以及东亚研究集团提出的问题，在‘东亚论坛’上得到了充分的研讨。‘东亚论坛’应该进一步加强关于东亚的均衡经济发展及文化交流，解决社会贫困问题，发展教育等各个领域的协议。将东亚与东南亚区分开来已经没有任何意义。期待通过实现东亚首脑会谈，为了发展区域共同体，能够表现强硬的政治意志。

“东亚上空现在正闪耀着对于21世纪美好期待的彩虹。我们期望能够看到一个和平、富饶、实现正义的东亚时代的来临。东亚共同体的实现是历史的必然产物，我们一定能够做到，为此需要强有力的决断。希望今天这个舞台能够成为东亚13国作出决断的地方。”

第二届“东亚论坛”于2004年12月在马来西亚的吉隆坡召开。我作为提案者又受到了举办方的邀请。本次会议上，马来西亚前总理马哈蒂尔、日本前首相羽田孜也前来参加。我在主题发言上提出政治安保合作、经济合作、建立“东亚自由贸易地区”及“东亚投资地区”、金融合作、能源共享、解决贫困问题六个短期课题。

来参加会议的羽田孜做了很让人欣慰的演讲：

“东亚首脑会谈构想是今天来参加会议的韩国前总统金大中先生首先提出来的。另外，‘东亚自由贸易地区’也是在韩国前总统金大中先生的提议下建起来的。金大中前总统提出了‘东亚发展之展望小组’以及东亚研究集团的提案，去年在汉城召开的‘东亚论坛’创立大会也取得了圆满成功。在此我谨向为创建东亚共同体而作出巨大贡献的金大中前总统的构想与先见之明表示崇高的敬意。”

如果东亚共同体真正建立起来的话，我的名字也应该会被记载在某个不起眼的角落吧。

我坚信21世纪必定会迎来亚洲的时代。历史学家汤因比说了这样一段话：

“世界终究会从大西洋文明时代转向亚洲太平洋文明时代。东亚会成为世界文明的下一个主角。”

我对他的说法坚信不疑。再向前展望，我们不难发现，21世纪亚洲在民主主义、经济发展、文化创造方面都会超越西欧。亚洲会再次崛起。中国、印度等过去的经济大国不断强大。21世纪是以知识为基础的经济时代，亚洲拥有深奥的精神世界、丰富的知识资源、急速的技术革命。虽然宗教和文化有着多样性，但是转冲突因素为积极的刺激与相互合作的因素，起到了推动效果。

为了东亚共同体的发展，需要大批对未来有自己的哲学和洞察力的领导人上台，我拭目以待。我一直相信东亚的未来是无限光明的，所以我一直在呐喊。东亚不会继续趴在原地，东亚必然会再次崛起。

美国发动了对伊拉克的战争。12 月 17 日，我在越南河内的大宇酒店房间里接到了报告。我们政府发表了“希望美国的军事打击能够早日终止”的声明。我个人很担心美国的武力镇压，很难预料美国与伊拉克战争势态会怎样发展。

从越南回来以后，17 日那天，收到了家庭法律咨询事务所李兑荣名誉理事长的讣告。第二天，我与夫人一起去了她的灵堂。我像失去亲姐姐那样痛苦与悲伤。李女士对我们夫妇都特别照顾，她一直希望我能当上总统。夫人一边上香，一边止不住地流泪。

李女士代表我们国家的现代女性史。她的名字前面常常会加上“女性最初”这几个字眼。李女士从不犹豫对我发表激烈言辞。我被选为总统时，夫人最先跑到李女士那儿告诉了她这个消息。但是，她已经病得太厉害了，已认不出夫人。李女士说“等到祖国统一以后，我要到板门店去开一个家庭法律咨询事务所”。但是，她还没有踏上北方的故土就闭上了双眼。但是她昂然的生活足迹却会永远地留在这片土地上，她在天国可以见到郑一亨博士，应该会很幸福的。

12 月 21 日，我见到了电影演员安东尼・昆。他与身为雕刻家的儿子一起在汉城举办了一场作品展示会。会上展出了安东尼・昆的雕刻、版画、绘画作品。他看起来很年轻。我问道：

“您通常会饰演粗线条的角色，这是您自己的意愿吗？还是一直给您安排的就是这样的角色呢?”

“我出生于墨西哥革命时期，所以不能掩饰我内心的强韧性格。关于革命，虽然未参加革命，但是为了全体人民而活的那种革命精神让我很有同感。”

“您热爱墨西哥吗?”

“是的。我想在墨西哥度过我的晚年。在墨西哥，如果人死了，就放到风吹过的山头上去，简单来说是一种风葬。我喜欢这样的风俗，地下太黑暗了。”

老演员的思想很不寻常。他说自己年轻的时候曾经沉醉在佛教、基督教、伊斯兰教等各种各样的宗教中。作为一位艺术家他说了一句让我印象很深刻的话：

“我是这个世界的一部分，所以我想我们应该有相互共享思想的一个方法，那么这个方法我认为应该就是艺术。”

12 月 21 日，我任命三星 SDS 的南宫皙社长担任信息通信部长官。我与南宫长官素未谋面，他是信息通信领域的正统专业经济人士。我在发给他任命状时特别向他嘱托：

“信息通信部是左右 21 世纪国家命运的重要部门。请抓紧了解业务，就像发展三星一样，推动这个国家的发展。”

在信息化时代下，我想将韩国建成知识与信息化强国。这是我很久以来的梦想。我在清州教导所里读了阿尔文·托夫勒的《第三次浪潮》，内容让我很受冲击。那本书，我细细读了很多遍，带给我难以言喻的感动：“未来不可预知的全新世界将会来临。”

我在教导所里思索了很久。我自己在没有人的房间里设计人类的未来。把破旧的拆掉，重建新的未来，光是想象就让人很兴奋。同时，我还读了很多相关的书籍。教导所真是一个适合做梦的地方。

“知识与信息的强国”，当选总统之后才有了可能将这个梦想变成现实的机会。首次出现的经济危机下，我采取信息化社会能动性的对策来解决。总统就任演说中我也强调了这一点：

“新政府会尽全力帮助成长的下一代成为知识信息社会的主力。要将韩国变为世界上电脑技术最高的一个国家，建立以信息化强国为根本的坚实基础。”

人类历史上有五次革命。第一次革命是人类的诞生，第二次是大约在 1 万年以前出现的农业革命。第三次革命是5 000 ~6 000 年前以底格里斯河、幼发拉底河、印度河、黄河流域为发祥地的城市文明。第四次革命是大约 2 500 年前在印度、希腊、伊斯兰、中国等地出现了石器及婆罗门僧侣等，希腊出现了亚里士多德、苏格拉底、柏拉图这样的哲学家等以一些先知为中心的思想革命。寻找现代思想之根源，都是起源于前几次思想革命的基础。第五次革命为 18 世纪的产业革命。

20 世纪是全面实现了产业革命的新时代。现在我们已进入一个新的时代。过去以物质为中心的时代，金钱、劳动与资源，或是土地为经济中心的时代已经慢慢落下帷幕。与之相交替，世界正渐渐步入以人类大脑中所产生的信息与经济成为经济中心的时代。第六次革命是 21 世纪将会发生的知识信息化革命。这对我们来说既是一个极大的挑战又是不可错失的机遇。

知识与信息是国家财富的源泉。创造性的知识可以带来高附加价值，是可以将一个国家的经济一举提升到国际一流经济地位的国家竞争力的核心。20 世纪 80 年代以后，发达国家已经开始从产业化社会向知识社会、信息化与文化产业的社会快速转换。紧接着，以知识与技术的优越性占领了世界市场。“没有知识的国家终将会消失”，这句未来学者的警告现在仍然奏效。拥有创造性的知识，并能将其有效利用的国家将会驰骋驾驭21世纪。如果不能跟上潮流，任何什么国家都会走上没落以及后退的道路。

在这样的背景下，我在1998年光复节的祝词中再次强调了要“建设创造性知识为基础的国家”。我打心底里想把整个国家改革建成创意洋溢、信息自由交流的以知识与信息为中心的国家。为此，选定并集中投资以文化、旅游、信息、通信、设计产业为第一知识集约产业支援业种。

我认为知识、信息革命的时代对我们来说是一个必须把握的绝佳机会。人类的历史在每个时代变革期都会有新的胜者出现。18世纪末期的产业革命使英国成为世界舞台的王者，第二次产业革命使德国与美国成为了实际市场的强者。现在21世纪知识革命的时代一定会出现新的强国。

我坚信我们有领导知识信息化社会的底气与能力。以高教育水平为基础，培养出了大量的优秀人才资源，数千年流传下来的民族传统性，带给我们强大的文化的力量。我在6月间访问美国时，在繁忙的日程中挤出时间去了硅谷。那时候见到的斯坦福大学的教授对我说了这样一番话：

“日本经济最严重的问题是虽然规模大，但是21世纪的信息产业时代下，信息经济仅仅占整体的15%。”

听了他的话以后更加坚定了我的想法。我们韩国一定要实现知识化和信息化。

“19世纪末期因为近代化的落后，导致我们从产业革命的大队中掉队了，所以在100年间我们都很艰辛地发展经济。这样让人伤心的历史不能再重现了。虽然产业化我们落后了，但是信息化我们必须超前。”

我向新任信息通信部长官再次提出请求。不论遇到多大的困难，我们也一定要力争成为信息大国。值得庆幸的是，他兼备了实力和贯彻力，他没有让我失望。

1998年也慢慢进入了尾声。每一天紧张气氛都在延续。现在回想起来，那段日子究竟是怎么挺过来的呢？那段日子真是危机四伏。那一年，为了摆脱外汇危机，我们使出了浑身解数。危机过后，我们的经济也开始有了长足发展，但还没有达到能让人安心的地步，而且最值得关注的最为严重的问题就是失业人口越来越多。与新年一起到来的还有内阁制度问题等政治提案在等着我去解决。看来明年还会是忙碌又辛苦的一年。但是，我有信心与国民们一起团结起来，战胜这次危机。我虔诚地祈祷上帝的帮助。

1999年2月5日下午，我会见了在日本取得了一定成就的陶艺家沈寿官老师。为了感谢他对韩日文化交流的贡献，我为他颁发了银冠文化勋章。其实，我还想把勋章献给400年前被强制带到日本去的陶艺家沈寿官老师的祖先，还想把勋章献给与他们一起被抓到日本的许许多多陶艺工人的灵魂。虽然我们国家有着高丽青瓷和朝鲜白瓷的优秀陶瓷文化，但是没有人将此传承并发展起来。但是，在日本的陶艺家沈寿官老师一家却使我们国家的陶瓷文化传承并发展。另外，他们还不忘自己是韩国人的事实，中间一共有14代人经历了400多年还坚持使用自己韩国的姓。这样的精神值得我们学习并作为榜样。

“我以国民的名义向沈老师颁发勋章。这不仅是颁发给沈老师一个人的勋章，还是慰藉14代祖先的勋章。”

“由总统直接颁发勋章是非常罕见的事情，我为这份荣耀而感到骄傲不已，是一种不能用言语来表达的感动。我回去以后会向所有的祖先报告这个喜讯的。”

我问了一些我平时很想知道的问题。

“沈老师，在您看来韩国的陶艺技术以及将来展望如何呢？”

“技术已经达到了一个非常高的水平。只是，究竟要做一个什么东西，对于这种目标设定还是停留在有些模糊的状态。现在看来，只是在做高丽和朝鲜时代的模仿品。韩国在世界上是唯一一个王朝更替后，陶瓷的颜色也会更换的国家。朝鲜时代已经过去，现在应该有新的陶瓷工艺品问世了，可是到目前为止还没有出现。我想这不仅仅是陶瓷工匠的问题，还是所有知识人的通病。”

“如果将日本和韩国的陶瓷工艺相比较的话，您觉得如何？”

“手工方面韩国比日本要更为精致，可是使用机器或科学来弥补手工的缺陷就是日本的技术比较领先了。”

“拿日本与韩国的现代技术，和高丽或朝鲜时期做比较，会得出什么样的评价呢？”

“陶器是不能只有做出某种模样的技术的。如果没有陶工的宽广胸怀，以及洞悉这个时代的心态，做出来的陶器就是没有价值的。包括日本在内，虽然现在的陶器技术很高，但是却缺乏那种用宽阔的胸怀来为时代而歌的情怀。”

“在我看来，是因为将陶器商品化、商业化而导致的结果。”

“正是这样。人们对金钱看得越来越重。据说法国卢浮宫博物馆里陈列朝鲜陶瓷的地方所铺的地毯的陈旧速度最快。因为许多看过的人又想再看一遍，前来参观的游客比别的陈列室要多上三倍。虽然技术不是那么先进，可是蕴涵在陶器中的无心与无欲却深深地捕获了欧洲人的心。我认为这才是一种艺术境界。”

听他这样说，我心里既很安慰，又有点遗憾，两种感情交叉。能为他颁发勋章让我很高兴。虽然在日本经受了那么多苦难，但是像沈寿官一样的陶艺家却坚持保持我们的传统，这片土地上的数不清的陶艺家都消失到哪儿去了呢？朝鲜陶工的精神在这片土地上虽然消失了，但是却留在了异国的土地上。

3月11日，青瓦台迎宾馆迎来了特别的客人。这些客人是来自全国141所大学推荐的206名大学毕业生。我第一次打破了以前邀请各个学校第一名毕业生的惯例。这一次邀请了家庭条件很困难或是身体有残疾的学生，他们不顾艰辛战胜各种困难，他们才是真正的优秀毕业生，他们被授予了“自豪的毕业证书”。有和导盲犬一起出席的视觉残疾人，有拿到了幼儿教育学学位的78岁高龄的毕业生，还有通过了药剂师资格证考试的身体不健全的学生。他们都有一段辛酸的故事，他们那么使我感动。一起来参加的教育部长官李海瓒说“我一直在忍着不要流眼泪”。这次聚会比任何一个活动都更加有意义。我由衷地向他们表示欢迎。我向参加者们讲述了我曾经见到天体物理学家斯蒂芬·霍金博士，讲述了我从博士身上得到的启发。同时，我向战胜逆境的参会者表示了崇高的敬意，并讨论了什么才是人生真正的成功：

“人的一生，幸运女神可能会微笑着把好运都带给你，也可能以冷脸给你带来厄运。那时，你不能有丝毫恐惧，也不能有丝毫放弃。只有战胜了困境，才能取得真正的成功。所以，今天在座的各位都已经战胜了逆境，正在渐渐接近成功。人生这个事业对我们来说，不可能一直都会取得成功。我们所树立的目标、想要达到的结果，有时可能很难去实现。但是我们却可以在我们的生活中取得成功。那就是正当地生活，为了周围人的幸福而生活。我周围的人既有我的妻子、父母、兄弟，还有我们生活的社会周围的人们。为了他们的幸福而牺牲，把自己的人生看得很珍贵，正当地生活就是人生的成功。”

3月17日，我与大国家党的李会昌总裁一起召开了朝野总裁会谈，在大政治的实现、人为的政界改革，以及相互依存、政治改革立法迅速协议处理、克服经济危机的目标、开展朝野协议同盟、对朝韩问题的跨党协议，以及总裁会谈等几个方面达成协议。

3月18日，会见了我们国家的儒家代表们。我将我所认为的朝鲜时代的儒教社会进行了定义。

朝鲜王朝以忠孝为国家的根本。百姓们也对此信奉不移。在推举忠孝价值的同时，也出现了很多有才能的人。但是，让这个社会价值变得面目全非的残忍的事情却发生了。世祖将当时的王端宗赶下台，篡权取得了王位。朝臣将王击毙，堪称是大逆不道的罪行。另外，世宗大王在驾崩前，对首阳大君千叮万嘱，一定要照顾好自己的孙子，但是首阳大君却杀死了端宗，这也是对祖先的不孝。

此后，朝鲜王朝的支柱便日益倾斜。世祖是不忠、不孝的根源。从那以后，忠孝就被逐渐扭曲了。世祖登基之后，朝廷就分成了两派势力。有良心和主持正义的大臣们统统被处死或是流放。不义者掌握了大权，操纵着朝廷。一个悲剧连着一个悲剧。世祖引起的儒教伦理的破坏，在朝鲜王朝延续了450年之久。

王室丧失了正统，朝臣与儒生们不能对根本的问题作出解决，却为很小的事情吵闹不休。党派之争也在小问题上纠结不清。举例来说，他们曾经因为“太妃去世了，应该做多少丧服”这样的问题而争吵。这些问题与国家兴亡或是百姓福利没有一点关系。精神不健康就会影响身体的状况。朝鲜国力大大衰退。但就在这种情况下，对百姓还是强加提出了忠孝的要求。

我对儒教代表们说道，我们历史与儒教的悲剧是因首阳大君而起的。我对现代的忠孝的含义作了一个评定：

“忠的对象是什么？人们常常会联想到祖国。但是，如果对国家的忠心过度的话，就会成为希特勒的法西斯主义与日本的军国主义。忠的对象应该是国民。宪法也规定国民是主权所有者。忠的对象就是妻子、丈夫、孩子、邻居。所以忠的对象就是我身边所有的人，他们对我来说就是我的君王。过去君王是主权所有者，可是现在百姓才是国家真正的君王与主人。所以，为了实现真正意义上的忠，必须彻底实现民主主义。

“孝的对象是什么？孝的对象当然是父母。但是，子女必须对父母尽孝的绝对性的时代已经过去。那是农耕时代大家族主义的产物，并且已经成为历史。父父子子，父母就要有父母的样子，子女也要有子女的样子。父母与子女必须维持一种双方的关系。

“现在要求子女一定要抚养父母是一件难事，所以就要求国家来尽孝道。以敬老思想为基础，国家为老年人提供帮助。这就是社会性的孝道。子女的孝道与国家社会性的孝道相结合，奉养老年人的时代到来了。国民的政府会基于此方向确立政策，并将其反映在国政预算里。”

我对这个时代的儒学代表们以现代的视角诠释了我们民族最为珍贵的资产——忠与孝，并请他们把这个新的诠释融入青年人的教育当中去。我还特别期望，照亮我们民族之路的儒学代表们能够越来越多，儒教的路越来越宽广。当然，听我讲话的儒教代表们应该比我对儒教有更深刻的了解。我知道自己不能跟他们相提并论。但是我想告诉他们作为一个管理整个国家的总统对儒教是持一个什么样的态度。

我们社会存在不同的宗教，而且各自将自己的教义发扬光大，并不断发展壮大。但是，儒教对我们国民的行动与意识影响最为深远。儒教道德的根本仍然是支撑我们社会的力量。只是，这样的儒教道德应该与时代精神紧密结合。

四强外交之结（1999 年 2—6 月）

我就任总统整整一年了。在这期间，我们的经济指标已经有了很大程度上的好转。就任当时外汇持有金额为 38 亿美元，一年以后增加到了 520 亿美元。1997 年贸易赤字达到了 87 亿美元，第二年增长为 399 亿美元贸易顺差。通过四大改革，银行与企业的竞争力大大增强，政治干预经济、官制金融、腐败等问题也逐渐减少。但是，经济恢复的速度缓慢、失业问题、政治改革、劳动市场的安定等问题还有待解决。

2 月 21 日晚上，我与国民进行了电视对话。我对过去一年的成果、不足之处、以后要解决的课题等进行了说明。观众席上有一个女大学生说："如果您去南太平洋上的无人岛，您会带哪三样东西呢?"我回答道："失业、腐败、地域感情。"因为我非常担心国民的生活状况。醒时睡时我都在为失业问题而担忧，但是失业率却居高不下。公务员的清廉问题也一直是话题的中心。经常在人们快要忘记区域感情的时候，突然间发生一些不愉快的事情，将国民按区域分开。

电子商场的商人反应"经济恢复很难让人切身体会到"。我做了以下解释：

"我们经济的现实就像是给冰冷的房间加温一样，虽然炉火很旺，但还是要从最底端的木材开始发热，上层的木材还是依然冰冷。经济好转的话，顶端的木材也会开始发热的。"

我的这种"上层木下层木"比喻后来被谈论到经济恢复时使用。

3 月 30 日，在首都圈三个地区进行了议员及团体领导的选举及补选。3 个党派分别划分了一个地区。执政党的议会议席增加到了 159 个。虽然选举结束了，但有一些非法或不正当的选举留下了很多后遗症。选举文化到现在还是这样，真让人心寒。我下令加快对党内部进行政治改革立法。

4 月 7 日，国会否决了《徐相穆议员逮捕同意案》。同样的执政党内部竟然出现了叛变的投票，让我受到很大的冲击。虽然是两党共同合作的政府，但是出现这样的结果也是让人很难想象的。已经公之于世的徐议员与李会昌总裁的弟弟、国税厅干部共同聚集大选资金。1997 年总统选举前，从 23 个企业手中收到了 166 亿韩元。检察官调查结果显示"税风"的事实真相是不能原谅的重大犯罪，相关涉案人员是动摇了国家的根本。尽管这样，大国家党连续召开国会，阻止徐议员的被捕，大家都将其称为“妨国会”。

国民会议与自民联的合作发生了严重的分歧。无论朝野很多议员都反对政治改革。我认为国会否决逮捕同意案是对政治改革的一种抗命行为。必须对“税风”问罪，否则就不能算作是政治改革。

4 月 7 日，美国费城选定我为“自由勋章”的获奖者，并发布了这一结果。“自由勋章”曾经颁给了瓦文萨、哈维尔、卡特等世界级的领导人，这一奖项还被称为“第二诺贝尔奖”。评选委员会将我与曼德拉相提并论，发表了评选我的理由：

> 金大中总统已经超越了韩国民主化的象征人物，成为了人类民主化征程里程碑式的历史性人物。韩国的政治历史上，第一次真正实现了政党交替，释放了很多政治犯，在经历了金融危机以后，在很短的执政时期内，将韩国的经济重新拉回正常的轨道。这样的贡献不仅是在韩国，在世界其他国家也得到了众多国家领导人的称赞与支持。

埃及总统穆巴拉克来韩访问。此次是埃及总统第一次访问韩国。一直以来，埃及都是坚持站在朝鲜一边，支持朝鲜的立场。穆巴拉克总统曾经先后四次访问平壤。金日成主席生前曾经与总统互称“朋友”。4 月 9 日，我们进行了首脑会谈。我向穆巴拉克总统提出请求，对包括朝韩首脑会谈在内的韩国与朝鲜的现况进行仲裁：

“我们对朝鲜没有任何恶意，只是希望能进行和解与合作。如果朝鲜愿意，我们可以以任何一种对话方式来进行。请转达我们期望的根本因素就是和平。”

穆巴拉克总统表示，他积极支持我们对朝鲜的包容政策，并承诺将会把韩国的意图转达给朝鲜领导人。

我对穆巴拉克总统的调解作用非常期待。他是一位很有能力的中东领导人。就像他的承诺一样，我们的意图被转达到了朝鲜。他对韩国与朝鲜进一步消除隔阂起到了很大的作用。还有一点，一提到穆巴拉克总统，我就会想起他那伟岸的身躯。在青瓦台本馆前面举行官方欢迎活动时，礼宾车辆前的踏板因为承受不了他的体重，“啪”的一声塌了下去。那一瞬间，警卫员们都大吃一惊，但是他本人却泰然自若。

英国女王伊丽莎白二世来访问了韩国。3 月 19 日，她和她的丈夫菲利普公爵一起到达了汉城机场。上一次英国王室首脑来访问韩国还是在 1883 年签订《韩英友好通商条约》的时候。算起来，这是等了 100 年的贵客。我在 1998 年 4 月参加在英国举办的 ASEM 时，正式对女王发出了访问韩国的邀请。我在欢迎晚宴的致辞中讲到了两个国家珍贵的友情：

“英国是欧洲国家中第一个与韩国建交的国家，在韩国近代史艰难的岁月中，英国一直以朋友或是同伴者的身份给予了韩国各种帮助与支持。19 世纪末期，韩国自主独立的‘发言人’《大学每日新报》的创刊人、参加朝鲜战争的不计其数的英国年轻士兵们，还有 20 世纪 70—80 年代，为了韩国经济的发展，在韩国的土地上与韩国国民一起奋斗的英国技术者们，他们都是为英国与韩国之间的友谊铺下奠基石的恩人们。今天在这里，我再次向他们每一个人表示深深的感谢与崇高的敬意。

“我们两国的友好关系一直发展到今天。英国戏剧家莎士比亚到今天还很受韩国年轻一代的喜爱。我国的第一颗通信卫星‘友利星 1 号’就是韩国与英国联手创作的结果，是两国合作的象征。”

我真诚地希望伊丽莎白女王夫妇能沉醉在韩国文化与韩国的春景里：

“韩国是一个坚守着自己历史的国家，不仅使独创的文化发展至今，历史上还克服了众多的国家危机，是一个强劲有力的国家。韩国的 4 月，天气非常晴朗柔和，希望两位在温暖的阳光下感受到韩国的力量与自强。还有，两位不管去哪儿都能感受到韩国人的热情与对两位的喜爱。”

女王的银发与黑框眼镜让我印象深刻，微笑很浅但是很温和。她的身上有一种大英帝国王室后人的严谨，气度非凡。女王发表了答谢致辞：

“今天我所看到的韩国，和在我刚刚登上王位的 1952 年时，英国人所想象的韩国有很大的差异。朝鲜战争爆发时，在位的是我的父亲乔治六世。朝鲜战争的停战协议签署的时间，正是我举行加冕仪式的六周以后。我到现在还记得那时看到的那些描述韩国人痛苦的照片。

“马上就要迎来朝鲜战争 50 周年纪念了，将一个被战争破坏得七零八落的国家，建成了一个世界重要产业国家，我认为这其中的过程有着令世人感叹的决心与意志。两国间的互相合作与贸易，都有很大程度的发展与提高，现在像现代、三星还有 LG 这样的韩国企业的产品，在任何一个英国家庭里都可以轻易发现。”

女王对韩国的大企业与进入韩国市场的英国企业的名字知道得非常详细。另外，她还访问了引进英国动漫技术的风险创业企业。她本次访韩的商业气息让我很吃惊。我也有很多感触。

女王还访问了仁寺洞、梨花女子大学、渼洞小学等地方。每到一个地方，人们都非常热烈地欢迎女王。我们国民的热情已经充分地传达给了女王夫妇。女王还访问了安东河回村，此时正巧迎来了她 73 岁的寿辰，我们在忠孝堂为女王准备了生日宴席。菲利浦公爵是一个充满好奇心的人，他为了能更加了解韩国文化提出了很多问题。

等了 100 年的贵宾，迎来了英国女王伊丽莎白二世

媒体经常对人事差别及预算偏重等问题进行报道。一部分媒体甚至无视我的努力与意图，而且报道的内容也是歪曲事实。我在接受釜山市与庆尚南道业务报告的时候，强调了消除地区差别的重要性：

“我不是某个地区的总统，而是 4 800 万人的总统，肩负着民族命运的总统。在这一点上，我对天对地问心无愧。但是，还是有一些人对此表示怀疑。

“我对于人事的公正性非常重视。如果存在任何地区差别，请大家指正。我一定会接受意见，加以改正。举个例子，某报纸报道，3 级以上的公务员中，岭南出身的有 152 人，湖南出身的有 120 人。要职就应该这样互相保持平衡。

“预算问题也是一样，16 个广域自治市道领导人都召集到汉城来，并且邀请预算厅长、企划预算委员长来出席，大家一起决定预算的分配，找出一个大家都可以接受的标准。这样算来，庆尚道地区有 2.6 兆韩元，湖南地区有 1.5 兆韩元预算。这也不是特意这样决定，因为岭南地区新建的港口比较多，所以预算投入也多一些。

“即使是这样，还是有人提出地区差别的问题，这说明有些人还在控制地域感情。大家应该都知道，因为地域差别，我几乎受了几十年的苦，流血流泪。我为此吃尽了苦头，为什么还要持续地域差别呢？如果我真的那样，那么历史定会降罪于我。

“现在，是应该团结在一起的时候了。就算我从总统的位置上退下来，甚至离开了这个世界，我对于团结的努力也会继续留在这个世界上的。另外，我不会再次参加选举。以后，总统以及国会议员都是与我无关的事情。今后，对我来说重要的不是投票的票数，剩下的只是历史的审判。

“美国总统林肯在南北战争胜利以后，北方提出要报复，但是他却表示反对，所以，北方对他的批判犹如暴风般强烈。但是他却选择包容南方。然而他再次被选为总统后，却遭到了暗杀。但是林肯的精神到今天为止还留在美国人民的心中。如果没有林肯的精神，恐怕美国将会分裂成南与北两个国家，世界上也不会存在美国这样一个强国。一个领导人的胆识与牺牲精神拯救了美国，也成就了美国今天的辉煌。

“以地域为界，互相批判，互相妨碍对方发展，这样的历史毒瘤必须在我们这个时代割除。未来的世代必须从这种恶魔的咒术中解脱出去，实现自由与团结。”

我在讲这番话的时候，大家都听得很认真，还不停地点头表示赞同。但是，到今天为止，这种亡国的地域感情还是没有消失，利用这样的地域感情来实现自己利益的势力还依然存在。

5 月 13 日，接受了庆尚北道的业务报告以后，与李义根知事、申铉确前总理等地区主要人员共进晚餐。这是为了听取关于前总统朴正熙纪念事业的各个地区的意见而准 备的晚餐。我在晚宴上表示，我会尽全力支持朴前总统的纪念事业。媒体报道内容称为“历史性的和解”。

5 月 24 日，进行了内阁改组，出台了“国民政府第二期内阁”。

新设的 3 个部门人事任命也同时进行。

我希望通过新内阁的改选，彻底实现经济改革，把我国的经济基础打造得更加坚固。同时，我也强调我们要营造一个扶助弱者的社会氛围：

“‘第一期内阁’是建立在执政初期，为了寻求政治安定与改革，进行了一些大动作的活动。‘第二期内阁’是在发展经济的基础上，本着实现经济改革的目标而建立起来的。如果说‘第一期内阁’是‘硬件’，那么‘第二期内阁’就可以称为‘软件’。另外，在改革的过程中，为了防止出现更多的承受着巨大痛苦的低收入阶层及一部分没落的中产阶层，新内阁必须解决的课题就是创造‘生产性福利体制’，并实现其现实化。”

5 月末，我开始了对俄罗斯的国事访问。之前已经访问了美国、中国、日本，四强外交中就还剩下了最后一站俄罗斯。我与俄罗斯有着不解之缘。不仅曾经作为在野党的政治家来访问过，还曾经以亚洲太平洋平和财团理事长的身份来访问过四次之多。我取得真正的博士学位的地方便是俄罗斯。

5 月 27 日，我到了我们的住处克里姆林宫的迎宾馆。我们访问的时候，正好赶上了俄罗斯的国民诗人普希金诞辰 200 周年纪念日。

安顿好以后，马上就准备接见住在这里的同胞。在俄罗斯，他们被称为“高丽人”。现在俄罗斯居住的韩国人很多。我想见他们并且安慰他们的心灵。俄罗斯高丽人协会会长的欢迎词让我感到万分揪心：

“我们作为第三、第四代俄罗斯韩国侨胞，已经把俄罗斯当成了自己的祖国。我们的祖辈们居住在远东地区，在日本殖民统治时期，为了抵抗日本的镇压统治，抛头颅洒热血，他们一直教导我们不要忘记对祖国的爱，将对祖国的爱传给我们。我们虽然热爱祖国，但是对于祖国分裂成两个国家，我们也非常心痛。”

远在异国他乡的高丽人，虽然他们的生活有着千辛万苦，可是他们却不停地为分裂成两个国家的祖国而担忧，我们应当受到远在异乡的同胞的指责。独立军的精神留在高丽人的心中。我的心里一阵纠结：什么时候才能到统一的那一天，与他们一起载歌载舞，共同欢庆呢？

与叶利钦总统进行了首脑会谈。叶利钦总统对我们的对朝鲜包容政策表示积极的支持。在共同声明中，他也公开提出了这一点：

“化解朝鲜半岛的紧张态势，构建永久的和平趋势的韩国政府的努力，俄罗斯政府对此持积极的评价，并对为了地区间的和平与安定，促进朝韩间的接触与生产性对话的金大中政府的政策表示支持态度。”

至此，一直阴沉的与俄罗斯的关系也变得阳光明媚，解除了互相驱逐外交官事件的不愉快。国宾晚宴上，叶利钦总统发表了晚宴致辞：

“我在俄罗斯的心脏——莫斯科的克里姆林宫对各位表示欢迎。韩国有句话叫做‘远亲不如近邻’。我们俄韩两国不仅地理位置接近，在历史上还拥有共同的命运，另外，对于民主主义价值观，以及全方位和平及繁荣的渴望及意志也息息相通。”

我对于叶利钦总统渴望民主化的热情及勇气有着深深的了解。早在 1991 年，当保守强硬派对于民主化的促进表示不满，并发起军事政变时，他爬上了军事政变军队的坦克，用尽浑身的力气进行反抗。那时，他站在坦克上挥舞着拳头的样子，深深地印在了世界人民的脑海里。他是俄罗斯民主化的英雄人物。我在答谢致辞中提到此事：

“我到现在还清楚地记得，1991 年动荡的时期下，为了实现民主化而进行抗争的总统的样子。站在坦克上演说的总统是一个为了实现绝对性的民主化的守护神。与镇压自由与人权的势力抗争，为了民主主义的成功，越过死亡的威胁，用尽一生来抗争的我，也受到了感染，在总统身上我也感受到了同为民主主义卫士的战友之情。”

当时世界媒体对叶利钦总统的健康问题进行了连日的报道。但是，与他接触后，给我留下最深印象的还是他爽直的个性。他是一个很重感情的人。虽然看起来他身体不适，也不能正常进餐，但是他却一直坚持到晚宴结束。我很担心他的健康。分手的时候，他紧紧地拥抱我，像一个朋友一样说道：

“我们在韩国再见吧。”

叶利钦总统很爽快。劝说我们购买俄罗斯制造的新型导弹

我在莫斯科大学做了演讲。我一进场，莫斯科大学合唱团的嘹亮歌声就响了起来。他们演唱的是《全世界学生歌》。我每次来都会受到这种欢迎，这一次也不例外。主持人介绍我时，这样说道“莫斯科大学名誉教授金大中总统”。

“我非常尊敬以及热爱俄罗斯。我对俄罗斯的尊敬之心与热爱之心是大家无法想象的。我为17—18世纪间彼得大帝的惊世改革而深深感动，而且我认为像他那样，通过大胆的改革、克服种种障碍的领导人，在世界历史上是很难找出第二个的。

“我经历了长久的狱中生活，在那段时间里我有机会接触了很多俄罗斯文学作品。拜读了普希金、托尔斯泰、陀思妥耶夫斯基等许多俄罗斯文学巨匠的经典著作。另外，我还非常喜欢读索尔仁尼琴以及萨哈罗夫的作品。读到这些巨作的时候，我每每惊叹于创造出这样伟大的文学作品的俄罗斯国民的力量与艺术性。俄罗斯文学为我带来的影响是巨大的。我认为能够在狱中读到这么多优秀的俄罗斯文学作品，甚至连坐牢都变得很有意义了。

“我为近现代史上俄罗斯民族表现出来的勇气与牺牲精神所感动。在拿破仑征服欧洲的时候，只有俄罗斯民族打退了拿破仑的侵略。对希特勒的抗战中，如果没有俄罗斯国民奋不顾身的斗争与牺牲，世界历史将会大大改变。我认为，在这一点上，世界各国人民都欠了俄罗斯人民一份情谊。

“俄罗斯不仅在过去有着辉煌的历史。现在，俄罗斯仍是一个对世界有着巨大影响的国家。俄罗斯是一个拥有领先的科学技术以及世界上资源最为丰富的国家。这些重要因素合为一体，照亮了俄罗斯的未来发展之路，并为俄罗斯的发展提供了无限的潜力。”

在莫斯科大学，我受到了传统的迎客仪式的欢迎，吃了蘸着盐的面包

我观看了芭蕾表演。我被表演团的气势所震惊。但是，真正让人震惊的要数观众们的反应。正因为有了观众们热烈的反应，舞台上的演员们才能献上精彩绝伦的表演。艺术不是表演行为者所拥有的。从另一方面来说，艺术是观赏者所拥有的。

结束了为期四天的俄罗斯访问，我紧接着访问了蒙古。这还是韩国总统第一次访问蒙古。5 月 30 日，到达了乌兰巴托机场。阳光明媚怡人，风却吹得正猛。虽然寒风习习，但是我却感到很温暖。一切都是那么温和明净。我们踏上了去往成吉思汗酒店的路。车窗外，一望无垠的草原迎面而来。草原上，间或能看到零零星星的草绿色。看来，春天已经悄悄地走近了。

几个小时以前我还在俄罗斯的首都莫斯科欣赏充满着人工艺术美的犹如圣殿般的克里姆林宫，现在面前却是一望无际的草原，让人有一种在时空隧道旅行的感觉。草原之国蒙古带给我一种神秘的感觉，我私底下一直想来蒙古看一看，想来见见在这个世界上，与我们民族最为相似的民族是什么样子。还有，我想看看我们韩国人与蒙古人之间的历史关联以及民族之间的连带感。我总觉得，到了蒙古，应该就能听见游牧民族骑马奔驰的马蹄声。在街上看到的蒙古人，相貌和我们韩国人极为相似。

我与蒙古总统那楚克·巴嘎班迪进行了首脑会谈。我向总统说明了韩国的对朝鲜包容政策，总统对此表示了积极的支持。蒙古自1948年与朝鲜建交以来，50年间与朝鲜建立并维持了深厚的外交关系。我真心希望蒙古作为朝鲜“半个世纪的朋友”能够起到极大的影响力。对于我的期望，巴嘎班迪总统似乎已经非常清楚了。

在首脑晚宴上，我与巴嘎班迪总统以及夫人进行了长时间的对话。不仅是巴嘎班迪总统，连他的夫人也对韩国、对我了解很深。总统的女儿到韩国留学，并已经取得了国际经济学硕士学位。我对蒙古希望能了解更多，所以，对话的内容主要是我来提问，而巴嘎班迪总统来回答。

“韩国与蒙古在过去的历史中，特别是上层社会的阶层之间交流非常频繁。元朝的最后一个皇帝纳高丽女子为妻，当时高丽的历代王们，也迎娶蒙古女子为王妃，据我所知蒙古王妃嫁到高丽来的就有五六位。另外，高丽军队与元朝联合起来，前后两次发兵企图征服日本。”

“总统的历史知识真是十分渊博。蒙古军队在陆地上是所向披靡，无可抵挡，但是遇到水战就处在下风了。成吉思汗时代，蒙古军队占领了欧洲，一直把版图扩大到欧洲的海洋时，他们认为那就是世界的尽头了，已经没有可以继续走下去的路了，所以他们就班师回京了。”

“当时蒙古军队的总数达到了多少呢？”

“历史学家研究得出有500万人左右。”

我在蒙古国会进行了演讲。听说在这里作演讲的外国首脑我还是第一个：

“大家与我，蒙古人民与韩国人民有一个共同点，那就是大家都带着蒙古印记来到这个世上。蒙古小朋友喜爱的踢毽子、掷石子、翻花样是韩国小朋友也很喜欢的传统游戏。不仅如此，就像阿郎孤儿传说一样，世界上没有任何一个民族能够像蒙古民族一样，把韩国民谣《阿里郎》唱得如此地道、如此动情，这更加拉近了朝鲜与蒙古两个民族间的关系。正因如此，我们韩国人，当然也包括我，怎能不对蒙古民族感到亲切呢？本次我作为韩国总统第一次来访问蒙古，目的就是在于，以韩国与蒙古在历史与民族情绪上的连带关系为基础，使两国在实际意义上的合作关系能够更上一层楼。

“我坚信，蒙古一定会走上繁荣发展的道路。曾经有相关评论称，没有蒙古人，就没有今天的世界历史，蒙古人的强韧性与游牧民族的机动性创造了伟大的成吉思汗的蒙古帝国时代。有学者认为，早在互联网问世700年以前，蒙古人就已经建成了自己所独有的国际通信网。这样的评价正说明了，蒙古已经具备了适合21世纪信息化时代的信息感应捕捉能力。我深知，直到今天为止，蒙古一直在不停地谋求变化与发展之路。蒙古在不断变化发展的世界中，面对历史的挑战，激流勇进，勇敢应对。”

回国前一天，我与随行的记者们举行了座谈会。我将本次访问俄罗斯及蒙古的成果简单地作了以下总结：

“四个大国巡访外交，自去年6月开始，美国、日本、中国，还有本次访问的俄罗斯，到现在为止已经圆满地画上了句号。如今，我们已经和周边四大国建立了亲密的同伴者合作关系。从某种意义上，相当于建立了友好的关系，并且通过官方文件对此进行了再次确认。此外，对于我们国家对朝鲜的包容政策，四个大国都对此表示积极的支持态度。特别是，本次俄罗斯表现出了比任何一个国家都要强烈的积极态度。至此，四个大国的外交活动已经完成了。我国在国际社会的威信大大提升，为国家的安保也作出了极大的贡献。同时，也为与朝鲜关系的和解进程得到了极大的支持。所有这些都是国运，是国民的支持为我们的外交活动注入了成功的润滑剂。”

四强外交，在国民政府出台1年零4个月的时间内，圆满地完成了任务。但是，如果从我第一次出马竞选总统的1971年4月开始算起的话，那时我所主张的四强外交及朝鲜半岛和平保障论经过了28年才最终得到实现。

我终于踏上了回国之路。但是，这时在国内却传来了称为“送衣服走后门事件”被炒得沸沸扬扬的传闻。我为了提升国家的国际威信，不顾日程的艰辛，辗转于各个国家之时，国内媒体却连日对“送衣服走后门事件”进行了大肆报道，煽动对民主的疑惑。虽然，我为了四强外交，呕心沥血，从早到晚马不停蹄地努力，可是报纸上对此的报道却只有角落里小小的一个板块。

真是让人痛心！事件具体的来龙去脉是，因为某集团的会长被逮捕了，会长的夫人为了解救自己的丈夫，向高层公务员的夫人们赠送了名牌服装。这是一年以前的事情。当时，对于事件的内容，我也接受了报告。报告中称，检察官们对此事进行了调查却没有发现存在贿赂的事实。我也认为这不过是传闻而已。

但是，当时检察厅总长金泰政的夫人也有牵连，另外，还有很多公务员的夫人也被牵扯到事件中来。我在巡访期间，接受了对本次事件新闻报道的相关报告，对于受到道德谴责的有关人员该如何处理，是一个让人棘手的问题。回国以后的新闻发布会上，也像所预料的一样，有记者针对如何处理“送衣服走后门事件”相关的法务长官进行了提问。对于这个问题，我首先对国民表示道歉。这是国民政府第一次出现这么严重的丑闻：

“首先，我对因为政权的领导层中的个别人及其家人对我们整个社会带来的严重影响表示深深的歉意。在我就任以来，因为怕出现这样的情况，在任命次官级别以上的官员时，故意让他们的夫人也来参加任命仪式，而且对他们进行了特别的嘱咐。但是，今天他们中的个别人还是犯了这样的错误，这让我痛心疾首，对我们的国民非常的抱歉。

“但是，对于此问题，我的态度是非常确定的。以透明为原则，就像是看透明的玻璃中的事物一般，对本次事件进行透明的处理。然后，找到对本次事件需要负责的人，不论地位高低、关系亲疏，一律严办。法务长官的问题，根据调查结果决定处理的结果。如果调查结果显示其本人或是夫人对事件有责任的话，我们一定会追究到底。”

结果是，“送衣服走后门事件”最终变成了政治权的问题，采取了特别检察制度，接连很长一段时间，有关的各方对此问题进行了长期的攻防。在此期间，受到伤害最深的不是别人，只有我们的国民政府。

令人费解的事情再次发生了。6 月 7 日，大检察厅公安部长在酩酊大醉的状态下，在自己的办公室对记者失言。他说，1998 年造币公社罢工事件是由检察官诱导的。虽然，事后公安部长表示自己是“酒后失言”，但是这样的解释是不起任何作用的。事件瞬间扩大了。媒体将其称为“罢工诱导事件”。我非常吃惊，同时也十分自责。

“保障国家国法秩序的检察官干部怎么能这样‘失言’呢。如果这是事实，那么国民政府是绝不能允许这样的事情发生的。请有关部门进行彻底的调查。”

不论是“送衣服走后门事件”还是“罢工诱导事件”，都引起了国民的愤怒，这是因为中产阶级与平民阶层的失落与悲伤。

“我们社会的经济水平本来就不高，高官干部的夫人们却成群地追求高档奢侈品。劳动者流着血和泪离开自己的工作单位，但是公安机关竟然如此处理，这还像话吗?”

这样的民众情绪持续扩大。

第二天，因为领导职责严重失职，金泰政被解任。同时金正吉律师被任命为继任法务长官。

并不是单纯的、柔弱的政府（1999 年 6—9 月）

我参加了为纪念朴景利老师的长篇历史巨著《土地》而建的土地文化馆的揭幕仪式。6 月 9 日，与夫人一起前往原州。我虽然没有见过几次朴老师，但是对于小说《土地》还是有很多感触的。老师笔下对我们祖先坚韧的生命力以及民族固有的情感“恨”，进行了深刻且让人感动的描写。开馆仪式上，朴景利老师的致辞让人耳目一新：

“科学也可以导致灾难，自然中也蕴涵着灾难。为了解决这样的两面性及矛盾问题，为其找到中和与平衡点的最佳之方法，为生活找到基础与根本的东西就是文化。今天，文化的本质却丧失一空，文化这个词汇本身却到处泛滥，像消费性商品的侍女一样。怎样才能为文化找到本质的方向，为新世纪找到文化出口，需要现代知识分子的自身觉悟与献身精神。

“今天，总统以及夫人也亲临本次开馆仪式。这是意义非常深远也是令人鼓舞的事情。”

老作家对于文化的忧虑让我有同感。我真心地希望土地文化馆能在这个生活危机被渲染的世纪末时期成为一个对人类的未来进行探究，并且创作更多优秀文化作品的温室。我也发表了致辞：

“朴景利老师自 1969 年开始到 1994 年的时间里，完成了 4 万页原稿的《土地》，为我们的文学史树立了一座无法磨灭的丰碑。

“我还记得，在我读《土地》这部小说时，读到主人公龙尔的情人月善在龙尔的膝上离开人世的场面，这样美丽绝伦的爱情，让我感动得流下了眼泪。还有，龙尔问月善‘你没有遗憾了吧?’月善的回答是‘是啊，没有了。’这个场景对韩国人的传统情感‘恨’的描写让我再次非常感动。从某种意义上来说，对于月善来说，正在逼近的死亡丝毫影响不到与自己深爱的情人在一起所带来的幸福感。

土地文化馆开馆仪式上，与朴景利老师一起

“像这样，我们民族所固有的情感‘恨’，造就了我们民族在达到目的之前绝不放弃的韧劲。《土地》中流动的民族独立之‘恨’也是同一情感。

“另外，朴老师历时25年的时间，对同一作品倾注了大量心血，我对她这种热情与执著表示衷心的敬佩。在这里我们也可以感受到朴老师的‘恨’。”

朴景利老师于2008年5月将小说《土地》与土地文化馆留给世人，离开了这个世界。我去她的墓地看望她，为她献上了鲜花。向她的女儿土地文化馆馆长金玲珠、女婿诗人金芝荷表示慰问：

“故人是我们国民的骄傲。我作为故人的忠实读者，表示深深的哀痛。”

西海发生了与朝鲜的交战。6月15日上午，在西海延坪岛西部海域，我国海军舰艇与朝鲜警备艇之间发生了冲突。朝鲜先对我方进行了攻击，我国海军紧接着作出了回击。朝鲜的一艘鱼雷艇被击沉，一艘警备艇严重破损。剩下的四艘警备艇受袭击后撤退了。事件导致死伤者达到数十名。

我方的损失非常微小。我就任以后，一直坚持的对朝鲜政策中有三大原则，第一就是“不能允许朝鲜在任何情况下进行军事突袭”，这次是将原则应用到实际作战中。

在冲突发生以前，延坪岛的前海区域已经显露出不寻常的预兆。每年6月，朝鲜渔船都会越过北方警戒线（NLL）来捕捞花蟹。那时我们海军高速舰艇就会出动把他们赶走。但是今年情况却大不相同。五六艘朝鲜警备艇与渔船一起南下，保护捕捞花蟹的渔船。从6月4日开始每天都南下捕鱼。他们全然不顾我们警备艇的靠近。

所有的触觉都朝向延坪岛前海。已经不知多少次向朝鲜解释我们的对朝包容政策，而且1999年6月21日也将在北京召开韩朝次官级会谈，可是为什么还会发生这样的突发事件呢，真是让人费解。

“是不是在试探什么，是不是又盯上了什么，是不是以什么人为目的，究竟为什么才会采取这样无谓的示威呢，还是朝鲜内部势力之间的意见分歧呢？”

我晚上怎么也不能安睡。深夜，国防长官赵成台打来了电话。赵长官报告说：“将会采取强硬措施。”我传达了四个作战方针：

“第一，一定要确保NLL。第二，不要先射击。第三，当朝鲜先发出攻击时，作出强烈的对抗。第四，即使发生交战也不能扩大成正面战争。”

我还下达指示调整对国家安全保障会议（NSC）的对应方案。国防长官提出了出动大型舰艇将朝鲜的舰艇驱逐出NLL之外的方案。NSC常任委员会同意了所谓的“驱逐出境”的作战构想。事实上，我只提出了四项作战方针，之后的决定完全交给了军队。因为我深知自己军事知识不够丰富的弱点。如果我作出了“不正确”的指示，将会对军事策略造成不可挽回的错误影响。我心里十分焦急。

6月15日，朝鲜的舰艇和渔船又越过了NLL。他们完全无视我们的撤出警告。上午9点30分左右，我们的海军舰艇开始将朝鲜舰艇向北驱逐。双方在海洋上开始了力量对决。终于，朝鲜舰艇承受不住，首先开始了射击。我们的舰艇也开始作出反击。之后，双方展开了激烈的炮击对决。炮声在14分钟之后才停了下来。我在后来接受报告的时候才得知，朝鲜海军死亡者达到了30多名。

我们的将士们威风凛凛。媒体将这次海战命名为“延坪海战”。虽然我们取得了胜利，但是南北开战却是让人非常遗憾的事件。后来，2002年再次发生了“延坪海战”，所以，1999年6月的西海交战后来被改为“第一次延坪海战”。

第一次延坪海战的发生将一个事实展现给了国内与整个国际社会，“阳光政策”不是一个单纯的设想或不现实的政策。“阳光政策”的特点就是我一直强调的，只有强大的力量才能保证收到实际的效果。在西海交战发生的同一时间，来自韩国的游客正在攀登朝鲜的金刚山。我十分担心他们的人身安全。我接到了统一部长官林东源的电话：

“我已经下达了定于今天（16 日）出发的金刚山观光游览船的出港许可。我以统一部长官的名义来承担这个责任。”

林长官作出了这样的判断让我很安心，让我感觉到朝鲜不会以西海交战为借口使两国间的事态扩大以及恶化。金刚山观光游览船按原来的计划向着朝鲜出发了。另外，报告还指出乘客们都没有取消预订，也没有一丝一毫的动摇，全部都登上了游览船。国民们相信这个国家以及我这个领导人，为我们的包容政策注入了一缕阳光。朝鲜就像什么事情都没发生过一样，没有表现出任何异常的行动。这才让我真正放下心来。

西海交战的第二天，召开了朝野代表紧急会谈。面对安保威胁、跨党派合作与对应，我认为将这样的行动展示给国民，可以集结媒体、获得大多数国民的支持。国会议长朴浚圭、大国家党总裁李会昌、民主党总裁权限代理金令培、自民联总裁朴泰俊、国防长官赵成台都参加了紧急会谈。李会昌总裁主张应该再次考虑并研究“阳光政策”的可行性。我再次说明了“阳光政策”的妥当性：

“对朝鲜包容政策是以坚定的安保为前提才能实现的。当今，美日中俄等周边大国以及整个世界都在支持这项政策。朝鲜认为‘阳光政策’是为了脱掉朝鲜的衣服，所以才踌躇不前，‘阳光’并不是只有我们放射给朝鲜，朝鲜也应该向我们放射出‘阳光’，这才是我们真正的立场。

“我们可以在‘阳光政策’推进的过程中找到正面与负面的两面性。负面现象包括朝鲜的核武器开发疑惑、导弹试验、西海事态等，而正面的部分则包括去年开始进行的首脑会谈，以及实现了金刚山旅游开发等方面。这些方面的变化我们应该给予正面与肯定的评价。”

6 月 21 日，发生了金刚山游客被朝鲜方面扣留的事件。一位女游客向朝鲜导游讲的一些言论被朝鲜方面作为把柄，从而为这名女游客扣上了“韩国情报机关的工作人员”的帽子。事件非常严重。我向有关部门下达了指示，要求立即停止金刚山旅游，采取有效的方式来处理本次事件。如果北方不尽快把被扣留人员送还的话，不论是观光游览船还是美元统统都不给朝鲜送去了。值得庆幸的是，4 天之后朝鲜就将被扣留的女游客送回到了韩国。我又下达指示给有关部门，要求他们尽快制定后续对策，保证以后绝不再出现类似情况。虽然，北方一直要求尽快重新开始金刚山旅游，但是我觉得在后续对策没有制定之前必须停止金刚山旅游。结果，因为本次事件的发生，金刚山观光邮轮被迫停在港口 45 天之久。

青瓦台新设立了民政首席室。这是听取了在野党以及民间团体的建议后，决定加强收集民意而设立的机构。任命韩神大学校教授金圣在为民政首席秘书官。我向他拜托道：

“到国民当中去，让这个机构成为听取国民的声音并与国民交换意见的地方。”

6月30日凌晨，京畿道华城郡海区青少年修炼院发生了火灾，导致包括19名儿童在内的23人丧生。这是绝不允许发生的惨案。媒体报道称，本次火灾的发生存在很多问题。我与夫人一起去慰问了设在江东区教育厅的共同焚香所。遇难者家属们泣不成声。我凝视着孩子们的照片呆呆地站了好久。我一一握住遇难者家属的手。夫人拉着遇难者家属禁不住双泪横流。想着这些天真烂漫的孩子们跟着大人们一起出门旅行，如今等待他们的却是死亡，我的心里有说不出的悲伤与痛苦。孩子们一定会恨死我这个总统爷爷了：

“现在我痛苦凄惨的心情真是无以言表。本次事故很明显是人为的失误，建筑、消防、幼儿园的管理都存在问题。我绝不允许这样的事情再次发生。”

除此之外，我再也找不到可以安慰他们的话。父母失去子女的痛苦，怎么能得到安慰呢？

7月2日，我踏上了访问美国与加拿大的旅程。这次是受美国总统克林顿之邀，于2—4日访问美国；受加拿大总督罗密欧·勒布朗之邀请，于5—7日访问加拿大，一共是六天五夜的访问日程。虽然日程很紧张，但是这样的日程中间还包括了我去费城领取“自由勋章”的日程。

2日，我在白宫见到了克林顿总统，这是我就任以来第三次见到他。虽然这次访美是工作访问，但是却安排我住到迎宾馆。在我到达华盛顿3个小时之后，就进行了韩美双方首脑会谈。我们就在坚实的安保基础上，坚持一贯性原则，持续推进对朝鲜包容政策，达成了共识。我与克林顿总统共同表示，针对类似本次西海交战的事态等朝鲜的突发袭击行为，采取两国互相合作及进行沉重的打击等对策。此外，克林顿总统还对韩国经济的复苏表示了祝贺：

“这不是外交性的祝贺，这是我本人发自内心的祝贺，再次对金总统的领导力表示钦佩与敬意。”

克林顿总统不止一次握住我的手。他也没忘记祝贺我获得了“自由勋章”：

“除了金总统，又有谁能有资格获得‘自由勋章’呢，我们也为您得到这个勋章由衷地欣喜。”

为了领取“自由勋章”，我踏上了前往费城的路途。一到机场，我就在前来欢迎的队列里看到了美国驻意大利大使托马斯。我们一见面就热烈地拥抱。他是我在80年代流亡美国时期一起参与民主化运动的同志。1985年，不顾全斗焕政权的反对，我强行要回国时，他为了保护我的人身安全，以一个美国议员的身份与我同行。这次，他为了见我，特地从意大利赶到了费城。

在与费城侨民进行座谈会之前，我先到了徐载弼纪念馆。纪念馆是徐博士在美国进行独立运动时居住过的故居。房子是建在森林里的两层木结构建筑。纪念馆里陈列着徐博士的遗物。

我在留言簿上写下了“先知者永生不死”的题词，然后再写上了“大韩民国总统金大中”的署名，抬头望去，照片中的徐博士盯着我看。我再次向我年轻时代的英雄低头致意。

4日，“自由勋章”的颁奖仪式在费城的独立纪念馆户外广场上举行。这里就是1776年7月4日美国殖民地代表们签署《独立宣言》的地方。另外，还是保存着“自由之钟”的圣地。因为有着这几层含义，所以颁奖典礼就定在这里举行。同时，宾夕法尼亚州宣布7月3日为“金大中日”，费城宣布7月4日为“金大中日”。

天气非常炎热。在这样炎热的天气下，依然有3 000多人参加了颁奖仪式。在颁奖仪式进行之前，首先进行了宾夕法尼亚州仪仗队的祝贺行进。开幕致辞之后，奏起了两国国歌。

费城市市长爱德华为我戴上了“自由勋章”奖牌。奖牌是金色的圆牌，上面阳刻着“自由之钟”的图案。颁奖仪式进行的过程中，由韩国留学生演唱的《思念的金刚山》一直回响不停。我感到自己的眼眶湿润了。在演讲开始之前，我表示今天的天气很炎热所以我尽量讲得简短一些：

“今天是第223次独立纪念日，而费城市是美国的《独立宣言》及《宪法》完成的意义深远的城市。能在这样的时间、这样的地点，接受拥有极高权威及名誉的‘自由勋章’，对我来说是极大的荣誉及喜悦。在长久的岁月中，我一直没有停止对自由的巡礼。在这样的征途中，有几股一直支撑着我的力量。

“第一就是我所信的我主耶稣。他为了解救受压迫的以色列国民，身背十字架，牺牲了自己的生命。耶稣告诉我们，要做自由的人。而且，耶稣还告诉我们，如果想成为他的门徒，必须像他一样，身背十字架，紧跟在他的身后。十字架对我来说就是追求自由的磨炼。

“第二就是我的历史观。纵观人类的历史，不论任何一个国家，任何一个时代，为争取自由与正义而战的人，都没有失败的。虽然，我在现实当中也遇到了很多挫折，但是，我坚信在历史的长河里我一定会是一个胜者。

“第三就是我的人生观。我相信，人生的成功与幸福并不是一定要取得什么成就，而是要根据人生的过程来决定。换句话说，就是根据自己的良心，正直地生活。‘行动的良心’这句话也是我一生的座右铭。

“第四就是我的夫人与孩子们的支持。家人一直陪伴在我左右，成为我追求自由的同行者。我到现在还一直不能忘记1980年发生的事情。当时，我接到了死刑宣判，在陆军教导所等待死亡的临近。夫人和孩子们一起来探望我，我们一家人流着泪向上帝祈祷。一家人抱在一起哭个不停。但是，我的家人中没有任何人劝我向军事独裁者妥协。他们都相信上帝在冥冥中会安排一切，鼓励我不要放弃追求自由的信念。”

我向听众们介绍了夫人与弘杰。听众向我们一家人报以热烈的掌声。听众们在炎炎的烈日下，一直肃穆聆听我的讲话。我没有兑现尽量简单演说的承诺。虽然对在烈日下听我演说的听众们有些抱歉，但我还是想把我对自由的热情说给大家听：

“我知道自由是没有完成的那一天的。我相信，向着完成的那一天不断地努力，这才是我们人类的使命。人类的未来是站在自由的一边的。当站在自由的一边时，我们就站在了把爱种在我们每个人心田里的上帝的一边。当我们站在自由的一边时，同时也提升了我们的尊严。

“自由就像空气一样，当我们在自由中生活时，感受不到她的珍贵。我是能真正理解自由之价值的人当中的一个，所以，今天我能得到‘自由勋章’这一殊荣。我希望能给大家留下一个‘为自由献身之人’的印象。”

美国独立纪念日7月4日，在费城戴上了“自由勋章”的奖牌

我的演说结束之后，红衣主教宣讲了祈福祷词，紧接着进行了福音唱诗班的颂祝歌以及军乐队的演奏。颁奖典礼结束后，在入住的四季酒店卡彭特斯大厅，我与祝贺的客人们共进了午餐，并发表致辞：

“以本次我得到‘自由勋章’奖为契机，希望费城的美国独立纪念日庆典也能得到以韩国为主的亚洲人权胜利之庆典的评价。20世纪的最后一年，我能被选为‘自由勋章’的获奖者，被评价为韩国自由与人权发展的成果，相信这一结果也包含着大家的一个期望，那就是在21世纪世界的每一个地区都能开遍自由和人权之花。”

再次赶往加拿大。7月4日，到达了渥太华机场，开始了为期三天两夜的国事访问。我们代表团一行在总督官邸住了下来，紧接着在酒店召开了加拿大地区的侨胞座谈会。

第二天，与加拿大总理让·克雷蒂安进行了会谈。在会议上，我们达成了就发展1993年韩国与加拿大两国首脑会谈时所确立的特别合作伙伴关系进行进一步扩大与发展的一致意见。另外，我还再次请加拿大对我们的对朝包容政策作出支持。我将朝鲜半岛及周边的形势与对朝政策进行了说明，总理听了以后马上就表示支持。

7月7日，我回到了汉城机场，戴着“自由勋章”下了飞机，向国民们一一致意：

“这个奖虽然是我个人为了人权与民主主义努力而获得的，但是我觉得这是我代表数十年间为人权而战的国民们得到的奖章。”

共同政府再次出现了问题。金钟泌总理与金令培国民会议总裁权限代理双方，围绕着“送衣服走后门事件”与“罢工诱导事件”启用特别检察制度，持不同的态度与看法。这件事还要从我在加拿大访问的时候说起。我出国访问之前，将是否启用特别检察制度的问题委托给了金总理。金钟泌表示，支持启用特别检察制度，但是金令培却对此表示反对，并称“此非党论”。对金令培的这一做法，金钟泌非常恼火，甚至发表了暗示党派之间分道扬镳的言论。事件到这里还没有结束。金钟泌还向秘书处传达了要换掉金令培的意思。这是对我的施压。我在考虑良久之后，按照金钟泌的意见，将国民会议的党内8个地区都进行了调整。

我看到了金令培哀痛等内容的报道。我十分理解他的心情，但是，我不能放任共同政府的分裂。我对金令培的怜悯之情很深。他在上任3个月以后不得不做出离任的决定。金令培在“5·16”事件以后，在长达40年的时间里，在军部势力的压迫下，受尽了各种迫害，但他还是一直坚持在野党的民主自由之路。这样的民主斗士被“5·16”事件当时的主要领导人金钟泌再次赶下台来。政治是让人难以预测、让人受尽委屈的东西。这次事件的确是没有别的办法。

我开始为物色党指导部的新成员而发愁。那时，正值我在青南台避暑，经过了长时间的深思熟虑，也没能理出个头绪来。我决定再多住一天，好好考虑一下。7月12日，我回到汉城，公布了新成员名单。任命常任顾问李万燮为国民会议总裁权限代理、韩和甲为事务总管、林采正为政策委员会议长、李圭正为地方自治委员长、徐韩瞻为宣传委员长、郑泳薰为研修院院长、金玉斗为总裁秘书室室长、郑均焕议员为总裁特报团团长。

8月2日，我邀请了与我一起经历了政治征程的190余名“忍冬会”成员共进午餐。虽然我没有为他们做什么，但是他们一直在我的背后支持着我，让我感激不尽。这一天，我依然没能为他们准备任何礼物。我决心以治理好国家作为向会员们对我支持的回报：

“在过去的岁月中，与我一起同甘共苦的同志们，有些人成为了国会议员，有些人在政府部门工作，但是也有一些人没有担任什么工作。我们同心协力，在独裁的统治下，不忘自己的信念，终于为国家赢来了民主政府，这样坚韧的毅力就是我们的自豪。这是我们每一个人都拥有的东西。还有什么比这更让人自豪的财富呢？

“我希望大家都能珍惜这份难得的财富，虽然我不能经常见到大家，但是我绝不会忘记在我泪沾襟袖的时候守候在我左右的各位。也希望各位在有生之年，为了自由与正义、繁荣与和平能在这片土地上落地生根，付出艰苦的努力。民主政府的建立并不代表着成功，民主政府在未来的21世纪到来时，能成为世界一流强国，才是我们为了民主主义而战的最高意义。

“就算天塌下来，也绝不能允许发生过去执政者所独断专行的，非民主、反民主的行动，腐败与不正当行为，让少数人富起来的政策，操纵南北对立以控制国内政治形势的事情。我立志成为一个为打造世界一流国家的基础而努力的总统。”

8月6日，针对江原道宁越东江大坝的建设，我第一次做出了“最好不要进行”的个人见解。这是在与江原地区电视台的记者见面会上提出来的：

“从环境保护的立场来看，大多数人担心的事情，政府也没必要一定要去做，大家觉得对不对呢，我个人是这样认为的。”

在很长一段时间里，围绕着在宁越建设东江大坝的话题存在着很多分歧。东江从江原道旌善开始到宁越为止的51公里以内沿岸都是险峻的悬崖峭壁。因为这里是稀有动植物的栖息地，所以具有很高的保存价值。但是，首都圈的水资源不足问题也是需要解决的当务之急。因此，在环境保护与开发之间让人犹豫不决。建设大坝的最大目的是为了向首都圈提供饮用水。我认为其实可以从其他方面找到节水的对策。

建设交通部也提交了类似的相关报告内容。问题是容易造成一种政府对于市民团体提出的要求不经过任何审核就单方面同意的错觉，所以，要对水坝建设的可行性进行科学的研究及规定。我下达了指示，成立民间与政府官方调查团，从原点开始重新进行调查研究。当然，在这之前负责这件事情的公务员肯定会觉得有些白费力气了。但我还是认为，我们应该在这个时代再次将自然放到首位去考虑，现在正是这样的时期。

我在国务会议上就人类对自然的危害做了多次讲话。拥有高智商的人类为自然带来如此严重的灾害，是令人很羞耻的一件事情。

举个例子，我们现在非常不注意水资源的节约问题。可能因为我的出生地是一个缺水的小岛，所以每当我看到浪费水的行为就会觉得特别可惜。联合国已经将我国指定为“缺水的国家”，但是人们对此却没有任何危机意识。有关部门也没能制定任何具体的政策。不论建成多少大坝，总是赶不上人口增长的速度，也满足不了这么多人的欲望。

有句话说“地球是我们从子孙后代那里借来的、暂时停留的地方”。这真是说到人心里去的一句话。事实上，对于开发问题，在我们这一代判断其有利还是有弊，对其下结论是很危险的。建设交通部的调查研究结果显示，我们国家在未来二三十年之内将会迎来水资源不足的时代。但是，如果不采取节水的措施，一味地滥用地下水的话，这是将祖先留给我们的财产在我们这一代手里都浪费殆尽的行为。

我们的锦绣山河中，不乏高山大河。江河是我们的母亲河。我们拥有着不会干涸的母亲河，这是上天对我们最大的祝福。汉江这样的大江流经城市的中心，在世界上又有哪个国家有这样得天独厚的资源呢？每次看到汉江我都会惊叹于这样的祝福，同时也会想起没有山也没有江河的以色列。因为我去以色列看到的贫瘠景象让我难忘。1993 年，我在英国留学期间曾经去访问过以色列，看到了和我在《圣经》上看到的“乳汁与蜂蜜流淌之地”的描写完全不一样的荒凉景象。

江河是我们这个时代的宝物，水是生命的源泉。我每次看到江河都会没有缘由地高兴起来。可能是因为我在海边长大，所以特别喜欢水。看到江水沿着水道激昂地注入大海，我的心也想随着江水流到远方。

如今已经不是按照书面上的指示进行开发，一提到环境就翻着白眼说是奢侈的时代了。现在我们应该意识到开发以后，如果想要复原，那么就需要相当于开发的几倍乃至几十倍费用，甚至不论花多少钱都不能完全恢复原貌了。对我们来说最重要的是将垃圾减少一半，提高再利用的比例。我们的目标就是成为环境先进国家、环境大国、环境文明国家。但是，到处存在的开发论者们并没有因此而平静下来。真是让人很难过。

“8·15”特赦日，对2 864名罪犯进行了赦免与恢复权利。这是以新千年的光复节为契机，开启民族大团结新篇章的措施。金泳三前总统的次子也在刑期终止执行之列。媒体对此进行了批判，称这是对前总统儿子的特赦，是政治性的决定。青瓦台也接到了数以万计抗议电话。

我在第54周年光复节的发言上，讲了我想传达的几个内容。从我执政之初开始，就将重点放在财团的改革上，同时发表了成立总统直接管理的反腐倡廉特别委员会的措施。为了提高中产阶级以及平民阶级的生活水平，承诺采取生产性福利政策，特别是还发表了新党创党计划。在2000年总选举之前，为了呈现出全新的政党风貌，党内提出了需要进行新党创党的建议。有关人士提议，为了发展成为全国范围内的政党，吸引全新的人才，要建成全新的政党：

“作为执政党的国民会议首先应该以新的面貌进行改革。我们会努力成为能够给予国民信任与希望的政党。新党会以中产阶级与平民阶级为中心的改革性的政党重新登场。成为重视人权与福利的政党，成为打破地域局限的全国性政党，成为领导21世纪知识基础时代的政党。

“从全国范围内，起用德高望重的人士与各界的专家、充满活力的年轻人。更加上改革派的保守势力与健全的革新势力，建成广泛与坚固结实的政党。积极起用女性领导层，按照30% 的议席比例来安排女性领导人的比例代表。”

我在祝词中讲到的提高财团改革的强度，被在野党以及一部分媒体曲解成“财团解体”，他们提出这是反市场经济原理的行为，提出了所谓的“色彩论”。他们还提出了对《保安法》的反对意见。事实上，《保安法》中的知情不报罪以及赞扬鼓舞罪非常不着边际，可以按照自己的意愿进行解释和恶意利用。但是，保守层却主张不可以对其进行改革。对于这些问题，余震持续了很长一段时间。

第三期劳资政委员会出台了。9月1日，邀请了第三期委员长金浩镇与新任委员们，第二期委员长金元基与前任委员们共进午餐。我一直强调“劳资政委员会的成败关系着这个国家的国运”，从这个出发点来看，新劳资文化已经开始扎根发展，真是让人欣喜。我对他们的辛苦努力表示感谢：

“过去，被看成是违法行为的示威、集会、罢工的自由现在已经得到了完全的保障。只要采取合法的程序，就可以实现。1997 年，政府共使用了 13.44 万枚催泪弹，去年前后两次使用了 3 400 枚，今年劳动节的时候却一枚都没有使用。

“示威与集会却还在进行。但是，与以前相比变得更为秩序井然。今后，罢工也通过合法的程序可以得到保障。这才是民主主义。

“新的劳资文化是指，在 21 世纪人类历史上最大的变革时期，面对世界范围内的竞争，可以胜出的劳资关系。这样的新劳资文化不是站在任何一个利益对象一方，而是对任何一方都有利的文化，只有这样才能维持更长的时间。”

9 月 9 日下午，与夫人一起了解民生。我们去参观了龙山农协卖场与南大门市场。我想了解中秋节的物价。商贩、顾客都说经济比以前恢复了许多。看到大家真心的笑脸，我心里也很幸福。在南大门小吃一条街买了米肠和炒年糕来吃。好久没有吃到街边小吃了。夫人吃得很开心。夫人本来就特别喜欢米肠。市民们看我们的表情都十分高兴，这让我们觉得小吃更加美味了。大家还高声呼喊：

“祝您身体健康，我们的总统万岁！”

我也高声呼喊：

“今年比去年更好，明年会比今年更好！我们一定要满怀希望！祝大家中秋快乐！”

中秋时分，参观南大门市场，买夫人喜欢的米肠吃

“如果不是金总统，可能会再死10万人”（1999年9—12月）

9月11日，我出国参加亚太经合组织首脑会议，以及对新西兰和澳大利亚进行国事访问。总共是九天八夜的日程。

到达奥克兰国际机场后，新西兰总理珍妮·希普利到机场来迎接我。我马不停蹄地到卡尔顿酒店放下了行李，马上与中国国家主席江泽民进行了首脑会谈。我们双方都表示要继续维持“更加坚实的关系”。我还就澳门回归发表了看法。

在迎来中华人民共和国建国50周年之际，过去442年间作为葡萄牙殖民地的澳门终于等到了回归中国的一天，对此我向江泽民主席表示了衷心的祝贺。在两年以前，中国从英国手中收回了香港。1999年年底收回澳门的话，在亚洲范围内，西方列强的殖民地就会完全消失。这对中国以及整个亚洲来说都是一件值得庆贺的事情。

我与江主席针对对朝鲜的包容政策的共同合作再次交换了意见。我也请中国发挥重要的作用：

“对于中国对朝鲜半岛和平的支持表示衷心的感谢。也对朝鲜最高人民会议常任委员长金永南访问中国时敦促南北对话一事表示感谢。我在执政以后，一直坚持对朝三大原则，从未动摇过。所以，朝鲜今后也应禁止进行武力突袭或是发射任何导弹。”

“如果有任何可以维持朝鲜半岛的安全与和平的事情，我们都会努力去做，如果有不利于安全与和平的事情，我们一定会尽全力去制止。我们也将我们的态度告诉了金永南委员长。”

我对江主席讲述了不久前发生的东帝汶流血事件，并请江主席共同研究对策。东帝汶是位于澳大利亚与印度尼西亚之间的岛屿国家，接受葡萄牙殖民统治400多年，于1975年正式独立。但是，紧接着就沦为了印度尼西亚的殖民地。这并不是事先协商好的议题。但是，各个国家的首脑不能无视这个问题。

东帝汶事件是为了镇压自由斗争的东帝汶岛民，而由印度尼西亚政府制造的流血事件。印度尼西亚政府在1999年开始，针对东帝汶的独立问题，在岛民范围内实施了独立与否的居民意愿调查投票。8月，联合国主管下实施的投票结果显示，78.5%的居民对国家的独立表示赞同。但是，印度尼西亚军部政府却对这一结果置若罔闻。印度尼西亚军部政府训练下的民兵队在东帝汶领土内开始了大屠杀和大面积的放火。整个东帝汶人口的1/3都在这次流血事件中丧生。有幸生还的岛民们逃进了深山里，等待他们的就只有死路一条了。

虽然是远在天边的国家的事情，但却让人感到不可思议。21世纪怎么还能发生这样野蛮的屠杀事件呢？越想越让人觉得心痛。我于1994年建立亚洲太平洋平和财团也是为了维持亚洲地区的和平与民主主义。对这样的人权践踏，怎么能视若无睹呢。如果我们都对此视而不见的话，就相当于站在了恶的一边。我的良心不能容忍。

我在来APEC首脑会议之前，曾经接待了前来参加亚太民主青年论坛的各国的年轻人。民主青年论坛是我作为亚太民主领导人会议的共同代表时每年举办的活动。我在会议上针对亚洲的未来进行了乐观的评价：

“我们第一次进行研讨会时，韩国的政权还没有发生交替，亚洲的民主主义也还没有扩大。那时，我曾经说过，韩国会通过国民的力量实现政权交替，亚洲范围内也会实现民主化的扩大。

“亚洲国家中，还没有实现民主化的国家也将在不久的将来走上民主主义的道路。特别是21世纪初，我确信亚洲的民主化会发展得更加坚实与稳定。因为民主主义是人类追求的最为普遍的价值与经济发展之路、实现社会正义之路。”

像这样，民主化完成以后，我坚信亚洲会成为担负人类未来的充满希望的大陆。但是，东帝汶的悲剧却发生在了20世纪末。我认为，在APEC首脑会议上，各国的首脑对于这种践踏民主主义原则与生命尊严的现实绝对不能坐视不管。人类的良心必须制止这样的流血暴力事件的发生。我对江主席说道：

“我认为对于东帝汶流血事件、对于人权问题不论采取什么样的方式都需要进行表态。”

我对见到的每一位国家领导人都提出了希望他们帮助东帝汶的请求：

“现在这一刻，最重要的是还有人员伤亡发生。虽然APEC是解决经济问题的组织，但是如果我们对这个问题不管不问的话，世界也会觉得APEC是不必要的组织。”

韩国、美国、日本三个国家首脑会谈上也提出了这个问题。克林顿总统与小渊惠三首相没有无视我的说服。我提出了以下的看法：

“昨天与中国国家主席、智利总统，今天与文莱国王以及新加坡总理对东帝汶问题进行了会谈。虽然大家的方式不同，但是大家的想法都是一样的。亚太地区的领导人都聚在一堂，东帝汶非人道主义的对主权的践踏问题，如果我们都不管不问就这样离开的话，不仅是我们各个国家的领导人，就连APEC也会被世人唾弃的。在此，请求参加本次APEC会议的领导人对印度尼西亚政府的流血镇压事件进行反对，对东帝汶的独立给予认可，同时我也会向联合国申请提议，请他们做出‘需要做的事情’。”

我讲完以后，日本首相小渊惠三与美国总统克林顿都表示对我的提议会充分考虑，并表示在第二天举行的个别会见上对此问题进行讨论。

在首脑会议闭幕之前，韩国、美国、日本三个国家首脑为了东帝汶独立，发表了需要联合国以及印度尼西亚政府做出积极的反应的说明。当时，APEC 首脑会议上，印度尼西亚总统并没有参加。我对印度尼西亚的财务长官就东帝汶的事态提出了在政府范围内寻找解决方案的要求。否则，将会采取发表 APEC 声明的措施。印度尼西亚财务长官前前后后给其总统电话汇报了 APEC 首脑会议的状况。当天晚上，印度尼西亚军部在过了子夜以后，对东帝汶的民兵队停止了镇压。在一触即发的危机下，透出了一缕东帝汶的和平之光。真是意义深刻的一天。

在几周之后，东帝汶反抗运动协议会副议长来到了青瓦台，他对当时的紧要情况做了以下的说明：

“印度尼西亚占领东帝汶后，有接近 20 万名国民失去了生命。如果不是金总统，恐怕还会有 10 万人失去生命。APEC 首脑会议时，我见到了克林顿总统，表达了‘对他支持东帝汶事件的领导力的感谢’。可是，克林顿总统却说‘应该感谢韩国的金总统’。那时，才知道应该感谢的是金总统的领导能力。”

这位副议长自 1975 年东帝汶开始受印度尼西亚支配后的 25 年里，一直游走于世界各国，号召各国领导人支持东帝汶的独立自主。

在 APEC 首脑会议上，与克林顿总统针对东帝汶的势态交换意见

APEC 首脑会议以后，联合国多国部队陆陆续续地进驻东帝汶。我们政府也决定派兵支援多国部队。在野党对派兵表示强烈的反对，他们反对的理由是印度尼西亚有可能对在印韩侨进行镇压。我对此表示坚决反对。对东帝汶进行派兵是尊重人权、热爱和平的韩国必须肩负的责任。

在那之后，我在与美国、日本、中国、俄罗斯等国家的首脑会谈上也不忘提及东帝汶的独立问题。同时，也在 ASEM、APEC 等国际会议上向各个国家领导人寻求帮助。

2001 年 8 月，东帝汶终于迎来了制宪议会选举的实施。在该次选举上，沙纳纳·古斯芒所领导的独立革命战线取得了压倒性的胜利。2002 年 5 月，东帝汶实现了完全独立，古斯芒当选为总统。韩国马上承认了东帝汶作为一个主权独立国家的存在，并且与其建立了大使级的外交关系。

作为联合国多国部队派遣的常绿树部队在四个月内转换为维和部队。直到 2003 年 10 月，常绿树军队从东帝汶撤军时，一直被东帝汶国民以及世界各国人民称赞为“和平的使者”。东帝汶市中心最大的一条主街道以“韩国朋友之路”来命名。能够阻止东帝汶国民的牺牲，帮助他们争取独立自主，这是我人生当中最让人自豪的记忆之一。

APEC 首脑会议结束以后，我马上赶到新西兰的首都惠灵顿。这次前往新西兰，搭乘的是新西兰政府提供的空军专机。9 月 15 日，与新西兰总理进行了首脑会谈，达成了将两国的关系发展为新层次的合作伙伴关系的共识。在首脑会议进行之前，我炫耀了韩国的梨有多么的好吃，而新西兰总理珍妮则炫耀了新西兰的桃子：

“这次送给参加 APEC 首脑会议的每一位首脑两箱梨子，也请新西兰对韩国的梨子多多给予厚爱。”

“韩国产的梨子非常可口。我们也想向韩国民众介绍新西兰产的桃子。我们也会送上新西兰产的桃子做礼物。”

前一天，两个国家结成了“奇异果同盟”。奇异果是新西兰原住民族毛利族视为神圣的新西兰的新名字，也是水果的名字。通过“奇异果同盟”，进口在季节相反的两个国家范围内生产的奇异果并将其出口到日本等国家，共同获得收益。新西兰曾经在韩国战争时作为联合国多国部队来支援韩国。在与珍妮总理进行的首脑会谈上，我也没有忘记提到这一点：

“去战争纪念馆献花时突然想起了过去的历史。新西兰是与我们一起同生共死的血盟。”

随后开始了对新西兰邻邦澳大利亚的国事访问。在三年以前，为了领取悉尼大学授予的法学名誉博士学位，我曾经访问过悉尼。再次来到澳大利亚，这里还是那么的风景秀丽、空气清新。9 月 16 日，在悉尼会展中心参加新南威尔士州总理罗伯特·约翰卡主办的经济人午宴。约翰卡总理的欢迎词让人印象深刻：

“就像总统先生的讲话一样，我们认为 21 世纪将是一个以知识产业为主要产业的时代，并且一直为此作出努力。我曾经听过金总统在 9 月 11 日 APEC 首脑会议上的演讲。总统说道，为了培养知识型劳动者，必须在新知识人开发方面付出努力。我们在迎来 21 世纪的同时，应该放眼于日益发展的无形知识与信息的重要性。

“韩国的三星、现代、LG 等大企业已经发展到了新南威尔士州。此外，作为下届奥运会举办方的悉尼市，也有很多要向在 1988 年成功地举办过奥运会的韩国学习。”

当时，澳大利亚在举办悉尼奥运会之前，正值经济高速发展的时期。我从悉尼赶到澳大利亚的首都堪培拉，与约翰·霍华德总理进行了首脑会谈。我们共同表示，通过改善朝鲜与亚太地区国家间的关系，使朝鲜逐步走向国际社会，韩澳两国将会齐心协力，共同作出最大的努力。霍华德总理表示希望恢复自 1975 年以来由朝鲜单方面终止的大使级外交关系，并且向我说明，正在通过朝鲜的海外公馆进行一系列的接触。我对此给予了肯定的评价。

本次巡访的最后一站是参加朝鲜战争参战纪念碑动工仪式。澳大利亚参加朝鲜战争的军人为 1.7 万余名。我为纪念馆献上第一捧土之后，开始讲话：

“纪念碑是澳大利亚对韩国的友情及两国血盟关系的历史象征。我们绝不会忘记澳大利亚在朝鲜战争时期对韩国提供的援助。”

我在澳大利亚期间，公布了新任大法院院长以及检察厅厅长的人选，任命崔钟永前大法官为大法院院长，任命李种南前法务部长官为检察长。

9 月 18 日，回到了汉城。两天以后，邀请前任总统夫妇一聚，并对本次出访的成果、东帝汶派兵以及柏林北美会谈的缔结等内容进行了说明。金泳三前总统未能参加。

9 月末，美国 AP 通讯社报道并提出了对“老斤里良民屠杀事件”的疑惑。AP 通讯社主张，本次事件应定为“韩国版杀人场”，并且应该找出最终的负责人。

在朝鲜战争初期的 1950 年 7 月 26 日，美军下达了“视避难民众为敌人”的命令，因此在老斤里附近开始惨绝人寰的良民屠杀事件。美军称将转移永同邑的 500 多名居民到安全的地方，实际上却将他们聚集到了京釜线的铁道上，紧接着，动用了战斗机，开始了机枪扫射。避难民众中不乏老弱妇孺。光天化日下的大屠杀，连阳光也染上了鲜血。民众们藏身到铁道底下的地下通道，但是美军却在东道桥前面的山上用机关枪向良民扫射。AP 通讯社通过美国政府官方文件与美军证言等对此事件进行了确认与报道。

我马上对有关机构下达指示，在韩美共同合作的前提下，还事件一个清白，并且对受害者采取补偿等相应措施：

“虽然是半个世纪以前的事情了，如果有任何一个无辜的受害者存在，就一定要找出真相。必须采取措施为死去的冤魂解除冤情，并且安抚他们的遗孤。”

美国总统克林顿也下达指示要求查明真相，之后他还向我们政府对此事件表示遗憾。

10 月 2 日，《中央日报》社长洪锡铉被捕。宝光集团的大股东洪社长从三个月之前就因为逃税的嫌疑遭到调查，终究还是因为偷税漏税以及渎职而被逮捕。我提出一定要进行严格、公正并且透明的调查。在野党以及一部分媒体一直将此次事件作为攻击的问题。

“1999 年汉城 NGO 世界大会”于 11 日召开。国内外 1 000 多个团体的 7 600 多人参加了本次大会。前任、现任国家元首，驻韩外国公馆大使，联合国代表等数百名主要人士都前来参加了开幕典礼。我也参加了开幕典礼，并祝愿本次寻找“21 世纪 NGO 的作用”的意义深远的活动取得圆满成功。

联合国经济社会理事会 NGO 协议会议长的大会开幕词既充满激情又独具号召力，给我留下了深刻的印象：

“80 天以后，我们将进入一个新的世纪，让我想起阿尔弗雷德·丁尼生（ 英国的桂冠诗人）的话，将自己的个人承诺大声地告诉全世界，一起庆祝今天吧：

“‘高声驱赶，古往今来的各种疾病；高声驱赶，褊狭的黄金欲望；高声驱赶，历史上那数不清的战争；高声迎接，和平的新千年。’

“我们今天不是为了来接受韩国人民的热情欢迎而聚在这里。我们肩负着将人类从充满暴力的世纪变为所有人类都能得到尊重为特征的新世纪的责任聚在这里。因为这样的原因，整个世界都会对我们拭目以待。这是一种祝福，也是一个无限的机会。很多人都说，我们将会迎来这样一个时代，国家的力量再也不是 GNP 或是国家的军事力量，而是根据带着尊重与热情保护本国国民的能力以及世界人民的能力而进行评价。这个时代就是现在，而这样伟大可能性的机会就被我们抱在怀里。”

我不禁沉醉在 NGO 活动家所营造的真挚与热情的氛围中，突然想起了以前的一些事情。在致答谢词的时候，我说道：

“我在就任总统之前的 40 年间，作为在野党的领导人或是人权运动家而献身。

因此，度过了六年的铁窗生活，40 年间一直忍受反对派的迫害。在这样的过程中，国内外数不尽的人权团体开展了奋不顾身的救援运动。我为了报答救援的恩情，在 1994 年创建了国际 NGO 之一的亚太民主领导人会议。之后，与缅甸的昂山素季女士、南非共和国的曼德拉前总统等世界级的人权运动家一起，为民主主义与人权而付出了不懈的努力。所以，今天我来参加本次会议，不仅是以一个总统的身份，更是以一个 NGO 活动家的身份，这更让我感到欣慰与发自内心的喜悦。

“回想过去数十年间，国际 NGO 运动在人权、环境、社会开发、维持和平等多个领域取得了惊人的成长。现在，这样的努力成为开启 21 世纪大门的力量。另外，正是因为这样的努力，我坚信即将到来的 21 世纪将会成为名副其实的 NGO 时代。就像是大部分人都指出的问题一样，21 世纪将会成为一个民主政府、市场以及市民社会作为国家与世界发展的三大砥柱的时代。”

10 月 16 日，前去参加了釜山民主公园的开园典礼。宋基寅神父与文在寅律师向文化观光部申请并得到了拨款。金泳三前总统也与我一起参加了活动。金前总统在祝辞中对我与国民政府进行了批判：

“这个国家的民主主义正处在危险中。如果继续这样发展下去，明年选举的时候将会成为历史上前所未有的不正当堕落选举，独裁的阴魂就会再次复活过来。这个国家的共同体按地区划分开来，将会发生后退到独裁与反独裁分裂与敌对的 70 年代的状态。在任期末，通过内阁制改宪蓄意谋划长期执政。”

后来，我听说金前总统本来准备了更为激烈的发言原稿，但是因为风大，把原来那部分的稿子吹走了。奇怪的是，风只把那部分的稿子吹走了。不知道风为什么把诽谤放走了。紧接着，我也致了答谢词：

“尊敬的金泳三总统，敬爱的釜山市民们！今天，为了迎接釜山马山民主抗争 20 周年，纪念釜山人民为了实现民主化所付出的热情与牺牲建成的釜山民主公园的开园典礼是一个非常有意义的活动。在此，我表示衷心的祝贺。

“与此同时，我向为了实现这个国家的民主主义而不惜牺牲的所有民主英魂，献上无尽的尊敬与缅怀。1979 年，金泳三总统作为当时的在野党总裁，虽然备受各种迫害，但还是作出果敢斗争，为釜山与马山乃至全国国民的崛起而奉献，在此借今天这个机会，我谨代表全国国民向金泳三总统表示最崇高的敬意。”

我与金前总统一起进行了剪彩仪式。我抓住了转过身就想离去的金前总统的手臂。我先伸出手跟他握手，他也响应了。但是，他的表情却仍然冷若冰霜。结果是两个人一句话也没能说上。我去访问了釜山扎嘎其市场。看到我以后，大家都为我呐喊助威。我感受到了大家对我欢迎的热情，忧郁而寂寞的心情得到了化解。

文化部分的预算有史以来第一次占到了整体预算的1%，这是我竞选总统时的承诺。总体预算增加了只有不到5%，文化部分的预算却增加了40%。借此，我与国民的政府对文化观光振兴的强烈意志就浮到了水面上。

另外，我还鼓励毫不动摇地维持“积极支持但不进行干涉”的政策基调。这样一贯的政策为文化领域吹来了一股清新的风。举个电影界的例子，“为了支持”的政策诞生了电影振兴委员会，“为了不干涉”的政策则取消了电影上映前的审查。这些政策出台之后，那一时期登场的电影作品充分体现了将我们的理念与现实融合的内容，如《生死谍变》与《JSA 共同警备区》等作品。至此，民主主义与自由的精神才渐渐开始融入到电影作品当中去。

10 月 20 日，我参加了文化之日纪念仪式。那天的活动上，在朴智元长官的调停下，本来老死不相往来的艺术总会与民间艺术总会一起准备了这次活动，显得更为意义深远。在迎来新千年的这一时刻，我特别拜托文化界：

“我们在新千年伊始之际，迎来了一个将文化韩国的真面目向全世界展示的绝好机会。这个机会就是 2000 年在韩国召开的 ASEM、2001 年的‘韩国访问年’，还有 2002 年的韩日世界杯以及亚运会。我们要利用这个机会，将我们民族伟大的文化遗产与在座各位文化人士突出的文化创造能力向世界人民展示。

“文化现在已经成为引领整个国家发展的中心轴。另外，在座的各位文化人士也是引领新千年的文化时代的先驱者。请大家一定不要忘记肩负的引领 21 世纪整个国家发展的自豪与使命。”

新加坡前总理李光耀前来访问汉城。10 月 22 日，我邀请他到青瓦台来，媒体发表了将会围绕着“亚洲的价值”进行讨论的预告报道，还冠上了“亚洲的价值争论第二回合”、“青瓦台午餐后的决斗”的具有刺激性的题目。但是，我和李光耀前总理却没有一丝一毫这样的想法。

“亚洲的价值”没有继续争论的必要。对于两个人不同的主张，其他人怎样接受才是最重要的。还有，我们互相都不怀疑对方思想的深度，只是想法不一致。他是亚洲的领导人，还是一位学者。李光耀前总理也没有对“亚洲的价值”提出只言片语。我对有治国经验的他提出了非常有深度的问题。我们的对话非常有意义：

“请问您怎么看待朝鲜，又是怎样看待朝鲜半岛问题，希望您能从客观的立场上来发表意见。”

“我认为需要将重点放在为朝鲜带来变化的政策上。如果做好资本及技术等援助，在我们这一代应该就可以解决问题。经济、学识、人力资源的交流增加是一个可行的方法。争取扩大各个阶层的交流，可以减少危险因素。在今后的10年到20年之间，互联网也会在朝鲜占有一席之地，所以人们的思考方式以及对事物的看法也会发生改变。”

“我们认为美国与中国之间的关系对于东亚的影响非常重要，不知您是怎么看的?”

“美中关系在今后的50年之间是影响整个世界的非常重要的关系。我认为中国要想赶超美国需要30~50年的时间。在这期间，应该不会触发冲突或争执。”

“美国在保护日本的同时，对日本又持一种牵制态度，您对此又持什么看法呢?”

“基本上，日本在接受美国军事保护期间是不会有什么问题的。但是，如果失去核保护伞，日本一定不会默不作声的。”

1999年10月25日，国会对政府提问中，在野党的议员提出了以“关于促进成功改革的外部环境整顿方案”为题目的文案，又称为“舆论对策文案”疑惑事件。利用冲击疗法来转换民心局面，从而寻求新舆论对策等内容。当然，我并不知道实际调查的内容。即使这样在野党还是按照文案执行了政府提出的对策，并主张这是控制舆论的阴谋。

事件变得越来越严重。我下达指示一定要查个水落石出。检察官的调查结果显示，“某日刊记者以个人的立场写下了相关的内容并转达给了前国家情报院院长李钟赞，某电视台记者把这份资料偷了出来转达给了在野党的议员”。尽管如此，那一年的定期国会全部充斥着这份“文案”。在这样的情况下，选举法改革等政治改革法案却一直在漂浮。在野党跳出了场外。郑亨根议员向我提出了“舆论文案是通过游击队手法的捏造”的刁难，向总统提出了带有色彩的攻击。那么，选举我为总统的国民们又是什么呢?

10月30日，仁川的啤酒屋与台球房发生了火灾，导致包括学生在内的56人死亡。因为建筑物内没有逃生出口与逃生楼梯，使火灾损失变得更加严重。更让人吃惊的是，业主与负责监督的警察之间有不正当的关系，并一直在进行非法营业，显露了向警察局与派出所行贿的嫌疑。这是我们社会安全疲劳及公务员的腐败问题所引起的人祸。警察的事件调查也排除不了对同事的包庇，国民对此非常愤怒。为了追究这次事件的责任，撤换了警察厅厅长，任命李茂永为汉城警察厅厅长。

与夫人一起与朴大仁牧师夫妇会面了。他在民主化斗争时代向我与夫人提供了很多帮助。他还将韩国国内独裁的现状告诉全世界。他们夫妇正在忙于将朴斗镇诗人的作品翻译成英文。1998 年，我听说朴斗镇诗人去世的消息，曾经派人送花到他的灵堂。听说他们夫妇在翻译朴斗镇诗人的作品，我感到非常欣慰。我所感受到的朴斗镇诗人的诗与人品都非常端正正直：

“朴斗镇诗人是一位文学的贡献与个人实际生活非常一致的文学家。”

听了我的话，朴牧师也禁不住赞扬诗人诗中清白的思想。他流畅的语言总是让我感到惊叹：

“他对压迫民主的势力没有丝毫的妥协。”

“反正总有一死，一定要好好地活着。过去，军事政权利用优秀的诗人、文学家与教授，给他们的名誉抹黑。”

朴牧师说只要是为了韩国的事情，他一定会坚持做到死的那天为止。我问他有没有需要我帮助的事情。他回答道：

“我们的生活很简单。现在已经是老爷爷了，没有什么需要的。”

11 月 24 日，我更换了青瓦台秘书室室长，任命韩光玉议员为室长，南宫镇议员为政务首席。11 月 26 日，接受了朴珠宣法务秘书官递交的辞职书。朴秘书官曾经被牵连到“送衣服走后门事件”中。

ASEAN＋3 会议在菲律宾的马尼拉召开。11 月 27 日白天到达了马尼拉国际机场，开始了为期四天三夜的访问日程。在马尼拉的酒店里进行了韩国与印度尼西亚两国的首脑会谈。见到了一个月以前在印度尼西亚大选中当选的总统瓦希德。瓦希德总统与独裁政府抗争，被称为“行动的宗教人”。他是印度尼西亚有史以来第一个以和平方式实现政权交替，根据民主选举步骤当选的首位民选总统。他在几年以前，为了参加亚太民主领导人会议曾经访问过韩国。我由衷地祝贺瓦希德总统的当选。他虽然健康有些问题，但还是不顾个人安危，为民主主义而战，为宗教间的和谐而不懈地努力。我向瓦希德总统提到了东帝汶派兵的问题：

“我们国内有一部分媒体认为向东帝汶派兵支援多国部队，会为韩国与印度尼西亚的双边关系带来不和谐的因素，但是当时我们已经与印度尼西亚政府作出了充分的协议，在印度尼西亚政府的邀请下，作出了派兵的决定。此外，从长远的角度来看，东帝汶的和平也就是印度尼西亚的和平，基于这个原因我们最终下了派兵的决定。”

“韩国对东帝汶派出多国部队是不会对印度尼西亚带来任何不好的影响的。12 月 13 日，我将在雅加达会见东帝汶的领导人古斯芒。作为我个人来讲，我很希望古斯芒能够成为东帝汶的总统。我还准备接受他所提出的在雅加达建立东帝汶抵抗协议会事务所的要求。”

与印度尼西亚最初民主选举中被选出的瓦希德总统会面。瓦希德总统一直称我为老师

至此，关于东帝汶派兵的诸多问题终于画上了一个句号。

28 日早晨，韩中日三国首脑在马尼拉椰子宫召开了早餐碰头会。三个国家的元首坐在一起面对面地谈话还是第一次。中国总理朱镕基、日本首相小渊惠三以及三个国家的研究机关就共同研究经济合作方案达成了共识。至此，东北亚三国的经济合作体制迈出了构建的第一步。三国元首碰头会是在小渊惠三首相的提议下召开的。我也不忘美言几句：

“看来朱镕基总理应该拿创意制作奖，小渊惠三首相应该拿创意奖。”

紧接着，进行了韩日首脑会谈。我提出将韩国的技术与日本的资本进行合作，出口到第三国市场。小渊惠三首相表示会进行积极的研讨。

虽然事前没有这样的日程，我向缅甸的丹瑞总理提出了首脑会谈的提议。会谈于傍晚时分在国际会议场召开。针对经济合作方案，我提出请缅甸政府与昂山素季女士进行对话的劝导：

“我们希望，缅甸政府可以通过与以昂山素季女士为代表的反对派势力进行对话来实现政治安定，这也是能够得到世界各国支持的好方法。”

听了我的话，丹瑞总理回答道，素季女士正在受到政府的保护，国民们也非常明确地支持军事政府。他还说“希望我们能够成为最后一个军事政府”。他的话与过去韩国军部独裁者们的论理非常相似，让我大吃一惊。我也说道：

“总理希望现在的政府能够成为最后一个军事政府，这一点让我感触颇深。像总理说的一样，贵国的政府得到国民们积极的支持，可以鼓起勇气与反对派进行对话了。如果贵国能充分地发挥忍耐心与包容能力，实现政治和谐，与在野党进行对话，那么会得到更多国家的支持，对贵国的未来也有很大的帮助。”

接着，总理说：“坦白地说，缅甸现在还不是一个民主主义国家。”听了他态度极为强硬的回答，我由衷地为缅甸和素季女士的未来感到担忧。

12月15日，在青瓦台召开了开启新千年的科学技术人士大会。我在这次大会上表示，将积极支持“到2005年为止，一定要建成用国产原材料搭建的人工卫星发射场地”这一科学界计划。

12月22日，与金钟泌总理会面，对两党不进行合并下了结论。过去一年的时间里，围绕着是否推进两党合并，发生了太多的你攻我守事件，最终也没能得出结论。金总理也对此前后不停地变换立场，看来他也有很多难言之隐。我决心尊重他的意见。而且马上就要迎来选举了，我们已经没有那么多的时间了。接着，在国民会议与自民联议员的晚餐会上，金总理对我献词：

“我们国家在原来面临着破产的危机，不得不向IMF请求紧急救援的情况下，却取得了经济指标上涨9%的成果，并且完全恢复成了债权国，这真是让人难以相信的事实。街道上散布的失业者们也渐渐消失，处处都洋溢着国民们重新获得新生的活力。

“总统阁下响应历史的召唤，坚持贯彻对朝包容政策，推动了朝鲜半岛的和平进程，朝鲜半岛的政治格局也渐渐进入南北共同发展的形势。我昨天刚刚访问南美与美国回来，每一个我见到的外国领导人以及韩国侨民们都对韩国的再次崛起表示祝贺与称赞。我认为，我们今天之所以能取得这样的成果，都在于夜以继日为国政而辛劳的总统的领导，以及对此积极支持并全力跟随的国民的努力。”

但是，总理的赞词对我来说，就像是要辞去总理一职、回归到党内位置的告别词。我为了减轻总理的负担，与他进行了真诚的交谈：

“今天，见到金总理，我先说道：‘总理讲话的内容已经在报纸上都看到了。总理的想法也有道理。如果总理的想法是这样，那么我们就按照总理的意见来做。’所以，至此合并党派的事情就这样落下帷幕了。但是，我对总理说‘今后两党坚持合作，选举时也要多多协力’，总理也说以后会加强合作。

“我们联手合作并不是只有一种方式。但是，大家一定不能忘记一个绝对重要的条件。那就是，我们在国民前面许下的五年间会携手合作担负起国家建设之责的承诺。这个承诺是绝对不能改变的。”

第九部　2000 年 1—6 月

竭尽全力说服了金正日。这是我生平最漫长的岁月，也是最有意义的日子。南北共同发表了《南北共同宣言》，奠定了全体朝鲜民族的未来由我们自己决定的基础。

走进新千年（2000 年 1—3 月）

人类打开了新千年的大门。过去的千年是什么样的千年，迎来的新千年又是个怎样的千年呢？人类走进新千年究竟要做什么呢？我们在长久历史及伟大文明中处在哪个阶段呢？过去的千年和新千年之间存在着世界、韩国和金大中。我是活着的 60 亿人口中的一人，也是韩国人之一。我又是过去千年的最后的总统，也是新千年的第一任总统。

思绪万千，心潮澎湃，又有些害怕。能够看到新千年的太阳升起，又能融入到那历史的时刻，实在是幸运。但是计算人类的时间，一时间感觉很无聊。不管怎样我们还是会走进新千年的，时间是公正的，它一个都不落地带着我们走进了新的世纪，新的千年！

虽然现在是我大力强调的知识信息化的社会，可是未来能给我们幸福吗？人与自然、发达国家与发展中国家、富人与穷人的支配和束缚会解决吗？没有差别的年代会到来吗？人类的普遍价值会得到发扬光大吗？地球村会变得温暖吗？家人和故乡会有变化吗？会变成什么样呢？

千年虫不会出现吧？受电脑支配的金融、交通、通信、国防、医疗等部门会不会有异常变化呢？产业部门会不会有阻碍呢？虽然作了准备可是事情是谁也不能预料的。我们的社会能持续吗？环境被破坏，无数的动植物在灭绝，人还能生存吗？有时感觉很恐怖，可是我们的上帝会保佑我们的，我一有时间就祈祷，请求上帝保佑我们人类、保佑我们国家、保佑我们的老百姓！

迎来新千年之际，我们的社会还很不平静，我一天天非常忙。很多事件搞得我心烦意乱。我的官邸沉浸在黑暗中，似一片孤岛，清晨我一个人醒来深思熟虑，在20世纪的岁末发表了辞旧迎新特别讲话：

“我们又经历了IMF的外汇危机，它一瞬间摧垮了我们的国民奋斗几十年而取得的经济成果，但是我们的民族没有倒下反而战胜了种种困难，准备挑战迎接新千年。

“我们为了迎接21世纪，为了屹立在世界强国之林，不得不再次回顾站在20世纪终点站的我们的另外一面。根深蒂固的地区间的矛盾、腐败现象、个人主义，还有政治性对立和混乱等现象是束缚我们社会的绊脚石。在这种错误的常规之下谁也不可能获得完整意义上的自由，在新千年到来之际我们各自应该反省过去检讨过失，应该勇于和这些不良的现象诀别。这又是我们重新获得人生的自由宣言，并且实现所有国民互相包容、相互理解的大和谐的社会，地区间、各阶层间、各个年龄段间、男女间、朝野间的和解与和谐是打开新千年之门的前提条件。

“尊敬的国民，夫妻之间、兄弟姐妹之间、朋友和邻里之间、同事和上下级之间如果还没有解开的疙瘩，那么在这迎接新千年之际通通都解决吧，把对立和矛盾化解成和解与和谐吧！

“我们的民族拥有五千年的历史，因此我们的民族有着克服和战胜困难的智慧，20世纪就是我们民族战胜困难的时期，那么站在21世纪门槛上的我们要以骄傲和反省的心情总结过去的一个世纪，以新的勇气和希望迎接新千年，我衷心希望我们的国民和我一道勇往直前。”

临近新千年我赦免了一百多万人，假释了在监者3 501名，救济了经济犯，特别是释放了两名朝鲜间谍长期犯，由此，因政治理念问题而关押的长期犯在韩国已经不存在了。

我们在光华门举行了迎新千年活动，虽然天气很冷，可是聚集了很多人，2000年1月1日终于来临了，我敲响了2000年的钟声，新千年的大门终于向我们打开了，普心阁响起了新千年的钟声！

我回到青瓦台住进了官邸。还好担忧的新千年大乱没有发生，人类的电脑继续做它该做的事情，飞机照飞不误，手机上的数字依然在。这下我放心了。

迎来21世纪新年的第一天，我宣布把韩国建设成先进的福利王国和互联网强国。我想利用我们国民拥有的文化财产——创造力和教育热情来打开新时代。我为新年挥毫题字：“新千年 新希望”。

迎接新千年挥毫题字“新千年 新希望”，希望烧掉旧世纪的黑影，迎接光荣的朝鲜民族时代

1月5日，我主持了国家安全保障会议。新年对朝政策的重点是南北关系的改善。为此设定了四项中心议题，即无条件的南北领导人会谈、南北交流的多样化、促进建设南北经济共同体、积极支援离散家属团聚活动。我嘱咐部属们，我们要竭尽全力使朝鲜走上和平的道路：

“今年是力求消除朝鲜半岛冷战结构、促进‘和平原年’之年。”

金钟泌总理终于回党组织了。1月11日我提名自民联总裁朴泰俊就任总理。当天金钟泌总理参加了最后一次的国务院会议，我先向他表示感谢：

“在任期间作出无私的奉献，我深表感谢！”

金总理作出答复：

“和总统先生一起克服金融危机是我一生当中最有价值的事情了。”

我在主楼走廊上目送“政治人”金钟泌而不是总理金钟泌。

12日任命民政首席金圣在为青瓦台政策企划首席，大检察厅中央搜查部长辛光玉为民政首席秘书，取消了秘书室室长直属的法务秘书官，民政首席下属设了查证秘书官、公职纪律秘书官。我信任新任政策企划首席。我嘱咐他一定要积极致力于人才的挖掘。

13日替换了一些职位。财政经济部长官由原金融监督委员会委员长李宪宰担任，外交通商部长官由国际交流财团理事长李廷彬担任，行政自治部长官由原内务部次官崔仁基担任，教育部长官由汉城大学教授文龙鳞担任。任命庆北大学教授金荣镐为产业资源部长官，韩国土地公社社长金允基为建设交通部长官，韩国船级协会李恒圭会长为海洋水产部长官，原环境部长官崔在旭为国务调整室室长，金融监督委员会副委员长李容根为金融监督委员会委员长。

邀请回到“政治人”的金钟泌前总理和朴泰俊总理共进午餐

媒体称之为“朴泰俊内阁”，我称它为“千禧年内阁”。国务会议上我嘱托新内阁：“我们是命运的共同体，应完成历史赋予的使命。我们面临有史以来最大的革命变革期，我们应找到正确的路，留给我们的子孙。”

我和夫人出席了 MBC 娱乐节目《21 世纪委员会》。主题是“和总统共度 21 世纪”。这又是另外的一种“国民的对话”。有一个大学生要我推荐约会场所。我说：

“穿厚一点儿的羽绒服，保温瓶里带一点儿咖啡，去汉江江边看一看吧。因为天气冷，所以彼此会靠得很近，用羽绒服暖和对方，两个人一起喝咖啡，肯定会感觉特别的温暖。望着河水两个人卿卿我我地交谈，再加上月色映照的话更是锦上添花了。”

又有人提问21 世纪的年轻人应该具备哪些条件，叫我举三个例子，我说：第一，应具有冒险精神；第二，应该成为新知识人；第三，热爱身边的人。

新知识人指的不是学历，而是靠实力和才能战胜挑战的人才。过去重视集体中的统率能力，而现在是最大限度地发挥个人的能力的话社会就承认你。我认为提高实力、提高自身的价值、最大限度地提高竞争力的人就是新知识人。

“光靠努力学习还不行，应该动脑筋去应用知识，创造比别人更多的价值，带来更高的效率，为此努力的人才能成为新知识人。我想大家都很幸运，过去的年代是只重视学历的年代呀。”

有一位问我对妻子有没有怨言。

“80年代我在狱中的时候，妻子当着我的面向上帝祷告，可是她并不是祈祷上帝救我，而是祈祷听从上帝的安排，这使我很不满意。”

大家都捧腹大笑。他们又问妻子，对我写的《狱中书信》中哪段话最有印象。妻子说：“信的开头写着‘亲爱的尊敬的夫人’这句话最有印象。丈夫尊敬我爱我，这是最幸福的事情了。”

妻子喜欢开头的句子我还是第一次知道呢。我对年轻的朋友们说：

“夫妻之间也好，男女朋友之间也好，最重要的是发现对方的优点。不管是什么人在脸上都能找到长得好看的地方，还有优点，要么这个人很亲切，要么很有感觉，要么有幽默感，就是要表扬那个优点。

“和妻子在家的话每天都在笑，我总是逗她笑。我跟她说：‘你跟我做夫妻每天都在笑，变得健康了，你应该承认吧。’说一些高兴的事情，也开开玩笑，能开怀大笑对身体好。这样做不仅是夫妻关系好，身体也会变得健康，人生道路也会变得明亮起来的。”

1月20日在汉城奥林匹克体操竞技场举行了新千年民主党建党大会。我当选为总裁。前任党大会议长柳在建宣布了我是新千年民主党总裁。党员们欢呼着举起了太极旗和党旗。我接过大型党旗挥动着。徐英勋代表和李仁济中央选举对策委员长也被批准了。民主党正式成立了，从此以后把我推向总统的新政治国民会议就永远消失在历史的回忆之中了。刚刚成立的民主党有着坚强的意志与远大的理想。

回首往事，国民政府两年来被多数的在野党摆布，没能够搞活。改革政策都因为在野党的多数人反对而不能施展，政权的水平交替也没有什么意义了。就任初开始在野党就靠多数的力量不准许总理的任命。每件事都要揪着。为了克服外汇危机我竭尽全力，可是改革政策却被破坏经济的人们绊住了脚。我无法理解他们的行为，有时甚至愤怒。只有一个办法就是建立起多数人执政党。

7月23日国民会议正式宣布了新党的创建。我在光复节讲话中说：“新党将成为中产阶级和平民百姓的代言人，是改革的政党！”

很多名人加入了我们的行列并助威。红十字会及市民运动的元老徐英勋先生、在女性经营家行列领先的爱敬集团张英信会长、献身于民主化运动的圣公会大学校长李在祯、指挥家郑明勋等都加入了我们的党。尤其是张英信会长，她担任了准备委员长，为党的建设付出了汗水。她的热情很高，办事能力也很强，果真是名不虚传。

关于党的名称大家议论纷纷。我对“民主党”这个称号情有独钟。创建于1955年的民主党是传统民主的根源，所以我很想找回这个名称。我把我的意思转达给事务部门。不知是不是度我之心，新党的党名为“新千年民主党”。听到消息后我感到非常高兴。

参与新党的人有经济界、学界、军界、妇女界等各界人士。我在总裁就职讲话中说，我要向朝鲜提出举行南北正常会谈，我向国民们恳切要求一定要积极拥护“新千年民主党”：

“国民政府成立已有两年了，其间我们做了不少事情，濒临倒闭的经济搞活了，蔓延催泪弹和火焰瓶的社会终于安定下来了，大大提高了工人、妇女等的权利。劳动界史无前例地稳定。我们朝鲜半岛的‘阳光政策’减少了战争的威胁，活跃了南北间的交流，为此得到了全世界人民的支持。我们在延坪海战中获得了胜利，这是韩国休战以来首次用武力惩罚了朝鲜的武力挑衅。如上所述，除了政治上没有显著的功绩以外，其他各个领域都取得了意外的收获。但是，在政治领域，执政党和在野党之间，两年内不断地对立、争斗，其结果给国家的政治带来了很大的损失，也把国家推向了危机状态。

“为什么需要新千年民主党？只要看我们现在的政治现实就可以理解了。我们现在的政治不顾国民的愿望，成了国民怀疑和指责的对象。当然了，执政党也不能回避责任，但是新政治国民会议党作为执政党，为了政治的稳定和实现政治改革而竭尽全力。可是议席只占1/3，再者还受地区的限制，更何况人才开发也不是简单之事。我们只好下定决心，为了实现新千年的21世纪政治的稳定和改革目标，不惜燃烧自己，和各界的优秀人才共同创建新党是在所不辞的事情了。结果今天终于创建了新千年民主党！这是国民信赖的、具有革新精神的专业人士和我们党的共同结晶。

“新千年民主党是为拯救政治而存在的党，为拯救国家而存在的新党。我们党肩负着国家和国民的未来，我们应该合心合力共同为我们的国民而竭尽全力！

“新千年民主党是在自由党的基础上建立的，是继承了‘4·19’后执政的民主党。新千年民主党在军事统治时期始终不渝地进行着民主化斗争，终于完成了历史赋予的执政党和在野党政党交替的使命，是具有50年民主传统的政党。新千年民主党本着这种理念向往民主主义、市场经济，是改革政党。新千年民主党是在我们国家唯一代表中产阶级和老百姓的国民政党。通过新千年民主党的民主传统性和理念，通过各阶层的代表，在历史面前隆重宣布，民主党是最值得骄傲的，是国民的唯一的改革政党。

“今年的选举将成为支配国家命运的生死关头。如果现在这种情况继续下去的话，国家就会面临危机和破产。两年的功劳也会前功尽弃的，实在是难以想象。根据宪法，国民还有三年的时间把国家交给我来管理。请给我力量吧！请帮助我们的新千年民主党！三年期间我们会使出全力来报答国民的恩惠，我们将把我们的新千年民主党建成我国历史上最成功的执政党，我会成为最成功的总统，然后实现政治的改革、经济的腾飞、生产的福地、国民的和谐、结束朝鲜半岛冷战五项业绩。”

2月2日给全体国务委员发了电子邮件。题目是“尽早实现电子政府”，这就是“指示书信1号”：

“我国现在使用互联网的人数达1 000多万，随着急速发展的信息化，经济和社会结构也有了急剧的变化。通过互联网可以收集民心，也可以向国民转达政府的政策，达到双向对话的效果，政府要站在实现电子民主化的前列。希望各个部门通过各自的网页了解国民的需求，并且要及时往上级部门反映。”

总理和国务委员们给我回信了。各部门还出了很多好点子：

“鼓励各部门积极利用电子邮箱办理业务。”

“总统先生的指示通过电子邮箱传达到了各个道、市下属的机关。”

“总统先生的邮件是对高级公务员的激励啊！”

“开设了网上环境教育院。”

“每月的例会用电子邮箱代替了。”

“开设了网上直销商场。”

我很开心，也觉得很新奇。我看了好多次国务委员们发来的邮件。和他们能够交换邮件，我真是个幸福的总统啊！我暗暗下决心，一定要把韩国建设成电子王国。2月9日，日本东京电台采访了我。我对金正日是这样评价的：

“有领导者的判断力，也有见识。要解决南北关系，只能和金国防委员长对话。”

大国家党和自民联谴责我的发言。既然已经决定了要和朝鲜对话，那么就应该知道诽谤、指责握有朝鲜最高实权的金委员长，是不会得到任何我们所期望的结果的。恰好这时候朝鲜传来了有意义的信号。1月末，朴智元文化观光部长官到青瓦台汇报了意外的消息：

“现代企业跟朝鲜接触过，南北首脑会谈有可能性了。”

我想了很久说：“现代企业跟朝鲜一直有交往，金刚山旅游等项目不是一直在进行吗？现代会做好这个角色的。和现代联系，了解一下吧。”

有好的预感。召开国情院周例会的时候，我向林东源院长说：“朝鲜转达来了要促进南北首脑会谈的意思。朴智元文化观光部长官见过现代的郑梦准会长，郑梦准会长说朝鲜有这个意思。国情院也了解一下并考虑考虑这个问题吧。”

我对金正日委员长的评价是考虑到多方面因素的，也就是说为实现多种目的而设计的布局。媒体也分析称这是为打开南北对话而铺的路。

我去意大利、梵蒂冈、法国、德国等国家进行了国事访问。3月2日下午，到达罗马达·芬奇国际机场。韩国和罗马建交116年后，韩国总统访问罗马还是第一次。在罗马总统宫和意大利总统钱皮进行了会谈。第二天和上下院议长进行了会谈，紧接着和总理马西莫·达莱马进行了首脑会晤并共进午餐。意大利即将要和朝鲜建交，对此我表示很赞赏：

“韩国政府希望朝鲜和世界各个国家进行交流并建交，对朝鲜来讲，开放就是拯救自己的和平之路。”

接着国事访问梵蒂冈。我和夫人见到了教皇约翰·保罗二世。教皇用韩语和我们打了招呼：

“赞美耶稣，谢谢！”

1989年，我担任在野党总裁时期，曾经访问过此地并拜见过教皇。教皇和十年前没有什么变化：

“我始终把教皇当成恩师，望上帝的恩惠永在，望教皇健康长寿！”

“韩国的总统，特别是天主教信徒韩国总统首次访问教廷，我深表高兴。”

“我的洗礼名是托马斯·莫尔。”

“我认为金总统的一生很像托马斯·莫尔，我在任期间能够册封103名殉道韩国圣人，我深感荣幸，至今也忘不了1984年汝矣岛广场上举行的册封仪式，1989年的牧灵访问也很难忘记。”

我拜托教皇访问朝鲜，朝鲜是这个地球上最后一片冻土，我想我们应该用爱心来抚摸朝鲜：

“朝鲜至今教会的活动甚少，很想知道教皇有没有访问朝鲜的计划，如果没有那么过后能不能考虑这个问题?”

“目前为止还没有这个计划。”

“如果教皇能够访问朝鲜，那么这对东北亚和朝鲜半岛的和平是有很大的贡献的。”

“能够访问朝鲜那会是奇迹，我始终会为韩国祈祷的。”

我无法完全领会教皇的精神世界，但是我感觉教皇的灵魂有着无法言状的纯洁。我受到梵蒂冈特别的礼遇，本来千年为一个单位的大喜年是不接待国事访问的，可是他们打破惯例接待了我，教皇让我经过只有教皇才能走过的圣彼得教堂大门，面谈结束后又让我踩教皇专用道，还让我亲眼看到教堂。

教皇送我刻有教皇画像的纪念牌，送给夫人一个祈祷念珠做礼物。我送给教皇一个龟船金属模型和刻有“敬天爱人”四个字的白瓷花瓶。我为教皇说明四个字的意思，教皇看了好一会儿才说：“很美啊！”

向教皇约翰·保罗二世赠送“敬天爱人”白瓷花瓶。南北首脑会晤后教皇授予了“降福状”

第二天参观罗马圆形剧场和波各塞美术馆后前往米兰。以大邱市市长文喜甲为首的纺织业访问团一行已经在米兰等着我了。他们是来向当地经济界人士介绍最近实行的“米兰工程”项目并来招商的。他们想引进意大利的先进技术，给落后的大邱纺织产业经济找到出路。两国经济界人士都参加的会议上，我向他们要求投资。我还抽空访问了圣玛利亚感恩修道院，并欣赏了达·芬奇的大作《最后的晚餐》壁画。500 年前画的画至今还很鲜亮。

下午前往法国。下榻迎宾馆后马上去访问爱丽舍宫，和希拉克进行了首脑会谈。我向他提议两国共同建设连接亚洲和欧洲的高速通信网络“跨欧亚大陆信息网”。希拉克总统表示非常欢迎。

亚洲和欧洲成为“网络邻居”，也就是“光速的丝绸之路”。我提议把这项作为 10 月在汉城举行的亚欧会议的主题，希拉克总统同意了我的建议。我希望希拉克总统关于外奎章阁图书归还问题作认真的考虑。1998 年在亚欧会议上，我们曾各派一名代表就外奎章阁图书归还问题进行过协商，但是协商没有进展。

“好像是法国代表的权限小一些，两国代表本着实际性的态度，尽早结束协商，希望您给予协助。”

希拉克总统似乎也觉得这件事情办得很迟缓。

“把两国代表圈起来直到事情办妥怎么样呢?”

我们一起笑起来了，但是从中可以看到法国对文化遗产问题的独特做法。过后这个问题也没有痛快地进行。

法国外务部代言人按惯例表示：“金总统访问期间雷诺集团将处理完雷诺购入三星汽车股权的问题。”隐含着这是对国宾访问的礼物，实际上雷诺汽车集团在我访问巴黎之际，提出了收购三星汽车的价格为4.5亿美元（5 040亿韩元）。

我和法国总理利昂内尔·若斯潘会谈时，也说服了法国总理，关于雷诺集团收购三星汽车的事情：

“雷诺收购三星汽车，关键是价格，虽然我们政府不好对亏损企业有太多的想法，可是我们也要向我们的国民有个交代呀，价格太低没法交代嘛。”

欧洲访问的最后一站是德国的法兰克福。法兰克福是60年代韩国的矿产工人和护士落户最多的城市。我邀请了德国经济界250名人士并作了演讲：

“我给大家讲两件很平常的事，法兰克福市民和一些媒体支持了我们国家的民主势力，批判了独裁政权。正是因为大家的支持，我才被选为大韩民国的总统，也可以站在这里。

另外一件事情就是足球选手车范根，他曾经效力于法兰克福足球队，他是一个很活跃的运动员，每当看到有关他的报道，我都感到由衷的高兴并引以为豪，也感到法兰克福就像一个睦邻城市一样很亲近。”

韩国和德国共同拥有宝贵的经验，那就是在战争的废墟上崛起，实现了经济的繁荣。我强调两个国家以后也会成为可靠的经济贸易伙伴：

“德国的诗人席勒曾经说过：‘朋友是分享幸福、分担痛苦的人’。我希望韩国和德国就像亲密朋友，关系更加密切发展。”

和德国总统约翰内斯·劳举行了首脑会谈，强调加强两国间的交流和协力。事实上对我来讲，德国是一个很特别的国家。1973年在日本东京被绑架时，1980年因“金大中内乱阴谋事件”而被判死刑时，德国是国际救援运动的据点。政权交替后经历金融危机的时候，德国是唯一没有从韩国收回投资资金的国家。在国宾宴会上我表示了感谢：

“建交已有一个世纪了，期间我们国家从深渊走向民主主义，德国始终支持我们，给予我们勇气和支援。两个国家的关系就像德国谚语所说‘真挚的友情，永远不会被冻结’的。”

约翰内斯·劳总统称呼我是“韩国民主主义之父”，并且支持我们对朝鲜的“阳光政策”：

“阳光照耀的话，自然会解冻的，这是我们的经验啊！”

在柏林自由大学组织了演讲。教授和学生900多人参加了演讲会。采访团300多人也没有错过机会。演讲之前校长给我挂上了“自由大学奖牌”。我的演讲就是《柏林宣言》，演讲稿颇费了心血，朴晙荣代言人替我说明了我的一番苦心：

“总统先生费了半个月的心血完成的稿子，这里面有先生的灵魂、意志、真诚和心意。”

事实上稿件改了数十遍，甚至在欧洲出访的路上也在改稿。写稿的时候也考虑到朝鲜的立场，我就任已经过了两年，双方都应该开诚布公。直到现在开展的是“政经分离原则”，那么现在是政府直接出面的时候了，政府应该把对北问题积极推动起来。为此我向朝鲜提出了四个问题：

“今天访问柏林自由大学意义深重，我为了拆毁地球上仅剩下的朝鲜半岛冷战结构，谋求长远的和平和南北间的和解与协力，发布如下宣言：

“第一，我们大韩民国政府已做好帮助朝鲜克服经济困难的准备，迄今为止南北间实施了一些‘政经分离原则’下的民间交流。但是为了达到真正意义上的交流，在道路、港湾、铁路、电力、通信等社会各个环节上应扩充资本。应该签订政府担保的投资保证协议和防止双重征税协定等，创造民间企业能够放心投资的环境。目前朝鲜所面临的粮食困难只靠粮食支援是解决不了的，应该从根本上解决问题，需要从肥料、农具改良、灌溉设施改善等根本的农业结构改革着手。扩大社会间接资本、造成稳定的投资环境、改革农业结构，只靠采取民间形式是有局限性的。现在正是需要政府出面的时候，需要政府间的协同。如果朝鲜政府提议的话，我们政府会认真考虑的。

“第二，目前我们党的目标与其说是统一还不如说是结束冷战与和平共处。于是我们政府以实行真正意义上的和解和协力，愿意竭尽全力帮助朝鲜。我希望朝鲜当局丝毫也不要怀疑我们的真心，积极响应我们的和解和协力提案。

“第三，朝鲜要从人道主义思想出发，首先应该积极响应我们的离散家属问题。高龄离散老人陆续去世，这个问题我们不能再拖了。

“第四，为了有效解决所有的问题，有必要举行朝韩当局的对话。

“两年前在总统就职演说上我已经向朝鲜提出过，为了履行1991年缔结的南北基本协议，两国要互派特使。我希望朝鲜答应我们的这个要求。

“我们大韩民国政府确信我们朝鲜半岛的问题最终由我们南北当局自己解决，也只有我们自己才能解决这个问题。往后也会有诚意并耐心地促进类似像这种问题。

“古话说得好，叫‘同病相怜’，是比喻因有同样的遭遇或痛苦而互相同情的意思。德国和我们的民族都经历过民族分裂的痛苦，因此有共同的痛楚，也有共同语言。我们向先于我们实现民族统一的德国国民学习，德国国民是用智慧勇敢地克服了矛盾，战胜了痛苦，实现了统一。在此我深表敬意，并向德国国民取经。”

发表《柏林宣言》之前，我们通过板门店把《柏林宣言》的摘要传达到了朝鲜，并且向美国和日本也告知了宣言的内容，我把《柏林宣言》传到韩国后踏上了归国之路。朝鲜的反应如何呢？我在等待着他们的反应。

这次出访欧洲从意大利、法国、德国招商引资引来了100多亿美元。

三更半夜等着去朝鲜的特使（2000年2—6月）

朝鲜要求和韩国举行首脑会议，种种迹象表明了他们的这种想法。国家情报院院长林东源和文化观光部长官朴智元随时向我汇报朝鲜的动静。2月的一天，林东源具体地向我报告了北方的情况：

“朝鲜指明亚太和平委员会副委员长宋浩京为代表，提议在新加坡举行会谈。”

出访欧洲四个国家之前的2月27日，我把林东源和朴长官叫到青瓦台官邸：

“朝鲜在新加坡要和我们秘密接触，派朴长官作特使，朝鲜也希望朴长官去和他们洽谈，国家情报院推荐一下朝鲜洽谈专家吧，以后关于对朝鲜的事项林院长要辅佐我全权负责。”

朴长官说，派特使的话统一部的长官更合适，他们是专门负责朝鲜事宜的。我又说：“统一部长官是公开人物，派他去不太合适。朴长官肯定会做得很好的，所有的事项都和林院长商量。”

林院长报告称选拔了金甫炫和徐勋两位朝鲜专家。我让朴长官告诉北方我有意去朝鲜访问，如果南北首脑会谈成功的话南北经济协商会更加顺利地进行，还嘱咐朴长官一定要诚恳地对待朝鲜的人，且一定要做得堂堂正正。

2000年3月8日，朴智元长官在新加坡秘密会见了宋浩京。第二天我在柏林自由大学发表了《柏林宣言》。后来朴长官告诉我朝鲜的人们主要想知道我们的态度和意图，所以他们的态度就是聆听。

朴长官向他们讲了我的民主化运动和由此造成的迫害等事情。他向他们说明了1971年我在总统选举上主张的四大国和平保障论和三阶段统一论等，我用传真传过去的《柏林宣言》也给他们看了。当然《柏林宣言》绝不是针对南北秘密接触而写的，朴长官还跟他们说，5月或者是6月希望能够举行首脑会谈，并且将我有意要去朝鲜的事情也转达给他们了。

宋浩京委员长主张本次的会谈要保守秘密，南方和北方的探底就这样告一段落。南北双方在本次的秘密接触上都感觉到对方对首脑会谈有坚定的意志，但是除了“再见”的话以外没有任何具体的商谈。朴长官回来后向我汇报了情况：

“宋浩京委员长听了我的说明后说：‘好想再亲耳听到金大中总统的声音。’我听到此话以后判断南北首脑会谈有成功的可能性。”

我说我们还是等等看吧，并且鼓励了朴长官。

新加坡秘密接触之后的3月17日南北双方紧接着在上海举行了一次特使接触，这次也是派去了朴长官和宋浩京见面。我向朴长官指出了在会谈上要注意的事项：

“不要当即决定任何事情，向北方说明的时候一定要明确提出利害问题，比如说战争爆发的话北方会受什么样的影响，如果保持和平的话又有什么样的利益等问题一定要讲透。经济协助、和平交流有何利益等问题也要明明白白地告诉他们。”

我还告诉朴长官如果拟订协议书的话应该注意哪些问题，不应该漏掉哪些问题：

“协议书应包括三点：第一，必须由金正日委员长邀请我；第二，首脑会谈同金正日委员长举行；第三，必须也应我们的邀请。”

但是，上海会谈也没什么特别的进展，朴长官回来后向我作了报告：

“对首脑会谈他们也有共识，但是没有具体地协商什么问题。对邀请主办方、首脑会谈时期和日程、首脑会谈后的协议书等都没有进展。”

不出所料，金正日委员长还是站在“后面”，我再次下达了命令：

“所有的都要明白无误。”

3月23日南北双方在北京进行了第二次秘密接触。正是春暖花开的春天，我恳切希望像柳花飞时燕子来一样，朴长官给我带来好消息。南方和北方向首脑会谈各自走进了一步，我们向北方提出首脑会谈的日期定为6月12日至14日，并且要求邀请人是金正日国防委员长。对此北方同意首脑会谈在6月中旬举行，但是具体的时间要在准备会议上再做最后的决定。但是对明示邀请人的问题没有进展。首脑会谈是同金正日委员长举行，但是在朝鲜的外交上明示邀请人这是从来没有过的。就这样，第二次会谈也不了了之了。我听了报告后向朴长官下达了指示：

“依这几次协商的经过来看，北方的态度有变化，在协议书上明示邀请人的事情一定要落实，还有离散家属的事情也要加进去。”

南北双方第三次接触是4月8日在北京进行的。北方通过郑梦准会长传来了消息。在北京打前站的业务组已把大体的轮廓都定好了在那儿等待着。临行前朴长官向我作了汇报：

“这次协商成功的可能性很大呀！”

我再次嘱咐他：“一定要拟好协议书。我在这儿期待着你的好消息。”

朴长官终于带来了好消息。那就是南北的《4·8协议书》。

> 南北方在回顾具有历史性意义的《南北联合声明》上阐明的统一的三大原则的条件下，为了提前完成民族的和解、团结、交流、协力、和平和统一，作如下的协议：应金正日国防委员长的邀请金大中总统于2000年6月12日至14日对平壤进行访问。本次的平壤访问将是金大中总统和金正日国防委员长历史性的相逢，并且将开展南北首脑会谈。在4月内商讨有关细节问题及程序问题。

朝鲜要求4月10日发表协议书。我们却觉得关于这件事情很难保守秘密，所以索性9日在北京当地发表算了，但是北方固守已见。4月15日是已故金日成主席的生日，为了纪念故金日成主席的生日，4月10日举行“4月的春天友谊艺术节”活动，他们主张在此会议上发表声明。

听到南北首脑会谈协商成功的消息我感慨万分。实行两年多的“阳光政策”终于打消了北方的疑心。再怎么说这都是国民们毫无动摇地支持“阳光政策”的结果。

“终于有机会实现毕生的统一哲学了吗?”

不能马上实现统一，但是一定要在朝鲜半岛把战争的乌云赶走，一定要解决离散家属的问题，我暗暗地下了决心。

过去的一个月里，韩国朝鲜接触事宜采取了彻底保密性措施，过了一个月后我把这件事情告诉了美国和日本，派林东源院长向美国和日本的大使说明了详细情况。美国大使想从朴智元长官处听到详细的情况。我特别嘱咐朴长官：

“详细地说明，一个字也不要漏掉！”

4月10日上午10点统一部长官朴在圭和文化观光部长官朴智元发表了南北首脑会谈协议内容。朝鲜也在同一时刻发表了声明。媒体纷纷报道了此消息并作了分析和展望。民和协等市民团体和全国经济人联合会等经济团体也齐声发表了表示欢迎的声明：

“在南北分裂史上写下了光辉的一页，希望此次会谈成为结束冷战和和解协力的开端。”

“南北首脑会谈将给南北经济创造新的契机，外国人的投资会更加踊跃了。”

支持我们的“阳光政策”的世界各国也一致表示欢迎。克林顿总统发表了特别声明：

“朝韩的对话是我们一如既往支持的事情，是解决朝鲜半岛问题的根本所在。两位指导者能够作出这样的决定我深表祝贺。这次的进展足以证明对朝鲜采取包容政策的金大中总统的智慧和长远目光。”

日本外相河野洋平发表声明，俄罗斯、中国、德国、法国、意大利等各国的外交部也发表了支持声明。埃及总统穆巴拉克、国际奥委会主席萨马兰奇发来了贺电。我们国家90%的国民都支持南北首脑会谈。股价也涨了很多。前任总统们也都激励我。平时背道而驰的金泳三前总统也说了些吉言。金泳三前总统向到他家访问的外交安保首席黄源卓说：“请转达我对金总统的祝贺。”

但是唯独在野党在指责我们，说我们在作秀。我们也能理解他们，因为选举迫在眉睫。但是，我不知道这次的首脑会谈会给选举带来什么样的影响。发表《4·8协议书》之前国家情报院做了“民心动向”预测并向我报告：

“如果在野党强烈地指责我们并持反对意见，说我们为选举取胜而展开政治谋略，拘泥于诺贝尔和平奖等言论，就会给选举带来负面影响，往后推迟首脑会谈对选举有利。”

这份报告很逆耳但是不能回避，我们按照和北方约定的时间正常发布了首脑会谈的消息，最后的选举战向国家情报院所担忧的方向进行，根据我的命令国家情报院没有参与最初的选举活动，结果执政党没有成为第一党。

我和有关部门马上进入了首脑会谈的准备工作。距离约定的时间只剩下两个月的时间了，由国家情报院林东源院长总负责首脑会谈的进程，国家情报院和统一部紧锣密鼓地进行准备工作。

组成了以统一部长官朴在圭为委员长的南北首脑会谈推进委员会。除了国家安全保障会常任委员外，李起浩经济首席也参加了推进委员会。还组成了以统一部次官梁荣植为团长的筹划企划部。企划部实际操作首脑会谈的准备工作和有关事宜，负责南北的接触问题。

4月22日到5月18日期间，在板门店南北首脑会谈准备工作一共召开了五次，制定并签署了《关于南北协议书之履行步骤的协议》。根据协议，访朝代表团由130

名随行人员和50名记者组成。大家就会谈形式和次数、停留日程、派遣先遣队、保安问题、会谈记录、实况报道等14个项目进行了协商。报告称所有的事情都在顺利地运转。

我需要准备的事情也很多。首先要了解金正日是何许人，读了很多关于朝鲜和金正日的书籍，其中包括黄长烨的回忆录《我看懂了历史的真谛》，黄长烨在朝鲜时曾经担任过金日成综合大学的校长，1997年逃亡到了韩国。国家情报院也送来了书籍、录像带、照片等资料。可是所有的内容都持批评的态度，没有办法，我又把国家情报院的林院长叫到了青瓦台，要求他给我收集一些客观的、具体的情报：

"林院长，如果这些材料都是事实的话我们有必要跟这种人交谈吗？我需要的是正确的情报！"

我还想详细地了解朝鲜对会谈的态度和意图，这些信息只靠业务上的接触是无法了解的，我向林院长吩咐去一趟朝鲜。

"林院长有必要以总统特使的身份去一趟朝鲜，你要会见金正日委员长后完成三项任务：第一，了解金正日是怎样一个人；第二，在首脑会谈上商谈的具体内容要事先充分说明并了解他们的意向；第三，事先协商好首脑会谈结束后发表的共同宣言草案。就是说林院长的任务就是'首脑会谈的预备会谈'。"

5月27日星期六凌晨，林院长和随行人员一行五人通过板门店去了朝鲜。我终日坐立不安，下午7点多的时候林院长打来了电话，他说他们还在平壤，可是和金正日委员长的面谈有点困难。我叫他们马上回来，电话中声音很清晰，但是其结果很让人失望。

我在官邸等着林院长的到来，感觉时间过得特别慢，夜里11点20分的时候林院长进来了，他向我说明了停留在平壤的12个小时：

"见到了劳动党统一战线部第一部部长林东旭，他说：如果韩国的总统不去访问锦绣山纪念宫的话，不能和金委员长见面。"

锦绣山纪念宫是安葬金日成主席遗体的地方，这是意料之中的暗礁，林院长接着说："我说因为南北关系的特殊性，这个问题是不能接受的，可是他们根本就不听。还跟我讲道理说，'总统先生访问河内的时候不也参拜过胡志明主席的陵墓吗，更何况我们是同一个民族，怎么不可以呢'。"

林院长的声音低而清晰。说明平壤发生的事件时他的表情特别的认真，这表示他是尽了力了：

"林院长辛苦了，明天下午我们进一步讨论一下对策吧。"

林院长后来在他的回忆录《仲裁人》中写到了他那时的沮丧和惋惜之心，在暴风雨的夜晚没能见到金委员长而乘坐直升机归来的一路上他都在担心着会谈，他写道：

> 那天夜里我乘坐直升机飞向雨中的平壤至开城的高速公路上空。北方人员有崔承哲和权浩雄等人同我们一同坐了直升机。在暴风雨中飞行，大家都忐忑不安。在直升机上我想起了早晨临出门前妻子给我读过的《以赛亚书》(43：1～2)：
>
> “你不要害怕，因为我救赎了你。我曾提你的名召你，你是属我的。你从水中经过，我必与你同在。你趟过江河，水必不漫过你。你从火中行过，必不被烧，火焰也不着在你身上。”
>
> 飞行了70多分钟后看到了着陆信号灯。约晚上9点30分的时候，在开城附近着陆了，大家这才松了一口气。又过了30多分钟后，我经过军事分界线回到了灯光灿烂的自由的土地。没有多大的收获，但是归来的喜悦是难以用语言表达的。我这才感觉饿了，一直处在紧张状态连晚饭都顾不上吃了，夜深了，可是总统还在等着我的消息。

这种绝望和危险的时刻他没有跟我提起，我看他的回忆录时才感觉到他那时的心情，我也发现了他从“和平守护者”变成“和平仲裁者”的过程中发生的不同凡响的事情。真是感激不尽！

过了午夜他才走出了官邸。我突然感到他的身躯很单薄很让人同情。

6月3日，又是一个星期六。林院长这次也是清晨过了军事分界线。离首脑会谈已经不到10天，首脑会谈一定要举行。不顾国民的欢呼和世界的支持它还是不能举行的话，朝韩只能成为人们的笑话了。如果错过了这次机会，那么以后首脑会谈的事情连提都不能再提了。

这次林院长带去了我写给金正日的亲笔信。亲笔信上我提到了四点，那就是改善和统一南北关系的问题、缓解紧张状态和和平问题、为共存共荣的合作交流问题、离散家属问题。我提议发布南北“共同宣言”，在宣言里面包括为打开南北关系而制定的实际性的措施，我在信上还说，锦绣山纪念宫的事情在会谈顺利结束后可再谈。

我又在等待。这次他们事先向我报告说他们见到了金正日委员长。林院长在北部住了一晚第二天深夜才回到了汉城，深更半夜我们又坐到了一起，我问了很多也听了很多。林院长说：“金正日对我持好感，金委员长很了解总统先生的民主化斗争和苦难的经历。作为现任总统也做得很好。他个人很尊重总统先生。我也感觉到了，如果总统先生到平壤的话他们会把您作为尊敬的长辈来款待，比任何一个国家的元首都会盛情款待。”

听了这话我有点放心。我很想知道他是一个怎样的人，他给林院长的印象中根本没有传说中的那种“阴暗”、“怪癖”、“性格扭曲”的一面。

“他聆听对方的话，也喜欢说话，头脑灵活、性格明朗，有高度的判断能力，也有幽默感，具有开放型性格和实用主义思考观。说话不是很有逻辑性，但是他说话不会跑题，是位很好的谈话对象，尤其是他很尊重长辈。”

林院长的脸上始终挂着微笑，我多多少少有点放心，可是锦绣山纪念宫问题还是没有解决，听林院长说金委员长谈及这个问题的时候态度很坚决，他说这个问题绝对不能让步。这些虽然都是林院长转达给我的，但是金委员长的话仿佛亲耳听到似的。听林院长说请他考虑南部国民的民情时他是这么回答的：

“为什么只考虑南部国民的民情呢？我们北部人民的民情就不重要吗？为了人民也为了我这个丧主也要来拜一下不是情理之中的事情吗，这也是我们朝鲜民族的悠久的风俗嘛。”

但是金委员长对离散家属的事情很关心，他说为离散家属的见面他会采取积极的措施的。和林院长谈了将近一个多小时，很想多谈一会儿，但是夜已深了，只好让他回去休息。

4 月 13 日国会议员选举结束了。民意调查时民主党取得绝对的优势，但是最终以失败而告终。民主党获得了 115 票，大国家党获得了 133 票，就这样民主党把第一党的位置拱手让给了大国家党。自民联 17 票、民国党 2 票、韩国新党 1 票、无党派 5 票。民主党除了汉城地区和忠清道、江原道等岭南地区外，在全国范围内得到了支持。具备了政党的面貌，议席也增加了 30 个位置，但是很可惜在岭南地区没能够得到票数。

岭南区的候选人都落选了。前任秘书长金重权、民主党副总裁卢武铉、前政务首席金正吉等都落选了。我对本届的国会议员选举寄予了很大的期望。过去的两年里为了克服金融危机、搞活经济，大家都使出了浑身的力气，我原以为国民会给予评价的，但是结果却没有。一想到艰难的将来觉得很暗淡。

4 月 17 日我发表了对国民特别讲话。我祝贺大国家党，安慰了民主党，还向自民联表示我愿意和自民联继续保持互助的关系。我强调对话和妥协的大政治和不间断的改革：

“剩下的三年任期内我会尽我总统的职责，谦虚、诚实，以泰然、更有力的态度处理国家大事。根据民意决断所有国家大事。”

紧接着和大国家党的李会昌总裁进行了会谈。我们商定执政党和在野党相互合作实现融合的政治，暂且抛开政党不谈，齐心合力应付南北首脑会谈问题。但是政局并非所说的那样，两党之间每个政治事件都有冲突。在两党的较量中政治荡然无存，担忧的事情变成了事实。我是多么渴求政局的稳定啊，可是我总是充当一名摇晃着的船上的船长。

俄罗斯总统选举中普京当选了。4 月 28 日我给普京打了电话，我先祝贺他的当选，然后嘱咐并希望他对南北首脑会谈给予支持和关心。普京答应了我的要求：

“俄罗斯没有变，我们会继续支持南北对话，我们也会致力于南北首脑会谈。”

5 月 9 日早晨，我给新任女性特别委员会委员长白京男授予了委任状。特意嘱咐她：“好好调解各部门分散的有关女性范围的业务，齐心协力做好女性工作，为给全国的女性带来实际利益而全力以赴吧。”

5 月 12 日，招待了 171 名驻韩外交使节。在青瓦台草坪上开设了庭院宴会。5 月的阳光显得格外的柔和、灿烂，天空是透明的，草地是绿莹莹的，风也变成了绿色，成长在草坪边上的盘松树姿态格外美丽。它有 150 年的树龄，它的美丽远近闻名，它总是那么郁郁葱葱。我喜欢看着它思考问题。既开阔又安静的绿草坪外国人特别喜欢。我感谢帮助我们渡过金融危机的各个国家，我也嘱咐各国的使节支持南北首脑会谈：

“一个月后我将去平壤和朝鲜的领导人对话。我已年过七旬，可是至今还没去过金刚山也没去过平壤，我以为这一生不会有机会了，所以我悲伤过，可是我终于能去平壤了，我特别的感慨！”

1972 年 2 月，美国的尼克松总统访问中国会见了毛泽东主席。两位领导人的见面比任何的协议都重要，而且这次的会面把历史推向新的转折点。

如果我在万众瞩目之下去平壤访问和北部的领导人握手言和宣布和解，那么这本身就是大事，就是成功。

5 月 14 日，前日本首相小渊惠三去世了。前些日子听到他得了脑梗死的消息后有些担心，他最终未能康复而离开了我们。他很洒脱、平易近人、容易相处。每次跟他见面他都面带微笑，他总是那么慈祥。在各种国际会议上他都尊重我的意见，他寡言少语，善于关心对方。我发了吊唁表示哀悼：

“小渊惠三为韩日友好合作作出了极大的贡献。他是我最尊敬的人，也是我最要好的朋友，失去了朋友我感到无比的悲痛。”

5 月 18 日，参加了光州民主化运动 20 周年纪念会。新千年绚烂的 5 月我站到了

“5·18”陵墓前。每次站在这里都非常激动：

“忠壮路、锦南路，多么令人激动的名字啊！还有在全罗南道道厅无数无名的民主主义英雄们，想起他们我就感到无限的悲痛和感动交织在一起，每当这时我都暗暗地下决心。

“已经过了20年了。他们高贵的血没有白流，他们燃烧自己点燃了民主主义的火焰，这个火焰在黑暗的独裁时代也没有被熄灭。

“当时光州市民被打成了‘暴徒’，现在却成了世人仰慕的民主主义守护者，遭受过刀枪践踏的光州市如今却作为民主主义圣地留在了历史上。

“生活在这片土地上的人们有谁对得起当时的光州呢，现在是我们作为生存者应该竭尽所能的时候了。”

我很激动，市民们也在哭泣。那哭声何时才能停住呢？我向市民保证为“5·18”牺牲者授予“民主化立功者”待遇，把“5·18”墓地升格为国立墓地。历史会永远记住“5·18”的抗争精神和献身精神。

国务院总理朴泰俊被卷入“房地产名誉信托”的漩涡。都是财产惹的祸。5月19日他突然辞职，离国家之大事南北首脑会谈还有不到20天的时间，但是无可奈何，我接受了朴总理的辞职要求。我要自民联推荐候选人，自民联是否推荐总理候选人决定了民主党和自民联关系能否恢复。

我叫韩光玉室长去找自民联名誉总裁金钟泌商讨一下关于总理人选的问题。金钟泌推荐了自民联总裁李汉东。就这样，临近“4·13”国会议员选举之际，自民联和民主党的关系实际上是恢复过来了，当时是自民联单方面宣布和民主党断绝关系的。5月23日在民主党总务竞选上郑均桓议员获胜了。李万燮当选为国会议长。我在国会会议上要求各个党派协助南北首脑会谈工作。

南北首脑会谈迫在眉睫了，我收集了一些国内外人士的意见，见了很多人，听了很多见解。我也跟前任总统和三府要人、执政党和在野党的领导碰了头。也邀请一些南北问题专家讨论了有关问题，后来在卢武铉政府担任统一部长官的世宗研究所研究员李钟奭，延世大学教授安秉俊、文正仁，社会科学院院长金琼元等人参加了讨论会并讨论了南北首脑会谈的意义以及存在的问题等，和南北合作项目的企业家们也进行了茶话会，高合会长张致赫、现代峨山社长金润圭、和平汽车社长朴相权等40多人加了茶话会，我在茶话会上认真地听取了他们对南北交流的经验和忠言。

6月6日显忠日访问汉城报勋医院，慰问患者，住院患者异口同声地说：“预祝南北首脑会谈圆满成功！”

当天下午在忠武室举行了模拟南北首脑会谈。假设有两次首脑会谈，然后进行了预演。北部金正日由前南北对话事务局长金达述扮演，对南秘书金龙顺由前统一部次官郑世铉扮演。我们南部人员有国家情报院院长林东源、外交保安首席黄源卓、经济首席李起浩等人参加。扮演北部的人连口音也模仿北部的方言，提的问题也很尖锐。他们追问联邦制、驻韩美军等问题。练习时间长达五个多小时，在模拟首脑会谈上谈到的问题事实上在平壤会谈上都提到了。

去平壤的正式随行人员 10 名和特别随行人员 24 名确定下来了。

我去参加了日本前首相小渊惠三的葬礼。8 日上午我和妻子到达了东京。分别和日本首相森喜朗、美国总统克林顿进行了首脑会谈，克林顿总统拒绝其他国家的所有会谈，唯独跟我相谈。

亚太经合组织首脑会议后过了 9 个月的时间，会议期间，我、克林顿和小渊惠三三个人进行了三方会谈。而现在其中的一位躺在那儿，活着的两个人到他的灵前献花来了。也许是知道我们三个人的关系吧，我和克林顿总统是最先吊唁的。克林顿总统越见越亲，他祝贺南北首脑会谈取得成功并说这是很值得高兴的事：

"这是重要会谈，希望一定成功，金总统是帮助朝鲜发展并能够说服朝鲜的最佳人选，这是一件历史事件，所以能尽微薄之力感到无比的荣幸。"

我强调见面本身的意义说："南北分割 55 年后我跨过铁丝网去朝鲜本身就是一个转折点。"

听到这话克林顿总统笑逐颜开地说起了很有意义的话："11 月的亚太经合组织会议上您和金正日国防委员长一起来就好了，那就会成为重大新闻的。"

和日本首相森喜朗进行了会谈。美国和日本也进行了首脑会谈，在会谈上指出了他们的共同立场："支持南北的首脑会谈并希望朝鲜有新的变化。"韩、美、日三国的首脑就朝鲜问题举行三边磋商，通过三国首脑会晤正式确定"朝鲜半岛问题应由当事者来主导，南北首脑会谈对美国和日本也是有帮助的"。

6 月 9 日在国务会议上，我向全国人民表示感谢，感谢国民支持南北首脑会谈：

"下周一就去朝鲜访问了，能协商多少个问题固然很重要，但是会面本身就具有很大的意义，会面以后可以了解到他们在想什么，这就比什么都重要了。"

回顾历史上的首脑会谈，不是所有的会晤都得到了成功，但是其结果却意义重大，在历史上也留下了非凡的影响。

全国人民都关心此事并给予支持，我们很感激他们。很难得世界的焦点都集中到朝鲜半岛上来了。

执政党和在野党议员们召开国会会议专门讨论了南北首脑会谈事宜并且拟订了国会决议书。教皇约翰·保罗二世发表声明，表示欢迎南北首脑会谈，希望会晤成功。还有世界各国、联合国等多个国际机构纷纷发表声明表示祝贺。

但是北部突然要求我们延期一天访问，10 日发来了电传：

“因技术上准备的问题我们不得不延期一天，请求把日期改为 13—15 日，用三天的日程来安排金总统的平壤之行。”

这突如其来的消息使我们都感到困惑不解，媒体发表了很多推测性报道。我给秘书部下了指示，不要惊慌，有一些不祥之兆，但是这是国与国之间的约定，他们不会愚蠢到违背国家之间的约定：

“都等了 55 年了，再等一天算不了什么。”

到最后也不让我安下心来，去往北部的路太艰辛了。12 日没有安排公事。我和夫人在青瓦台草坪上散步，明天就启程踏上北部的土地了。喂完鱼食后坐在松树下晒 5 月的太阳，感觉紧张的心情松弛了很多。青瓦台的网页上网民们发了很多预祝成功的帖子。据说这天汉城北部下了一场雨，雨过天晴后天上挂起了彩虹，媒体称这是吉祥的预兆。

迎来了一个很特别的早晨，6 月 13 日是我的青瓦台生活中最紧张的一个早晨，今天就要踏上北方的土地了，天气格外晴朗。我暗暗下了决心：

“谱写民族篇章的瞬间即将来临，希望这次的访北能够把民族的未来引向和平和统一的道路，为此我要竭尽全力，绝不能辜负七千万民族同胞的愿望和全世界人民的心愿。”

早饭和夫人吃了豆芽汤和荷包蛋，夫人的脸上也是紧张和激动交加的表情。

走出官邸来到了主楼，政策企划首席金圣在为首的秘书官们已经在那儿等着我，我去北方的时候由金首席来指挥青瓦台。8 点 15 分走出了青瓦台，青瓦台的职员们站成一列摆手送别，青瓦台前面的孝子路上市民们聚在一起，我走下车跟他们握手。一位老人家给我看了一张照片说：“这是故乡父母兄弟的照片，总统先生一定要成功啊，让我见见我的兄弟姐妹啊！”

我看了照片，照片上的人似乎都很年轻。我紧紧地握住老人家的手。汉城机场举行了欢送仪式，我向国民朗读了出发声明：

尊敬的国民大众，我从今天开始三天两夜的行程到朝鲜，带着热烈快乐的心情到朝鲜去访问，在朝鲜我将与金正日主席开展 55 年以来的第一次高峰会谈，最大的动力来自国民对于这次和谐的力量，现在全世界正在注视着这次高峰会谈，衷心地希望这次会谈能够和平、和谐地进行。

我认为这次会谈是相当有意义的，在半个世纪的分离之后，这次的会谈真的是一个最大的进展，除此以外，没有别的。

这次会谈，大家可以开诚布公地解开各种误会，然后互相能够更加了解，以达到和平统一的目的。

所有的问题不可能一次性解决，从互相了解开始，这次无法解决的事情希望在下一次高峰会谈的时候再继续讨论。

亲爱的各位国民，真心地希望这次是一次和平、统一之旅，希望这次的高峰会谈成为全半岛七千万人民的和平相处的开始，成为大家和平共处的一个契机，成为朝韩各离散家庭团聚的契机，成为和平统一的开始，更希望成为金正日主席能够访问韩国的一种希望。感谢各位国民！

后来我才知道我向国民致辞时忘了说“我会平安回来的”这句话。我不由自主地紧张了。

离开汉城去平壤访问时，很多市民纷纷涌来祝愿会谈成功

事实上有几个问题还没有落实。《共同宣言》还没有磋商，参拜锦绣山纪念宫的事情还没有了结。北方还不允许《朝鲜日报》和 KBS 的记者入境，但是我下达指示被拒绝入境的记者们统统上飞机跟我们随行。我想这是我们国家体制的价值问题，我坚定地说：“韩国是民主主义国家，在民主主义国家不可能限制言论自由，举行首

脑会谈就是说明承认对方的体制，由谁来采访这是我们自己决定的事情，我不想连记者都由他们来决定，那样的话我宁可放弃首脑会谈。”

9点15分，总统专机离开了汉城上空。

您踏上了惊险的、险厄的路（2000年6月13—14日）

总统专机安然地向北飞去，晴空万里，白云朵朵。过去55年的时间里一次也没有飞过的航道此时阳光灿烂，广播里传来了雄壮悦耳的声音：

“我是机长朴永燮中校，我负责总统先生平安到达平壤，我代表全体机组人员恳切希望南北首脑会谈圆满成功，现在平壤的天气是少云晴天。”

平壤，是啊！我是去平壤的呀！平壤也是我们民族的领土，可是我为何如此的紧张和兴奋呢！乘坐空军一号机的所有人都默默无语。过了许久从广播里传来的声音打破了机上的沉默：

“总统先生乘坐的空军一号机即将越过‘三八线’，右侧有蕹津半岛长山串，平壤的气温是23度。”

我独自一人走进机上的办公室，久久地望着窗外，在窗外展开的景象使我无法挪开眼睛。山是光秃秃、黑红黑红的，北方的山、田野和路跟南部的没有什么差别，感觉都是那么的亲切，但是在田野里干活的人们和行人的衣着却很寒碜。这是稍纵即逝的风景，但是那景象却历历在目。

10点30分左右我们乘坐的专机降落在平壤顺安国际机场。衔接半个世纪的隔离只需要一个小时就够了。礼宾秘书金河中走过来细声细语地说：“金正日委员长迎候在机场呢。”

飞机舱门被打开后我终于站到了舷梯上，我环顾四周，第一次看到北部的山和水，感慨万千，真是难以用语言表达，一瞬间心潮澎湃、思绪万千。在北部的天和地之间，我作为韩国总统站在这里。一股暖流涌上心头。拿着花束的人群在欢呼、在沸腾。机场大厅里挂着金日成主席的画像，在那下面有金正日委员长站在那里，金正日来迎接我了。我走下舷梯，首次踩上了北方的土地，恨不得跪下来亲吻大地，但是我的腿不便而无法跪下来！

金委员长走过来握住了我的手，与此同时我们几乎异口同声地说出了：“见到您很高兴！”

和金正日委员长的首次见面，我们不约而同地握住了对方的手

金委员长和我的夫人也说了同样的话。对金委员长的第一印象是，他是一位很温和的人，好像也很开朗。检阅了朝鲜人民军名誉仪仗队，我向仪仗队走过去，仪仗队队长用洪亮的声音报告：

“朝鲜劳动党总秘书长、朝鲜国防委员会委员长、朝鲜人民军最高司令官同志！我们朝鲜人民军陆海空名誉仪仗队为了和亲爱的最高司令官同志一起迎接金大中总统而整好了队。”

仪仗队的列队开始了，列队结束后金委员长向我介绍了到机场迎接我的北部要员。

我用书面形式发表了抵达声明。如果金委员长没有到机场的话我会在机场朗读这个声明：

尊敬的平壤市民和朝鲜人民：你们好！

见到你们，我由衷地感到高兴。我来到这里，因为我热切地盼望着与你们相聚。朝鲜的一山一水都时常出现在我的梦里，我已经为这一天等待了太久太久！

多少次我都近乎绝望地以为，我这一生可能永远也不会踏上这片我曾魂牵梦萦的土地。但是现在，我的愿望终于实现了，这是我为之奋斗了一生的愿望。现在，七千万朝鲜半岛的人民都和我一样渴望能够早日实现我们的愿望。

尽管我们不会将半个多世纪来的痛苦全部在这次峰会上化解，但好的开始是成功的一半。我衷心地希望所有朝鲜民族的人民都殷切地盼望着朝鲜半岛的和解、合作和早日统一。

朝鲜的同胞们，我们本是同根生，我们拥有着同样的命运，让我们握紧彼此的双手。我热爱你们所有的人。谢谢！

我和金正日委员长向轿车走去。欢迎的人流齐声欢呼着，挥舞着花束，欢呼声震天动地。黑色的轿车在等候着我们，金委员长让我坐到右侧后排座，然后他自己却绕到后边坐在了左侧后排座，就是坐到了我的旁边座位。这是始料未及的事情，我夫人的座位被他占了，可是我的心情却非常好。

踏上了北部的领土，和金正日委员长一起在顺安机场检阅了北部的三军仪仗队

很多人对我们在车上进行的谈话很感兴趣，事实上我们没有谈上几句话。说实话沿途数十万名群众热烈欢呼的场面使我惊呆了，我们无法对这个场面视若无睹。

金委员长安抚我们，让我们放心，他说："到北部来不害怕吗？害怕又怎么会来呢？"

"那些人都是自发地组织起来欢迎金总统的，在此停留期间我会好好照顾金总统的，您尽管放心。"

我说："这次会谈是南北人民和全球人民都在关注的会谈，我希望这次会谈能够带给我们的民族以希望。"

我们在车上又握了握手，前往宾馆的途中平壤市民都在高呼"万岁"、"誓死拥护"等口号，夹道欢迎。有的人在跺着脚挥舞着手绢，有的人在流着眼泪，夹道欢迎的女人们都穿了我们民族的盛装，民族服装也是多彩多样的，学生们几乎都穿了白色上衣和黑色裙子，在我们南部只有节日的时候才穿的民族服装，在北部还是很受欢迎的。

在平壤市区入口处暂时停下了车，在拥有水塘洞的很好听的地名的地方，有个学生给我献了花。我从车上走下去和市民们握手，乐队演奏的音乐声很轻快。

我们乘坐的车又重新出发了，路上经过了千里马大街、朝鲜革命博物馆、有金日成铜像的万寿台山坡、牡丹峰千里马铜像、凯旋门，金日成综合大学、锦绣山纪念宫等。沿途的人群和花束形成一片花海延绵不断。凯旋门、金日成铜像、千里马铜像、友谊塔等这些平壤的象征物或者是造型物体积庞大。凯旋门很大，显得比巴黎的大好几倍，很威严，在那下面的人就显得很小了。

我们到达了百花园迎宾馆，据说"百花园"是金日成主席起的名字，因为此处是百花盛开的地方。百花园一号阁的走廊上挂着海金刚的大型壁画，我在壁画前和金正日委员长合影留念，金委员长还要和我的夫人合影，我站在中间，他们两个站在我的左右边又留了影。金委员长还和我们的代表团合了影。

我和金委员长在接待室进行了会谈，这是第一次首脑会谈。各电视台现场直播了这次会谈。金委员长说的比较多，他那滔滔不绝的话语、洪亮的声音通过电波传到了全世界：

"前天晚上（11 日）向人们公开了金总统的日程，总统先生通过哪条线路到达百花园招待所他们事先都知道的，外界媒体报道称，因为我们没有准备好，因此耽误了金总统的日程，其实不然，我们的人们特别欢迎金总统的。"

"这么多的人出来迎接并欢迎我，我感到吃惊也感到很高兴。我以为我这一生都不会踏上这片土地呢，真是感慨万分啊，也谢谢北方的人民，迎接七千万民族同胞的对话，汉城和平壤的天气也格外晴朗，好像在祝贺我们民族的喜庆日，好像在暗示着成功！"

"今天早晨去机场前看了电视，看到您向机场出发然后和大邱控制中心联系的部分后，我就去了机场。早晨您只吃了一个煎鸡蛋，来观光的人吃那么点儿怎么可以啊!”

“我是想留点儿肚子在平壤吃嘛!”

听到我的话后南北部的人都笑了。

“我们不会怠慢的，外国元首也欢迎呢，更何况具有东方礼仪之国的咱们呢，没有任何理由不欢迎金总统的，为了显示东方礼仪，人民都站出来了，金总统勇敢地访问我们国家，人民也勇敢地跑出来了。我们会给你们看我们是怎样欢迎你们的到来，长官们也同金总统一道走过了险恶的路程，但是共产主义者是有道德的，我们是同一个民族啊!”

“我是一开始也没有怕过啊!”大家又笑起来了。我再次向金委员长致谢：

“6 月 13 日是有历史意义的重要日子啊!”

“让我们创造这种历史吧!”

“如果主席健在的话会他来迎接您了，这是他直到逝世前的愿望。听说和金泳三总统谈到会谈的事情时要求了很多，拜托联合国要了一些资料，如果那时候跟金泳三总统亲近一些的话，打一个直通电话就什么都好办了。这次是一个好的前例，确信其他问题都会迎刃而解的。”

“我有同感，从今以后应该直接联系。”

“现在全球人民都在关注我们，金总统为什么访问北部，金委员长为什么接受了等等全都是疑问，三天两夜期间应给予答复的。这项工作不仅是金总统，希望长官们也要全力以赴。”

第一回会谈结束后金委员长一一和随行人员握手。金委员长和安周燮警卫室室长握手的时候说了一句：“不要担心!”南北部的人们都开心地笑了。

我们下榻的宾馆客厅的面积就有一百来平方米，可以收到南部的电视节目，所有的电视台都在反复播放着我和金委员长见面的场面。在这里吃了午饭，这是在北部吃的第一顿饭，平壤温饭很特别，是鸡汤里泡的米饭，即清淡又爽口，味道很鲜美，夫人也说味道很好，可能是我吃得太津津有味了，后来青瓦台给我做了温饭，可是汤的味道远远不如它，那个味道至今也难以忘记!

下午 3 点在万寿台议事堂会见了金永南最高常任委员长。万寿台议事堂相当于北部的国会，是举行各种政治活动的地方。

金永南对我表示欢迎并对我的民主化斗争经历表示赞扬：

“我知道金总统的民主化斗争经历，1973 年 8 月在日本东京被绑架的时候终止了北南关系，作为同一民族客观上看也应该必须被拯救，从那以后我们的人民知道了金总统。”

在万寿台议事堂和金永南最高常任委员长举行了会谈

头一次听说这个事实，我有点儿吃惊。我向金永南表示感谢：

“民族要统一要和解，我的一生只有这一个愿望，人的一生只有一次，总统也只能当一次，我已过70岁了。因此这次和金正日委员长会见后首先要做南北都可行的事项，给七千万同胞以希望，避开任何形式的战争，向统一前进而作出贡献。

“达成《七四联合声明》已过了28年，达成《南北基本协议书》已过了8年，但只是达成了协议而已，没有任何的实践。要想这次的会面本身具有意义，首先要做北部得益南部也受益的简单而容易的事情，最终要向统一迈出一大步而竭尽全力。”

在金常任委员长率领下，到万寿台艺术剧场观看了叫《平壤人》的演出。他们的舞蹈轻快而有力，内容表现得较为现实主义，这点和南部完全不一样。万寿台艺术剧场是万寿台艺术团成员的专用剧场，他们演技高超。演出结束后我们登上了舞台和演员们合影留念。

回到宾馆稍休息后又去了人民文化宫，参加了金永南最高常任委员长主持的晚宴。晚宴上被邀请的人有300多人，晚宴的菜单上有叫“六六翅膀”的汤，是用六个鹌鹑蛋制作的料理，首脑会晤是12日（6+6=12）召开的，所以金正日委员长为了纪念这次的高峰会晤起了这个菜名，但是首脑会晤实际上是13日召开的，所以这道菜的菜名有些失色。金委员长如此的细心很让人惊讶。

回到了我们下榻的宾馆百花园。发生了很多事情但是明天更重要。和韩光玉秘书长、林东源国家情报院院长、公报首席朴晙荣等人一起总结了当天的日程。汉城的电台播放了我在平壤的消息。

夫人和我都上床休息了，我们盖的被子是浆过的，多少年没有闻到过这种气味了，这种气味很亲切，这是小时候在荷衣岛闻过的气味！

我的平壤之行在整个地球村实况转播。汉城小公洞乐天宾馆设了新闻中心，有289个媒体（外电173个）的1 275名（外电记者503名）记者登记，是建国以来最大规模的采访团。当日在平壤顺安国际机场南北高峰紧握双手的时候，在新闻中心采访的一千多名记者不约而同地站了起来鼓掌，有的记者甚至流下了眼泪，地球村所有的触觉都集中到了朝鲜半岛。

北部的新闻媒体也全都报道南北高峰会谈的情况，主题只有一个：

“五千年悠久的民族史上大书特书了《4·8协议书》，根据这个协议书，在民族分裂史上第一次举行了这次高峰会谈和会面，这表明了我们的民族靠自己的力量完成统一大业的坚定不移的意志和决心。”

迎接了在平壤的第二个早晨，第一个日程是和金永南最高常任委员长会面，我在议事堂留言簿上这样写道：

“我们是同一个民族，是骨肉相连的同一共同体。为了和平交流合作还有民族的统一一步一步前进吧！——2000年6月14日大韩民国总统金大中。”

金常任委员长认为外国势力是不愿看到我们民族统一后强大起来的，因此他说我们一定要主张“自主原则”，他的话很流畅。我接了他的话说：

“在21世纪不能战胜世界化、知识信息化的挑战，那么任何民族和国家都将变得惨淡。我们民族继承了祖先的重要知识和教育基础、文化创造力。如果南北齐心合力好好利用文化遗产的话，我们的民族会成为先进的民族，否则，将消耗民族的力量而导致衰退。

“北部应该和美国、日本建交，就像南部跟中国和俄罗斯相处得很好一样，北部也应该和美国日本和睦相处，这很重要！

“‘统一方案’要研究双方提出来的方案，可行性是最关键的问题，否则的话就是浪费时间。相互尊重体制、确定放弃武力征服的想法、有必要研讨一下两军之间非常时期的联络体制。启动经济共同委员会，研讨南北相互需要帮助的事宜，找出在农业、电力、铁路、港湾、公路等领域互相合作的范围。尽快解决离散家属的问题，离散第一代们没能见到想念的家人而带着遗憾离开这个世界，他们的团聚是我们的责任啊！”

我的发言结束后金常任委员长提了三个问题：

“一边论自主一边又谈对朝鲜的三角（韩、美、日）互助，这个问题怎么解释呢?”

“三角互助不是对朝的封锁政策，而是以南部提出的‘阳光政策’为基本的政策，韩、美、日三国主张的原则是北部需要给予支援，我们需要向北部要求：在朝鲜半岛绝对禁止动用武器，保障北部的安全，让北部放心，解除经济制裁，支持北部参与国际社会，为此三国共同努力。驻韩美军不是为侵略朝鲜所用的，而是为朝鲜半岛和东北亚和平而存在的。”

金常任委员长又问：“对妨碍北南间的访问、接触、交流的《国家保安法》，您是怎么看的呢?”

“应该修订。基本协议书上也标明了这件事由双方商议后决定。我们已向国会提出了，但是国会没有通过，所以还没有进行修订。”

金常任委员长问了最后一个问题：“您对民族要齐心协力实行自主统一的想法，我非常理解。但是你们没有保障为统一而活动的人们的自由，反而以违反《国家保安法》的名义逮捕和囚禁爱国统一人士，其理由到底是什么呢?”

“南北部都有自己的现实法律，改善南北关系之前南北体制问题是不能无视的，南北间的关系变了，这样的问题也就迎刃而解了。”

听到北部的意见后我大概了解了他们的立场。这对下午和金正日的会谈提供了帮助。我把我的立场向北部的领导层详细地说明，希望能传达到金正日那边。

我们一行去了鼎鼎大名的玉流馆饭店，冷面的味道很清淡很爽口。我说了我的感受：

“原以为这一生平壤冷面都不能在平壤吃呢。”

午后，夫人去见了梨花女子高中时期的金智翰老师，金老师已经85岁高龄了。

下午3点，在百花园和金正日委员长举行了第二次会谈。今天金委员长穿了一身浅灰色中山装，左胸前戴了已故金日成主席的纪念章，我们这边有林东源院长、黄源卓外交保安首席、李起浩经济首席等人陪同。北部只有金容淳对南秘书陪同。原定三名陪同，可是最后北部只有金秘书一人参加，开始聊了一些无关紧要的事情：

“今天的日程一早就很紧迫。”

“走了很多地方了。”

“住宿怎么样呢?”

“睡得很好，也去了在韩国时就很想去的玉流馆吃了冷面。”

“今天的会谈在下午举行，所以时间很紧迫没能吃好吧，下次有时间的时候请慢慢品尝。昨晚看南部的电视看了很晚，南部的 MBC 也看了……南部人民可能都沉浸在欢乐的气氛中，电视上介绍了‘脱北者’，他们期待着趁这次机会能够知道故乡的消息，他们都很焦虑，还报道了大家抱头痛哭的场面。”

“听说金委员长到机场来接机的时候看到我们握手的场面后，外国记者也聚集了数百名，一千多名记者们都起立鼓掌了。”

“我也不是什么大人物，只不过去迎接罢了，西方人都说我过着隐居生活，说这次过着隐居生活的我终于先露出来了。可是我以前去过中国，也去过印度，非正式访问也有很多，他们说这次金总统来了终于解放了我。无所谓听到这种话，反正我去的时候都是不公开的，也难怪他们。饮食怎么样，习惯吗？”

“非常好！吃得很好，北部的饮食又清淡又爽口，很好！”

金委员长坦率的话引起了哄堂大笑。紧接着跟金委员长进行了非公开会谈。记者们也都出去了，我跟金正日委员长说：“没有一个人能够永远活着，也没有一个人永远停留在一个位置上，我和您现在代表着南和北，如果我们两个人一步走错的话，我们的民族就会共同灭亡。但是如果在我们的祖先面前、在民族面前以虔诚的态度寻找民族的出路的话，我们会以和平的方式实现统一并给我们的国民祝福和幸福。为了达到这个目的我们不要急于求成，我们要做到和平共处、和平交流合作，过了十年、二十年觉得差不多时机成熟的时候实行统一。”

金委员长完全同意我的话。过后我们进行了正式的会谈，突然金委员长脸上的笑容消失了：

“这次金总统的访问如果是国家情报院主导的话，我们就不会同意这次的会谈了。我们对国家情报院的前身安企部和中央情报部的印象很不好，幸亏亚太委员会和现代集团的民间性经济方面的事业很活跃，所以我们决定了此次会谈，也是因为听说负责人是朴智元长官，因此感觉金总统在其他通道促进这次的峰会，可结果是国家情报院也介入了，林东源先生在背后操作。但是政权不同了，人也变了，不妨试一试。”

我简单明了地回答：“政府变了，国家情报院也和以前不一样了。”

金委员长又称昨晚看电视的时候有点不高兴，他脸上显露出兴奋的表情，话又说了很多：

“韩国大学路上飘着人共旗，说这是违反《国家保安法》要处罚，这算什么嘛，这明明是给峰会泼冷水嘛，怎么能这样呢，很失望呀。昨天在机场时看到南部的飞机上挂了太极旗，南部随行人员都带了太极旗胸章，我也没怎么在意，所以我想，昨天已经和金永南委员长进行了会谈，也招待过晚宴了，到此结束即可了，但是周围的人纷纷劝说，无奈就出来了。”

这是我根本没想到的反击，我沉着地说：“这是我第一次听说，我回去后了解了解情况。我们这边有很多种类的人，请不要放在心上。”

后来了解到全国十多家大学为了祝贺南北首脑会谈，挂起了朝鲜半岛旗，左右两边各挂了太极旗和人共旗，检察院制止了他们的这个行动，金委员长还谈起了有关保安法修改的问题。

进行首脑会谈前在百花园和金正日委员长畅谈，会谈正式进行时金委员长的表情突然变了

不一会儿就过了30分钟了，我一直偏重于听，这下他请我发言，我首先对对我们一行的款待表示感谢，然后开始发言：

“金委员长居丧三年对已故父亲的孝顺是东方礼仪之国的礼节，我深受感动。我们相互间应该坦开胸怀言无不尽，能协商的尽量协商怎样？”

我提出了四项建议，都是通过林东源特使已经传达到的事情，那就是和谐统一问题、缓解紧张与和平稳定的问题、南北交流合作问题、离散家属问题。我看着事先准备的材料平静地进行了说明。

第一，“和谐统一问题”。

“国际冷战已结束，世界随之从产业社会转为信息社会，展开了激烈竞争。我们为了民族的生存和繁荣，也应当和解并结束冷战，不能再拖了。我们是教育和信息基础牢固、文化创造力很强的民族，在信息时代实现最高发展和繁荣的最合适的民族。最重要的是我们互相和解协作达到共同发展和繁荣，金委员长和我率先起带头作用吧！

“统一要循序渐进，分期进行，统一的过程要南北合作管理。为此应该把‘南北联合’制度化，在八年前缔结的《南北基本协议书》上也反映了这种精神。”

第二，“缓解紧张与和平稳定的问题”。

“南北相互间对‘吸收统一’和‘北侵战争’、‘赤化统一’和‘南侵战争’感到不安，这些事情都是不可能发生的，战争是我们民族共同走向灭亡的道路。我们的立场是坚定的，发动北侵战争和吸收统一的事情是绝对不会实施的，所以请不要担心。但是要解决南北问题必须同时搞好和周边国家的关系。1998 年我去美国时提出过，应该解除对北部的经济制裁，敦促日本首相森喜朗实施和北部的正常化关系，并就此方案进行了深刻的对话。我们全方位支持北部迅速跟美国、日本、欧洲各国家搞好关系。所以希望北部也要遵守《日内瓦公约》解决好核问题，也和美国解决好导弹会谈问题。我们要以这种方式实现朝鲜半岛的和平稳定。为了朝鲜半岛和东北亚的和平与稳定，南北应该和美、日、中、俄一起构成和运营六国东北亚安全合作机制而奋斗。”

第三，“南北交流合作问题”，这是能给北部带来实际性帮助的问题。

“解决好南北问题，经济合作是关键，我们政府向来实行政治和经济分开的原则，但是考虑到南北问题的特殊性，在铁路、通信、港湾、电力、农业等各领域的南北合作，我们有意把两国间的合作推向正式化。把断开的铁路和公路接上，一起建设西海岸产业基地吧！不仅要搞好金刚山旅游事业，也要搞好和扩大长白山旅游和平壤旅游，我们还可以全力支持和援助北部加入国际金融机构。因此为了促进南北经济合作，抓紧签署投资保障等经济合作协议。

“2002 年的世界杯北部也要参加嘛，趁这个机会汉城和平壤定期举办足球比赛。在悉尼奥运会上我们共同组团入场怎么样，不仅在体育方面也可以在社会、文化、学术、保健、环境等其他各个方面搞活交流合作。”

第四，“离散家属问题”。

在人道主义立场上看也是必须解决的事情，我曾经提出过具体的方案，那就是生与死确认、地址确认、书信来往、建立相逢场地问题、根据自己的意愿重建家园等。不仅如此我还提出过迎接“8·15”光复节离散家属互访问题。我跟金委员长强调不要涉及任何政治性因素，想单纯地解决这些问题。

“反映自主、和平、民族大团结原则的《七四联合声明》签署已过 28 年了，提示南北关系发展方向的《南北基本协议书》签署日期也过了 8 年之久了，但是没有一项协议付诸行动。金委员长和我根据原则与具体的方案行动即可，我们两个人齐心协力用具体的行动来给予我们的民族希望和信任吧！举行南北长官级会谈、经济共同委员会、军事共同委员会、离散家属相逢会等多方面的交流与合作吧！

“在此我正式邀请金委员长访问汉城，据舆论调查，金委员长应该访问汉城占81%，希望金委员长尽快访问汉城。我今年76岁了，总统的任期只剩下两年八个月了。过去的三四十年间我长时间地过着狱中生活，无数次遇到生命危险，我认为为了民族的和解和统一我尽了最大的努力。我的这种愿望希望在这两年八个月里和金委员长一同实现，然后不管下一届政府由哪个政党执政，我不想让他们改变这种决定，这就是我的愿望。”

解释四个问题花了30多分钟，我把内容摘要递给了金委员长，金委员长一直在倾听，然后很礼貌地说：“您说得很好，很感谢，还有上次您派林东源特使详细地说明了情况，又送来了您的亲笔信，这些给了我很多帮助。今天又如此详细地说明了细节，现在我确实明白了金总统的构思，南北之间签署了很多次协议都没有实践，这个我同意您的意见。”

金委员长提议有关协议书方面把大的框框定下来后，剩下的在长官级会谈上决定，比如自主解决的原则和统一的路径等大的问题先敲定下来后，南北交流合作、离散家属等问题在长官级会谈上解决：

“就是说金总统和我就讨论自主解决的原则和统一的路径等大的问题先敲定下来，然后南北交流合作、离散家属等具体的问题就交给长官级会谈上解决。重要的是对协议书内容的监督和控制。”

但是我的想法不一样，统一和南北关系发展方向是在《七四联合声明》和《南北基本协议书》上记载的内容，如果不协商这些具体的问题就没法向我们的民族交代，这样才能给予我们的民族以希望和信赖，所以我主张离散家属相逢问题，经济、社会、文化交流，金正日委员长访问汉城等一系列问题应该加入到协议文件上，否则等于空手而归了。

对我的话金委员长又提出了几点疑问：

“南部把我们称作‘主敌’、‘傀儡’，根本就不信任我们，这种情况下即使是为了金总统的面子跟你们协商问题，在野党能高兴吗？南部说是南北共存，可还是把我们当做‘北傀’，我们不再把南部称作‘南朝鲜傀儡’。关键是意识问题，要启蒙意识，一定要加强南和北是兄弟的意识。南部认为我们是‘苏联的卫星国’而称作‘北傀’，而如今苏联解体了，认为其傀儡国朝鲜也会灭亡是吧，事实上我们不像你们，我们解放后立即让苏联军队从我国撤离了，北部没有外国军队，我们到现在保持着自主权。”

我又解释道："在野党不会成为绊脚石的，现在全民族乃至全世界都觉得'这次真的有成果了'，'南和北能够自行解决问题往后也会解决的'，这才是最重要的，而且南部现在也不用'傀儡'这个词了。"

这时金容淳秘书插上了话：

"1999年5月24日，赵成台国防长官称'北韩是主敌、是傀儡'，那时候不是称作'北傀'了吗，最近也是如此呀！"

金委员长又说："到目前为止周边的强国还是想把朝鲜半岛的分裂定型化，分裂成两个朝鲜来统治和控制。可是金总统您总是去找这个国家那个国家请求调和，想找个均衡，请您从中解脱出来，我们民族自行解决所有的问题吧。"

我又说："我们跟美国结下了安保同盟，和日本的关系也很近，和中国以及俄罗斯也保持着友好的关系，当然了北部也跟中国和俄罗斯的关系很亲密是吧，南部和北部都跟这些国家保持友好关系，对朝鲜半岛的和平和统一是有利的。但是北部一直跟美国保持敌对关系的话，朝鲜半岛的和平是难以保证的，北部的出路不是安保和经济回升吗，解决这个问题的国家就是美国啊。所以金委员长也要遵守为解决核问题而制定的《日内瓦公约》，积极与美国进行有关导弹的会谈，尽快改善美朝关系。我也会竭尽全力帮助北部和美国、日本、欧洲国家建立友好关系。要解决朝鲜半岛的和平问题，它们几个国家的协助是必不可少的。我也觉得解决我们民族的问题，自主是重要的前提，但是不应该是'排他性自主'而是'开放自主'。"

"总统先生的话没有错，但是统一问题归根结底是南和北，是我们民族共同合作解决的问题，应该由当事者自己解决。"

争论的话题转向了统一方案，金委员长主张：第一是强调民主自主意志；第二是实行联邦制统一，目前先实行"低阶段联邦制"；第三是立即主持南北当局的对话，解决政治、经济、社会等问题。但是我不能赞成"二体制联邦制"。我说：我们主张的"南北联合制"是统一前一段时期的两体制两政府的合作形式。但是金委员长认为"联合制"方式就是"低阶段联邦制"，他执意主张"联邦制"这个概念。

在旁的林东源向我表示歉意后说明了"联合制"和"联邦制"的区别。

"'联邦制'和'联合制'的概念不一样，'联邦制'是组成联邦政府，即统一后，国家中央政府行使军事权和外交权，地方政府只行使内政权限范围的权力；'联合制'和这个不同，它是具有军事权和外交权的主权国家之间的合作形态。苏维埃联邦解体后成立的CIS（独立国家联合体）就是类似的例子，我们主张的'南北联合'不是统一的形态而是统一的前一段时期，南和北两个政府为了实现统一、互相协力而制定的制度。统一后的国家形态'联邦'是不同的，请您理解这一点。"

接着金委员长说出了自己的想法：

“据我了解总统先生说过统一需要花费10年乃至20年的时间，但是我认为达到完全的统一需要花费40年乃至50年的时间，我的意思也不是立即实行联邦制统一，那是冷战时期说过的话，我所说的‘低阶段联邦制’和南部主张的‘联合制’差不多，军事权和外交权由南和北两个政府各自保留后逐渐地推进统一。”

我把话题接过来说：

“统一方案不适合在这儿讨论，我们主张的‘南北联合制’和北部的‘低阶段联邦制’都需要进一步讨论。”

“那么这样吧！说到底南部的‘联合制’和北部的‘低阶段联邦制’意思相同嘛，那么索性南北都用‘低阶段联邦制’统一概念吧。”

金委员长执意抵制“联合制”这个词，我折中后提出了另外的说法：

“北部提出了‘低阶段联邦制’，南部提出‘联合制’，如你所说两者间有不少共同点，所以我们以后继续讨论吧！”

“好吧！就这样决定吧！”

就这样解了一个结，接着又讨论了有关“南北经济合作”的问题，我先提出了议案：

“新义州离南部稍微远一点，离南部比较近一点的地方比如海州等地方作为产业基地比较合适，这是我们现代集团的意见，希望金委员长也尽快下决定。还有要是接上京义线铁路线后，修双轨化铁路的话北部会得到很多利益，而我们南部将会节约很多费用，一箭双雕。这还会有接上民族大动脉的历史性、象征性意义，更期待这个铁路能够连接到欧美，那么朝鲜半岛就成了物流中心基地了。”

金委员长也很乐观地回答道：“我们会推进产业基地建设和京义线铁路连接等经济合作事业，这项事业和现代集团协议后进行。”

交谈过了两个多小时了，金委员长说：“休息一会儿吧！”

“休息之前整理一下协议的内容，然后让林东源院长和金容淳秘书起草议案怎么样？”

金委员长爽快地同意了。

“上次跟林东源特使也说过，离散家属问题没什么不可以谈的。这次‘8·15’光复节期间首先各方选出100名人员交叉访问汉城—平壤，就这样一边积累经验一边阶段性地扩大促进比较好一些。但是我在这想强调一点，南部的国家情报院和统一部为什么老是收留‘脱北者’呢，总是袒护从这儿逃出去的犯人而利用他们作宣传、诽谤……”

林委员长恰到好处地插上了话："我们政府从来都没有引诱过'脱北者'，但是他们想来汉城，作为同一民族接受他们不是理所当然的事情吗？作为国家情报院院长我敢保证我们绝没有利用他们作宣传，还有《南北基本协议书》上也指定过，相互间不应该诽谤、中伤，趁这次机会两位协议往后不再相互诽谤、中伤，依我的判断这也很有意义。"

金委员长立即同意了：

"好的！趁这次机会干脆不再诽谤、中伤了。军队的向南、向北的广播也停止吧！"

我把南北该协商的内容理了一下：

"第一，我们民族的问题自主解决；第二，北部提出来的'低阶段联邦制'和南部的'南北联合制'有很多共同点，所以两国政府继续协商；第三，解决离散家属问题；第四，促进经济、文化、社会等各个领域的交流，打好相互间信赖的基础；第五，两国政府间主持会谈做具体的协商并付诸行动。"

我又提议明文规定金委员长访问汉城的事情和"第二次首脑会谈"之事，但是金委员长持反对意见，他的表情又变了，任你怎么劝说都感觉不会说服他了。我绝望了，但是我做了我能做的最后的说服，这是人性方面的呼吁了：

"金委员长是东方礼仪之邦的领袖，很尊重长辈，这是众所周知的事情，我跟金委员长不同之处就是我年纪比您大，年纪大的我先访问了平壤，金委员长不去汉城哪能行啊！一定要来汉城啊！您到汉城的话我们会特别欢迎并款待您的。"

金委员长一时半会儿没说话，他好像在犹豫，是什么在妨碍他的决定呢？但是他在微微地动摇。林委员长接下了话题：

"我们这么决定怎么样？'金总统郑重地邀请了金正日国防委员长访问汉城，金正日委员长在方便的时候访问汉城，双方达成了协议！'首先这样决定，然后具体的访问时间再磋商怎么样呢？"

金委员长看似又在深入思考了，然后他做了表示同意的表情，果真是很紧张的瞬间，我摸了摸我的胸口。"方便的时候"在协议书上改为了"适当的时候"。

金委员长又恢复了常态。会谈的气氛缓和了许多：

"在执行协议过程中如果有问题的话总统先生派林东源特使到平壤来好吗？"

"希望金委员长也不要太在意我们舆论界的推测性报道和政界的言论。围绕这种问题如果发生重要的事情的话我们首脑之间直接解决吧。趁这次机会我们两个首脑建立紧急联络网怎么样？"

"这个主意不错，那么就这样定吧！"

就这样建立了南北部的紧急联络网，过后通过这个快速通道解决了不少敏感的南北问题，这是首脑会谈的宝贵成果。

稍微休息了一会儿。下午 5 点 22 分，会谈时间长达 2 小时 22 分钟。走出了会议室，外面摆了 6 月 14 日韩国的报纸，我和金委员长手拉手的照片登在报纸的第 1 页，其中《京乡新闻》没有任何其他的报道和广告，只有我们两个人手拉手的照片。

“这种报纸还是第一次看到呢，这个本身就具有象征性意义呀！”

听了我的话以后金委员长也留心看了报纸，严格地讲这一张照片包含了一切，相隔半个世纪举行的南北首脑会谈的那种感激和意义怎么能用语言和题目来表达呢！

现代史一百年，最棒的一天（2000 年 6 月 14—15 日）

会谈又开始了，金委员长稍稍兴奋地问我：

“对于统一方案在野党的立场如何呢？大国家党为什么在南北关系的改善问题上总是制造矛盾和纠纷呢？这次的平壤访问为什么连一个人都没有来呢？”

“我们的统一方案是 1989 年现在的在野党执政时期，执政党和在野党共同协议后定下来的方案，所以在野党不会有根本上的反对，只不过大国家党认为南北关系的改善不能损坏大韩民国的主体性和安保。当然这是多余的顾虑，对北部的支援问题上他们主张‘严格的相互主义’，但是在这个问题上他们得不到国民的支持，其实这次的平壤访问有很多在野党的人也想跟我同行，前总统朴正熙的女儿朴槿惠议员也发表声明和我同行，可是大国家党指导部没有批准。”

“现在我们协议改善南北关系又有什么用呢，下一届由大国家党来执政的话不是又回到了起点吗？如果下一届执政党是大国家党，那么您觉得对北的政策会是什么样的呢？”

“现在大国家党是在野党，所以出于政治策略才表现出现在的样子，但是如果他们来执政的话跟我们现在推进的政策方向不会有太大偏离的。他们也主张南北联合，他们不会对南北和平共存问题有异议的，当然在具体执行政策时是会有差异的。”

金委员长突然说出了出乎意料的话，他把话题转来转去的，但是最终没有把要点忘记，我觉得在这方面他很了不起：

“我要告诉总统先生一个秘密，是美军驻扎问题。1992 年年初，当时美国是共和党执政，我们派遣金永顺秘书以特使身份赴美，向美国表示‘希望美军继续驻扎以防止朝韩发生战争'，从朝鲜半岛的力量对比来看，要维护朝鲜半岛的和平，需要美军驻扎，据我所知总统先生曾经说过'即使统一了美军还需要驻扎'，这和我的想法完全吻合，美军驻扎在南部对南部来说也许是个负担，但这也是必须克服的问题。"

这回由我来发问："那么你们为何通过媒体要求美军撤出呢？"

他回答说："这是为了安抚我国人民的情绪，请谅解。"

"上次我们的林东源特使访问平壤和您见面以后回来向我转达了您对美军驻扎问题的意见，我听了以后吃了一惊，没想到您对民族问题有着如此卓越的见解！是的，如果周边强国之间发生霸权战争的话，只会给我们的民族带来痛苦，但是美军在的话能够保持势力均衡，我们民族的安全也能够得到保障。"

"总统先生和我虽不是一个派系的，但是同样姓氏，我说怎么这么能说到一块儿去呢，原来我们是一家子啊！"

金委员长的话引起了哄堂大笑。

"金委员长的籍贯是哪里？"

"我们籍贯是全州。"

"是全州吗？那么金委员长才是名副其实的全罗道人嘛！我的籍贯是金海，原来应该是庆尚道人呢。"

这次是我开起了玩笑，气氛逐渐好转，其乐融融。金委员长又把话题引向了主题，他主张"朝鲜半岛问题不能靠外来势力，应靠我们自己的力量'我们自己自行解决'"，我马上把他的话接过来说："在根本上我们也同意这种意见，就这次首脑会谈来说吧，不是别的国家叫我们做的而是我们两个人决定后才让世人觉得惊讶的嘛。正如您所说朝鲜半岛的问题应该由我们自己齐心合力来解决，但是我觉得应该得到周边国家的支持和协助，我主张'开放性自主'而不是'排他性自主'。这次我们的决定会左右我们民族的命运，如果我们两个人判断错误的话有可能酿成战争的悲剧，如果我们做得好的话能够铺开和平与统一的道路，任何人的生命都不会是永恒的，也没有人会永远坐在一个位置上，在我们肩负国家命运的时候我们要齐心协力啊！"

首脑会谈接近尾声了，相互间的意见分歧少了很多，在宣言上以谁的名义签字、发表时间定在何时等问题已经敲定下来，金委员长好像也想结束会议：

"讨论进行得很充分了，大部分已决定下来了，明天早上拟订《共同宣言》草案，然后最后做决定后发表怎么样？"

我提议发表时间要提前一些：

"今天晚上协商好后明天在早间新闻上发表怎么样，把发表时间定在明天——15日吧！明天12点发表的话消息就登在后天的早报上，这就未免太晚了，今天晚上协议后明天一早就登出去吧！”

“那么签名的事由朝鲜劳动党中央委员会秘书金永顺和大韩民国国家情报院院长林东源来执行吧！”

我持反对意见：

“应该以金委员长和我的名义签名啊，否则就像画龙之后没有点上眼睛一样。”

“我不是想要降低协议的级别，北部有代表国家的领导人最高人民会议常任委员会委员长金永南，所以最好不是由我来签名，那么金永南常任委员长来签名，我来保证协议的内容吧。”

我表示坚决反对这个意见，金委员长也没有想让步的意思，金永顺秘书拿出了折中方案：

“只标两位的尊姓大名怎么样？”

他的这个意见我也顶回去了：

“不写头衔只写名字会产生很多误会的。”

这下金委员长要说服我：

“过去的《七四联合声明》也是根据上级指示，由李厚洛和金英柱签名的，林东源代表金大中总统，金永顺代表金正日国防委员长就行了，就这么定了吧！”

“当时是李厚洛来的，而这次是我来了，办事能不能痛快一点！”

林东源中间插上了话说：“宣言的开头会写上‘大韩民国金大中总统和朝鲜民主主义人民共和国金正日国防委员长昨天在平壤相逢并举行了首脑会晤，在首脑会议上结下了如下的协议’，因此在宣言的末尾写上大韩民国金大中总统和朝鲜民主主义人民共和国金正日国防委员长并由两位来签名是理所当然的事情。这个宣言是我们民族史上一个新的里程碑式的文件，两位是创造这种伟大奇迹的人，当然应该由二位来签名并留在历史的一页上啊，这是多么自豪而有意义的啊！”

“可能因为总统先生是全罗道出身的缘故吧，太执著了。”

金委员长突然说出了玩笑话，紧张的气氛一下子缓解了，我也跟他开起了玩笑：

“金委员长也是全罗道全州金氏嘛，就这么定了！”

“您很想获得凯旋将军的称号是吧？”

“让我当一把凯旋将军又如何呢，我都来到这儿了，托您的福吧！”

金委员长这才面带笑容，首脑会谈就这样结束了，已到了晚上 7 点。协议书定为《南北共同宣言》，林院长和随行工作人员把起草的协议书草案转达给了北部。

晚上我在木兰馆举行了会餐晚会，金委员长建议南北首脑坐同一辆车前往晚会地点，在百花园走廊上碰见了金委员长，金委员长大声地向我们喊：“99% 是正确的，我说的是‘共同宣言’！”

他是对我方提出的草案感到满意的意思，金委员长在去晚会场地的路上说：“金总统不去锦绣山纪念宫也可以啊！”

参拜锦绣山纪念宫的事情就这样解决了，这和我们随行人员勇于献身的精神是分不开的，他们连夜说服了北部的官员们。

特别是林东源院长和朴智元长官恳切地向北部人员说明了不能参拜锦绣山宫殿的原因，朴长官跟亚太和平委员会副委员长宋浩京见面并说明了此事，宋浩京是上次他的秘密协商伙伴。

“总统参拜锦绣山纪念宫绝不可以，如果北部一意孤行的话韩光玉室长和我替总统参拜吧，然后先回北京，回国后接受处罚。”

是朴长官向我报告的，可是不知北部是什么反应，林院长也向北部转达了在汉城时就准备好的资料：

“南部的国民 70% 是反对我们总统参拜锦绣山纪念宫的，如果金总统的领导力受到打击的话，首脑会谈的意义也将会逊色，履行协议事项也会受到阻挠，双方都应该尽力，不能一方得利一方失利啊。”

我方人员的这些努力可能起效果了，第二天北部人员传来了喜讯，告诉朴长官说：“上部有指示，这次就不用参拜了！”

我参观万景台少年学生宫的时候得知了这个消息，后到的朴长官向我报告了此消息。真是万幸，看样子金委员长在车上跟我说“悄悄话”之前这个事情就已经决定好了。

晚餐比预定的时间晚了一个小时，8 点才开始的。北部有以金委员长为首的 150 多名人士参加，我方有正式及特别随行人员 50 多名参加。晚餐会开始之前在休息室和金委员长聊了天，休息室的墙上挂着大型长白山画作，我们很自然地谈起了关于山的主题，金委员长谈起了长白山、金刚山和七宝山，接着他又谈了观光旅游业和环境保护之间的矛盾，他的主张值得一听：

“旅游事业给我们带来了很多利益，可是弊端也不少。意大利、南斯拉夫的人认为观光旅游虽好，但是他们担心自己的土地被污染，我们要想一想是钱重要还是环境保护重要，我想他们的话可供参考。”

“环境问题是一个很难的课题，开发重要，环境保护也重要，开发的时候一定要考虑持续性。”

“我看了韩国的电视，记者们说平壤是一个闲适安静的城市，‘闲适’的意思是什么都没有的意思吗？华盛顿比纽约闲适多了，‘闲适’是我们的政策，纽约是臭水沟是垃圾桶，但是华盛顿很干净。汉城为什么不学华盛顿而学纽约呢？”

“美国的华盛顿很干净，相反纽约很乱很繁杂。澳大利亚的堪培拉和悉尼也一样。说平壤闲适不是说什么也没有而是干净的意思吧，在解放时期的韩国人口不到40万，可是现在达到1 000多万，对于我们南部来讲生态环境的破坏和公害问题也是很重要的，也是应该重视的问题。”

“我太轻举妄动了吧。”

“不是的！是很重要的问题，环境是重要的问题，昨天的新闻报道上说中浪川的鱼群全部死掉了，看到这个报道我感触很深。”

“只重视城市建设的结果，平壤市不想再增加人口了，汉城要学习华盛顿而不是学纽约。”

对金委员长的忠告我用微笑回答，然后我们一起走向晚宴场所，晚宴的气氛很好，恰是节日的气氛，这都是因为首脑会谈顺利举行的缘故吧，我发表了晚宴祝词：

现在我们的七千万同胞都在注视着这里——平壤，全世界也都在关注着平壤，金正日委员长和我向所有的人报告，我们的首脑会谈圆满成功！我们民族光辉的未来将展现在我们的眼前，和谐、协力和统一的希望开始燃烧了，今天的这一刻大家盼望了多久啊，前些日子里连想都不敢想的事情，今天我们做到了。

我沉浸在悲痛里想过很多次，我的这一生是不是永远也踏不上北方的土地了？今天这激动的心情很难形容。过去的一百年里我们民族所流的眼泪，今天都要擦掉，让我们互相抚慰对方的伤痛，走向和平、协力和统一的道路吧，这就是我们双方领导在21世纪聚在一起的理由！这是历史赋予我们的使命，我们一定要完成这个使命，不能成为失败者。

过去的40年我受到了很多迫害，但是任何困难都没能够阻挠我为南北的和谐、协力和统一作贡献的意志，我心里一直珍藏着一个愿望，那就是为祖国的和平统一而奉献我的毕生精力，这也是我们七千万同胞的愿望！为了实现这个愿望，金委员长和我首先齐心协力，营造南北互相信赖、和平共存的基础。今天，我们要推倒半个世纪以来形成的不信任的墙，在这片土地上驱走战争的恐怖，为打开交流和协力之门而鼓足力量！

从今天起，6月应该成为我们民族未来的希望之月，应该给我们的子孙留下最自豪的6月。

金正日委员长！北部的领导者们！在汉城见吧！

北方由最高人民会议常任委员长金永南致答谢词：

对朝鲜的政治家来说，最有意义的莫过于为民族献身，历史给予我们的机会不是很多，我们的时间也不是无限的，我们这些政治家应该为了把未来时统一变成现在时而奋斗、努力，岁月流逝，历史会记住为祖国的统一作出贡献的爱国人士并且永远记住他们的名字的，我深信金大中总统的这次平壤之行是实现我们民族的夙愿——统一的开端。

"把统一变成现在时"的话给我留下了深刻的印象。回礼晚餐是宫中料理，所有的材料都是从韩国带来的。这次夫人坐在代表团席上，金委员长看见后大声喊道："女士，请到这边来，不能成为离散家属嘛，总统先生致力主张离散家属的相逢呢，怎能在平壤成为离散家属呢！"

在木兰馆的晚餐会上金委员长把妻子安排在主宾席上，"本来离散家属就很多，你们在平壤不能再成为离散家属了"，他这么一说我们都笑了

金委员长在晚宴上笑开了花，说了很多话，我也感到很高兴，到处是酒杯相碰的清脆的声音，为了南部和北部干杯！

林东源院长拿来了“共同宣言”的草案，金委员长已经审阅过了，我对内容也没有意见，终于达成了《南北共同宣言》。

南北共同宣言

依照全体同胞希望祖国统一的崇高意志，大韩民国总统金大中和朝鲜民主主义人民共和国金正日国防委员长于2000年6月13日至6月15日在平壤进行了历史性的会晤并举行了首脑会谈。

南北首脑认为，在分裂的历史上首次进行的这次会晤和会谈对增进相互理解、发展南北关系、实现和平统一具有重大的意义，现宣言如下：

1. 南北双方决定，国家统一问题，要由其国家的主人——我们民族相互联合的力量自主地加以解决。

2. 南北双方认为，南方提出的旨在实现统一的联合制方案和北方提出的低阶段联邦制方案有共同性，双方决定今后将朝着这一方向推进统一的进程。

3. 南北双方决定，在今年“8·15”之际交换离散亲属访问团，并尽早解决未转变思想的长期在押犯等人道主义问题。

4. 南北双方决定，通过经济合作均衡地发展民族经济，并加强社会、文化、体育、卫生、环境等各个领域的合作和交流，以增进相互间的信任。

5. 南北双方为早日将上述协议事项付诸实践，决定在近期开始当局间的对话。金大中总统郑重邀请金正日国防委员长访问汉城，金正日决定今后在适当的时候前往汉城访问。

2000年6月15日

大韩民国	朝鲜民主主义人民共和国
总统	国防委员长
金大中	金正日

我坐不住了，向金委员长提议两个人一起到台上致辞，我们两个人一站起来，场内顿时安静了下来，南北所有人都在看着我们，我说：“尊敬的各位！都来一起祝贺吧！我们双方已完全同意并签署了《南北共同宣言》。”

我自己都能感觉到我的声音在颤抖。我举起了金委员长的手，大家都起立鼓掌，掌声响个不停，这是高潮！但是很遗憾，因为场上没有摄影记者，没把当时的场面记录下来。朴晙荣首席表情黯淡地向我走来说："很抱歉！刚才两位讲话的时候，因为没有摄影记者拍下来，但这是重要的场面，所以请一定要再演一遍。"

向首脑要求这种事情实在是太无理了，可是事情太重要了，朴首席也无可奈何，他都不敢抬头看我，我也觉得很难为情，实在是没有办法，只好跟金委员长说了：

"金委员长！刚才我们讲话时没有摄影记者，没能够拍下来……"

话音还没落金委员长就把我的话接过去了：

"那么我们就当一把演员吧，在这么好的日子里当一次演员吧！"

我和金委员长重新走到台上举起了紧握住的手，相机的闪光灯一闪一闪的。

《南北共同宣言》签署后，我和金正日共同举起了手

"刚才没拍上照片，我们又重新表演呢，我们终于能够签署《南北共同宣言》了，请大家祝贺吧！"

重新表演了一下，可是反应还是很热烈。世界瞩目的历史性照片是这样演出来的。

此刻开始，晚宴现场形成了感动和感激的热浪，在座的所有的人都无法克制激动的心情，会场显得很热闹，金委员长大声说："喂！国防委员们都去哪里了？都过来给金总统敬一杯吧！"

人民军将官们都来到主宾席向我致敬，朴在京队长等六名将官排着队等着给我敬酒，我一一给他们倒了酒。金委员长也与韩光玉秘书长和李宪宰、朴在圭、朴智元长官边碰杯边开起了玩笑：

“我上了两次台，应该收出场费吧！”

大家的脸都红润了，我虽然不会喝酒可是很想喝一杯，几乎所有人都有了点儿醉意，脸都显得很好看。

特别随行人员高银诗人上了台，老诗人以他的气质和热情压倒了晚会现场：

“今天早上在住处写了一首诗。”

他朗诵了自己写的诗——《望着大同江》：

为什么到这里来
昨夜彻夜难眠
清晨大同江的水
是昨天的
又是今天的
也是明天的碧水

时机到来了
是变革的时代
是谁都阻拦不了
变革是真理

（中略）

为什么到这里来
是我们要实现的
同一民族的
不是回到过去的相恋之中
而是洗掉所有的过失
所有的野蛮
将所有的耻辱统统埋葬
建立新世界
新的民族的世界

统一不是再统一
而是新的统一
统一不是过去
是未来的灿烂的创造

为什么到这里来
为什么到这里来我又回去呢
有民族必有明天

清晨站在大同江边
我看到了我和我的子孙的未来
啊！今天的会晤
为了今天的会晤我们走到今天
这是我们的百年现代史
回去了，我们要回去了
手拿一枝花我回去了！

诗人在呐喊，诗的韵律在跳动。倾听诗人的热烈的、响亮的声音是另外一种感觉，是强烈的感动！

晚宴到了深夜才结束，我们又都回到了百花园国宾馆。三更时举行了《南北共同宣言》的签字仪式。我的旁边站着林东源，金委员长旁边站着金永顺。我和金委员长签了名。这一瞬间南北的代表都屏住呼吸，签名结束后我和金委员长举起了紧握的手，相机的闪光灯闪个不停。杯中斟满香槟，我们又举起了祝贺的酒杯，金委员长一口气喝干了，我喝了好几次才把它干完。代表团全体人员也举起香槟酒杯喊一声干杯，金委员长跟南部代表一一地干杯，他说："民族事业告一段落了，我们拍照纪念吧！"

大家都一起照了相，所有的日程都结束了，因为是同一个民族，同一块土地，所以即使到深夜也都不感到腻烦，我和南部的代表团走出国宾馆送金委员长一行，金委员长跟我说："这下所有日程都结束了，请您好好休息，明天中午我招待您，我邀请南部代表团的所有人。"

我也很郑重地说："真谢谢您！今天真是万分辛苦！"

走到走廊的尽头金委员长好像突然想起了什么停住了脚步，回头说："总统先生明天休息，代表团参观我们的养鸡场可以吗？最近得到德国的援助开了一家比较大的养鸡场，参观以后请你们给予冷静的评价怎么样？”

随行人员都聚集到我的房间里，他们都说了祝贺的话，我也称赞了他们的功劳，我沉浸在无法形容的感情世界里。

终于人们都回去了，只剩下我和夫人，一躺下倦意便席卷而来，也有一些醉意。今天一天是怎样开始的又是怎样结束的，感觉简直就像在做梦，非常遥远。过去独裁政权监禁我时，我在狱中想象过和金日成主席举行首脑会谈的情景，而我没想到今天我和他的儿子举行了首脑会谈，终于实现了我的愿望。

在举行会谈当中有过几次危机，当时真是想放弃，但是每当这时我就想着我们的民族，我使出了浑身的力气，今天是我平生最漫长的一天，是肩负最重的担子的一天，也是最有价值的一天。我进入了梦乡。

6 月 15 日，天亮了。随行人员都去养鸡场参观了。我和夫人在国宾馆休息，另外还要准备回汉城以后向国民报告的演讲稿。金正日委员长主持的午餐会 12 点在国宾馆举行，是送别宴。南部和北部各有 50 名人员参加，北部的国防委员会第一副委员长赵明禄致了词，人民军次帅赵明禄副委员长代表军队表示支持《南北共同宣言》，这就等于是“军队的誓约”，南部由林东源致答谢词。

这天也是金委员长引导话题，他举止大方、滔滔不绝：

“昨天总统先生讲过‘把记起战争的月份’改为‘约定和谐和和平的希望之月’，我的感触也很深，今天早晨我向国防委员作了指示，即将到来的‘6·25’不要像往年那样做，今年是 50 周年纪念日。但是我们的国防委员们提出了抗议说‘南部不做我们也不能做’，50 年的敌对关系也该结束了，可是军人们总是把对方看做是敌人，目前最关键的是先解除这种敌对情绪。”

金委员长发布了《南北共同宣言》的第一个成果：

“作为人民军总司令向全军命令从今天 12 点开始停止对南的敌对广播。”

整个午餐现场都沉浸在节日的气氛里，大家互相走动着敬酒干杯，好似老乡见老乡，金委员长像上次一样叫上将官们给我敬酒，国防委员会副委员长延亨默、次帅赵明禄、队长玄哲海、队长朴在京、党干部秘书金国泰、对南秘书金永顺、党组织指导部副部长张成泽、外务省第一副相姜锡柱等人和我碰了杯。

我们的随行人员也向金委员长敬了酒，朴智元长官请求“邀请新闻界的人士访北”，他们很爽快地答应了：

“好的！我们邀请吧，以国防委员长或者是以个人的名义邀请吧，最好是‘8·15’之前访问，能请到歌手李美子，还有银铃姐妹也能来就好了，不仅是新闻界，经济界、政界人士也能来就更好了。”

金正日作了告别演说：

“让过去的政治家们叹息吧，后悔吧！愿总统先生在历史上留下记录——打开北南关系新历史的总统、留在人们回忆中的总统！所有首席、长官们，期待着你们的智慧和作用。”

现场气氛很热烈，这时朴智元长官提议要唱《我们的心愿是统一》这首歌。大家都站起来唱起了歌，我和金委员长也手拉手唱起了歌，合唱结束后朴长官以文化部长官的名义唱了一首歌，金委员长叫朴长官再来一首，朴长官又唱了一首。

午餐结束后互相道了别，北部的人员对我、南部的人员对金委员长道了别，大家都依依不舍地围着我和金委员长，金委员长环顾四周后说了话：

“一定要实践协议书上的内容，我们共同努力吧，和总统先生说的话不能将所有的细节都告诉人们，南部由金总统来做，北部由我来做，我们一定要齐心协力、互相协助，希望这次的红十字会议圆满成功。”

我们一行踏上了归途，和刚来时一样金委员长和我同坐了一辆车，他又坐在妻子应该坐的位置上，沿途平壤市民们出来欢送我们一行，数十万市民手持花束热烈欢呼。在金日成综合大学前进行了简单的欢送仪式，我和金委员长从车上下来时市民们欢呼“万岁”，女子乐队演奏的音乐很轻快，两名少女给我和妻子献了花。

4点多的时候到了顺安机场，军乐队奏出嘹亮的音乐，数十万人夹道欢呼。我和金委员长一起检阅了仪仗队。我跟北部的人士一一握手道别。金永南、赵明禄、金国泰、崔泰福、延亨默、金永顺……还有最后的一位，金正日委员长！我跟他紧紧地握了手，金委员长拥抱了我，我们拥抱三次。我想不久的将来我们还会见面，谁料到那是最后一次的拥抱，再次拥抱他的机会再也没有到来。

上了舷梯后转身往回看，金委员长站在那儿挥着手，我和妻子也摆了摆手，画有太极旗的总统专机徐徐地离开了跑道，他还站在那儿，穿着人民服的领导人——金正日，他给我留下的印象久久不能忘，总也抹不掉。

离开平壤时我向北部的同胞留下了书信辞行——《离开平壤》：

“因为有了南北人民的真诚与热情，使南北首脑会谈圆满结束，对南北部的和谐与合作，世人都感到很惊讶，全世界的人都在祝福我们，我们实现了看似不可能的南北首脑会谈，我深信南北人民团结一致的话，不远的将来统一会实现的。”

我在平壤停留了54个小时，和金委员长在一起的时间是11个小时，同乘一辆车时也谈了不少话，我多少了解了他真实的一面，和林东源院长告诉我的几乎一致。

他是很讲究礼节的人，金日成主席去世后，按照东方人的习俗他服了三年丧，他恭敬地对待我这个长辈，打破外交惯例亲自到机场来迎接我，和我同乘一辆车，每次都等着我先坐上去后他才上车，在告别的午餐会上，当他知道我习惯用带扶手的椅子后，便事先给我准备了椅子。

金委员长是很有理解力、判断力，很果敢的人。他开始主张自己的意见，可是当他觉得我说的话有道理，便马上表示肯定。在对待驻韩美军、民族自治问题、

离开平壤时金正日委员长说“再见”，可是再也没有见面的机会了

统一方案的时候都是如此。对北部坚持已久的问题，他觉得可以理解的话就立即修正。

后来和他见过面的人也都赞同我对金委员长的评价，美国国务卿奥尔布赖特、瑞典总理佩尔松、日本首相小泉纯一郎说他们也都有同感。奥尔布赖特在她的回忆

录中写道："金大中认为他的朝鲜伙伴是一个懂得何为自己所需，而且很讲礼节的人，我确信这一点，他虽然被孤立但是掌握的情报很多。"

奥尔布赖特访问朝鲜后在《华盛顿时报》上发表的文章也与之前媒体的看法大相径庭：

长久以来金正日委员长的形象被认为是狂人，美国把朝鲜当做是不良国家而要孤立它，他不顾花费巨额经费将构建国家导弹防御系统体制正当化。这个幽灵迅速消失，用粮食和美元可以说服金委员长放弃导弹计划，他是"可以交易的领导人"，我们开始重新认识他了。他善于掌握情报，他很渊博，想得很周到，这些都超出我们的想象。他善于倾听，很有幽默感。

金委员长通过南北首脑会谈在国际社会树立了新的形象。

汉城机场有数万名人来欢迎我们一行，我向国民汇报我的归来：

"尊敬的国民，具有历史意义的访北任务圆满结束后我归来了，我能够顺利完成此行任务是因为有着日夜为我欢呼和助威的亲爱的国民，我衷心感谢大家，谢谢大家！

"我们好像要谱写新的篇章了，55年的分割和敌对关系上画上了一个句号，谱写新的民族史的日期就要到了，我希望这次的访问能给朝鲜半岛的和平、南北间的交流和祖国的统一铺下第一块基石。

"重要的是见了面，在平壤居住的人和我们流着同样的血，是同一个民族，不管怎么说他们的心里也惦记着我们南边的同胞，也有对我们的思念和爱。和他们讲一会儿话就可以知道这一点。这是太理所当然的事情了。五千年来我们的民族维持着单一民族，实现统一已过了1 300多年，现在我们分割了55年，只因为这55年的时间，使我们永远成为敌对关系或者是成为陌路人，这是不可以的，我这次去确定了这一点。"

我比较详细地说明了《南北共同宣言》，而且强调这只是开始而不是结束：

"他们也得利，我们也得利，共同谋求双方得利的事情，先做能做的事情、容易的事情，在这个过程中会自然而然地产生理解和信赖之心，我如果能在打下这种基础后隐退的话，我后面的人会接下去的。

"给我们的子孙留下自豪的整个朝鲜半岛的祖国、繁荣的祖国，这一点我确信不疑，再次感谢你们给予我的支持和信赖，往后我也会尽我所能为国民服务的。"

机场上空回荡着《我们的心愿是统一》、《希望之国》的歌声，回青瓦台的路上站满了许许多多的市民，他们举着太极旗和标语牌在摆手：

“您安慰我们离散家属的痛苦，谢谢总统先生！”

“统一爷爷做了大事了！”

“大韩民国统一了！”

在舆论调查中，“满意首脑会谈”、“支持《南北共同宣言》”的占了93%～98%，对金正日委员长访问汉城的支持率也占了70%左右。

美国总统克林顿发表声明表示支持《南北共同宣言》：

“具有历史性的首脑会谈是迈向朝鲜半岛的和平和合作的第一步，我对两位领导人在人道主义以及经济合作方面、汉城首脑会谈等方面取得的协议表示欢迎，并且希望继续沿着这条道路走下去。

对金总统在处理与北部的关系时，持有的冷静、忍耐、智慧致以热烈的掌声。金总统和我关于这个问题紧密协商和讨论过，我期待着能够支援他的有关永久性和平和彻底的和解的未来构想。”

联合国秘书长安南也发来了贺电：

“作为联合国秘书长将积极支援构建南北间信任的过程。”

对南北首脑会谈，国际社会的支持在持续着，八国集团首脑会议、ASEAN+3及ARF外长会议、联合国青年大会和第十五次联合国大会、汉城ASEM、文莱APEC等会议上通过了支持《南北共同宣言》的特别声明。

《南北共同宣言》是没有剧本的大型电视剧，大家都各尽所能，按照国民的意思进行，我是尊重国民的意愿的，所以真正的主演是国民。

第十部　2000 年 6—12 月

“诺贝尔和平奖”评选委员会委员长念到了我的名字。我一直信奉帮助我的上帝，相信正义一定会胜利，终于在有生之年，我拿到了受之有愧的奖。“诺贝尔和平奖”对我来说既是至高无上的荣誉，又是无限责任的开始。我决心，今后要更为谦虚，到更底层的地方去，为了人权与和平奉献毕生力量。

沐浴在阳光里，开花结果（2000 年 6—9 月）

我在与各个国家的元首会谈时，有自己的几点标准：第一，不管在什么情况下都不会对对方说“不”。第二，尽可能少说多听。第三，如果在重点议题上与对方的意见一致，我一定向对方说“与我的意见一样”。第四，将我要说的话在对话的过程中不断地插入，同时也不会漏掉需要讲的内容。第五，让对方感觉到，会谈的成功是他们的功劳。第六，也是最重要的一点，就是要真心对待对方。

南北首脑会谈时，可能我们的国民都会惊讶于“为什么总统不讲话反而金正日国防委员长讲那么多话呢”？可能国民们觉得是不是总统有些紧张，或者有其他的难言之隐呢？其实，大家都不知道这是我提前设计好了的。在了解与掌握金委员长到底是个什么样的人，他有什么样的想法之前，我不能讲太多的话。虽然我没有讲很多话，但是在最后签署的《南北共同宣言》上，我方所主张的内容却写进去了更多。

我认为，在会谈中，我讲一句话，对方讲三句话，就是会谈的成功。而且，如果在对方感觉“最好现在离开”的时候才站起来走人的话就是失败，必须在对方感觉“最好能再谈一会儿”的时候，站起来走人。如果要给对方留下遗憾，就必须惜字如金。

我从平壤回来的第二天，就致电克林顿总统，对南北首脑会谈的内容进行了说明。首先，对于美国担心的核与导弹问题，我告诉克林顿总统，已经向金正日委员长强烈要求必须严格遵守“日内瓦协议”，并严格遵守《关于朝鲜半岛无核化共同宣言》。对此，金正日委员长虽然一直只是听我讲话，但是在会谈结束后，他对我方的外交安保担当官表示“导弹问题会得到圆满的解决”。

对于驻韩美军的问题，金委员长表示“只要韩国保证驻韩美军不会攻击朝鲜，那么我认为驻韩美军还是应该保留的”。另外，我还告诉克林顿总统，6 月初参加日本首相小渊惠三的葬礼时，他所说的“如果金委员长来参加下一届的亚太经合组织会议，那绝对会成为世界各大报刊的头版头条新闻”，我也转达给了金委员长。总而言之，我告诉他，通过此次会谈，我了解到朝鲜非常希望能够改善与美国的关系。

听完我的说明，克林顿总统对首脑会谈的成功表示祝贺，对于我提到了核与导弹问题表示感谢，同时表示“现在，最重要的是接下来该如何确立美国的措施。在推出政策之前一定会先与金委员长交换意见”。可见，在不远的将来，美国将出台一系列措施。

与克林顿总统通话后第三天，美国就发布了对朝制裁缓解措施。1999 年 9 月，美国曾根据《敌对国家交易法》、《出口管理法》等相关法律与规定，发布了放宽一系列对朝制裁措施的公告。但是，因为相关法律与规定的修订，导致了执行的延后，直到这次才真正地发挥了实效。

通过这些措施，封锁了 50 多年之久的朝美之间的交易及金融往来重新打开了通路。朝鲜的原材料与其他商品可以出口到美国，两国间也实现了领空与船舶航道开发。

美国的企业家被允许到朝鲜对农业、煤矿、公路、港湾、旅游观光等领域进行自由投资。但是，国际金融机构对朝鲜的贷款支援以及根据《敌对国家交易法》冻结的朝鲜资产的催款仍然是被禁止的。

金委员长送给我两头风山犬，分别取名为“友利”和“杜利”。我们也送给了朝鲜两条珍岛犬。两条风山犬在青瓦台官邸的院子里自由地跑来跑去，与我很久以前养在院子里的珍岛犬非常友好地相处。我卸任的时候，把它们赠送给了汉城大公园。另外，我还在新装饰过的青瓦台迎宾馆前种下了纪念南北首脑会谈的 18 年生无穷花树。

6月23日，美国国务卿奥尔布赖特到访汉城。我猜想，她肯定是来听取我的访北事宜。她穿着黄色的衣服，还戴着象征“阳光政策”的“阳光胸针”。我方派李廷彬长官、黄源卓与朴晙荣首席长官以及外交通商部北美局长官宋旼淳出席会谈。美国方面参加人员有美国驻韩国大使博斯沃思、美国国务院咨询官温迪·谢尔曼（Wendy Sherman）等。我对美国一贯支持“阳光政策”而表示谢意。紧接着，奥尔布赖特也进行了演讲。

我个人认为，美国的“6·19”对朝制裁缓解措施的生效，为朝鲜回归国际社会带来了巨大的贡献。另外，我还提到了1994年的卡特前总统访问朝鲜，并强调说“美国认为国务卿或总统直接会见金正日委员长是更为有效的。这次也是我直接去会面，才会有这样的成果。结论就是，金委员长是一个需要与之交流的人。如果想解决问题，必须想尽办法与他直接见面”。

带着“阳光胸针”前来访问的美国国务卿奥尔布赖特

奥尔布赖特问道：“现在韩美两国需要采取什么措施呢?”我建议：“在进行南北关系协议事项的同时，循序渐进地发展，朝美关系与朝日关系也必须与南北关系并行发展。韩美日三国的共同协作也是非常重要的。”接着，我还特别强调了“美国、日本两个国家的领导人需要与朝鲜领导人实现直接对话”。

对此，奥尔布赖特国务卿说道：“我一定要去一趟朝鲜。”

6月26日，在汉城孝昌公园举行了白凡纪念馆①的奠基仪式。在很久以前，金九

① 白凡，即金九先生。——译者注

先生就曾经说道：

“重要的不是现实与不现实的问题，而是走的是正道还是邪道。我们所经历的30年左右的亡命生活，并不是因为那是现实的方向才去做的。哪怕是最不现实的事情，只要是涉及民族的最高利益，就一定会去完成。”

当时国内外舆论界对金九先生为统一事业所付出的努力有一些不一样的声音，这是金九先生对他们的回答。虽然各界人士对于我访问朝鲜以及南北首脑会谈，存在着很多的看法，但我的回答也是一样的。金九先生的孤单与寂寞对我来说是那么的记忆犹新。在日本殖民统治的残酷镇压与嚣张气焰下，有很多人陆续离开了临时政府，但是无论在多么艰苦的环境下，金九先生都没有放弃为临时政府抗争。他从上海辗转到杭州、南京，又转移到重庆，踏遍了中国的大江南北。

回到祖国以后，他致力于祖国统一，曾经许下豪言壮语：“只要能实现统一，宁愿死在三八线上”。在冰冷的异国他乡，他像一头老虎一样咆哮，连日本帝国都不敢动他一根毫毛。但是，他却倒在自己热爱的祖国怀里，倒在同一民族的凶恶的子弹下，这是多么令人耻辱的事情啊。金九先生满怀着对同胞的热爱，为国家独立、民族统一进行了英勇的抗争，而我们现在才开始建纪念馆，准备一个空间可以来缅怀他。我们现在的国家是在临时政府法令下建成的，而我作为这个国家的总统，在为纪念馆献上了第一捧土时，惭愧地低下了头。

参加了白凡纪念馆奠基仪式。白凡纪念馆是为金九先生建立的一个民族的爱之屋

6月28日，我会见了意大利男高音歌手卢西亚诺·帕瓦罗蒂。这一年的3月，我在访问意大利时曾经见过帕瓦罗蒂。他对南北首脑会谈表示祝贺，这次他访问韩

国是为了参加祈祷朝鲜半岛和平的演唱会。我向他提出了两个请求：一个是请他为帮助朝鲜儿童而举办一场慈善义演，另一个是请他为2002年韩日世界杯演唱祝贺的歌曲。帕瓦罗蒂很爽快地就答应了我的请求。他还特别表示将在世界杯举办之时，与多明戈（Placido Domingo）、卡雷拉斯（Jose Carreras）一起献上祝贺表演。

7月6日，在汉城COEX MALL①召开了第一次APEC旅游部长会议。在1998年11月于马来西亚首都吉隆坡召开的APEC会议上，我提出了举办旅游部长会议的提案。当时，我主张，在21世纪，旅游产业将会为增进亚太地区的发展与和平作出贡献。旅游部长会议的主旨是致力于将区域内旅游产业灵活发展的智慧与创意集结起来。21个成员国的长官、次官及其他高层管理人员与国际旅游机构的领导等欢聚在汉城。我也前去参加并致了开幕词：

"旅游业是以人的交流为基础的产业。前去旅游的人以及为游客提供服务的人都必须具有互相理解、互相尊重的姿态。旅游并不是单纯的娱乐，而应该成为理解与尊重各种不同的文化与历史的文化观光。另外，一个国家的自然、文化、历史等旅游资源并不是只局限于本国的资源，对于到那个国家旅游的游客，以及我们的子子孙孙来说都是一种珍贵的资产。"

旅游部长会议上制定了泛亚洲太平洋地区的旅游宪章，并公布于众。

南北首脑会谈以后，召开了第一次南北部长级会谈。从7月29日到31日，在汉城召开的会议上，南北双方就6项条款达成了协议。8月15日，板门店联络事务所业务重新开展。"8·15"前后，在南北以及海外举办支持《南北共同宣言》的活动，"朝总联"同胞们访问故乡，京义线铁道中断部分连接。8月29—31日，第二次南北部长级会谈在平壤召开。

我会见了以全今镇团长为代表的参加部长级会谈的朝鲜代表团成员，对他们的辛劳表示慰问，同时期待能在本次平壤会谈中取得更好的结果。

"重要的是，我们是同一个民族，我们的命运是紧紧联系在一起的。我们所协商的内容，应一个一个地去实现，并在21世纪实现和平的统一，使我们两国的人民能够作为一个统一的民族在一起谈笑风生。"

全团长也对南方的变化做出了自己的判断：

"在访问汉城时，我发现了翻天覆地的变化。人民的感情发生了变化，对统一的热情变得更为高涨。"

---

① COEX MALL是汉城（今首尔）的大型娱乐购物中心。——译者注

8月5日，媒体“社长团”访问了朝鲜。由56人组成的代表团，在八天七夜的日程内，访问了朝鲜的名胜古迹。金正日委员长非常信守承诺。这是南北首脑会谈之后首次成行的民间交流团。金委员长在与媒体访问团的午宴上非常健谈。访问朝鲜的代表团成员问金委员长，什么时候能到汉城来回访。金委员长回答：

“因为我欠了金大中总统一个人情，我一定要去汉城。国防委员会与外务省正在对此进行探讨，我还没有接到报告。”

另外，访问团还询问了朝鲜与美国及日本建交的时间。金委员长对此做出了直率且具有深意的回答：

“如果我下命令的话，哪怕是明天也马上能与美国建交。美国给我们戴了一顶恐怖主义国家的高帽，只要把这顶帽子给我们摘下来，两国马上就可以建交。但是，与日本的建交问题就比较复杂，历史遗留问题也还存在，必须清算的问题也很多。日本应该赔偿给我们36年的时间。我绝不会放下民族自尊心而求得与日本的建交。越是小国，越是应该坚守自信心。”

我给与媒体“社长团”一起访北的朴智元长官下达指示，请金正日委员长邀请大国家党的总裁访问朝鲜。在民族统一问题上是不分朝野的，今后如果想与朝鲜在更多的领域进行经济合作，就必须启用南北合作基金，这需要在野党的支持。

朴长官对此进行了说明，向金委员长建议邀请在野党总裁访问朝鲜。金委员长听后突然火冒三丈：“金总统到平壤来的时候，平壤60万人民对他夹道欢迎。对于这样的事实，在野党怎么能谬称是法西斯呢？”但是，朴长官还是恳切地说明必须要见面的原因，试图说服金委员长。最后，金委员长表示会接受我们的请求：“金总统也这样说的话，那么我会考虑与在野党总裁见面。”

朴长官回来以后，我让他把金委员长所讲的内容写成文件发送给大国家党。朴长官将事实上的“访北邀请”文件发给了在野党。但是，在野党总裁却没能踏上访北之路。8月中旬，在与学界人士共进午餐时，一位教授向我提出了这样的建议：

“在泛国民范围内改善南北关系，必须积极支持与促进在野党总裁与政治人士的访北。”

我回答道：“据我所知，已经在进行在野党访问朝鲜的前期事宜了。”我所回答的内容通过朴晙荣首席发言人的讲话被大肆报道出来，大国家党表示：“没有从政府那里接到任何相关的通知。青瓦台在歪曲事实，制造一种在野党与朝鲜进行接触的假象。”

我们转交金委员长有意邀请在野党访北的文件已经有几天的时间了，可是在野党却佯装不知，李会昌总裁的亲信们也说“没有这种事情”，所以我们也一直对此事守口如瓶。为了南北关系的进展，也为了实现对朝鲜和解与合作的国民协议，我们想尽办法帮助李总裁访问朝鲜。如果李总裁真能去访问朝鲜的话，南北关系的发展肯定能更进一步。这一直是我不能放下的一个遗憾。

8月7日，内阁进行了改组，包括8个部门在内的11位部长级职务都进行了交替。企划预算处长官陈稔调任财政经济部长官，明知大学校长宋梓担任教育部长官，韩国煤气公司总经理韩甲洙担任农林部长官，前工业振兴厅长辛国焕担任产业资源部长官，劳动部长官崔善政调任保健福祉部长官，劳资政委员会委员长金浩镇调任劳动部长官，前议员卢武铉担任海洋水产部长官，公正交易委员会委员长田允哲担任企划预算处长官。另外，还任命产业银行总裁李瑾荣为金融监督委员会委员长，公正交易委员会副委员长李南基为公正交易委员会委员长，前民主党党务委员张永哲为劳资政委员会委员长。

我给新内阁布置了五个课题，并敦促他们一定要奋发努力。第一，确立民主、人权与法律秩序；第二，完成金融等四大改革；第三，实行生产性福利；第四，实现地域间国民的团结；第五，合作实现南北关系的改善与和解。

但是，教育部长官宋梓却在上任23天之后，因为被牵涉进抄袭外国书籍等道德性问题之中而不得不辞任。之后，任命了新的教育部长官李敦熙先生。不久之后，又更换了三名首席秘书官。任命公关秘书官金河中为外交安保首席，釜山市教育监郑淳宅为教育文化首席，国家报勋处处长崔圭鹤为福利劳动首席。同时还任命原来的福利劳动首席金有培为国家报勋处处长。

在8月15日光复节，汉城和平壤两地终于迎来了魂牵梦萦的离散家属相逢。继1985年的第一次离散家属相逢之后，时隔15年终于迎来了第二次。南方的102人到平壤，与218名北方的亲人相逢；北方的101人到汉城，与750名南方的亲人相见。在出发的前夜，我邀请即将访北的离散家属代表团到青瓦台来做客。一位老人说，能与离散的家人重逢，感觉就像在做梦一样。他一直对我说着感谢的话语：

“我扔下家人逃到南方来已经50多年了。我每分每秒都不能忘记儿子和女儿们。经过50多年的岁月，我已经老了。我想快点去北方，把他们都抱在怀里。但是，想去的人实在是太多了，所以我都没敢告诉朋友们我要去北方。”

他们在见到离散多年的家人之前，就哽咽得说不出话来，到处都是呜咽的声音。岁月抹不去他们的思乡之情，他们的眼泪让我不能熟视无睹。我安慰大家道：

“虽然我的老家不在北方，但我现在已经70多岁了，会不会还没去过北方就已离开人世了呢？就连这样的想法都让我感到很难过，何况是背井离乡这么多年的各位呢。虽然这次只去100多个人，但好的开始就是一个好兆头。今后，为了能让更多的离散家属团聚，我会做出最大的努力。”

前去北方与亲人见面的离散家属代表们精心准备了渗透着家族历史悲欢离合的礼物，如照片、金戒指、族谱、项链，还准备了好吃的。另外还有母亲去世的时候留下的遗物，嘱咐一定要交给北方的骨肉亲人。

第二天，我在电视上看到了离散家属相逢的实况转播。头发花白的老人们紧紧地拥抱在一起，眼泪止不住地往下流。在已经老得不能再老的骨肉亲人们面前，他们不知道还能做些什么。我和夫人也忍不住流下泪来。每当这种时刻，我就会觉得自己能做总统真是太好了。我不顾一切阻力前去平壤，今天想来是非常有意义的事情。我还看到这一次没能去成北方的离散家属们，哭喊着亲人们的名字。离散家属的相逢扣动了整个地球的心弦。世界各地的媒体都对此进行了报道。

离散家属的第一代人已经有很多都离开了人世，应该趁其余的人还健在的时候让他们能与亲人见上一面。如果不能见到思念一生的亲人就离开人世的话，将会留下多大的遗憾啊！如果我们将这个问题一直放置不管，将会成为历史的罪人。所以，我急迫地向金正日委员长提出，南北关系最关键最紧迫的问题就是“离散家属相逢”。

8月31日，英国天体物理学家史蒂芬·霍金博士为青瓦台秘书室与警卫室职员做了演讲。演讲的主题是“果壳中的宇宙”。霍金博士应“COSMO－2000”活动的邀请来韩国访问。博士在开始演讲之前，进行了自我介绍，我所知道的博士的真面目毫无保留地展现在众人面前：

“我在1963年的时候被诊断为肌肉萎缩症，而且只剩下2～3年的时间了。所以，现在我最大的成就就是我还活着。

“在我得病之前，我曾想过要不要尝试一下成为政治领导人。我认为任命托尼·布莱尔为首相一职是一件好事。但我认为我比布莱尔的职业满意度更高，而且我的事迹将会永远留在历史的长河中。”

他在如此的逆境当中，还保持着乐观的态度，让我无法用言语来形容。我听说了霍金教授要来访问韩国的消息，便亲自邀请他到青瓦台来演讲。期待着通过这次演讲，职员们的思考可以冲出地球，开放到整个宇宙中去。在演讲开始之前，我会见了霍金博士。

之后，博士将他的新作《时间简史》（*The Brief History of Time*）送给我做礼物。他没有在上面签名，却印上了指纹。他拖着极为不便的身体，完成了这本书，那些呕心沥血的岁月就像他的指纹一样向我们诉说着什么。

在青瓦台接见天体物理学家史蒂芬·霍金博士，他用电子声波合成器与我们进行对话

2000年8月末，我在东桥洞的家拆迁了。我于1963年从汉城新村的月租房搬到了这个地方，一直到1995年搬到日山之前，在这里住了33年之久。虽然这期间发生过爆炸物投掷事件，我还曾经经历过无数次的监禁，但东桥洞的家却是我的避风港。家的周围经常会有警察守着，每当发生政变的时候，这个家也在受难，稍有风吹草动，就遭到监听或强行搜查。东桥洞成为在野党的政治象征，成为与独裁政权抗争的基地。

在东桥洞的家里，我曾经被新军部的政治军人们强行带走，也曾经经历了竞选总统的三次落选。但是，在这个家里，夫人还有孩子们每天都在等我回去。我们在艰苦的环境中，对民主化的渴望还是那么迫切，一直不停地祈祷。这里浸透着我的苦恼与泪水，写满了我的爱与热情。这个家现在要推倒重建，让我感到很遗憾。

9月2日，非转向长期囚自愿回到朝鲜。朝鲜政府在板门店迎接他们。欢迎活动非常盛大，朝鲜的诗人为他们献上了歌颂的诗篇。非转向长期囚一直思念故乡，拒绝转乡，作为“异乡人”生活在韩国。63名长期囚大部分是70多岁高龄的老人，他们服刑的时间短则13年，长则44年，平均30年以上。我认为他们虽然剩下的时间不多了，但是应该回到亲人的怀抱，回到故乡的山水之中。我期待着，如果我们先将非转向长期囚送还到朝鲜，那么朝鲜也会将被北边裹走的人以及国军俘虏送还或是让他们与亲人相逢。在朝鲜居住着700～800名被北边裹走的人与国军俘虏，但是朝鲜一直对他们的存在持一种否定的态度。随着离散家属相逢的进行，他们也加入了离散家属的队伍，终于能与亲人相见了。

9月6—8日，在纽约联合国总部召开“联合国千年首脑会议”。我与夫人一起，于5日出国前去美国参加本次会议，并与朝鲜外长、最高人民会议常任委员会委员长金永南订好了会谈的日程。整个世界都对此次会谈给予了极高的关注，但是，却发生了问题。

金永南委员长一行在德国法兰克福机场转机飞往纽约时，搭乘美国航空公司的班机，在进行搭乘安检时，遭到了航空公司非常无礼的检查。他们想对金永南委员长进行搜身。朝鲜代表团表示金永南先生是联合国会员国的国家领导人，对搜身检查进行了抗议，但是航空公司的工作人员却表示“对于8个不良国家的人士，不论职位高低，一律要进行搜身检查”。朝鲜代表团对此再次表示抗议，并取消了一切访美日程。朝鲜外务省副相在当地举行了记者招待会，指出：

“航空公司保安人员的无礼搜身检查不能不被看做是美国方面的蓄意挑衅。我们不能容忍美国这种无视主权国家首脑的态度，所以取消一切日程返程回国。”

朝鲜代表团通过中国转机回到了朝鲜。美国方面通过韩国国家情报院知道了这次事件的真相，同时紧急通过美国驻华大使馆向朝鲜方面对此次事件表示遗憾，并劝他们参加联合国总会，但是却泡汤了。我在去美国的飞机上听说了这件事情。整个事件真是让人很难堪。同时，美国的态度也是非常地不近人情。对于受到自己国家邀请的外国使节团，却试图进行屈辱的搜身检查，是让人很难理解也很难接受的事情。美国政府对此表示：“民间航空公司的过失与美国政府没有任何关系，也不代表政府的立场。”

对于美国的傲慢态度，我很沮丧。南北双方首脑第一次共同在国际舞台上希望得到整个世界的支持，这是一个美好的梦想，但这一梦想在实现之前就破碎了。如果金永南委员长能够到纽约来，通过我的牵线搭桥，与美国总统克林顿进行会谈的话，历史也许会改变流向。

“联合国千年首脑会议”召开了。虽然已经迎来了新千年，但是人类仍然面临着很多难题，内战、贫困、疾病、环境破坏、恐怖事件、毒品等问题应该怎么来解决，需要各国元首集思广益。本次会议是历史上最多国家元首与政府代表参加的会议。189个联合国会员国中，一共有164个国家的首脑聚在了一起。我在主题发言中反复提到南北首脑会谈的重要意义，向全世界表达了我们对和平的渴望与意志。

“新千年的奇迹在朝鲜半岛上出现。55年间横在南北之间的冷战冰山，被温暖的‘阳光政策’所融化。在座的各位应该都目睹了6月15日进行的南北首脑会谈与8月15日进行的南北离散家属相逢的场面。之所以能发生这样的奇迹，除了南北双方有关人士的努力之外，也离不开联合国以及在座的世界各国领导人始终如一的支持与帮助，在此由衷地对大家表示感谢。

“通过南北首脑会谈，我们南北两位领导人表示不管发生什么事情，我们都会尽全力阻止战争的再次发生。不管是赤化统一还是吸收统一，都不会去考虑。

“统一是我们民族最终的目标。不管历经多少岁月，都要以和平的方式实现统一，南北双方会携起手来为实现成功的统一而不懈努力，这就是本次南北首脑会谈上我们所达成的共识。”

与各国首脑进行了连续会谈。与中国国家主席江泽民在下榻的酒店进行了会晤，江主席对首脑会谈等南北关系的改善表示欢迎与祝贺。

第二天，在同一个地方与美国总统克林顿进行了会谈。克林顿总统对金永南委员长取消访问美国一事表示遗憾：

“对于在法兰克福发生的事件，我表示深深的遗憾。我虽然希望朝鲜代表团能够回心转意来访问纽约，但是最终还是没能成行，我觉得非常可惜。作为美国来说，我们会尽全力对朝鲜表示歉意，让朝鲜尽释前嫌，希望金总统在此问题上也能帮助美国。”

我提出了《韩美驻军地位协定》（SOFA）的修订问题：

“韩国国内对SOFA的修订要求实现与德国或日本同等水平的呼声越来越强烈。现在双方正在谨慎地对此问题进行协商，为了圆满地达成协议，需要双方相互的积极努力。”

我参加了非公开的圆桌会议。有50多位国家元首也前来参加。我积极敦促对缅甸问题的解决。

在圆桌会议上，坐在我旁边的英国首相托尼·布莱尔提出了与我进行会谈的请求。我们利用会议的茶歇时间，在另一个房间里进行了会谈。会谈时，我对布莱尔首相夫妇老来得子表示祝贺。

在与俄罗斯总统普京的会谈中，普京总统对朝鲜有着犀利的见解。他说道：

“我不久前曾经去朝鲜访问。通过与金正日委员长的会谈，我感觉到朝鲜有意向与韩国就双方关系的改善进行努力。最近，我与中国、日本的元首也进行了会谈，他们都对朝鲜半岛关系的和解持支持态度。

“就像金总统一直强调的一样，不去孤立朝鲜，不断地发现可以相互合作的领域，发展全方位的合作关系，才是正确的道路。

“朝鲜是绝对不能被孤立的。应发展与朝鲜的关系，并且让朝鲜能够完全放下对外界的恐惧。不能让朝鲜感觉到被逼上另外一条道路。让朝鲜感觉到周边国家的友善态度，朝鲜就会放弃对杀伤性武器的开发。最终，军事上的对立会得到缓解，敌对的牺牲也会慢慢消失。”

普京总统是情报人员出身，世间对他的评价多少有些负面，但是他却一语道出了问题的关键所在。普京总统对我提出的连接南北铁路等问题也非常积极。

“金总统提出的连接南北铁路等共同项目也能够对缓解南北之间的紧张气氛起到很重要的作用。我认为这可以成为周边国家共同参与的大规模项目。如果南北铁路能够连接起来，光缆也可以进行连接，最终，地区内的通信网也会得到扩大。周边国家也可以开展天然气、电力等能源领域的合作。我希望两国经济共同委员会可以将此扩大成朝鲜、韩国以及俄罗斯三方共同参与的国际项目。以金总统的意志与努力，以前长时间内不能解决的问题，定可以找到解决的方法。”

首脑会议期间，夫人在新泽西州杜鲁大学取得了名誉文学博士学位。这比我自己拿到博士学位更让人兴奋。

朝鲜的金容淳特使于9月11日搭乘高丽航空公司的南北直航飞机到汉城来访问，并带来了金正日委员长送来的中秋节礼物——七宝山松茸，10公斤一箱，一共300箱。以前就曾经听说金委员长出手很大方，但是一想到朝鲜人民还生活在贫穷困苦中，我的心里就感到不安。统一部将礼品尽可能多地分给了相关人员。中秋节的时候，我在饭桌上尝到了松茸，香味浓郁，沁人心脾。

金特使一行访问了济州岛、浦项、庆州等旅游景点，还去参观了浦项制铁等产业设施。国政院院长林东源与金容淳进行了高层特使会谈。之后，于9月14日发表了关于7个协议事项的南北共同报道。

1. 金正日国防委员长在不远的将来访问汉城，在此之前，金永南最高人民会议常任委员会委员长将会先行访问汉城。

2. 双方对于正在协商中的韩国国防部长官与朝鲜人民武装力量部部长间的会谈的召开问题持积极的态度。

3. 为了解决离散家属问题，离散家属的生死、地址确认工作于9月开始进行，力争使该问题尽快得到完满的解决。先确认的人员，先进行书信交换。另外，于9月20日在金刚山召开南北红十字会谈，就以上问题以及这一年增加并交换进行两次离散家属访问团的问题、设立离散家属会面场所的问题，进行协议。

4. 为搞活南北间经济合作、保障相关投资，为设立防止双重课税等制度，于9月25日在汉城召开实务会议。

5. 为了连接南北间京义线铁路及道路，尽快举行南北动工仪式。

6. 朝鲜将于10月派遣由15名成员组成的经济考察团访问韩国。

7. 为了进行防止临津江流域水灾的事业，2000年开始实施南北共同调查，确立具体的事业企划。

与金容淳特使一行共用午餐。金特使转达了金正日委员长的口信：

“首先，向总统转达郑重的问候。通过历史性的平壤相逢而达成的共同宣言，里面包含着划时代的内容，宣言内容在逐步地被实现，这让人很欣喜。特别是总统到访平壤时，曾经指出最反对虚假的形式和做法，因此签订了《共同宣言》，所以现在更为重要的是要彻底地对《共同宣言》进行贯彻。《共同宣言》上的署名已经慢慢变干、变硬。《共同宣言》中提出了很多划时代的内容，绝不能再回到过去的情况。不管在任何情况下，都要坚持执行《共同宣言》，这是我全部的期望。”

我也委托特使将我的口信转达给金委员长：

“金委员长选在中秋节送来这么多珍贵的礼物，让我非常感激。《共同宣言》必须要得到彻底的执行。我在平壤的时候也曾经提到过，人的生命并不是永恒的，我们活着的时候做了什么才是最重要的。我们现在所处的是可以决定历史及民族命运的时刻，虽然我们期待民族的统一，但是绝对不能操之过急，打下坚实的基础才是当前最为重要的。我在任期内一定会尽最大的努力，我认为我的继任者也会继续将其发扬光大的。”

金容淳特使一行那天下午通过板门店回到了朝鲜。

新千年的第一届奥运会于9月15日在澳大利亚的悉尼开幕了。在开幕式上，南北双方的选手代表团高举着朝鲜半岛的旗帜，有史以来第一次共同入场。开幕式现场响起了阿里郎的音乐。那个瞬间，参加开幕式的11万名观众全体起立报以热烈的掌声。多么让人感动的一幕啊！这是一支伟大的队伍。奥运会虽然是全人类的盛大庆典，但是这一天人们把祝福都献给了朝鲜半岛。奥运会举行期间，南北之间互相加油、互相赞赏。在奥运会上，南与北已经实现了统一。全球媒体报道说，朝鲜半岛已经开启了新的纪元。国际奥委会主席萨马兰奇发来了贺电。

9月18日，在临津阁“自由之桥”前进行了京义线连接工程的动工仪式。京义线铁路于1906年4月已经开通，但是光复之后的1945年9月就中断了运行，整个线路中的汶山——开城之间的24公里被隔断开来。半个世纪之后断开的铁路再次连接上，这是一次连接民族大动脉的历史性的活动。

今后，南北军队共同的拆雷作业将抚平同族相残的伤痕。地雷拆除的地方，就是相互信任建立起来的地方，而且，信任的萌芽会慢慢开满和平统一之花。

南北的铁路连接让我们可以扩大亚欧大陆的“铁路丝绸之路”。从釜山出发，乘坐火车可以直接到达巴黎、伦敦等欧洲城市，光是想一想就让人激动不已。

作为总统直属机构的“可持续发展委员会”于9月20日成立了。我认为，如果说20世纪是开发与使用的时代，那么21世纪将是保全与开发相结合的时代。国民政府要坚持环境保护与经济发展两手抓。我有一个远大的梦想——人类与自然相辅相成，成为一个生命共同体。但是，我一上任就发生了经济危机，所以不能马上实现这个梦想。但我还是提出了汉江与洛东江综合对策，阻止了宁越堤坝的建设，重新修订了《湿地保护法》，并将国立公园管理业务移交给了环境部。另外，还引进了天然气市区巴士。

可持续发展委员会针对大型国策项目、国土滥开发、气候变化协议、能源问题等提案进行意见调整。任命新村运动中央会长姜汶奎为第一任委员长。

22日，前往日本，开始了为期三天两夜的访问日程。在东京新大谷酒店与韩日文化界人士举行了见面会。我在文化开放以后，一直强调两国已迎来文化交流的新时代。

“最近，银座大道上流行的时尚，不要几天就能在汉城的大街上看到。汉城东大门市场的时尚服装也源源不断地出口到日本。韩国电影《生死谍变》在日本吸引了100多万名观众前来观看，日本的人气男歌手组合‘恰克与飞鸟’在汉城举办的演唱会上，有数以万计的韩国年轻人为之疯狂。

“韩日两国的文化变得越来越近，两个国家国民之间的交流与亲善更为广泛，相互之间的信任也逐步加深。专家指出，相互信任的加深正是促进国家之间低费用与高效率的共同体形成的加速器。”

第二天，与森喜朗首相在东京近郊的温泉度假胜地热海市的百万石酒店进行了首脑会谈。一到热海市，我就受到了手持太极旗与太阳旗的4 000多名市民的热烈欢迎。下雨的天气也没能影响到他们的热情，这让我非常感动。森喜朗首相也到我下榻的酒店住了一晚。他先到达了会谈的地方，等着我的到来。

那天晚上，森喜朗首相还为我举办了欢迎晚宴。晚宴进行的时候，酒店前面的海边正在放着烟花。烟花持续了30分钟左右，在天空上绣下了一幅美丽画卷。森喜朗首相告诉我，这是热海市为了欢迎我的到来特别准备的欢迎仪式。我第一次看到那么绚丽多姿的烟花。

朝鲜人民武装力量部部长前来访问韩国。9月24日，前来参加南北国防部长会谈的13位朝鲜代表越过了板门店。在朝鲜战争之后，这还是朝鲜军队首脑第一次越过军事分界线。朝鲜代表团越过了军事分界线，搭乘军用飞机，前往济州岛。在济州岛举行的赵成台国防长官与金一哲人民武装力量部部长间的会谈上，南北双方的军人们就在非武装地带进行铁道及道路连接工程时对双方的安全进行保障达成协议。

人民武装力量部部长金一哲访问青瓦台。金部长一行向我行了举手礼。人民武装力量部最高官员到访青瓦台，在国家分裂以后的55年内还是第一次。在过去这是不能想象的事情。我说道：

“我们之间不能再发生任何军事冲突了。南北双方长期以来持敌对关系，稍有闪失这种关系就会恶化升级。不要操之过急，也不要举步不前，逐步地确立相互间的信任关系，才能逐步实现和平统一。”

分裂后，朝鲜人民武装力量部最高官员第一次访问青瓦台

人民军代表们保持着始终不变的姿势倾听我的讲话。我看到这样的场景，脑海里浮现出很多想法。

《南北共同宣言》的发表推动了南北关系质与量的变化。经济合作与社会文化的交流也实现了飞速发展。更为重要的是，南北之间加大了相互了解的机会。我们之间不是敌对的关系，而是共存共荣的关系。南方的居民对政府的和平政策给予信任，能够集中精力发展生产。南北结束了延续半个世纪的不信任，建立起相互信任的关系是多么幸运的事情啊。

9 月 28 日，总部在挪威卑尔根的 RAFTO 人权基金会将我评选为“RAFTO 人权奖”的获奖者。我的南北和解政策积极地促进了朝鲜的人权改善问题，因此基金会将此作为评选的理由。“RAFTO 人权奖”是为了纪念在支持东欧社会主义阵营的民主化运动中牺牲的卑尔根大学的拉尔夫托（Egil Rafto）教授而设置的奖项。我的二儿子弘业夫妇与我一起参加了颁奖仪式。

福利不是施惠，而是人权（1998 年—2000 年 10 月）

2000 年 1 月 4 日，我在新年致辞中阐明了“生产性福利”的国政哲学。至此，国民政府的国政指标就被定位为民主主义与市场经济并行发展，以及生产性福利。其实，我从就任伊始就有实行“生产性福利”的想法。但是，由于需要将外汇危机的急火扑灭，所以没能将福利问题提上议事日程。1999 年经济已经充分好转了，税收收入增加，年计税收盈余为 38 000 亿韩元，可以将其用于改善民众的福利，政策企划委员会也开始对“生产性福利”进行专项研究。

1999 年 6 月，与政策企划委员会委员们共进午餐时，我讲出了长期以来自己对福利的一个构想：

“我在参加选举以前一直提到‘生产性福利’这个词。生产性福利不是施舍的恩惠，而是一种使国民通过再训练，创出高附加价值与高效率的产品，从而对国家经济的发展提供帮助，同时也给本人带来益处的政策。对于有工作热情与能力的人，应为他们打开就业之路；对于不具备这些能力的重症残疾人或是老弱者，则需要加强保护。”

从那时起，政策企划委员会就着手从政府的立场上开始对生产性福利进行正式研究，研究结果很快就报告给我了。生产性福利的概念渐渐清晰，它不同于欧洲式的施惠福利。我所策划的生产性福利需要国家在三个方面作出努力：

第一，对于不能依靠自己的力量而生活的弱者们，依据《国民基本生活保障法》给予保护。

第二，推广“工作创造福利”。对有工作热情与能力的人，为其提供更多更好的工作岗位。为失业者打开再就业之门，采取提供就业信息及就业中介服务、职业培训、创业支持等积极的政策。

第三，为这片土地上的每一个人创造享受幸福权利的条件。过去，只要解决了温饱问题就被称为尧舜时代。但是，现在我们却处在一个不是解决了温饱问题就能实现幸福的时代。在现代社会，如果文化、休闲、体育、环境等的需求不能得到满足，就不能实现幸福。为此，寻找人道的价值，进而享受幸福权利的素养教育等就变得极为必要。因此，国民政府修订了《终身教育法》，为国民在任何时候进行学习提供机会。

我的这三个想法经过了青瓦台政策企划委员会与有关部门的提炼，国民基本生活保障、工作实现福利、构建提高生活质量三大政策方向就此出台。这就是生产性福利的框架。

我反复强调生产性福利中含有重要的哲学，即福利不是慈善而是人权。另外，福利能够带给受惠者再次崛起的意志，福利可以促进经济的成长。

有人批判我是新自由主义者，可能是因为在摆脱外汇危机的过程中，我表现出了彻底执行市场经济原则的态度。但是，1997 年形成 IMF 体制以后，我们除了市场经济没有其他的路可走。生产性福利可以修正与减少市场经济的副作用与弊端。生产性福利是后续福利，是从完善施惠性的福利极限开始的，也是从引起过多福利的欧洲的福利政策失败中吸取教训的产物。

生产性福利的核心——国民基本生活保障制度——从 2000 年 10 月开始实施。与工作能力无关，最低生活保障标准以下的低收入层的基本生活由国家来保障。

国民基本生活保障制度与以前的生活保护制度最根本的差异在于福利模式的大转变。在过去的 40 年间，福利只是作为一种施惠性、单纯保护性的生活保障，现在我们告诉民众，福利是国民的权利，同时也是国家的义务。法律专业术语也从“保护对象”、“生计保护”、“保护机关”等字眼改为“领取权利者”、“生计补助”、“保障机关”。

另外，最低生活保障标准以下的所有国民的基本生活由国家提供保障。以往的《生活保护法》中规定，对有劳动能力者不提供生计费用，但是新出台的《国民基本生活保障法》中则规定，需要国家保护的贫困层以下的国民可以获得最低生活保障。

同时，为了能够帮助低收入层从社会性孤立及贫困结构中解放出来，对他们的自立提供综合性的支援，以此来帮助他们实现个人的幸福，从而发展到能够为邻居、社会与国家贡献力量，最终实现社会的和谐。国民基本生活保障制度的实行带来了极大的效果。生计补助金的领取人自1979年的37万名增加到了2002年的155万名，增长了3倍多。以四口之家为标准，每个家庭的补助金从1997年的33万韩元增加到了2002年的87万韩元，实现了实质上的生计保障。

后来，这个制度得到了“将国家的福利水平提高了一个台阶”的高度评价。

我在巡访各个地方的时候，以及在国务会议上也对基本生活保障制度进行了研讨。

此制度在执行时也遇到了不少阻力。保守势力以此制度为“社会主义解决方式”攻击我们。政府内部也有许多意见指出，这个制度在现在这个时期还有些不合时宜。但是我却没有丝毫动摇与犹豫。在同一个时代、同一个空间里，和我一样呼吸生存的人却被饥饿折磨着，这是多么残忍、多么让人痛心的事情啊。

我一面鼓励基本生活保障制度的实行，一面不向反对势力屈服。当时的主务长官——保健福祉部崔善政长官后来这样回忆道：

“凡是从事福利事业的人，都会有过这样的梦想。这个制度放在任何一个国家来实行都不会逊色于其他的福利制度。它在我国之所以能成功，完全是依靠金总统的决断力。”

卸任之后，每每在电视上看到受到基本生活保障的平民们说他们生计的唯一源泉就是政府的支援，我的心里就有说不出的感动和欣慰。

我在就任总统一职时就曾经提出：“老人与残疾人如果有工作的能力，那么就要为他们提供工作的机会；如果没有工作的能力，那么就要给予他们支援与帮助。我们要为被孤立的人们拭去眼泪，为怨声载道的人们注入重新站起来的勇气。我向大家承诺，我会成为一个这样的‘国民的总统’。”

换个角度来看，我以残疾人之躯，在高龄成为总统。所以，我对老年人以及残疾人的关注与众不同。但是，回过头来想一想，当时我并不知道付出这么多会不会得到预想的结果。我随时都在确认老年人福利的进展情况。1999年10月，在老人福利事业报告会上，我作了以下讲话：

“人到老年，必须要过得幸福，这才是人生的圆满幸福。在对老人报恩的立场上，社会或国家也有使他们幸福的义务。我常常提到，‘国家的孝’、‘社会的孝’才是我们必须要做到的。子女们交纳了税金，如果不能直接奉养老人，那么国家就要来提供帮助，这是‘孝’的一个全新概念。”

国民政府还出台了敬老年金制度，企业雇用老年人时，政府发给其雇用奖励金。另外，以推动雇用残疾人以及职业培训为目的的法律也重新制定并出台了。发给残疾人就业金，并且帮助其支付一定的医疗费与教育费。但是，残疾人对社会的看法，以及社会对残疾人的偏见，却不是那么容易就能改善的。这让我感到很遗憾。

终于健全了四大社会保障制度。本着针对老龄、疾病、灾害、失业等社会性危机对国民进行保护的目的，国民年金、健康保险、雇用保险、产灾保险四大保障制度搭建起了整个社会安全网。国民基本生活保障制度与生产性福利政策成为所有政策的核心。

雇用保险与产灾保险的适用对象扩大为拥有1名以上员工的公司，这保障所有的国民都脱离了失业与产业灾害的威胁。特别是雇用保险经受了失业潮的考验，成为解决失业问题的绝佳对策，也为失业者解决生计问题与东山再起注入了力量。另外，将长时间以来作为争论中心议题的健康保险管理运行体制进行了合并。至此，国民的医疗服务按照相辅相成的体制进行完善，构建出了社会共同体的基础。

国民年金的扩大则经历了许多曲折。国民年金与健康保险可以称为社会保障制度的两大核心内容。新加入的保障对象有900万名左右，包括城市居民等个体营业者在内。由于我国老龄化的速度逐步加快，所以国民年金也要跟上老龄化的步伐。如果为了做好准备而延期执行的话，又可能会碰上其他的反对声音，导致整个计划破产。就任初期，我曾经计划通过改革的动力来推动国民年金的运作。

保健福祉部与国民年金管理公团决定将城市个体营业者的收入按照上一年度的收入来测定，从而进行收入申报。但是，国民却没能正确地理解这个制度，也使得这个制度没能得到民心。原计划从1999年2月开始的个人所得税申报，在一个月过去以后还没有完成1/4。国民的反对呼声越来越高，而舆论的反应也越来越恶化。那个时候，进行的补选选举中，在野党提出的首条攻击内容就是“没有做好准备的国民年金”。现在当我回想起那段往事时，脸上也会不由自主地发烧，觉得没有颜面。

国民年金的扩大政策其实可以称为善政中的善政，是国民应该拍手称赞的好事情。但是，我们所看到的却只有批评和非难。原因在于，我们没有正确地宣传国政，准备得十分不充分。虽然我严厉批评了保健福祉部与国民年金公团，但是，已经是覆水难收了。我在与国民对话的场合，向国民谢罪，其中也包含着我的叹息：

“真是匪夷所思。本来是下定决心准备为国民做实事、做好事，可是负责部门却因为技术性、事务性的不足，让国民为此担忧。作为总统，我要负很大的责任。我也感到非常失望。”

随后，媒体提出推迟原定于4月实施国民年金扩大政策的要求，甚至执政党内部也有部分人提出，此次事件关系到总统选举的成败，建议进行延期。但是，我却坚决地否决了。经过了千辛万苦，1999年4月1日，国民年金的适用对象终于扩大到了包括城市居民在内的范围。终于，我们迎来了全体国民都享有国民年金的时代。

但是国民年金维持着“低负担—高收入”的初期体制，带来了很多严重的问题，需要对年金体制进行全方位改革。确保财政的健全性是我们需要解决的任务。现在我们所处的时代是10个子女交的税金用来养一位老人，但是今后我们要面对的时代是两三个子女交的税金用来养一个老人的时代。所以，年金体制也应该逐步改革成为“适当负担—适当收入”的结构。

另外，大规模集资款项的运营也是一个问题。公团专家集团新成立了项目本部，但是却没能实现大力改善。政府虽然做出了不懈的努力，但还是远远不够。怎么才能让国民年金代替子女，成为“现代版的孝子”，需要我们不停地去思考、去探索。

健康保险的合并运营也经受了阵痛。健康保险在1977年医疗保险出台的时候开始实行，分为地区、工作单位、公务员、教师等来运营。但是，因为财政能力的悬殊、保险费负担与医疗服务的差异、管理运营的非效率性等原因，运营上提出了要求合并为一的主张。我认为，像医疗这样的基本问题，根据社会保障的原则与社会连带性的原理，应该让所有的国民都能得到帮助。因此，我们想完成合并。竞选总统时，我曾经以此政策作为政治承诺；在总统工作交接会上，健康保险合并运营曾被选为百大国政课题之一。国会已经就医疗保险的合并运营召开过几次会议。

实际上，实现合并运营还会遇到很多难题。地区及工作单位的保险费以及缴纳方式都不一样，地区医保参加者的收入很难计算，很难找到一个平衡两个集团的方法。到处都是不满的声音。另外，每个集团职员的结构调整问题也慢慢浮现，劳资纠纷也预告上演。

如果是正确的、有意义的道路，那就一定要走下去。1998年10月，227个地区医疗保险集团与公务员、私立学校教职员医疗保险公团合并为一。劳工医疗保险集团甚至不惜用罢工来反对，但是，到2000年7月，145个集团已经合并为一。20年的争议终于画上了一个句号，新的健康保险体制终于出台了。

但是，健康保险却遇到了财政危机。2001年3月，国民健康保险公团公布了40 000亿韩元左右的财政赤字。国民们震惊了，我也不敢相信自己的眼睛。医药分离的过程中医保数额不断增加，高价格医药处方急增，医疗使用量增加，高龄化带来了老年人医疗费急增等问题，这些都是不能精密计算的结果。我对有关部门的处理方式彻底失望了。那一天，保健福祉部的崔善政长官辞任了。

政府成立了紧急对策本部，向国民公布每天的财政数据。健康保险的合并运营是政府改革中最有意义的政策之一。20年间一直拖延的问题，终于让政府给解开了。可是，随后发生的一连串问题，却让这个伟大的决策变得褪色。财政合并不得不推迟到下一届政府班子再去实现了。

我在任期间，医药分离政策带来了最大的社会纷争。我没有想到会引起这么大的风波。所谓医药分离，就是医生负责诊断与处方，药剂师负责调剂药品及给患者下药，从而防止药品的误用及滥用，最终达到维护国民的健康、提高医疗质量的目的。虽然患者在诊疗之后还要再去药店拿药，程序上有些不方便，但是在欧洲、美国、日本等世界先进国家和地区已经开始实施这种方法了。

但是，数千年间，我们国家一直沿用医药不分离的医疗服务，所以在这样的国家里要实现医药分离简直就是一场文化革命。光复以后，历代政府进行了8次医药改革，但都以失败告终，原因就在于利益集团的反对。一旦遇到这些集团的反对，政府就会寻找一些适当的借口将问题留给下一届政府来解决。他们只要借口说条件还没有成熟就可以了。

政府内部也出现了反对的声音。根据1994年1月修订的《药剂师法》的规定，到1999年7月7日开始，实施医药分离。保健福祉部组织医疗界、药学界、舆论界、学术界等专业人士成立了医药分离促进协会，研究并确定医药分离实行的基本原则，紧接着医师协会、医院协会、药剂师协会以准备不充分为理由，向国会提出了延期实行的请愿书，导致实行的时期比预定延迟了1年。

1999年5月10日，大韩医师协会、大韩药剂师协会、市民对策委员会等，向政府提出了被称为“5·10”协议的提案。政府以此为基础，组成了医药分离实行委员会，确定了政府草案，同时，修订了《药剂师法》。具体的实施日程确定以后，发生了前所未有的医疗界休业、倒闭势态，一举使整个医疗系统瘫痪，可谓是医疗混乱，甚至发生了患者不能及时得到治疗而病死的惨剧。医疗界不顾民众的批判，依旧没有停止大规模的休业与倒闭。

事情发展到这个地步，政府也脱不了责任。相关部门采取了由医师协会、药剂师协会以及市民团体三者对医药分离的方案进行协议，并向政府建议的形式来解决问题。我对此提出了严厉的批评，因为政府并没有参与到政策执行的主题当中去。

“这件事情不能交给利益集团，应该寻找交给政府来执行的方案。”

医疗界的大罢工已经超越医药分离的政策成为国家需要解决的紧急问题。我不仅听取了当事人的意见，还听取了包括政治界在内的各界人士的不同意见，其中延期实行的意见占了绝大部分。

2000 年 3 月 29 日，我接见了大韩医师协会会长等医疗界的代表。我又进行了一次诚恳的劝说：

“医师是最高层的知识分子，是最有悬壶济世之心的人，在座的各位从事的是拯救人性命的职业。所有的问题，我们都可以通过对话来解决。”

事实上，我希望看到医药分离的问题可以通过对话来圆满地达成共识。快速解决问题固然重要，但是我认为解决的方法也不能脱离原则。所谓原则，就是防止药品的误用及滥用，维持健康。

我认为即使眼下很困难，但是要从长远来考虑，所以我没有任何动摇地要求执行医药分离政策。保护国民的健康才是国家的最基本责任。

6 月 15 日，我在平壤发表了宣言；6 月 20 日，医疗界开始在全国范围内进行休业罢工。医院级的医疗机关大部分都关门了，医疗界向政府发起了总攻。与此相关，6 月 24 日，大国家党总裁李会昌申请与我进行会谈，我马上就接受了他的提议。李总裁提出先不要全面实施医药分离，可以先进行试点。对于他的提议，我没有接受。如果在这个时期采取后退的措施，就会再次陷入集团与政治法制的纷争中，那么医药分离就不能实现了。

在那之后，医疗界的反抗也一直持续不断。综合医院的专家与教授们也参与了罢工。就算这样，我也没有丝毫动摇。8 月 21 日，在国务会议上我强调了以下的内容：

“医药分离是为了解决药品误用及滥用引起的危害问题，通过医师与药剂师，以及市民团体的协议而实现的，另外，最近根据医师与药剂师的意见修订了《药剂师法》。此外，医疗消费提高，专家的待遇也得到改善。政府已经尽了最大的力量。因此，以国民的生命为赌注，坚持集团利己主义的方法，政府绝不能屈服。在此情况下，国家的经营就会变得艰难。快速解决固然重要，但是按照原则来解决更加重要。”

虽然遇到很多困难，但是我的想法得到了贯彻执行。事实上，医药分离引起这么大的风波，我的责任很大，因为准备得不够充分。虽然阵痛很伤人，但是即使在困难的条件下，医药分离也慢慢地走上了正轨。处方药需要另外调剂可能会让人觉得不太方便。但是，最具有代表性的误用与滥用的药品——抗生剂的使用量大大减少。在我卸任以后，这样的趋势也一直持续，这同时也说明国民的健康水平得到了大大改善。

医药分离被评价为失败的、让人疲倦的改革。但是，我与国民政府却推进了医药分离的实施。

政府更换了很多位保健福祉部的长官，因为其中发生了很多波澜与曲折。金慕妊、车兴奉、崔善政、金元吉、李泰馥、金成豪等长官在福利领域的改革中，在最前线与我并肩作战。可能没有任何一个部门能像保健福祉部门一样，有这么多的事情，遇到这么多的波澜。虽然反复试验，而且国民的不便与舆论的分裂也带来了不少副作用，但我们却作出了极大的努力。我对长官们说道：

“虽然要顾及国民的民生问题，但是让国民感到生活的意义也是非常重要的。要让他们感到‘国家与社会没有遗弃我们，一直在为我们担心。在我们的身边，有一直保护我们的机构’。这样，他们就能感觉到‘我对这个社会还能做出有贡献的事情，我想奉献我所能做到的一切’。”

事实上，福利政策因为与国民的个人生活有直接的关联，所以是一个敏感的问题。提高生活质量，帮助贫困的人们，其实并不像说说那么简单。所谓福利，是从富裕的人口袋里尽可能多地掏出一些，另外，还要一直关注贫穷的人的饭碗。

保健福祉部长官经常更换，不是说他们的能力不足，而是因为我对国民福利的关注特别高。福利政策在我在任期间一直是一件让人头痛的事情，但是现在回想起来却觉得非常有意义。与我一起努力奋斗的历任长官可能会和我有一样的想法吧。

2000 年秋天，阳光灿烂的日子（2000 年 10 月）

朝鲜国防委员会第一副委员长赵明录于2000 年 10 月 9 日开始了对美国的正式访问。赵次帅发表了极为有意义的到达演说。

“为了与克林顿总统就重要的议案进行商讨，本人作为伟大的朝鲜民主主义人民共和国国防委员长金正日的特使前来访问华盛顿。本人在访美期间，将与包括国务卿和国防部长在内的美国国家领导人进行会晤。在新世纪来临的历史性时刻，朝鲜半岛已经进入与和平和解的大气候相对应的新历史阶段，发展朝美关系是两国政府所面临的最重要的问题。为了消除长久以来根深蒂固的不信任，将两国的关系发展到一个新的阶段，实现质的飞跃，我们在此次访美期间，将竭尽全力与美国政府进行开诚布公的商讨。”

赵次帅以一身人民军军服的打扮前去拜访克林顿总统，并且呈上了金正日委员长的亲笔书信。紧接着又与国务卿奥尔布赖特、国防部长威廉·科恩、朝鲜政策协调官谢尔曼等接连进行了会谈。美国方面为赵次帅一行提供了大型豪华专车，警卫车也全程跟随。之前，美国国务院发表了关于国际恐怖主义的朝美共同声明。

“朝鲜反对所有针对一切国家与个人的恐怖主义行为，同时将此作为官方政策，并且将加入所有联合国关于恐怖主义的协定，特此声明。”

朝美关系与过去相比也发生了翻天覆地的变化，快速地发展到了和解的局面。克林顿总统在白宫举办的记者见面会上说：“金大中总统曾经提出，在现阶段要采取朝鲜认为合理的任何一种方式来实现与朝鲜的接触。”

赵次帅在与奥尔布赖特长官进行的会谈上，发表了《朝美共同声明》。其中，最后一句话非常吸引人：

“向朝鲜民主主义人民共和国国防委员会金正日委员长直接转达克林顿总统的意思，为了给美利坚合众国总统的访朝做准备，先由奥尔布赖特国务卿在近期内访问朝鲜民主主义人民共和国。”

紧接着奥尔布赖特举行了记者招待会。记者们提出了关于在声明中提到的访问朝鲜的美利坚合众国总统是否指的是克林顿总统。奥尔布赖特对此作出了明确的回答：

“我不会作为下一届总统的发言人来表态。所以我的回答是‘是’。我将会在近期内，很有可能是月底之前去访问朝鲜，之后就是克林顿总统。我认为他本人也会很期待访朝。我会努力为他的访朝之行铺平道路，所以我先去访问是很重要的。对于赵明录次帅的邀请，我们表示衷心的感谢，争取在本月底可以成行。”

以和平协定来代替过去朝鲜与美国之间达成的停战协定也是一件非常有象征意义的措施。终于，朝鲜半岛上空笼罩的战争的乌云也渐渐散开了。但是，克林顿总统的任期只剩下100天左右了。这是让我最担心的事情。

进入10月以来，外国媒体开始铺天盖地地报道，预测我将会获得“诺贝尔和平奖”。特别是美联社与日本AFP通信作出了最积极的报道。“诺贝尔和平奖”的揭晓日期越是临近，外国媒体就越是大肆报道我是夺奖的热门人选。韩国媒体也赶到挪威，在公布获奖者的会场摆下了阵势。我于1987年受联邦德国总理维利·勃兰特的推荐成为候选人之后，14年间每年都被提名为候选人。

2000年，“诺贝尔和平奖”设立100周年，再加上本次获奖者将是新千年的第一个获奖者，所以竞争尤其激烈。一共有35个团体和115名个人被推选为候选人。宗教团体救世军与为中东和平作出举足轻重贡献的美国总统比尔·克林顿、促成北爱尔兰和平协议的前美国上院议员乔治·米切尔（George Mitchell）、为巴尔干和平作出重大贡献的前俄罗斯总理维克托·切尔诺梅尔金等也被推选为候选人。

“诺贝尔和平奖”揭晓的10月13日下午6点，我与妻子在官邸看电视直播。我们的国民肯定也都充满期待地守在电视前。

评审委员长冈纳·伯奇（Gunnar Berge）宣读获奖人的名字，他叫出的是我的名字！听到我名字的那一瞬间，我与妻子紧紧地拥抱在一起。一切都像是在做梦。

冈纳·伯奇委员长宣读了评选理由：

> 挪威诺贝尔委员会将2000年“诺贝尔和平奖”授予，在韩国与东亚范围内，为伸张民主主义与人权、与朝鲜达成和解与和平而作出贡献的韩国金大中总统。在韩国延续数十年的权位主义体制下，在经历着生命遭受威胁的情况下，在漫长的亡命生涯中，金大中总统一直作为韩国民主主义的领导人。他于1997年当选为韩国总统，这标志着韩国已经跻身世界民主主义国家之列。作为一位总统，金大中先生坚持民主政府体制，谋求韩国国内的团结。
>
> 金大中先生本着强烈的道德性，与镇压亚洲人权的势力相抗衡，真正成为东亚维护普遍性人权的守护者。对缅甸民主主义的支持，以及对东帝汶镇压的反对，他所作出的努力以及所起到的作用都是不言而喻的。
>
> 金大中先生通过“阳光政策”，为缓解朝鲜与韩国之间持续了50多年的敌对与战争关系作出了努力。他对朝鲜的访问为缓解两国之间的紧张态势注入了动力。如今，朝鲜半岛已经结束了冷战，充满了新的希望。金大中还为韩国与周边国家，特别是与日本关系的和解作出了贡献。

我到会客厅迎接前来祝贺的秘书官与国务委员们。我向朴晙荣发言人口述了获奖感言。

“这是我人生当中至高无上的荣誉。在此，我谨向在过去40年间，一成不变地支持民主主义与人权，支持朝鲜半岛和平与和解的国民们表示衷心的感谢，并且将此荣誉与国民们一起分享。感谢所有热爱世界民主与人权的市民们。我要与和我一起同甘共苦的家人、同志、朋友，还有那些为民主主义与和平而牺牲的这片土地上的数不清的勇士们一起分享这个荣誉。今后，我将坚持不懈地为朝鲜半岛的和平，为亚洲与世界的民主主义与和平而献身。”

青瓦台网站上祝贺的邮件蜂拥而至，一度造成了网络瘫痪。我与长子弘壹、次子弘业及家人们共进晚餐。晚上 9 点 40 分左右，按照惯例，我接受了挪威 NRK 电台的电话采访。

“这个奖之所以颁给我，是鼓励我继续为人权与民主主义以及和平而奋斗。我平生信奉一个原则，那就是正义一定会胜利，有时虽然在这一世不会取得胜利，但是在历史的长河中，终究是会取得胜利的。我认为我的一生就是对我所信奉的‘正义必胜’信念的一个追求过程。得到这个奖让我感慨万千，同时也觉得这个奖对我来说有多么的沉重。”

我一直信奉帮助我的上帝，相信正义一定会胜利。在我有生之年，竟然能够获得这样的无上荣耀，真是让人无限感激的事情。能够获得“诺贝尔和平奖”，是整个世界对在独裁政权统治下忍受着痛苦的这片土地上的民众以及统一事业的先驱者们所流下的鲜血与汗水的报答。我能够走到今天，也离不开国民的信任与支持。所以“诺贝尔和平奖”真正的当之无愧的主人，应该是所有的国民。

其他的奖项都有看得见的“果实”，但是“诺贝尔和平奖”，至少是我所获得的这一个奖，不是结果，而是一个新的“开始”。我要更为谦虚谨慎，以更低的姿态，为人权与和平献出力量。

挪威当地的媒体对于获奖者做了以下报道：“在过去，选出获奖人时虽然有关于这样或那样的资格是非争论，但是金大中总统当选时却连一个反对意见都没有，这说明他本人具有充分的获奖资格。”

对于我获得“诺贝尔和平奖”，全世界所有的媒体都在表示祝贺。事实上，我也觉得很有负担。日本《读卖新闻》甚至将我获得“诺贝尔和平奖”作为一个号外刊来发行。

“世界现在到处都充斥着让人抑郁的新闻。中东正在饱受战争的威胁，英国南部地区正在经历洪水天灾。但是，被意识形态所隔开的朝鲜半岛，却出现了一位为双方和解而奋斗的韩国金大中总统，他被授予了‘诺贝尔和平奖’，可谓是在漫长的黑夜中透出的一丝希望之光。”（《时报》10 月 14 日社论）

“这是任何人都信服的评选。真心对他表示祝福。”（《朝日新闻》10 月 14 日社论）

第二天早上，秘书室的所有员工列队向我表示祝贺。我踏着欢呼声与掌声来到了办公室，紧接着就接到了美国总统克林顿的贺电。其实，我对他感到很抱歉。我先说了一些安慰的话：

“其实，克林顿总统对人权与和平做出了更多的努力。总统阁下为了使韩国的对北政策能够维持不变，做出了真心诚意的支持与帮助。如果没有您的努力，就不会发生如今的变化。朝鲜特使赵明录访问美国时，取得了令人欣喜的成果，为实现朝鲜半岛的和平与安定，以及对以后朝鲜半岛局势的稳定起到了很大的推动作用。朝鲜半岛的和平进程，在克林顿总统的八年任期内，是一件最令人瞩目的外交业绩。如果与朝鲜的协商顺利进行，总统先生去朝鲜访问，希望能有一个圆满的结局。”

克林顿总统极为谦虚，并对我的得奖表示真心的祝贺。

“我认为在这个世界上没有任何人能比金总统更有资格来拿这个奖。我能够做的事情只不过是在旁帮助总统。能够在朝鲜半岛上打动人心是多么不容易的一件事情啊，而总统却做到了这一点。奥尔布赖特马上就要去访问朝鲜了，根据她的访问结果就能决定我是否访问朝鲜，希望我能够成行。希望在中东地区，巴勒斯坦与以色列也能以金总统和解南北关系为榜样，尽快实现中东的和平。”

接着奥尔布赖特国务卿也打来了电话，她的声音里透着一股真心流露的喜悦之情。

“听说尊敬的总统先生获得了‘诺贝尔和平奖’，我按捺不住激动的心情，马上就给您打来了电话。这次访问朝鲜之后，我会向您详尽地报告所有的细节，并且征求您的看法与意见。”

世界各国都发表了祝贺声明与贺信。

10月16日，我向警察厅调查科下达指示，撤销社稷洞队。社稷洞队自1972年为了内务部训练而设立以来，已经有28个年头，主要负责的工作是调查与收集高层公职人员及其亲戚是否存在不正之风的情报。虽然他们从事的工作也很有意义，但是期间却发生了很多滥用权力的事情。

第三届亚欧峰会渐渐临近。这是韩国光复以来在韩国国内召开的亚洲与欧洲的26个国家首脑参加的最大规模的国际会议。10月20日，亚欧峰会在三成洞COEX亚欧峰会大厦召开。韩国是主办国，我作为主办国的总统参加并致了开幕词。

“我们现在正生活在信息革命的时代、知识产业的社会里，但是也存在着部分阴影。被称为‘信息化悬差’的现象逐渐成为‘地球村’均衡发展的新的障碍因素。现在，信息化悬差问题需要亚洲与欧洲携起手来共同解决，并且上升为必须解决的政策课题。

“一个国家内部的矛盾与国家之间的矛盾，以及国际性纷争的根本原因是贫困与收入悬差，只有通过人力资源的开发才能寻找到真正的解决方案。所有人类都应均等地享受信息化所带来的实惠，开启改善生活质量之门。我期待亚洲与欧洲能在更广的领域内实现相互合作与共同发展。”

接着，法国总统希拉克、泰国总理川立派、欧盟委员会主席普罗迪、英国首相布莱尔依次进行了演说。所有人都在演说前对我获得“诺贝尔和平奖”表示祝贺，特别是英国布莱尔首相的讲话让我记忆犹新。

“金大中总统获得‘诺贝尔和平奖’，是他平生致力于民主主义、人权与和平的意志与献身精神的结果。我们祝愿韩国在他的带领下能够取得与朝鲜的和解成功。

“我是一个乐观主义者。本次会议的主要议题中当然也包括乐观主义。昨天晚上，我拜读了金大中总统的著作《狱中书信》。在《狱中书信》中他写道：‘世界虽然看起来很简单，但为什么绝对不会崩溃呢？那是因为，所有人，不论是有意识的还是无意识的，都存在着对于正义的渴望之心。’他说的很正确。如此的内部渴望一旦爆发，就会产生一种不能被邪恶战胜的神奇力量。”

在峰会召开之际，反对全球化的非政府组织的大规模示威游行在会场外围进行。我一再叮嘱，在汉城不能因为大规模示威游行而发生像美国西雅图或是捷克布拉格那样的会议中断的事件。我国允许国内外团体的示威游行，但请他们能遵守法律与秩序。于是，他们采取了和平的示威方式。对于他们成熟的示威文化，我从心底里表示感谢。我在会议结束时，做了这样的强调：

“事实上，像过去在西雅图或是布拉格一样，今天在这里也发生了我们国家的非政府组织以及外国机构反对我们的会议与全球化的集会与示威。政府允许这样的示威发生，只是请求他们能够遵守法律与秩序，不能将示威上升到暴力的阶段。现在我收到了一份报告，有一万多人参加了集会与示威，但是已经和平结束了。

“反对全球化的人们主张，如今的全球化就是‘让贫穷的人更加贫穷，让贫穷的国家更加贫穷’，我认为这不无道理。但是，如今停止全球化的进程已变得不可能，而且也不是正确的解决方法。全球化并不是谁想做而做的，也不是谁提出一定要做而做的，这是一个历史的必然，也可以说是人类发展的一个过程。只是，全球化现在呈现出来的现象，正如一部分人所担心的那样，所以全球化不能往加剧贫富悬差的方向发展。因此，我们应该努力实现贫穷的人与贫穷的国家也能参加到通过信息化来创造财富的队伍当中。”

首脑们通过了《关于朝鲜半岛和平的汉城宣言》。《汉城宣言》是亚欧峰会召开以后，第一次打破不讨论特定国家问题的惯例，对于一个地区的政治、安保问题进行讨论的宣言，因此被评价为亚欧峰会领域的扩展。《汉城宣言》对“朝鲜半岛的和平与安定不仅在亚洲太平洋地区至关重要，而且与全世界的和平稳定都有着密切的关系”达成了共识。

2000 年 10 月 20 日，是我一生中最为忙碌的一天，因为我参加了所有的亚欧峰会日程。在分上午与下午进行的第一、第二次首脑会谈中，我作为议长对议题进行说明并主持会议。之后，进行了一系列的首脑会谈。晚上 7 点 30 分，在青瓦台迎宾馆召开了各国首脑夫妇与代表们的欢迎晚宴。这一天被媒体称为我“最华丽的一天”。26 名亚洲与欧洲的首脑们在青瓦台迎宾馆共同举杯，真是让人激动万分。我在晚宴上的致辞中说道：

“世界现在处于大变革的时代。我们送走了 20 世纪，迎来了 21 世纪，我们正经历着人类的文明史中前所未有的巨大变化。以有形的物质为中心变为了以人与知识为中心，从领土国家的对立时代走向了和谐与合作的新时代，历史在飞速地前行。特别是随着信息化的急速发展，我们步入了一个使亚洲与欧洲的地理区分都变得模糊的时代。

“在这样的一个时代，为了使整个世界能够共同繁荣，我们最需要的就是‘尊重多样性’。不同的国家、不同的民族、不同的文化之间相互理解、相互尊重的努力比任何时候都显得极为重要。有幸的是，‘尊重多样性’正是欧洲与亚洲共同追求的重要美德之一。”

我在亚欧峰会期间，与丹麦、芬兰、中国、法国、英国、马来西亚、德国、西班牙、荷兰、文莱、欧盟、葡萄牙、卢森堡、爱尔兰 14 个国家或地区的领导人进行了个别首脑会谈。本来原定与 4 个国家的元首进行首脑会谈，但是在获得了“诺贝尔和平奖”后，与我进行会谈的请求相继而来。他们都是来访的客人，拒绝他们是非常不礼貌的。峰会期间，一共进行了 80 多次双方会谈，其中 1/3 的会议我都作为主持参加。

第三届亚欧峰会，这是韩国光复以来参会首脑最多的一次会议

南北和解的趋势使得大多数的欧洲首脑都纷纷表示要与朝鲜建立外交关系。我

对此表示欢迎和积极的支持。卢森堡总理容克（Jean Claude Juncker）拜访了板门店后发表了如下看法：

“我希望这是我第一次也是最后一次看到板门店。金总统有勇有谋的政策会让板门店消失。”

法国总统希拉克也提出了想与朝鲜正式建交的想法。

真是马不停蹄的三天两夜。10 月 21 日，汉城亚欧峰会落下了帷幕。首脑们评价本次会议是历次大会中成果最为显著的一次。作为议长的我也认为本次会议拉近了亚洲与欧洲的关系，成为亚欧达成坚固的合作伙伴关系的起点。

第一，面临新千年的亚欧峰会提出了新的发展方向，首脑们通过了《2000 年亚欧合作框架》。这是真正提出亚洲与欧洲的中长期合作与亚欧峰会发展方向的基本文件。第二，《关于朝鲜半岛和平的汉城宣言》获得一致通过，这就为亚欧峰会对朝鲜半岛和解与合作的支持打下了坚实的基础。第三，为了适应知识信息化时代，合作搭建亚欧大陆高速信息通信网。这是由我们国家首先提出的。第四，对增进社会、文化领域的合作与人力资源交流达成了共识，促进两个地区间的学生与教育间的交流。第五，通过了多个领域的新项目。比如，对防止传染病、解决腐败问题、共同打击跨国犯罪、保护环境与保护山林、减少全球化的不正当的影响、解决非法移民的问题以及可持续发展方面的合作等新项目进行了协商。

我的主治医生和秘书们都说我这是“疯狂日程”，对此千般阻拦，但是我却充满了激情。为了国家，为了全人类，可以有这样的机会作出奉献，这对我来说是一种无与伦比的幸福。我要感谢为我提供这样机会的国民们，以及给我力量的上帝。如果有工作的机会却没有力量，或是充满了力量却没有机会，那还有什么用呢？

闭幕式结束后，我与夫人一起站在会场的出口，欢送各国元首。短短的几天我已经与他们结下了深厚的感情，他们为我与韩国的未来送上了祝福。

美国国务卿奥尔布赖特访问朝鲜。访问团一行于10 月 23 日早上到达了平壤。美国代表团的成员有朝鲜政策协调官谢尔曼等有关朝鲜半岛的政策的立案者与专家们。一共有 60 多名记者同行。

美联社、AFP 通信、路透社等世界三大媒体，CNN、NBC 等电台，《纽约时报》、《华盛顿邮报》等主要日刊，《时报》、《新闻周刊》等周刊，以及韩国的《联合时报》的记者都与奥尔布赖特国务卿一起登上了特别专机。

奥尔布赖特下榻在我们访北时曾经住过的百花园迎宾馆。第一个官方的日程是去拜访供奉着金日成主席遗体的锦绣山纪念宫。美国国务卿去拜访安置敌对国元首遗体的纪念宫，并参拜了墓地。朝鲜中央通讯社报道说奥尔布赖特一行“向金日成主席献礼”，这是美国强烈地希望改善朝美关系的一种暗示。

奥尔布赖特当天下午与金正日委员长进行了会谈。本来会谈的日程定于24日，但是金委员长事先没有任何通知就突然到百花园来了。这也正反映了金委员长做事的风格。金委员长与代表团随行人员一一握手表示欢迎。金委员长与奥尔布赖特的会谈分两次进行，第一次两个小时，第二次一个小时。奥尔布赖特转交了克林顿总统的亲笔书信。

会谈结束以后，金委员长将美国代表团带到了平壤五一体育场，观看了由10万人组成的团体体操表演与艺术表演。当天晚上，代表团参加了金委员长在百花园为大家准备的欢迎晚宴。

会谈于第二天继续进行。这次会谈的时间超过了三个小时。会谈结束后，奥尔布赖特举行了记者招待会。记者们提问：克林顿总统访问朝鲜都需要哪些措施？

“我们在过去一年半的时间里，针对改善南北关系与朝美关系进行了一系列的研究。我们秉着循序渐进的方法，在美国国家利益的基础上，按阶段推进。我将把具有建设性的结果报告给克林顿总统。关于今后的措施，将由克林顿总统进行定夺。”

记者们又问起了奥尔布赖特对于金正日委员长的个人看法。奥尔布赖特回答道：

“虽然没能看到很多方面，但是平壤是一个美丽又让人印象深刻的城市。风景都很秀丽，昨天观看的团体体操表演也非常壮观，引人入胜。我不仅与金委员长进行了六个小时的会谈，还与他共进晚餐，以及一起欣赏团体体操。他是一位懂得聆听的优秀的谈话对象。他是一位兼具实用主义与决断力的领导人。”

奥尔布赖特结束了访问朝鲜的日程，于25日上午回到了汉城。接着，她就马上与我会晤，将在朝鲜发生地一切事情详细地讲给我听。我在接见了代表团以后，与长官另外进行了一个小时左右的对话。

“祝贺您本次访北成功。您亲自去朝鲜走了一遭，感觉如何呢？我到现在还分不清到底是梦还是现实呢？”

“我与您是一样的感觉。能够访问朝鲜，完全是金总统的功劳。如果总统阁下没能坚持地走过来，就没有今天的成果。”

“我想，您在访问朝鲜期间，肯定也经历过我访问朝鲜时那种很吃惊的事情。日程突然间变化，让我也很措手不及。”

“我们还在期待第二天会谈的事情，但是第一天就见到金委员长了。第一天的会晤起到了很大的帮助，为我们能够更加详细地研究问题提供了充裕的时间。我们对历史、地域问题等多方面内容进行了讨论。金委员长给人的感觉非常郑重，他不仅倾听我的讲话，对于我提出的问题也马上作出答辩。看得出来，他是有备而来。上次，总统先生曾经提到金委员长不是一个奇怪的人，就像您说的一样，他看起来知识渊博，对地域问题也有着独到的见解。总统先生的评价很准确。”

奥尔布赖特还详细讲述了观看团体体操的情景。团体体操队表演了导弹发射的场面，金委员长解释说“是第一次也是最后一次发射”。另外金委员长也向谢尔曼协调官作了相同的说明。通过奥尔布赖特的话，我能够感觉出来朝鲜对美国的态度是多么迫切。奥尔布赖特告诉我，她感到金委员长对我持一种特别的好感与崇敬之心。

“金委员长对于总统先生的一生真是知无不详。他说，总统先生遭受了极为惨烈的迫害、被判处死刑，以及流亡海外等镇压，但终究战胜了这一切当选为总统，这是让人不敢想象的事情。金委员长还说总统先生的一生就是一部跌宕起伏的电影，如果以金总统的一生为题材来拍一部电影，将会是非常成功的一部作品。”

但是，在讲述了这些好的方面之后，奥尔布赖特还是向我表达了一丝的不安。

“金委员长虽然是掌握着最高权力的人，但是在决定了前进的方向之后，会不会也有可能突然掉转方向呢？”

“这也不是没有可能的事情。但是，金委员长是一个实用主义者，只要利害关系不变的话，他的决定就不会变，他一定会对朝鲜半岛周边四强的利害关系了如指掌。金委员长已经意识到对于维持朝鲜的安全与经济条件，美国起到非常重要的作用。因此，美国也可以在适当的时机，带着自信心与朝鲜进行斡旋。”

奥尔布赖特在她的回忆录《国务卿女士》（*Madam Secretary*）中写道，访问朝鲜给她留下了三个深刻的印象：

第一，对于美国与朝鲜首脑会谈的相关问题，朝鲜领导人持极为慎重的态度。第二，印证了金大中总统所说的，金正日委员长是一个非常有智慧的人物。所以，对待金正日委员长，要以一种商业的方式去操作，不能对与朝鲜的直接接触与对话持迟疑态度。美国应充分利用朝鲜经济上的落后，为朝鲜半岛与世界的和平，进行协商。第三，对朝鲜本身的印象是，朝鲜是一个以金日成与金正日的领导为轴心的国家，人们对于外部世界缺乏正确的理解与知识。结论就是，对于导弹问题，如果能找到一个双方都能接受的妥协方案，那么克林顿总统就一定要去访问朝鲜。

奥尔布赖特一行在南北两地对未来发表了很多看法。随行的《华盛顿邮报》记者在平壤篇的报道中将金正日描写成一位“可以谈话与交流的人物”，并作了“过去数十年间，朝鲜外部对于朝鲜的一些负面印象可以完全摆脱开来”的报道。

韩美日三国在汉城召开了外长会谈。三国在这期间的对北政策可谓是相辅相成的。

我接见了前来参加三国外长会谈的日本外相河野洋平。他带来了一幅画送给我，祝贺我获得“诺贝尔和平奖”。那幅画中有两只喜鹊看向一处，喜鹊体态非常轻盈。他的祝贺让我心里特别温暖。河野外相还传达了森喜朗首相祝贺亚欧峰会成功举办的贺信。我表示，为了人类的未来，必须要将亚洲与欧洲联合起来。

“在所有的事情上，将亚洲与欧洲连接在一起都是很好的方式。在过去亚历山大时代，欧洲或是亚洲都称为小亚细亚，本来整块大陆就连接在一起，不是分裂开来的。应从亚欧大陆的立场来看，以同一个大陆为出发点，以共同合作与发展的大视野来解决问题。”

10月30日下午，接到了前南非共和国总统纳尔逊·曼德拉的电话。他对我获得“诺贝尔和平奖”表示祝贺。

“应该得奖的人获得这个奖让人很是欣慰。我被总统的业绩与行动大大感动。您以不屈的意志克服苦难，为民主主义与和平而努力，这让我深深感动，也让我十分尊敬。”

我在离任之后，对曼德拉总统积极的活动作出了如下评价，送上了对一个远在天边的朋友的祝福。

“为了人类，请继续努力，取得硕果。”

比尔·克林顿与布什，再加上朝鲜半岛（2000年11—12月）

以警备室为中心，对青瓦台内部进行了一系列的整顿。我最初踏入青瓦台时，觉得这里有一种很凄凉肃杀的感觉，挡在青瓦台前面的街垒让人联想到部队驻地。安周燮警备室长报告说，想把这里的环境与氛围改造成“明亮亲切”的。我很高兴地同意了。

首先，将迎宾馆的前庭与周边重建一番，将挡在迎宾馆前边的警备室建筑移到秘书室方向重新搭建。另外，迎宾馆前面的斜坡也改建成了平地。在此过程中，将埋在地下的污物也一并清除了。青瓦台的地下怎么会堆积那么多的污物，我很是吃惊。虽然没能改变建筑风格不明的迎宾馆的外貌，但是有着西洋风格的迎宾馆也变得雅致清秀起来。位于宫井洞的七宫也重新修葺并进行开放。七宫原是供奉朝鲜时代没有当上皇后的后宫七位妃子灵位的地方，虽然很朴素，但是非常具有韩国庭院的风格。

青瓦台的景观渐渐变得清秀起来。特别是青瓦台的后面，北岳山山顶的军队迁移到了别的地方，在原军队驻地种上树木，恢复原貌。另外，仁王山与北岳山上分散的军事设施都进行了拆除。将迎宾馆旁的三层小楼拆除也是很有意义的创举。“10·26”事件发生时死亡的职员基本上都曾将这里当做宿舍来使用，所以每当看到这座小楼，大家的心里都有一丝阴影。至此，围绕着青瓦台的历代主人们“悲剧的结尾”的各种说法也随着青瓦台的改观而渐渐消失。

2000年的秋天是一个丰饶的秋天，连续五年我们都迎来了大丰收。虽然台风经常来袭，但是我们却战胜了台风，收获了7 400万袋（1袋=80千克）粮食。农民们真是劳苦功高。但是现在再也不是只要遇到丰年就可以得到农民的支持，从而得到民心的时代了。每年，农民们都为了增加秋粮收购量和提高收购价格而进行示威游行。2000年也没有例外。新鲜的稻子被粉碎，珍贵的粮食也被轧毁，农民们不断地呼喊着口号。农民们不再是“冬天的神仙”，而变成了“冬天的斗士”。我怎么能不理会农民们的呼喊声呢，但是，在他们面前，我变得无力而渺小。

韩国的情况就是这样，大米卖不出去让人担心不已，可是朝鲜却因为粮食不足而日日担忧。朝鲜经营农业的技术很落后，而且也没有什么化学肥料。2000年，南北首脑会谈时金正日委员长对韩国支援给他们的肥料多次表示感谢。肥料的支援能将粮食的产量提高2~3倍，这比得到粮食支援更为有帮助。我在任期间，每年都向朝鲜支援20万吨粮食和40万吨肥料。

政府对50年间成为农业行政障碍的合作社进行了改革，将水资源管理机关进行了合并。为了保障农民的家庭收入，推进实施了农事直接支付制度与农作物灾害保险制度。另外，政府为了全部免除数十年间积累下来的农民家庭的负债，付出了不懈的努力。特别是，前所未有地扩大了农产品流通部门的投资。在我上任伊始，就致力于改善流通结构。我致力于禁止农民以超低价卖出而消费者却以高价买入的事情发生。政府规定通过综合流通中心等机构进行直接交易，并且扩大了电子商务。即使是这样，也还是不能满足农民们的要求。

政府带头挖掘粮食的需求，开展早饭一定要吃米饭的活动，但是每年大米的消费还是在不停地减少。我们必须找到一个方法，让平原上能够再现干劲十足的景观，让年轻人能够对农村产生热情，并在农村继续生活下去。但是，我们到现在为止都还没能够找到，没有任何人能够提出妙招。从南方北上的农民示威的消息让我心神难安。

开始了对文莱的国事访问。为了参加第八次 APEC 领导人非正式会议，于 11 月 13 日到达文莱首都斯里巴加湾市。与文莱国王哈桑纳·波尔基亚（Hassanal Bolkiah）进行了首脑会谈，为发展投资贸易而结成了合作关系。特别是，我向国王提出请尽快交付现代建设公司承建的文莱水晶公园的 3 800 万美元的建设费的要求。幸运的是，国王回答道："会特别关注这个问题，并为此作出努力。"民间企业间的问题由政府出面解决，怎么都有些说不过去，所以我特别向国王解释了事情的背景与经过。当时现代集团正经受着资金短缺的困扰，情况不容乐观。

"作为客人来访，却像追债一样，实在是感到非常抱歉，但是作为韩国第一企业的现代集团，现在正处在生死一线间。站在国家的立场上，我们希望现代集团能够起死回生，所以明知是失礼的事情，但还是不能不提出请求。"

这笔没有收到的款项，事实上是由国王的弟弟经营的公司倒闭而引起的。国王在谈话中多次对我表示出好感。而且，他也没有拒绝我的请求。后来，国王对内阁做出了尽早解决现代建设公司未支付款项问题的指示。

与各国首脑分别进行了会谈。11 月 15 日，分别与美、日、中、俄等周边四强进行了首脑会谈。这是韩国外交史上前所未有的日程。从某种意义上来说，这可以算得上是美国总统比尔·克林顿作为国家元首的告别会谈。我去他下榻的爱丁堡宫与他见面。他祝贺我获得"诺贝尔和平奖"，而我则祝贺他的夫人希拉里女士当选上院议员。我再次劝说克林顿总统出访朝鲜。

"以此次奥尔布赖特国务卿访北的成果为基础，增强对北问题的自信心。如果您能决定去访北的话，我们将热烈欢迎您的到来。"

"我们正在为解决朝鲜发射导弹的问题进行努力，这会为缓解朝鲜半岛的紧张事态以及重新构建信任关系起到很大的作用。访问朝鲜的问题现在也还在研究当中，但到现在为止还没能得出结论。"

关于克林顿总统，我以前也曾经提到过他是一个"很重感情"的人。现在回想起来，我真的十分喜欢他这个人。想到他马上就要退出世界政治舞台了，我觉得很遗憾。他的任期只剩下不到两个月的时间了。我们一起回忆往事，一起为彼此祝福。我对他为朝鲜半岛问题所付出的辛苦表示感谢。

"克林顿总统一直坚持不懈地支持对朝鲜的包容政策，这为朝鲜半岛能够维持和平态势作出了极大的帮助。您与防止朝鲜半岛走上共产主义道路的杜鲁门总统一样，深受韩国国民的爱戴，我们永远不会忘记。希望您卸任后我们也能像老朋友一样常来常往。"

"如果没有金总统卓越的领导力与决断力，南北关系的改善与朝鲜半岛的和平就不会成为现实。在我的任期之内能与金总统共事合作，是我的荣幸。”

终于到了我们说再见的时候了。与克林顿总统一起沿着长长的走廊缓缓走过。他一直送我到上车的地方。在与他道别后回来的路上，我突然觉得他看起来是那么孤单。我的朋友克林顿究竟会不会去访问朝鲜呢？他虽然是地球上最强大国家的元首，但是在即将卸任之际，他不得不小心谨慎。

克林顿总统本身就是一个很单纯的人。当 APEC 峰会还剩下最后日程的时候，所有国家的首脑都坐在一起相谈甚欢。克林顿总统拿着纸与笔到处走动，显得有些忙碌。后来我才知道，他是在向每一位国家元首索要签名，就像一个小学生在向自己崇拜的明星索要签名纪念一样。在他的最后一个国际性活动上，他可以向所有的元首索要签名，由此可以看出他是多么率性。美国作为一个强国所展示出的力量与克林顿总统个人的生机勃勃，两者间既是相悖的关系，又是如此相宜。

APEC 峰会在通过《领导人宣言》后落下了帷幕。《领导人宣言》由三大课题组成，包括我在国内与国际社会中一直强调的减少信息化悬差、防止金融危机与强化国际金融体系、遵循市场原理进行内阁改革。三大课题又可以细分为七项事业，包括 APEC 国家之间构建超高速信息通信网、建立与发展中国家的关系网、搞活知识基础经济、扩大网络教育、建立社会安全网、设置对冲基金监督体制、促进改革政策对话等内容。

我再次劝说各国元首：“朝鲜作为国际社会的一员，有资格享有世界化、信息化，请各国给朝鲜这样的机会。”结果是 APEC 赋予了朝鲜被邀请会员国的资格。朝鲜参加 APEC 会议之路终于敞开了。

11 月 21 日，参加了在凯悦酒店举办的《金大中内乱阴谋的事实》一书的出版纪念会。书中详细记载了 1980 年“首尔之春”之后被带到新军部的 25 名人员的内乱阴谋伪造及拷问等所有过程。高丽大学李文永教授担任了编辑委员会委员长。

11 月 23 日，为了参加 ASEAN（东南亚国家联盟）+中日韩三国首脑会议而离开了韩国。到达新加坡之后入住了香格里拉酒店。第二天，召开了中日韩三国首脑会议。“ASEAN+3”首脑会议上我提出了建立“东亚研究集团”的构想。首脑们将我的提议列入了议长声明中。

接着与新加坡总理吴作栋进行了首脑会谈，就加强信息通信领域的合作达成了共识。官方欢迎活动上，朝鲜驻新加坡大使前来参加活动。他向我毕恭毕敬地行礼。见到他我很欣喜，我不停地握他的手。

再次见到了新加坡前总理李光耀。上次见他还是一年以前。我向他提问道：

“李先生觉得韩朝首脑会谈的成功，是一种根本的变化，还是一种暂时的变化呢？我想听听李先生的意见。”

“虽然很难说是战术性的变化还是战略性的变化，抑或是根本的变化，但可以肯定这是朝鲜也不能控制的变化。每年技术都会传播到朝鲜，人力资源间的接触也逐步增加，如果有更多人到朝鲜投资，朝鲜将会迎来一个与现在完全不一样的世界。”

再次会见新加坡前总理李光耀，就韩朝关系交换了意见

紧接着，对印度尼西亚开始了三天两夜的国事访问。瓦希德总统亲自到机场迎接我。听说，他还在一天前进行了预行练习，真是非常特殊的礼遇。雅加达市内挂满了我与夫人以及瓦希德总统夫妇的大型肖像画。第二天，我与总统进行了首脑会谈。在单独会谈之后紧接着又进行了扩大性的会谈，印度尼西亚政府的所有长官都前来参加。这是瓦希德总统特别指示的。

“我已经多次对金总统提到我对总统先生的尊敬之情，金总统就是我的良师。为了欢迎我的老师，今天的会议是有史以来最多长官参加的会议。这么多位长官出席的场合除了阁僚会议，其他场合都很难见到。”

突然觉得好像是韩国与印度尼西亚政府进行联合国务会议一样。瓦希德总统尽全力来帮助我们，并且答应以安全的方式向我们提供原油和天然气。另外，对印度尼西亚公寓建设事业由韩国企业来参与的事宜作出了给予保障的承诺。

11 月 30 日，与美国下院议员托尼会面。他刚刚访问完朝鲜回来。他没有将访问的范围集中在平壤，而是以地方为主进行了考察，他将他所看到的朝鲜人民生活的真实一面原原本本地讲给我听。朝鲜的百姓每人每年几乎只有200～250公斤的配给粮食，其余的就用一些树叶及树干来充饥。饮用水也十分不干净，居民们被消化不良等症状折磨得苦不堪言。医院里连止痛剂与抗生剂都没有，工厂基本上都已停工。

他说朝鲜人民都很期待克林顿总统访问朝鲜，朝鲜人民都期待着变化的发生，而这种变化正是人类最基本的需求，也就是摆脱饥饿、解决温饱问题，这让人更加感到难过。人的一个基本特征就是如果饥饿就会生气，而如果解决了温饱问题就会高兴起来。能让朝鲜人民笑起来最简单的办法，不就是实现南北和平吗？

美国总统选举陷入了不明朗的局势中。11月7日进行的民主党候选人阿尔·戈尔与共和党候选人乔治·W·布什之间的角逐，就像预料的一样不相上下。最终决定胜负之地便是佛罗里达州。在佛罗里达州的竞选中，布什取得了最后的胜利。部分媒体对布什的当选进行了报道，但是那是失误的报道，必须进行再次唱票的史无前例的事情发生了。因为美国有一项规定，候选人之间的得票差少于0.5%时，必须进行再次检票。这时，反对不正当选举的示威游行也突然爆发了。最终，美国总统选举的胜负必须在法庭上见分晓。等带有保守倾向的联邦大法院的判决书公布时，时间已经过去了五周之久。

总统选举作为民主国家最大的庆典，其本质遭到了严重的损坏，这让我感到非常遗憾。在法庭上决定总统人选的事情对美国的民主主义是一个致命的伤害。另外，舆论的商业性报道也让总统选举变成了可笑的“政治绯闻”。美国的自尊心遭到了践踏，道德性的打击也非常沉重。

我一直对此事非常关注。我心里期望阿尔·戈尔能够当选，因为戈尔能够沿袭克林顿政府的路线。我仍抱有一丝乐观的想法，即使是布什当选美国总统，也不能废除如今的南与北、朝鲜与美国的和解政策。

我心里希望克林顿总统能够早日访问朝鲜，但是，出现了这样的“让人不能信服的总统选举”结果，让克林顿总统的立场变得十分微妙。另外，在这个时期，中东和平会谈再次举行。克林顿总统在任期间，为了维持中东地区的和平，付出了艰辛的努力。

在经历了迂回曲折之后，下一任美国总统的人选终于出炉了。乔治·W·布什当选了美国总统。12月16日，我与布什总统通了电话。布什总统说道：

“为了朝鲜半岛的和平与东北亚以及世界的和平，希望与金总统进行更加密切的合作。”

12 月 21 日，克林顿总统打来了电话：

“我想就朝鲜问题与总统进行对话。您可能已经得知，现在因为让人不能信服的选举结果，导致我与下一任总统之间不能进行直接的对话，只是一味地浪费宝贵的时间。同时，中东和平的有关对话也重新开始，这次很有可能取得我们所希望的成功结果。我在卸任之前，很想抓住一个成功的机会。所以，访问朝鲜就变得十分困难。因此想与总统讨论一下关于此事的对策。

“总统为朝鲜半岛带来了巨大的变化，这是非常重要的。我希望总统先生能够保持这种推动力，我也将继续帮助下任政府发展壮大。因为我不能去访问朝鲜，所以希望能在 1 月份邀请金正日国防委员长到华盛顿来访问。这是向朝鲜表示美国方面的诚意，也可以作为我不能去访问平壤的余波的一种缓解方法。但是，如果总统先生不同意的话，我是不会这样做的。我想知道总统先生对此的意见。”

我的担心变为了现实。但是，该冷静的时候还是需要冷静的。我用礼貌的语气讲道：

“首先，对总统先生一直为此努力到底的热情表示衷心的敬意。另外，邀请金正日委员长访问美国之事，朝鲜究竟会做出什么反应，到现在我们都不能确定，但是有一点可以肯定的是，如果金委员长访问华盛顿，他是不能空手而归的。所以，必须在事前就保障访问的成功，总统先生的继任者也要保证这一点。”

“我完全同意总统先生的看法。如果朝鲜停止开发远程导弹，我们会向朝鲜提供粮食。另外，昨天与下一任总统进行对话，也确认了下一任政府会尊重此决定。”

我向克林顿总统提出请求，在他的任期内，为了改善与朝鲜的关系，无论如何也要画上一个句号。所以，我们还谈到了协商的方法。

“我认为，最好的方法就是，我们应该私底下与朝鲜进行接触，在充分了解到朝鲜的意见之后，再进行正式的邀请。朝鲜也一定感受到改善与美国的关系是尤为重要的，朝鲜也希望能在总统先生的任期内解决这一问题。如果政府进行交替，换到由下一任政府来解决，一定会多少有些拖延，所以朝鲜也一定希望与总统来解决这个问题。我们对美国政府出面来解决导弹问题表示欢迎，这对朝鲜半岛的和平也将起到决定性的作用。

“需要朝鲜提供的，美国能够给朝鲜的，这些都要明白、简洁地提出来。这样，金正日委员长才会认为有成功的保障，才能更加安心地访问华盛顿。就像我以前告诉您的一样，金正日委员长非常有决断力，如果他觉得行得通，就一定会大刀阔斧。金委员长一定会就互相之间能够交换的内容进行亲自协商。”

“这真是个好想法。我会按照您说的去进行，进行的过程我会再与您通话告知。”

“对您一直坚持到底而不放弃的精神表示感谢。总统阁下在任期内，对美国的经济、朝鲜半岛的核与导弹问题等都作出了巨大的贡献，并得到了极高的评价。另外，在国际社会中，总统阁下为了减少大规模杀伤性武器的威胁而做出努力，并为中东和平留下了无可比拟的业绩。”

克林顿总统再三嘱咐与我的通话内容要进行保密。他与我通话之前没有与任何人进行商议，所以请求我不要将通话的内容曝光给媒体。我让他不要担心，并答应一定会信守诺言，并且也真的一直为他信守诺言。

克林顿总统在他的自传《我的生活》（*My Life*）一书中，对访问朝鲜最终没能成行的理由是这样描述的：

> 当时访问朝鲜的奥尔布赖特国务卿坚信，如果我去访问朝鲜就可以达成关于导弹问题的协议。我也很期待与朝鲜尽快取得协议的进展，但是在中东和平协商即将成功的紧急关头，我实在不能抽身去地球的另一边。另外，阿拉法特非常热切地希望协商能够取得成功，他这样的恳切请求让我打消了访问朝鲜的念头，在这种情况下，我更不能强行前去访问朝鲜了。

克林顿总统最终于12月28日公开发表了声明。

“正式宣布不能前去访问朝鲜。我坚信，下一任政府一定能在我所建立起来的成果基础上，与朝鲜达成协议。”

克林顿总统向金正日委员长发去信件邀请金委员长访问美国。但是，朝鲜却没有对邀请做出回应。对于重视“体面”的外交的朝鲜来说，这是可以充分预见到的结果。另外，应任期末的总统的邀请去访问美国对朝鲜来说也是一种负担。无论如何，是美国先违背了承诺。奥尔布赖特国务卿去平壤访问是以“美利坚合众国总统访问朝鲜”为前提的。

但是，我还是觉得金委员长应该对美国的邀请有所回应才是。美国总统的正式邀请是千载难逢的机会。如果金委员长能够访问美国，就能实现朝美关系的正常化，到时在那种情况下，下一任布什政府也不得不承认这样的事实。如果事情能顺着这个方向发展，那么朝鲜与美国之间就不会存在对抗的问题，南北关系也将会迎来难以想象的变化。

克林顿总统访问朝鲜之事不能成行真是让人非常遗憾，我不禁惋惜不止。我敢担保，如果克林顿总统能够前往平壤，朝鲜半岛的历史就会改写。在朝鲜半岛的命运即将改变的瞬间，为什么会发生这么多复杂的事情呢？真是让人既痛心又叹息不已。

如果在美国总统选举中民主党候选人戈尔能够当选的话，又如果布什总统的当选能早点得到确定的话，或是中东和平会谈的时机没有凑到一起的话，那么朝鲜半岛将会迎来历史崭新的一页。

我再次见到克林顿总统是在2003年11月，他来访问金大中图书馆。当时，我的健康状况十分不乐观，他为我感到十分担心。那时我对他这样说道：

“克林顿政府在改善与朝鲜的关系方面取得了十分瞩目的成果。如果当时的协议内容都能够实现的话，朝鲜半岛现在就能够迎来安定与和平。现在想来，真是十分可惜。”

然后，克林顿总统也表达了自己的遗憾之情：

“不知您还记不记得我在文莱APEC会议时对您说过的话。如果我的任期能够再延长一年的话，朝鲜问题一定就能够迎刃而解了。”

克林顿总统卸任以后，世界陷入了恐怖主义与战争的纷争中，而布什总统正处在其中。在他就任的第一年，发生了“9·11”恐怖事件。世界贸易中心双子大厦倒塌，国防部大楼（五角大楼）也被无情的火舌所吞噬。布什总统在2002年的国情咨文中将朝鲜强制性地定为“邪恶轴心国”，朝鲜与美国的关系走到了最坏的极端。但是，事态并没有就此结束。布什政府于2003年3月，正式对与朝鲜一起被列为“邪恶轴心国”的伊拉克发动了进攻。美国强制性地要求其他国家作出抉择，如果不站在美国一边，那么就是美国的敌人。布什总统的强硬政策让整个世界都笼罩在一片恐怖阴影中。他自以为是的做法让我很难理解。

克林顿总统也对不能前去朝鲜访问深感遗憾。但是，现实却是在我们所期望的彼岸散发出了阵阵寒意。

我们的身份已经成了前任总统，没有任何力量，只剩下忧虑。不顾我们的担忧，布什总统仍然紧抓着强硬政策之绳不放手。美国和朝鲜之间已经越走越远了。

12月17日，民主党最高委员权鲁甲辞去了职务。他发表声明，并称之为“顺命”。他一直被党内的“退二线”所困扰。一位民主党最高委员曾经在我面前主张让其卸任。但是，这个主张看起来并不是那么纯粹。不管怎样，已经决定让他离开了。我听说他与追随他的同志们一起泪洒碰头会。从某个角度来看，政治是非常无情的。我打电话过去安慰他。等世人对这件事情的关注退却之后，我与他共进早餐，再次安慰了他所谓的“顺命”。

第一滴水最为勇敢（2000 年 12 月）

2000 年 12 月 8 日，我前往挪威领取“诺贝尔和平奖”。从韩国到挪威的旅程有 10 个多小时。我在飞机机舱里与邀请的客人寒暄问候。特别随行人员共有 54 名。

有关民主化运动的人有已故文益焕牧师遗孀、已故朴钟哲父亲朴正基、已故李韩烈母亲裴恩深、“5·18 财团”理事长尹永奎、前高丽大学教授李文永、前检察院院长韩胜宪等。宗教界人士有新农村协会姜汶奎本部长、韩国基督教教会协议会金东完总务、圣公会金成洙大主教、前 WCC 朴庚绪亚洲局长、前佛教朴清秀教务、沧川教会朴春和牧师、曹溪宗徐正大总务院长、前曹溪宗宋月珠总务院长、世宗圣堂安秉铁神父、韩国基督教总联合会李万信会长等人。市民、社会团体人士有和平统一委员会金玟河首席副议长、大韩律师协会金昌国会长、韩国环境社会政策研究所朴英淑所长、光复会尹庆彬会长、在乡军人会李相薰会长、环境运动联合崔洌事务总长等人。政党人士包括民主党张乙炳最高委员、民主党李愚贞顾问。经济界人士包括中小企业协会中央会金荣洙会长、全国经济人联合会孙炳斗副会长等人。文化、舆论、艺术、学界人士包括总统政策企划顾问金泰东委员长、电影演员文盛瑾、广播电视协会朴权相会长、亚洲太平洋平和财团吴淇坪理事长、淑明女子大学李庆淑校长、亚洲太平洋平和财团李守东常任理事、翰林大学池明观教授、高丽大学崔章集教授等人。另外，洪城感化所的姜福基保安科长也被加入到邀请人员名单里。姜科长是我因为金大中内乱阴谋事件而被关在清州教导所时的教导官。另外，我的儿子、儿媳、孙子、孙女也与我同行。同时被邀请的外国友人还包括美国驻意大利大使托马斯先生、东帝汶抵抗协议会奥尔塔（Jose Ramos Horta）副议长（1996 年“诺贝尔和平奖”获奖者）。

那一天，我与被邀请的客人共进晚餐。我对他们表示衷心的感谢。

“这绝不是谦虚的言辞，在这个奖项公布之前，虽然我心里也非常渴望，可是当获奖结果揭晓后，面对这么多人，为了民主主义而牺牲的人，为了统一而奉献的人，他们没有得到这个奖，而我却得到了，一想到这里，我就从内心里感到内疚，这种想法困扰了我无数次。我所希望的是，我这次拿到‘诺贝尔和平奖’，能够为提高我国的威信与形象，使我们的国民在世界范围内能够更加受到尊敬、更加自信提供一个契机。”

我在下榻的格兰德酒店与英国广播公司（BBC）的记者进行了会见。Nik Gowing记者对于我们国家以及我的政策与决断了解得非常详细，提出的问题也十分敏感与尖锐。

“过去您经受过很多次被软禁在家中的痛苦，在这样的环境中，您从来没有想过要放弃这条路吗？”

“虽然我选择的这条路一定会荆棘密布，但是有意义的人生对我而言更为重要的想法却一直没有变。良心与行动一直是我人生的原动力。”

“世人都知道，总统先生是一位虔诚的天主教信徒，为什么您会原谅全斗焕前总统呢？他不是宣判您死刑的人吗？”

“虽然我没有原谅他的罪行，但是作为一个自然人来讲，我已经原谅了他。”

“总统先生已经决定支持建设朴正熙纪念馆，据我们所知，他曾经三次企图杀害总统。”

“我认为朴总统纪念馆不仅会展出他好的一面，也会展出很多他错误一面的证据。”

“听说韩国到现在还存在政治犯，事实真的是这样吗？”

“虽然还存在为了朝鲜而从事间谍活动并且违反现行法律的极少数人，但是这些人现在已经可以释放并且送还到朝鲜了。我希望能够保障所有公民的自由。最近，允许教师成立劳动联盟的事情就是一个例子。”

第二天，吃过午饭后，我前去访问诺贝尔研究所。这是惯例。研究所是一座5层的小楼，很破旧也很小。我与诺贝尔委员们相见并进行了会谈。

委员会办公室里的墙面上挂着历代获奖者的照片。维利·勃兰特、亨利·基辛格、莱赫·瓦文萨、奥斯卡·阿里亚斯·桑切斯，戈尔巴乔夫、昂山素季、纳尔逊·曼德拉……与我结缘的这些人都在看着我。他们是维持“地球村”和平的真正的英雄。他们的神情正像是在说“怎么现在才来”。最后我的照片挂在了墙上。

我在将诺贝尔奖颁奖典礼演讲稿的著作权授予诺贝尔委员会的委任证书上签了名。我在委员们的欢送中走进了电梯。电梯也像这座楼一样，时代久远，空间也很小。我和夫人、诺贝尔委员会事务局长伦德斯塔德（Geir Lundestad）、附属室主任金汉正、随行部长金丁冀一共五个人上了电梯，就已经满员了。但是，电梯在中途因故障停了下来。大家都很惊慌，伦德斯塔德局长也束手无策。我想调解一下气氛，便讲了一个笑话。

但是我的笑话却把气氛搞得更冷了，因为他们肯定听不进去我所说的话。5分钟过去以后，幸运的是电梯终于重新启动了。诺贝尔委员会在那天的“事故”以后，马上把电梯换成了新型的。

就获得“诺贝尔和平奖”一事举行了外国媒体记者招待会。第三个提问的人是一个长着东方面孔的女记者。出人意料的是，她竟然用韩语来向我表示祝贺：

“首先，祝贺金总统获得‘诺贝尔和平奖’。”

虽然，她的韩语不那么流畅，但是我非常高兴。她是一个被领养的韩国人。她在1岁的时候离开汉城，在挪威一个中产家庭长大。她用英语向我提问，我觉得她很有自信，很了不起。挪威的韩国侨民一共不到300名，但是被领养的韩国人却达到6 000多名。从遥远的东方来到异国他乡的被领养儿童，他们当时该有多么恐惧啊。我获得“诺贝尔和平奖”如果能给他们带来一丝安慰就好了。而且，挪威人的宽容也让我非常感动。

12月10日，这一天是和平奖颁奖典礼的日子。我从下榻酒店一出来，街道上已经有数千名市民手里摇着太极旗与挪威的国旗。颁奖典礼的礼堂与市政厅有1公里左右的距离。11点40分，我到达奥斯陆市政厅后门前的广场，那里已经有2 000名小朋友在等着我。我与夫人一起走上舞台。人群中爆发出欢呼声。一名少女将“和平火炬”交到我的手上。我接过火炬，点燃和平纪念物。这个纪念物周围环绕着22块石头。“22”代表着正在经受战争与内战之痛的国家的数目。

我在将诺贝尔奖颁奖典礼演讲稿的著作权授予诺贝尔委员会的委任证书上签了名

“和平火炬”熊熊燃烧。然后，少男少女们一起开始歌唱，歌声就像天籁一样纯净。这是一首请求从战争的惨祸中解救儿童的歌曲《请解救儿童》（*Save the Children*）。我当场进行了即兴演讲：

“因为儿童，这个世界才充满希望。因为各位明朗的笑容，这个世界也变得明亮起来。大家传递给我的‘和平火炬’会永远燃烧，希望火炬能为这个世界带来满满的爱与希望。”

我演讲完毕后，小朋友们欢呼着围到我的身边。这个活动虽然是颁奖典礼的序幕，但是让我非常感动。

接着，举行了颁奖典礼。诺贝尔委员会事务局长伦德斯塔德前来迎接我，诺贝尔委员会副委员长斯托尔塞德（Gunnar Johan Stalsett）带我到市政厅的中央大厅。士兵们奏起了迎宾曲。斯托尔腾伯格总理等挪威政府官员与各国大使、韩国的邀请人士等1 100多名一起起立为我鼓掌。在我入场之后，紧接着挪威国王哈拉尔五世进入颁奖典礼的现场。

奥斯陆市政厅的主大厅出现了一片黄色的花海，这是象征“阳光政策”的标志，它打破了大厅红色玫瑰装饰的惯例。数千个橙子与黄色的玫瑰还有向日葵交错布置在参加者座位的前面，颁奖典礼讲台后面的柱子与墙面也进行了相同的装饰。

诺贝尔委员会委员长冈纳登台发表了讲话：

“诺贝尔委员会决定将2000年‘诺贝尔和平奖’授予金大中总统。”

全场爆发出潮水般的掌声和欢呼。冈纳委员长报告了“诺贝尔和平奖”的评选理由。

“金总统这些年来为了人权斗争而付出的努力以及最近南北关系的进展，是他的两大成果，他作为获奖候选人有充分的价值。‘诺贝尔和平奖’是针对迄今为止所实现的措施而颁发的奖项，但是，这个奖项也包括了鼓励其在实现和平与和解的任重道远的路途中能够取得更大的成果的含义。

“这是在一个很广的范围内有关勇气的问题。金大中总统结束了朝鲜半岛50多年来不曾改变的敌对关系，越过了世界上最为危险的武装阵线，伸出了友好合作的双手。他的意志是一种个人的、政治性的勇气，但遗憾的是，这种意志在其他的纷争地区却非常缺乏。

“在一般的生活中能够适用的道理，也适用于为了和平而进行的努力中。征服最高的巅峰时的道理就是这样。迈出第一步是最艰难的。

“…………

“现在金大中先生是大韩民国的总统。金总统的执政之路非常曲折。在过去的数十年间，他与威权主义独裁体制展开了没有胜算的斗争。有时我真想问，他是从哪里找到了这样的力量？他自己的回答是这样的：‘为了与独裁体制抗衡，我已经付出了全力。原因只有一个，那就是为了保护国民。推行民主主义没有任何别的方法。我觉得自己就像一个被强盗强行入室的房子的主人一样，为了保护我的家人与财产，我将自己的安危抛在脑后，就算是赤手空拳也要与侵入者斗争到底。’

“金大中先生的言语与几位‘诺贝尔和平奖’的获得者，特别是纳尔逊·曼德拉、安德烈·萨哈罗夫有很多共同点。金大中先生所拥有的不屈精神，在局外人看来，可能会有一种不可思议的感觉。

“1997 年，金大中先生迎来了新的机会。出人意料的是，他的政敌们互相分裂，于是金大中先生就当选了总统。这象征着韩国真正步入了世界民主主义国家的行列。通常情况下，当选者会对曾经迫害过他的人产生报复的想法。但是，同曼德拉总统一样，宽容与和解成为金大中先生的主要政治纲领和政策，指引着他前进的方向。‘金大中先生可以原谅所有的事情，甚至包含不可原谅的事情。’

“诺贝尔委员会特别关注，金大中先生在东亚人权状况的进展中所起到的重要作用。金大中先生为了东帝汶的独立尽了全力。几年之前镇压政治反对派的驻东帝汶韩国军队，现在已经转变成为维护东帝汶人权的军队。另外，他还积极支持昂山素季女士对缅甸独裁势力的抗争，并支持她展开了英勇的斗争。

“去年 6 月，金总统与金正日领导人间的对话通过一种轻松的宣言而发展。南北离散家属相逢的场面给全世界的人们带来了一种难以言说的感动。这样的接触虽然受到了一定的限制，但让人欣喜的泪水深深地打动了所有到访板门店的人的心，这与他们所感到的寒冷、憎恶与失望形成了鲜明的对比。

“在世界大部分地区，冷战时代已经结束了。世界将会看到‘阳光政策’最终会融化笼罩在最后一个冷战地区——朝鲜半岛上空的阴霾。现在这个过程已经开始了，没有人能比今天获奖的金大中先生奉献得更多。他就像挪威诗人 Roaldkvam 所说的‘第一滴落下的水滴’一样勇敢。”

在挪威奥斯陆市政厅召开的“诺贝尔和平奖”颁奖仪式上，冈纳委员长为我颁发了证书和奖牌

紧接着，冈纳委员长向我颁发了“诺贝尔

和平奖”奖牌与证书。我左手拿着奖牌，右手拿着证书，接受了聚光灯的洗礼，现场所有的人都在为我鼓掌。声乐家曹秀美女士的祝贺曲响了起来。她为我献上了路易吉·阿尔迪蒂（Luigi Arditi）的《亲吻》与我们国家的民谣。

终于到了我致获奖感言的时刻了。颁奖典礼现场坐满了人。夫人与儿媳身着韩服坐在台下。CNN 和挪威国家电视台等正在向全世界现场直播。我在全人类的面前讲出了我的获奖感言与决心：

我在“诺贝尔和平奖”颁奖典礼上致获奖感言

“人权与和平在挪威这片土地上有着神圣的地位。‘诺贝尔和平奖’表达了一个庄严的思想，这个思想鼓舞着全人类为和平而献身。获此荣誉，我万分感激。但是，我也想起了韩国无数的民众和同事，他们自愿为了民主、人权和国家统一的梦想而尽心尽力。所以，我必须说，这个荣誉应该属于他们。我也想起了全世界许多的国家和朋友，他们在我国实现民主和韩朝和解的进程中给予了慷慨的支持。在这里，我非常真诚地向他们表示感谢。”

我还介绍了南北首脑会谈的经过与结果，以及有关最近南北关系的内容。另外，我还讲到人权思想在亚洲比在欧洲出现得更早，早就有与民主主义相通的思想之源在亚洲扎根。我还讲述了在我就任总统一职之后，一直致力于推动民主主义与市场经济并行发展，同时还大力推行生产性福利政策。之后，我又介绍了我的一生。其实，我的演讲稿内容太过于强调我的人生逆转，我的秘书们对此不太同意。虽然他们没有直接说出来，但是他们的表情已经让我读到了他们的想法。在演讲稿的初稿中并没有这部分内容。秘书们的想法是，不要把重点放在整个世界都知道的所谓我的“挑战与迎战的生活”，而是要把重点放在作为一个“诺贝尔和平奖”获得者的那种高贵的品位上。我的想法却不太一样。就是因为这是颁发“诺贝尔和平奖”的颁奖典礼，所以更要把我的一生展现给所有的人。虽然已经有很多人对此了解较多，但是对于我的人生与我所坚定的信念，我想再次告诉全世界。现在想来，当时我的决定也是回顾过去“不屈的自我”，也请全世界的人再来回忆一遍。

“最后，请允许我谈几句关于我个人的经历。我曾五次落入独裁者手中，每次都险些丧命，我在教导所中度过六年的时光，四十年的时间里，我要么遭到软禁，要么遭到流放，并且时刻处于监控之下。如果没有人民的支持，没有全世界民主同仁的鼓励，我就不可能忍受这种艰辛。这种力量也源自我不变的信仰。

“第一，我经历艰辛活了下来，并且要继续活下去。我始终相信，上帝与我同在。1973 年 8 月，在日本流亡期间，当时韩国军政府的情报人员在东京我居住的旅馆中绑架了我，这个事件震撼了全世界。这些人把我带到他们停泊在海边的船上。他们将我捆得很结实，蒙住我的眼睛，塞住我的嘴巴。就在他们即将把我扔进大海的一刹那，耶稣清晰地出现在我面前。我紧紧地抓住他不放，祈求他来救我。就在那一刻，一架飞机从天而降，将我从死神手中解救了出来。

“我的另一个信念就是相信历史是公正的。1980 年，我被军政府判处死刑。我在教导所待了六个月等待被处死。我经常因为对死亡的恐惧而战栗，但是我总能从正义最终胜利的历史事实中恢复镇静。不论是过去还是现在，我一直热衷于读史。并且我知道，无论在何时何地，那些将自己奉献给人民和整个人类的正直的人也许不会胜利，甚至可能遭到可怕的下场，但他却是历史的胜利者，会流芳百世；那些靠非正义手段获得短暂胜利的人也许能够称霸一时，但是历史总会认定他是一个可耻的失败者。古往今来，无一例外。

“接受‘诺贝尔和平奖’同时也意味着接受无尽的责任。我在你们面前谦恭地保证，就像历史上的伟大英雄曾经教导我们的那样，像艾尔佛雷德·诺贝尔曾经期望的那样，我将把我的余生献给我国和世界的人权与和平事业。我希望得到你们的鼓励，希望得到那些致力于推进全世界民主与和平的人们的永久支持。”

我的演讲结束后，听众们都站起来为我热烈鼓掌，他们用潮水般的掌声为我的演讲喝彩。特别是在我讲到我苦难的一生时，他们的鼓掌声既热烈，持续的时间又长。颁奖典礼的氛围既虔诚又充满格调。颁奖典礼结束以后，我们往王宫方向赶去。沿途有数千名市民手摇太极旗与挪威国旗向我们致意。我还看见了人群中有一位挪威人肩膀上扛着一个被领养的韩国儿童，那个孩子身穿韩服。我被深深地感动了。我从车上下来，紧紧地握住了他的手。夫人则牵着孩子的手让他与我握手。回头望去，我发现身穿韩服的儿童还有很多。“他们虽然没有生活在祖国的怀抱，但是他们却茁壮成长。”

哈拉尔五世国王邀请我到王宫共进午餐。据说以前的获奖者都没有享受如此殊荣。瑞典诺贝尔财团与挪威诺贝尔财团也一起参加。

挪威的冬天，白天非常短，下午 3 点以后太阳就要落山了。奥斯陆市民与韩侨们一起举着火炬开始了游行。市民们手中的火炬将奥斯陆市中心装扮得多姿多彩。火炬游行的队伍到达我所下榻的格兰德酒店就停下了。欢呼声与锣鼓声阵阵传来。酒店前面的人潮，让我想起我当选总统的那天清晨自发聚集在我高阳市日山的房子前面的国民们，那天清晨异常寒冷，奥斯陆那天晚上也特别冷。我与夫人一起到酒店二楼的阳台上向市民们挥手致意。市民们看到我们挥手后，数百个火炬高举在空中，欢呼声冲破云霄。侨胞们一直不断地呼喊“万岁”，他们当中的一些人还高声唱着爱国歌曲。

之后，诺贝尔委员会召开了官方宴会。冈纳委员长与所有的诺贝尔委员都来迎接我。我对他们致辞答谢。

数千名市民在我所住的格兰德酒店前举着火炬行进，祝贺我获得“诺贝尔和平奖”。我与夫人一起到阳台上向市民们挥手致意

“能够到挪威来访问，我深感荣幸。我听说维京人有一句格言叫‘损友之家虽然很近但是感觉很远，真诚的朋友之家虽然很远但是却很近’。从汉城到奥斯陆虽然有11个小时的飞行路程，但是我现在的感觉就像来到了老朋友的家，心里非常温暖舒适。

“今天，站在这个大家为我准备的无上荣耀的舞台上，我觉得肩上的责任大大超过心里的喜悦。为了朝鲜半岛的和平，我们的努力才刚刚开始。在世界的各个角落，还有很多关于人权和民主主义的任务等着我们去完成。今后，为了朝鲜半岛以及全世界的民主主义与和平，我一定会坚持做到最好。”

第二天，我去访问了挪威议会，接着参观了奥斯陆学生展览会和表演并与西蒙森市长进行了会谈。市长自豪地向我讲述，挪威画家爱德华·蒙克（Edvard Munch）将其20年间创作的2 000幅作品无偿赠送给了市政府。

那天晚上还举行了祝贺音乐会。这是为了纪念我获得“诺贝尔和平奖”的最后一个官方活动。音乐会面向全世界现场直播。挪威最大的剧场里坐满了前来参加的5 500名观众。英国女演员珍·西摩尔（Jane Seymour）担任本次音乐会的主持人。第一个节目的表演者挪威女歌手西塞儿（Sissel）上台说道：

“我可能是整个北半球最幸运的人。因为我和从世界各地前来祝贺金总统荣获‘诺贝尔和平奖’的歌手们可以站在同一个舞台上唱歌。这是我最高的荣誉。我深感自豪，我代表挪威国民向金大中总统获得‘诺贝尔和平奖’表示最衷心的祝贺。”

然后，那位女歌手用韩语说了一句“祝贺您”。紧接着，播放了反映我的人生逆转与南北首脑会谈等内容的纪录片。之后，我们国家的声乐家曹秀美登台了。她一共唱了两首曲子。听众们完全被她感动了。剧场内的喝彩声压过了一切声音。接着我也做了致辞。

“像今天这样的祝贺音乐会，我还是第一次看到。没有比这更让人感动和激动的事情了。我们现在用万国通用的语言——音乐来进行演出。这是在向全世界传达我们对爱与和平的期望。同时，此次音乐会还将是我们向全世界宣布人类可以创造和平与自由的世界的窗口。”

我的致辞结束后，曹秀美又献上了一首歌，是我喜欢的那首《思念的金刚山》。她早上与我们夫妇共进早餐时说，她将会演唱《先驱者》，但是她换了曲目。她早上的时候问过我喜欢什么歌曲，我不经意地说，我喜欢《思念的金刚山》。看来她对我的这句话很放在心上。她在唱歌之前，还对为什么要唱这首歌做了一番非常有意义的说明：

“下面，我为大家献上一首韩国歌曲。这首歌表达了韩国国民都很想亲眼目睹朝鲜的名山‘金刚山’的情愫。这首歌还表达了我们都希望祖国会迎来和平与和解的那一天。现在我把这首歌献给金大中总统和所有的韩国国民。”

在挪威的土地上，这首《思念的金刚山》让我印象尤为深刻。舞台上，曹秀美的表演显得身心投入。我心想，在这一刻，也有来自韩国的游客正在攀登金刚山吧。我也不知道为什么我一听到这首歌的旋律就会禁不住落下泪来。歌声一落下，曹秀美就飞奔过来，紧紧地拥抱了我。那一刻，我们都发自内心地感到无比幸福。观众们也都站起来为我们鼓掌。

曹秀美女士在我的总统就任典礼上也曾为我献过歌。她作为大韩民国的女儿，为世界各地的韩国儿女带来了自信。她虽然在世界各地都很有声望，很受人尊敬，但是看到她这样不停地漂泊，也又觉得她很让人同情。

那天的音乐会最后一个出场的是娜妲莉·高（Natalie Cole），她在演唱自己的歌曲 *Angel On My Shoulder* 之前，为我献辞。对此，我到现在还难以忘怀。

“这首歌，我想作为一个特别的礼物送给金大中总统。就像这首歌的名字一样，我坚信他的肩膀上有一个守护天使。愿神保佑。”

在表演的过程中，不断播放着美国总统比尔·克林顿、俄罗斯总统普京、德国总理施罗德等世界各国领导人发来的祝贺视频。

美国总统克林顿多情体贴，他对我的一生比别人都了解得要多。

“在拿到这个奖之前，像他一样战胜不计其数的苦难而走到这一步的获奖者为数不多。他平生为了自由而战，他获得这个奖是当之无愧的。就像过去的获奖者一样，他也曾遭受逮捕、监禁，甚至差点失去生命。但是，在这么多威逼利诱面前，他没有屈服，也没有选择一条容易的路去走，更没有选择以暴力和压迫的方式去解决。他只是默默地坚守着自己应该走的路，最终以勇气、忍耐与决断取得了渴望的成果。大韩民国成为了一个真正自由的国家，他本人也成为了亚洲乃至整个世界人权的守护者。

“另外，他从一个民间的伦理道德的先锋变为了一个政治领导人，用他的智慧带领韩国坚定地走过了金融危机。他用自己的行动，向我们证明了民主主义不是大好时期的奢侈品，而是不论情况多么恶劣都要坚持的必需品。另外，最重要的是，他拥有异于常人的理想与勇气，与朝鲜取得了和平与和解的成果正是与此分不开的。如今朝鲜半岛的紧张势态已经得以缓解，离散家属可以重逢，南北之间的关系由破裂转为对话和解，都离不开他的努力。”

诺贝尔奖公布以后，在野党的政界人士对我获得“诺贝尔和平奖”一事发表了反对宣言。但是却发生了比想象中更严重的事情，民主劳动总会也表示坚决反对我领取这个奖。他们反对的理由是，政府没有按照他们的要求释放民主劳动总会的委员长，并且他们对政府利用公共权力强制解决银行罢工等问题表示不满。民主劳动总会的代表访问了日内瓦国际劳工组织（ILO），紧接着他们还赶到了举办诺贝尔奖颁奖典礼的奥斯陆，提出了要与诺贝尔委员会的委员们进行当面谈话。

诺贝尔委员会事务局长伦德斯塔德将消息告诉了我。在挪威，劳动组织的力量非常强大。之后又传来了挪威劳动总会表明担忧立场的消息。他们表示，如果没有得到我的解释，他们也会参加到反对颁奖典礼的运动中，与韩国的劳动者联合并进行抗议。听到这样的消息后，我去拜访挪威劳动总会委员长。虽然我的时间也是分秒必争，但是实在没有更好的办法。我将我的立场非常坚定地告诉了他：

“使民主劳动总会实现合法化，并为其打开参与政治之路的政府不正是我们政府吗？世界上有哪一个国家的政府能够容忍非法罢工，而且还是采取暴力形式的罢工存在呢?”

面谈结束以后，挪威劳动总会委员长对我做出的说明表示感谢，并且表示是他们对我们有些误会。他还说想与我一起合影留念。

12 月 12 日，我对挪威的邻国瑞典进行了访问。这是我作为总统第一次访问瑞典。在汉城和平壤都设有大使馆的瑞典还向板门店派遣了 5 名中立国监督委员会代表。所以，瑞典在朝鲜半岛的官方代表机构一共有三个之多。我曾于 1989 年、1994

年前后两次出访过瑞典。飞机到达亚兰达机场时，前总理卡尔森已经在机场等着迎接我。应国会议长比尔格达·道尔（Birgitta Dahl）的邀请，我访问了议会并进行了演讲。一共有300位议员参加了我的欢迎仪式。我特别强调了希望瑞典能为南北的和解与合作以及朝鲜的改革开放作出努力。

“瑞典作为一个西方国家，对朝鲜十分了解，我坚信，瑞典为朝鲜半岛的和平而作出的贡献比任何一个国家都要多。2000年10月，在汉城召开的第三次亚欧会议上，通过了改善会员国与朝鲜之间关系的重要宣言。最近，欧盟国家在此基础上更加向前迈进一步，通过了对朝鲜行动的计划。我期待，瑞典明年上半年将以成为欧盟主席国为契机，促使欧盟成员国与朝鲜间的关系得到进一步的发展。”

接着，我与佩尔松（Goran Persson）首相进行了首脑会谈。佩尔松首相是朝鲜最为尊敬与信任的国家领导人，我劝说他与金正日国防委员长早日会面。

第二天，我访问了诺贝尔财团，与文学、医学、经济等诺贝尔奖项的12位获奖者进行了会谈，并且拍照留念。同时我还向委员会赠送了诺贝尔财团正在促进的“诺贝尔奖100周年纪念展示会”上计划展出的我的《狱中书信》的原本、70年代末在汉城大医院被逮捕时用钉子写下的手记、在教导所中读过的《圣经》和《第三次浪潮》以及囚衣等珍贵物品。

第十一部　2000 年 12 月—2003 年 2 月

我一个人读报告书至深夜。每当发现充满为国为民的热情和智慧的建议时，我都万分喜悦。这种激动的感觉是任何感情都无法比拟的。五年来的总统生涯，我片刻都不曾放松过，没有一件事掉以轻心。只要坚信自己的路是正确的，就不会犹豫彷徨，所以我才能一步一步地走过来。

国民政府的小妹妹——女性部的诞生（2000 年 12 月—2001 年 3 月）

2000 年底，民主党三名议员的党籍转移到了自民联，自民联这才凑满 20 名议员，组成了（国会内）交涉团体。第二年伊始，这件事引起了极大的波澜。在野党对此表示了强烈的抗议，部分媒体甚至嘲讽地称之为“租赁议员”、“借议员”。但是，这是为了恢复和自民联合作关系的不得以之举。国会内部执政党和在野党的势力非常不均衡，执政党弱、在野党强，以这样的局面根本无法处理堆积如山的国事。我向国民解释，议员转移党籍确实有失妥当，但这件事不得不做。

2001 年 1 月 8 日，我和自民联名誉总裁金钟泌先生共进晚餐。为了实现“国民政府”这一最初的目标，席间，我和金先生决定完全恢复民主党和自民联的合作关系。

美国总统克林顿打来了电话，这是他任期内我们的最后一次通话。

他说："我有几件事想向总统先生说明。首先，美韩双方对老斤里事件[1]进行了联合调查，并且得出了结果，达成了共识。我已经发表了声明，对发生在老斤里的悲剧表示遗憾。借此机会，我谨以个人名义，对事件给死伤者家属带来的悲痛表示遗憾。"

我回答："我非常理解您的意思。感谢您对老斤里事件的关心以及对死伤者家属的慰问，我相信总统先生的诚意将会很好地传达给我国国民。作为朋友，我和总统先生能够在过去三年一起工作，我感到非常幸福，真心希望我们的友情能够延续。同时也祝愿希拉里·克林顿参议员能够取得辉煌的成就，总统先生全家都有好运。"

"您应该知道我有多么尊敬您。在我艰难的时候，总统先生给予了我友情和鼓励，您无法想象我有多么珍视这一切。总统先生还令人难以置信地打破了韩朝关系的僵局，为朝鲜半岛地区的和平稳定打下了基础。"他又说道。

他接着说："我已经与下一届总统当选人布什就朝鲜问题进行了长谈。我向他强调了美韩合作的重要性，并且要求他继续与朝鲜进行和平对话。我马上就要卸任了，或许我们曾经有机会做得更好，但是我对目前我们就朝鲜问题取得的成就感到满意。我希望在卸任后还能助您一臂之力。"

"总统先生直到卸任前还为韩国和我而努力，我对您的诚意和友情十分感激。相信您对当选人布什的忠告将给我们带来很大的帮助。回想起过去一起度过的三年，我觉得非常幸福。希望我们之间的合作和友情能够永远不变。"

通话结束了，这是他在职期间与我的最后一次通话。我感到非常可惜。

1月16日，我参加了环境保护者新年聚会。基督教学会会长姜元龙致祝酒词，他说："我们站在决定地球未来命运的十字路口上，如果放纵人类的贪欲，那么21世纪将成为地球灭亡的世纪；但是如果尊重、拯救地球上所有的生命，那么人类将在21世纪飞跃向宇宙时代。"

祝酒词发人深省。回想起2000年6月，我终止了东江大坝的建设，并且完成了国民政府的重点事业"四大江水资源管理综合对策"的制定。如果人类对自己的欲望不加以节制，任意浪费环境资源的话，那么人类也将和地球一起毁灭。所以，水资源管理政策应该从以供给为中心转向以控制需求为中心，垃圾管理也应该从以事

---

① 1950年7月，位于朝鲜半岛中部的大门石村全村人向南方逃难，希望得到美军的保护。在位于忠清北道永同郡老斤里的美军阵地附近，由于语言不通，同时有人误传在这些难民中有化装成平民的朝鲜正规军，而且还有两辆朝鲜的坦克就在这支军队附近，导致这批手无寸铁的村民遭到美军的拦阻、枪击、轰炸，死亡人数为70～300人。——译者注

后处理阶段为中心移向以产生阶段为中心。我向国民提倡废物利用以减少垃圾量，还废除了造成土地滥开发的准农林地制度，并提高了建筑覆盖率和容积率的标准以引导绿色城市开发。我们必须学会在水干涸之前珍惜水资源，在垃圾泛滥之前减少垃圾量；如果放纵欲望、一味消费的话，地球很快将成为不毛之地。

想到这里，我向环境保护者们强调："尽管目前经济十分困难，但是这并不意味着我们就可以松懈对环境的保护。长久以来，我们一直认为环境保护浪费资金、阻碍经济发展，现在是时候纠正这种错误的想法了。只有爱护和保护环境，经济才能持续健康地发展。21 世纪，我们肩负着建设世界一流国家的使命。所谓一流国家应该不仅仅有发达坚实的经济，更应该有宜人的环境和充满生命力的文化。我们要把地球当做母亲，把地球上的所有生命当做兄弟姐妹，共生存，共繁荣，共发展。"

几天后，我听取了环境部的工作报告，鼓励他们引进国立公园休息年制度，并建议制定登山预约制度和自然环境向导员制度。各种开发和登山人数的猛增大大破坏了我国的山林环境。另外，我还询问了环境影响评价制度的实行情况。外界对环境评价的非议很多，情况并不尽如人意。我指示按照计划继续执行。

"在始华湖和新万金事业开始之前，我们曾经对这两项事业给环境造成的影响做过评价，但现在仍旧出现了不少问题。我们应该吸取过去的教训，确保环境影响评价的可信度，让国民和专家放心。一旦通过了环境影响评价，就要保证今后不会出现问题。所以我们必须提高技术能力以确保评价的准确性，保障评价的公正性。"

1 月 18 日，我指示在所有的中学实行义务教育。由此，义务教育的范围从岛屿及偏远地区的一部分中学扩大到了全国。韩国的义务教育时间也从六年延长为九年。我认为，国民政府在教育领域的政策要实现三个目标：教育民主化、教育信息化、教育福利化。

第一，教育民主化政策的优先目标是实现教员工会的合法化。卢泰愚政府时期，教员工会被定性为非法团体，遭到了镇压。此后十年间，教员工会一直被排斥在法律之外。尽管如此，教师们还是进行了艰难的反抗，因此而遭到解雇的教师超过了 1 800名。1999 年 1 月，国会通过了法案，全国教职员劳动工会正式成为合法组织。被解雇的教师也几乎都回归原职。

我一直希望教员工会能够提高公共教育的质量，但或许是我的期望值过高，这一愿望并没有完全实现。

国民政府还应该组建由学生家长、教员、市民团体、地方社会人士参与的教育共同体，推进自下而上的改革，实现以现场为中心的教学。为此，总统咨询机构——新教育共同体委员会在1998年7月成立，这个委员会可以说是教育改革的指挥塔和摇篮。

学校是最应该实现民主化自律运营的地方。因此，政府在所有学校都设立了自治机构——学校运营委员会。为了保证委员会能真正发挥作用，政府对委员会的职能进行了强化，提高了委员会的地位。这种组织可以说是教育自治的中心，由学生家长、教员、地方社会人士等组成，负责审查并议决大学入学特别考试的校长推荐、学校活动部的运营、督学及教育委员的选举、学校伙食供应等相关事项。

另外，我还全面推行了大学校长的直接选举制度。但是大学自治的强化并未能取得很大的成果。我清楚大学的问题在哪里，但是对于这种方法的效果如何我并没有完全的把握。

第二，实现信息化教育是教育事业的重中之重，为此我投入了最大的努力。政府为所有的学校和教室都连上了互联网。教育信息化事业最先在芬兰开始，但是韩国首先完成了这一事业。我曾经在就职典礼上强调，为了培养世界上计算机应用能力最强的国民，教育现场必须实现信息化。韩国是继新加坡之后率先在全球做到所有学校的所有教室都有网络、所有小学和中学教员都有个人电脑的国家。

2001年4月，我出席了全国学校开通互联网的纪念仪式，对教育信息化的发展方向作了发言。“我们应该引进利用信息通信网和信息技术的新式教育方法及制度，完善公共教育的内容。”此后，学校授课的形态发生了巨大变化，网络课程得到了普及，网络大学也如雨后春笋般成立。

第三，为了实现教育的福利化，除了扩大义务教育的地区范围以外，政府还加大了奖学金的发放力度。我一直向有关部门强调，“必须保证不再有学生因为缺钱而被迫中断学业”。

国民政府上台后，经济危机的来袭给中产阶级和普通百姓造成了巨大的痛苦。大学学费对家庭来说成为了沉重的负担。休学的学生不断增加，男学生们也都提前入伍。为了缓解这个问题，我们大幅扩大了学费贷款的范围。仅2003年一年就有30万名学生获得贷款。

政府还在初中和高中全面实行了学校伙食制度。对于一部分吃不起午饭的贫困家庭学生，政府另外提供了午饭。此外，我们还增设了特殊学校和特殊班级，扩大障碍儿童接受教育的机会。

为了建设21世纪知识信息化社会，培养充满创意和个性的人才可以说是最重要的课题。我认为，教育是我们未来的奠基石，没有成功的教育，也就没有未来。我对我们民族优良的教育传统以及国民对教育的热情很有信心，并且坚信如果在此基础上实行教育改革，就一定能获得成功。

但是政府强烈的改革意志却没能准确地传达给教育界。1999 年 9 月，我在新千年教育改革报告大会上对我国教育事业的现状进行了诊断。

“未来时代的趋势是知识化、信息化和全球化，但是过去这段时间我国的教育没能成功地应对这种变化。以语数外为中心的教学内容、死记硬背的教学方式、追求名牌大学入学率的教学目标扼杀了青少年珍贵的创造能力。现在我们的教育必须改革。”

我认为最严重的问题是，我国的教育越往上，水平越低。韩国小学生的学习能力在全世界数一数二，初中生和高中生则是中等水平，大学生却处于落后水平。我曾经多次指出这个问题，进大学难，毕业却太容易，这种现象一定要加以改善。

“国家有提供教育机会的义务，但是对于没有实力的人，国家没有义务为其提供毕业证。”

我还主张大学之间应该展开竞争，没有真才实学的教授应该被淘汰。对于学校优先雇用本校毕业生担任教授的现象，我也进行了强烈的批判。汉城地区的大学中，本校毕业教授占学校所有教授的比例低则为 60%，高的甚至达到 90%。

20 世纪 80 年代，我曾经在美国哈佛大学学习了一年，这期间有很多体会。美国的大学看重教授的实力，而不是出身。从哈佛大学毕业的人若想成为哈佛大学教授，就必须在其他大学积累经验、得到认可。我认为正是因为大学教育的成功，美国才能在世界上独占鳌头。戴高乐时期，法国著名的政治家及文学家施赖伯（Jean-Jacques Servan-Schreiber）在他的《美国人的挑战》（*The American challenge*）中写道：

> 最大的挑战是美国正在选走欧洲最优秀的教授。在法国，如果不是巴黎第一大学毕业的人就当不上教授；在英国则必须毕业自剑桥或者牛津。但是在美国，只要有实力就能当教授。那些不是名牌大学毕业却很有实力的人才正流向美国。

只有当大学彻底实现以实力分高下时，学生的创造力和想象力才能真正得以发挥。所以，要培养信息社会所需要的人才，首先必须对重人际关系和学校门第、轻实力和学识的风气进行大刀阔斧的改革。

为了培养 21 世纪知识社会所要求的人才，政府开始推进“21 世纪智慧韩国工程”（BK21）。这项事业分为两部分，即建设以研究生院为中心的大学，以及建设有特色的地方优秀大学。比起范围广、力度小的支援方式，政府决定集中力量，进行重点支援。

BK21改变了韩国研究的风气。只要创意和能力出众，政府就给予支援，保证研究生等新晋研究人员不会因为资金问题而放弃研究。BK21一改过去学术支援以教授和研究项目为中心的模式，采取奖学金的形式对学生进行重点支援。从1999年起，七年内BK21共投资了1.4万亿韩元，其中70%用于支援硕士、博士等新晋研究人员。

这项事业的效果逐渐显现。韩国学者的论文刊登在国际著名科学杂志上的频率越来越高，研究型地方大学培养的制度基础也已经形成。BK21在国际上也颇具声誉，日本和中国等国家还对事业效果进行了研究。

在我的任期内，教育界没有一天是风平浪静的。每次公布新的教育政策都会掀起巨大的波澜，一些较为激进的政策更是如此。也因为如此，教育部7次更换了长官。教育界比我想象的要更为保守，长官们没能抵挡得住媒体和在野党的攻击。不过，国民政府第一代教育部长官李海瓒还是推进了一些改革性的政策。他制定了一系列大学入学考试改革方案，引入了无考试选拔和不定期招生等多种多样的选拔方式，还推进了教员退休年龄提前及教授签约制度。这些举措无一不让教育界感到紧张，最终他们提出了抗议。

最让我感到遗憾的是没有能改善时间制讲师的待遇。我曾经几次指示要采取措施，但是都没能实现。看到知识分子在我们社会受到如此待遇，我非常生气。苦读多年获得学位，好不容易谋得了一职，却被人们嘲弄地称为“跑单帮讲师”。韩国社会如此剥削知识分子，这不能不令人感到悲哀。

1月22日，政府召开了国务会议，对政府结构法修正公告案进行了议决，公告案包括提升财政经济部长官和教育部长官为副总理、增设女性部等内容。29日，我任命财政经济部长官陈稔为副总理兼财政经济部长官、尚志大学校长韩完相为副总理兼教育人力资源部长官，同时还提拔民主党议员韩明淑为新设的女性部长官。

女性部的增设是特别值得祝贺的事。在重视体力的农耕社会和工业社会，相对柔弱的女性在以男性为中心的家族制度下度过了苦难的岁月。但是，信息社会中智慧比体力更为重要，可以说21世纪是信息化时代，更是女性的时代。

令人瞩目的是，女性们正在不断进入曾经专属于男性的领域。有几十名女学生进入军校学习，甚至还有女学生以第一名的成绩毕业。这在过去是无法想象的事。但是女性在各个领域仍旧面临着重重障碍，对女性的歧视也始终存在。

我一直认为，帮助女性就是在开拓国家的未来。女性感觉敏锐、思维缜密，是国家应该加以保护和管理的珍贵资源。在信息化时代开发女性人力资源是国家性课题。另外，对家庭主妇也应该给予正确的评价。我们需要一个专门的政府部门来解决这些与女性有关的问题。尽管听起来有些矛盾，但可以说女性部正是为了没有女性部的那一天而存在的。

国民政府为了提高女性地位、保障女性权益、实现两性平等，制定了不少法律。为了从根本上消灭家庭暴力，1998 年 7 月起，政府开始实行《家庭暴力犯罪处罚特例法》和《家庭暴力预防和受害者保护法》；1999 年 1 月，又公布了《反性别歧视与受害人援助法》，为遭到歧视的女性提供法律上的援助。通过这些措施，政府试图纠正社会上普遍存在的性别歧视，并且为防止职场内性骚扰、禁止间接性别歧视提供制度上的保障。

最重要的是，女性特别委员会终于升格为女性部。女性部的设立是韩国建国以来第一次，在世界范围内也很少见。我从来都未曾怀疑过 21 世纪的主角将是女性。我特别向女性部第一任长官韩明淑强调："21 世纪女性将获得和男性一样的地位，而这种迹象现在正日渐显示出来。希望今后女性能够更积极地参与各项事务，充分发挥能动性，以女性的力量来引导社会走向男女平等。"

韩长官建议次官由男性担任。我有些惊讶，因为这有可能引起女性的不满。但她非常自信地回答说："我会承担起全部责任。但是，其他部门的次官请您任命女性担任。"

我听取了她的建议，任命青瓦台政策秘书官玄定泽为女性部次官，汉城地方劳动委员长金相男为劳动部次官。这是第一位女性次官。此后，只要有机会，我都会过问女性部的事务。事实上，其他部门的长官都隐隐地看不起女性部，我就好像是在照顾最后诞生的老幺。正是因为这样，我对女性部特别有感情。

2 月 26 日，俄罗斯总统普京应我的邀请访问韩国。第二天，我们举行了首脑会谈，并且通过了包括七项内容的共同声明。普京总统对我国政府在朝鲜问题上的政策明确表示支持，许诺俄罗斯会以自己的方式为稳定朝鲜岛的和平局面做出努力。

普京总统对管理国政表现出了相当的信心。他就任后，提出"建设伟大的俄罗斯"，从这一点就不难看出他的执著和强烈的意志。对于韩俄两国间的合作，他也表现出了极强的欲望。从他的表情上我能够感受到，横跨欧亚大陆的大国俄罗斯正在重新崛起。

但是，韩国与俄罗斯之间的共同声明却招来了麻烦。布什入主白宫后，美国向青瓦台提出抗议。抗议中写道："声明第五项内容中提出《反弹道导弹条约》是维护战略稳定的基础，是为减少核武器及防止核武器扩散的国际努力的重要前提，我们对此表示同意。但是两国尊重并加强《反弹道导弹条约》……"问题在于，美国想废除《反弹道导弹条约》，推进导弹防御系统，而作为其盟国的韩国对此却公开表示反对。

俄罗斯总统普京访问韩国并举行首脑会谈，这是记者招待会的场面

美国媒体大肆渲染了这件事。

《纽约时报》这样写道："在美国开发导弹防御系统的问题上，金总统公开站到了俄罗斯一边。"

俄罗斯《消息报》也写道："韩国总统对美国导弹防御系统政策表示了公开的反对，这是普京总统取得的巨大外交成就。"

我感到非常为难。经过仔细了解后才知道是外交通商部失策了。2000 年 8 月在日本冲绳举行的 G8 峰会上，美国曾经表示过和韩国相同的立场，因此外交通商部人员认为不会有什么问题。但是他们没有想到的是，新上台的布什政府为了开发导弹防御系统，意图废除《反弹道导弹条约》。虽然这只是一次失误，但却给美国新政府造成了"韩国反对导弹防御系统"的印象，影响非常不好。国内在野党也展开了强烈的批判攻势。当时距离和布什总统的首次韩美首脑会谈仅有一周，我感到这次访问华盛顿的负担一下子重了很多。

3 月 6 日，我正式访问美国。布什总统就任后，在亚洲地区领导人中最先邀请了我。我比任何时候都感到紧张，不知道共和党政府会如何迎接我。整整一天，我都在白宫的迎宾馆内准备第二天将要举行的首脑会谈。

这时，传来了国务卿科林・鲍威尔召开记者招待会的消息。鲍威尔国务卿对朝鲜半岛问题的立场让我们很满意。

"美国对朝鲜的政策整体上与韩国推进的方向一致。我们支持金总统，并且希望能和韩国展开合作，共同前进。我们将延续克林顿政府的路线，就导弹问题与朝鲜展开协商。"

8 日，我与鲍威尔国务卿进行了早餐会谈。我向他重新说明了“阳光政策”的基本方向，他表示了赞同，并且说他支持我们的政策。会谈氛围非常好，我放下了一颗悬着的心。

随后，我与布什总统进行了会谈。会谈前，他对我表示了友好，说“能与‘诺贝尔和平奖’获得者见面是我的荣幸”。我首先向他表明，韩国政府绝不是反对美国的导弹防御系统，对于因韩方所引起的不必要的误会感到遗憾。布什总统表示他充分理解。

会谈进行得非常顺利。我向布什总统仔细说明了韩国政府的“阳光政策”，并且指出朝鲜的态度因为这一政策发生了明显的变化。我举例说，2001 年金正日委员长提出了“新思考”，并且访问了中国，似乎有意摸索改革开放之路。布什总统肯定了我和我们政府做出的努力。

“我高度评价在金总统的努力下南北关系所取得的进展，也认同金总统在南北关系中的主导作用。美国政府积极支持韩国的包容政策。”

我说，朝鲜正在改变，但是这一政策的成功需要美国的合作，希望美国能予以配合。然而，布什总统的回答多少有点奇怪。

“朝鲜隐藏着很多秘密。我对朝鲜政权的性质多少持怀疑的态度，所以希望朝鲜能够采取一些明确的措施。”

尽管如此，我对第一次会谈还是感到比较满意。布什总统对金正日委员长许诺的回访也表现出了极大的关心。会谈结束后，我们召开了记者招待会。然而招待会上，布什总统特有的粗糙的表达方式显现了出来，从外交礼仪上来讲非常不成熟。我感到很吃惊。他说：

“我对朝鲜领导者抱有疑心。”

“我不能确定朝鲜是否遵守所有的协议。”

“朝鲜出口各种武器，我对这一事实表示忧虑，并将彻底调查这一事件。”

我想做出说明，但是布什总统打断了我，甚至称我为“这个人”（this man）。虽然事后他解释说这表达了我们之间的亲近，但是我仍旧感到非常不快。毕竟我是韩国总统，他应该考虑到我国的礼节。平时我并不在意年龄，但是听了他这句话，我还是想起了他是我儿子辈的人。当时我有预感今后和布什政府的关系不会很顺利，这不是一个好兆头。

鲍威尔国务卿听到了布什总统针对朝鲜的强硬发言后，在招待会结束之前就离开了现场。这十分不合常规。随后他再次召开了记者招待会，表达了与前天完全相反的立场。

午餐兼第二次会谈后，韩美两国共同发表声明。声明包括五项主要内容：第一，确认韩美同盟关系；第二，肯定“阳光政策”的成果；第三，认同南北关系中韩国政府的主导地位；第四，支持第二次南北首脑会谈；第五，遵守“日内瓦协议”。

我对于共同声明的内容没有任何不满，但是布什总统唐突的发言（虽然也有可能是事先计划好的）让我很担心。尤其是鲍威尔国务卿立场的突变更让我的心一下子沉了下去。我感到沮丧，回到下榻处后一直想着应该如何应对。思考一番之后，我觉得首先应该接见一些有影响力的人士，通过他们来扭转舆论的方向。

第二天，我邀请了200多名专家，与他们进行了直接对话。华盛顿美国企业问题研究所会议室里坐满了朝鲜问题专家和主流媒体的重要记者。美国媒体对前一天韩美首脑会谈进行了消极的报道，“冲突”、“矛盾”等字眼比比皆是。我决定正面打破这样的局面。专家和记者提出了很多非常尖锐的问题，我对六个重要问题做了坦率的回答。问答结束后，所有出席者都起立拍手，对我的说明表示赞同。

紧接着，我又到美国国会大厦出席了由两院外交委员长主持的恳谈会，并接受了《华盛顿邮报》的采访。晚上，我出席了共和党保守派人士举办的非正式晚宴，他们可以说是布什总统的智囊团。此次华盛顿之行的最后一晚就这样结束了。回到下榻处后我回顾了这次会谈的整个过程，又想起了布什总统。他对我无礼，就是轻视韩国国民。我感觉受到了侮辱，于是下定决心，“走正确的路就一定会成功，一定要让所有事物回归原位。”

3月9日，我抵达芝加哥。日程结束后，我给布什总统的父亲打了电话。他当时在家，对于接到我的电话似乎非常意外。我委婉地说服了总统的父亲。

“在华盛顿与您的儿子进行了很有收获的会谈。布什总统很了解目前朝鲜半岛的形势，也十分支持我的‘阳光政策’，对我帮助莫大。通过这次会谈，我们建立了互相信赖的关系，我希望在此基础上，今后美国能够在推进对朝鲜政策等问题上与韩国紧密合作，共同向前。”

“我很高兴您认为这次会谈是成功的，也相信我的儿子会很感谢总统先生做出的努力。我谨祝您能够取得更大的成功，如果您需要我的帮助的话，请不要犹豫。我认为您正在进行十分了不起的事业。”

第二天早晨，我又在下榻处给克林顿前总统打了电话。我更加直白，也更加诚恳地向他提出了请求。

“目前新政府对朝鲜的政策仍处于商讨阶段，我希望最终朝鲜半岛的发展方向会如您所愿。虽然在朝鲜问题上，您没能完成您想做的事，但是您为这一问题开辟了一条新路。今天《纽约时报》和《华盛顿邮报》等美国主流媒体的报道都认为‘新政府将延续克林顿政府在朝鲜问题上的路线’。我相信商讨阶段结束后，您展开的事业将会被继续推进。”

“我也希望如此。我相信总统先生已经对布什总统提出了很多有用的建议。”

“我衷心相信我们的友情将延续。希望您代我问候希拉里·克林顿参议员，并向她转达，我希望她能在参议院为韩国美言几句。”

“我相信她一定会那样做的。感谢您的致电和对我的友情。”

其实从鲍威尔国务卿的举动中可以看出，当时布什政府内部尚未整理清楚对朝鲜半岛的政策。副总统迪克·切尼所领导的新保守派在白宫内试图控制对朝鲜问题的政策方向，此前的小小骚乱都是目前这种局面的反映。副总统切尼和国防部长拉姆斯菲尔德企图以应对朝鲜发射长距离导弹为借口，来达到开发导弹防御系统的目的，所以他们是不可能和朝鲜进行对话的。但是这只是他们的妄想而已，而布什总统的强硬发言极有可能只是为了反对克林顿。当时美国宣布开发导弹防御系统其实是针对中国，但是碍于无法直接表明，于是就把矛头指向朝鲜。当然，这只是我的想法。

3 月 12 日，南非共和国前总统纳尔逊·曼德拉访问汉城，我在青瓦台会见了他。虽然这是我们第一次见面，但我们已经是老朋友了。通过很多人，我们进行了无数次间接的对话。在遥远的国度，存在着一个和我有着相似经历的人，这本身就是一股力量，给予我勇气。在凶猛的大火面前，我们是斗士；在和平面前，我们是信徒。我们同样在 75 岁那年获得了“诺贝尔和平奖”。他对我们政府的“阳光政策”给予了大力支持。

我和南非前总统纳尔逊·曼德拉在青瓦台会面。我最后一次参加总统选举时，他把陪伴他度过 27 年铁窗生涯的手表送给了我

“‘阳光政策’的对象不仅是朝鲜，更是全世界。我向您表示敬意。我相信无论您是否曾经获得诺贝尔奖，这都将被载入史册。另外，借此机会，我愿意倾听您对建设非武装地带生态与和平公园的意见。”

我回答：“原则上我们表示赞同，我们也认为有必要保护停战线一带。现在有两种方案：第一，由联合国教科文组织来指定保护区域；第二，由韩国和朝鲜两国来建造和平公园。”

随后，我们共同召开了记者招待会。曼德拉前总统对我们的政策表示了无限的信任，他说：“和平是最有力的武器。总统先生的和解合作政策充分证明了这一点。亚历山大大帝、恺撒大帝、希特勒等使用武器和武力的统治者最终被国民消灭，而为和平奋斗的人将永垂不朽。我相信总统先生对朝鲜的政策将最终实现南北和平。”

在和他共进晚餐时，我对他的支持表达了谢意，并且向他致以了敬意：

“总统先生即使在漫长的苦难岁月中也没有失去柔软之心。您包容了背叛和怨恨，这种勇气和宽容给全世界人民带来了启发，对于正在推进南北和解的我们，也是莫大的教诲。”

我和曼德拉前总统发表了《为了世界和平与繁荣的倡议》。我们仔细推敲每一个字，达成一致意见后才写下来。在倡议中，我们决定为世界的和平与民主，为保障人权、消除贫困而共同努力。

3 月 21 日，现代集团前名誉会长郑周永去世。我派秘书室长前去吊唁，表达了哀悼之情：

“郑会长在韩国的产业化时代创建了企业，为国家的经济发展作出了巨大的贡献。韩国人将永远铭记他立下的功劳。”

我想起了他牵着牛走过板门店的样子，他是一位与众不同的人，曾经为南北统一做过贡献。朝鲜方面也派出了吊唁团参加葬礼。

3 月 26 日，我重组了内阁，更换了 12 名长官，任命国家情报院院长林东源为统一部长官，民主国民党议员韩升洙为外交通商部长官，陆军参谋总长金东信为国防部长官，内务部前次官李根植为行政安全部长官，国会议员金荣焕为科学技术部长官，国会议员张在植为产业资源部长官，韩国情报通信大学校长梁承泽为情报通信部长官，国会议员吴长燮为建设交通部长官，国会议员郑宇泽为海洋水产部长官。此外，我还提拔国家情报院前第二次长辛建出任院长。

3月21日，我出席了仁川国际机场的开幕典礼。机场的建设经历了整整8年的时间，其间因为安全问题曾经引发过不小的争议。看着雄伟美丽的机场，我感到十分欣慰。投入使用后，机场的运转非常顺利，没有发生过一起事故。我相信仁川机场将带来巨大的变化。京义线修复后，连接欧亚大陆和太平洋的“铁道丝绸之路”将形成，我们还拥有吞吐量居世界第三的釜山港；现在，世界最先进的机场也已经落成。在海、陆、空三个领域，我们都实现了与世界的连接，我相信韩国将崛起为“地球村”的物流中心。在典礼上，我致辞说：“如果说100年前在帝国主义的压迫下开放济物浦是一种耻辱的话，那么今天仁川机场的开放将成为一种荣耀，因为这是独立自主的大韩民国怀抱着对未来的希望迈向世界的坚定步伐。”

机场跑道上第一架飞机起飞了，我欣喜地注视着这一幕。

点亮人权之灯（2001年5—9月）

我在手册备忘录上记录下要修改或制定的法案，并且时不时看一下，以提醒自己。这些都是过去数十年间我一直想做的事。民主主义需要法律和制度来保障，那些在民主化过程中牺牲的人们的名誉也必须得到恢复，要为他们消除遗恨。即使在执政党势力小、在野党势力大的政治环境中，我也没有放弃过。只要有机会，我就会敦促各部长官，在接见政党和市民团体人士的时候，我也无数次地讨论过这些问题。

要解决的问题不是一两件，如给予民主化运动正当的评价及补偿，查清济州岛“4·3”事件的真相并恢复牺牲者的名誉，查明军事政权下不明死亡的真相，设立国家人权委员会，废除《国家保安法》，修订《选举法》等。

在手册备忘录的最上方，写着“国家人权委员会法”（人权法）。我和国民政府正是通过这个法案向世界宣布韩国是人权国家。但是直到2001年5月，人权法才开始进入制定过程。虽然在野党的反对也是原因之一，但是政府部门和市民团体间意见的分歧才是最主要的原因。

1993年召开的联合国世界人权会议敦促各国设立国家人权机构。在竞选总统期间，我曾向国民许诺设立人权委员会。1998年6月，我在美国纽约获得由国际人权协会颁发的“年度人权奖”时，通过获奖感言向国际社会承诺会制定人权法和设立国家人权委员会。

我原以为内阁会理解总统的初衷，至少在这个问题上不会有太多的反对，并可以迅速加以推进，但事实并非如此。他们认为国家人权机构的设立将会影响到他们的权力和地位，因此法务部和检察部门在法律制定上较为消极，并找出各种理由拖延时间。而民间团体达成统一意见的过程也同样经历了很多波折。刚完成单一法案，委员长和常任委员又在法律地位和权限问题上与有关部门产生了摩擦。

在我的催促下，政府部门和民间团体经过不断的磨合，终于达成一致并拿出了方案。查看方案后，我觉得人权委员会作为“在各种不同的国家权力下可保障独立地位的国家机构”毫不逊色。虽然该方案的出台过程很痛苦，但结局还算是完美的。2001 年 5 月制定了《国家人权委员会法》，同年 11 月设立了国家人权委员会。委员会不受任何人的干涉和指挥，可独立处理人权法中规定的业务。人权委员会是捍卫每一个人的人权和实现人的尊严与价值的独立性机构。人权委员会为提高国民人权做了很多实质性的工作，例如，对人权情况进行实际调查、救助各种侵权行为、进行人权教育等等。

2001 年 5 月，在青瓦台举行了成立国家人权委员会的公开签字仪式。我在签署成立文件后发表了这样的讲话：“今天是我国在民主历史上具有特别意义的一天。我们一直向往着民主国家，建立人权民主国家是通过国民的牺牲、奉献取得的结果，是一步步实现的。国民政府成立后，我国被世界各国及众多人权团体认可为民主人权国家，但我国的人权问题仍然存在着一些漏洞，有需要我们继续发展的部分。我们的人权法与联合国等国际机构的条例相比毫不逊色，我们要利用好这项法案，要做到名副其实地捍卫人权，发挥国家人权委员会作为最有用、最有价值的机构的职能。”

由法学界、人权团体、宗教界等人权领域的国民代表参加的《国家人权委员会法》公布签名仪式

我任命金昌国律师为人权委员会委员长。人权委员会举办了很多活动，成为保护人权的守望者。人权委员会在庆北青松监护所展开了第一次现场调查。人权委员会屡次提出应正视政府侵害人权的案例，并督促政府有关机构做出修正。有很多控诉很尖锐，甚至让我觉得难堪，但我从未反感。人权委员会做出的第一个决定是在2004年，它提出“就因是残疾人而淘汰其担当保健所所长职务的资格是不对的，应对此做出修正”，而政府也接受了这个决定。

2001年2月，美国国务院在有关人权问题的发布会上对韩国的人权工作给出评价称，韩国在民主主义和人权方面是亚洲最明亮的灯塔之一。

韩国是一个由国民争取到了民主主义的国家，是所谓的自生的民主主义国家。作为一个以国民的力量和平实现政权交替的国家的总统，我觉得我应该为这种牺牲做出一点回报，来弥补这些牺牲者的遗憾。其实政治不就是为了弥补遗憾吗？累积了很多遗憾后就很难做别的事情，不是吗？

2001年1月，国会通过了《疑问死亡真相纠正特别法》、《民主化运动有关人士名誉恢复及其补偿的相关法律》、《济州“4·3”事件真相纠正及牺牲者名誉恢复相关法律》等，并举行了公开签署仪式。法案相关团体的代表和相关人士出席了签署仪式。一直以来，“事实”是存在的，但“法律”没有跟上，该有多少人为此而叹息和流泪呢。这些法案都是大家极其期待的法案。我把签字笔递给了相关团体。和巨大的牺牲相比，我的这种做法显得微不足道，但其中也包含着查明这些民主悲剧，并使之永存史册的意图。

在《民主化运动有关人士名誉恢复及其补偿的相关法律》上签名后给有关人士发送签字笔

《疑问死亡真相纠正特别法》就如其字面意思所言，是有关对民主运动过程中发生的不明不白的死亡事件追查和纠正的法律。有很多民主义士、市民、学生在某一天突然死去。僵硬的尸体没有任何言语，留下的只是千万个疑问。虽然有人这样不明不白地死去了，但有关当局却没有进行彻底调查，这些人在死后竟被自己的祖国置之不理，是权力再一次扼杀了他们。我认为，揭开真相，让他们重回历史舞台，是活在今天的我们理所当然应尽的责任。如果对他们的死不闻不问，如何说这世间正义犹存？我们应该追查纠正疑问死亡的真相。我们不仅要为死去的人洗去冤屈，也要给现在活着的遗属一个满意的交代。疑问死亡真相追查纠正委员会于2000年10月成立，委员会对1973年被中央政府抓去进行拷问后以一具尸体回到家人身边的汉城大学教授崔锺吉等受到冤屈而死去的人进行了详细的调查，让他们重返历史舞台。

《民主化运动有关人士名誉恢复及其补偿的相关法律》规定，由国家为那些民主化运动的牺牲者及其家属恢复名誉并进行补偿。全泰壹自焚事件、YH工会事件、人革党事件、元丰毛纺事件、“3·1”民主救国宣言事件、反对三选改宪斗争、民青学联事件、釜马抗争事件等的相关人员都得到了平反。

《济州“4·3”事件真相纠正及牺牲者名誉恢复相关法律》的制定具有划时代的意义。济州“4·3”事件是朝鲜战争前后发生在济州地区的平民屠杀事件。我认为应该为此事件的被害者及其在数十年间被骂为“暴徒”、“赤色分子”的家属平反并表示深深的歉意。“4·3”事件是现代史上的耻辱。根据该法律的规定，政府开始着手调查真相，并在2003年采纳了政府层面的“真相报告书”。对于事件真实性的追查纠正引发了很多争论，但人权委员会依然还原了事实。

“南劳党和济州道党引发的武装暴动成为‘4·3’事件的导火线。但由于强力镇压，众多人遭到了迫害，大批平民无辜牺牲。”

自此，济州岛人民终于可以从心灵的疾苦中解脱出来了。积累了50年的怨恨应该多少可以得到平复了。我想不止是济州岛，在我国任何一个村落都会有痛苦揪心的故事。那是整个国家成为坟墓，山河被鲜血染红的近现代史。因为东学运动，“6·25”战争夺去了多少人的生命！很多人毫无理由、不知罪名地死去。

我们的近现代史没有停息过血雨腥风。忽视这些冤魂，不洗去这些遗属的冤屈，我们怎么可以做其他的事情呢？对这样的冤魂冤情置之不理，活着的我们何谈和解?！正视过去的历史，是现在的我们为和解必须做的事情。

我为改善教导所内轻视人权的行为做了很多努力。很多在教导所中的人并没有为出去后开始新生活而进行准备，反而在学习新的犯罪手法并预谋再次进行犯罪。我觉得不改变教育环境是无法实现真正教化的。

这些都是我在长时间的牢狱生活中的亲身感受。在我成为总统后再次考察教导所环境时，发现情况变化甚微。要想改变劳教人员，一切都显得那么不足。设施、预算与人员没有一项是像样的。我在就任初期就与教导所负责人们进行讨论，并向他们做出三项承诺：第一，改善教导所环境；第二，提高教导所工作人员的待遇；第三，确立刑满释放人员关怀措施。之后，教导所管理环境确实出现了很大的变化。另外，我还对少管所的教育制度实施了多方面的改革，比如实施了外国语教育和专业电脑教育等。为此，政府在全国的少管所建立了高新技术的多媒体语言学习系统，还设置了独立的计算机室。

为了保障服刑人员的人权，政府修正了刑法。修正后的刑法保障服刑者的信访权利，改善了惩罚制度，禁止教导所工作人员任意使用戒具等，保障了服刑人员的人权。此外，修正法允许服刑者读报，不限制其发型，允许未决犯人不穿囚衣。这些变化都是我在坐牢的时候无法想象的。我认为扩大囚犯刑满释放后的就业机会，帮助囚犯自力更生，这是教导所环境改善的重中之重。为此，我命令各教导所组织就业促进会设置就业中心。另外，将刑满释放人员列为《国民基本生活保障法》的援助对象，向其提供基本生活费。

“矫正局长”在法务部里只不过是一个局长级别的职务，但他却肩负着管理全国25所教导所的工作人员与4万~5万名囚犯的重任。在我就任后，法务部第一次向我做业务汇报时，我就问法务部长官：“为何只有检察官才能当矫正局长，而教导所工作人员出身的就不能当呢?”这句话与其说是提问，还不如说是一种命令。之后，就由教导所工作人员出身的官员接任了矫正局长一职。

到了20世纪90年代，韩国的《国家保安法》遭到了联合国等国际社会的批评。1992年，联合国人权理事会指出，《国家保安法》是实现人权条约所规定的权利的一个主要障碍，并劝告韩国政府逐步废止该法律。美国国务院也通过人权报告，对韩国的《国家保安法》做出了同样的评价。

国内的市民团体与很多学者也指出，在《国家保安法》执法过程中出现了种种问题和践踏人权的事例，并强烈要求废止或修正《国家保安法》。我接受了国际社会的劝告和国内舆论的主张，力推修正《国家保安法》，并敦促政府制定既能实现《国家保安法》的积极效果，又能保障人权的新法律，这也成为我的竞选承诺之一。就任总统后，我不断对《国家保安法》的修正与替代法律的制定进行了摸索。

政府与执政党首先提出对《国家保安法》中遭到最多抨击的“不告知罪”（知情不报）和“鼓舞、赞扬罪”予以修改，自民联虽然不是很痛快但也对修正方案表示了同意。但在野党和保守机构反对政府的修正方案。市民团体和宗教界组织了“国保法废止公共对策委员会”，并要求完全废除《国家保安法》。由于双方分歧严重，《国家保安法》的修正案最终流产。

2000年南北首脑会谈之后，在野党对《国家保安法》的废止表示了强烈的反对。他们主张，政府废止《国家保安法》，是为了实现朝鲜最高领导人金正日的回访。他们在2001年2月接受一家网络媒体“Ohmynews”的采访，并对《国家保安法》的修正问题予以这样的回答：

“虽然国民对《国家保安法》的修改达成了一定的共识，但还没得出一致的方案，政府和政党之间也没有达成一致的意见。我们需要进一步的讨论，《国家保安法》的修正并不一定要在金正日委员长回访之前完成，金委员长与韩国报社社长会晤时也说过，《国家保安法》的修正是由韩国方面自主处理的事情。”

最后，《国家保安法》的修正未能实现，我也没能兑现对国民的承诺。但为修正《国家保安法》而进行的一系列举措强调了谨慎执行《国家保安法》的必要性，更加强了执法过程中的人权意识。得益于此，在我任职期间，因违反《国家保安法》而被捕的人员大幅减少。

就任总统不久，我在接受光州地区媒体的采访时说过，光州是韩国民主化的象征，我们应以此为荣。当时，我还向他们承诺，光州要得到国家层面的回报，让光州成为国民的骄傲，成为世界的骄傲，为此政府将制定有关规定。政府兑现了这个承诺，于2000年1月修改了光州民主化运动相关人士的补偿规定。另外，政府重新进行审查，并查出了之前未能收到补偿金的民主化运动人士名单，向他们提供了相关补偿金。

位于光州的“5·18”墓地现在已经成为韩国人民心中的一块圣地。很多其他亚洲国家的游客来到光州，只为亲身体验“光州精神”。光州，俨然已成为孕育亚洲民主主义的摇篮。

我大举释放了在押的政治犯。当时，劳教所中仍关押着大量从军事独裁时期羁押至今的政治犯，其中一些人甚至在教导所里关押了好几十年。国内外的民主运动团体一直强烈呼吁释放政治犯，之前的政府迫于压力只是根据形势变化临时地释放部分政治犯。我自己也曾经被关押在教导所里多年，甚至接到过死刑命令，所以对于释放政治犯的问题，我比任何人的立场都要坚决。所以，在我就任总统后，大规模释放了政治犯。

阿富汗塔利班组织破坏了大量属于世界文化遗产的佛像。塔利班最高头目下令，根据伊斯兰法律规定禁止崇拜神像，并摧毁全国所有的佛像。作为1 500多年前甘达拉佛教文明的发源地，阿富汗如此大规模地摧毁人类遗产实在令人扼腕叹息。3月3日，联合国大会主席哈里·霍克里先生和秘书长安南先生发来紧急信息，呼吁立刻停止此项摧毁人类文明的行为。信息中称："包括巴米扬大佛在内的阿富汗境内的佛像是人类宝贵的文化遗产，应予以永久性保护。联合国会尽快采取一切可能的措施来阻止阿富汗进行摧毁活动。"

2001年5月3日，历史上首次朝鲜和欧盟首脑会晤在朝鲜首都平壤进行。参加会晤的朝鲜国防委员长金正日与瑞典首相佩尔松通过记者会共同宣布"朝鲜将导弹发射延期至2003年。"3日下午，佩尔松首相乘坐专机由平壤抵达汉城。对于他为改善南北关系付出的努力，我发自内心地表示感谢。我在青瓦台会见了总理一行，在欢迎晚宴上，我对佩尔松首相和欧盟外长索拉纳等表示了谢意。

"'我们一直坚信，应该同渴求和平的人站在同一战线上。'这正是佩尔松首相撰写的《思想与演说》中的一段话。在座的各位正是同七千万朝鲜半岛同胞以及全世界爱好和平的人民站在了同一战线上。我谨向你们表达最真挚的谢意。"

佩尔松首相转达了金正日委员长对我的口头问候，并说明了平壤会晤的主要成果。"金正日委员长委托我向总统阁下转达他亲切的问候，他一直期待可以再次见到总统阁下。金正日委员长说他有信心将去年与总统阁下共同发布的《南北共同宣言》付诸实践，对此我印象极为深刻。"

2000年12月，我被授予"诺贝尔和平奖"后，曾短暂访问过瑞典，我当时曾经努力劝说佩尔松首相在方便的时候可以访问朝鲜，当时瑞典是下一届欧盟主席国。佩尔松首相采纳了我的建议，代表15个欧洲国家同时对朝鲜和韩国进行了访问。2003年1月，朝鲜由于核问题备受国际社会关注时，佩尔松首相曾向金正日委员长转交亲笔信，要求朝鲜停止导弹发射并废除核设施。佩尔松首相卸任之后，我们的友情也一直没有中断。2004年3月，佩尔松首相曾经到访我位于汉城东桥洞的私宅，我们共进了早餐，并就朝鲜半岛的未来充分交换了意见。

卸任后在我家接见了瑞典首相佩尔松并赠送了书画。他担任欧盟议长时听了我的规劝访问过平壤

5月15日，新西兰总理海伦·克拉克对韩国进行国事访问。我于1999年访问新西兰时，克拉克总理曾经对我说她从学生时代起就一直很尊敬我，并表达了希望可以和我进行面谈的强烈意愿。当时克拉克总理还是在野党的总裁，我的民主斗争行动竟然会在距韩国千里之遥的太平洋岛国的一位女性心中播种下勇气和正义，这一点大大出乎我的意料。在我有生之年，竟然可以对别人产生如此大的影响，这让我既意外又高兴。克拉克总理说，当年我被判处死刑时，她曾亲自参与到呼吁无罪释放我的运动中。克拉克是新西兰历史上第二位女性总理。她访问韩国期间，亲自到访了光州“5·18”墓地。

5月21日，我分别任命安东洙律师和大检察厅次长慎承男为法务部长官和警察署总长。但是安东洙刚走马上任，便遭遇了所谓“忠诚文件”风波，任命文件中，过于效忠的誓言内容被舆论公开，5月23日，安东洙上任仅2天后，法务部长官再次更换，前法务部次官崔庆元被任命为新法务部长官。当天正好是《国家人权委员会法》签署的日子，既是向世界展示韩国民主化斗争成果，也是向世界宣布韩国是人权国家的重要时刻。李敦明、韩胜宪、赵升衡、金昌国、慎镛硕、李愚贞、朴庚绪等民主斗争战士都出席了签署仪式，但是法务部长官未能出席签署仪式。

6月28日，国会通过了《防止腐败法》，主要内容包括限制存在不法行为的公职人员就职、保护内部揭发者、对腐败高层公职人员申请裁决等。根据法律规定，防止腐败委员会直属总统管辖，拥有出台防止腐败政策、接受腐败行为举报等权力。从1995年起，各市民团体一直呼吁制定防止腐败法，借制定法律的契机，我主持召开了“构建清廉政府，防止腐败对策报告会议”，政府各部门发表了对铲除贪污腐败的建议和对策，我阐明了坚定的立场：“我就任总统后，一直努力坚持‘要成为所有公务员和全体国民的榜样’的理念，不任人唯亲，不干涉人事任免。在座的各位可以证明我说的是否属实。我决心要在这片土地上将腐败连根铲除。”

6月29日，国税厅发布了对于新闻社的税务调查结果。国税厅对全国23家新闻社展开了长达4个多月的税务调查。调查结果显示，新闻社存在普遍的逃税漏税行为，新闻社社长存在“钻法律空子”的不法行为。国税厅对6家新闻社，以及包括3名新闻社社长在内的12名工作人员提起诉讼，新闻社社长及其家属将新闻社当做敛财的工具、滥用职权的行为令人触目惊心。部分舆论进行了强硬的辩驳，但我还是毫不动摇地将其全部交予法律裁决，并最终拘留了朝鲜日报社和东亚日报社的社长。

新闻社的税务调查结果在一定程度上成为政府的压力，我接到将对新闻社进行调查的报告时也一度陷入了苦闷中。以前各届政府对新闻社进行税务调查后并不对外公开调查结果，因此被质疑成“权力和舆论的政治交易”，新闻社一直是不敢跨越的“雷区”。但是如果一味回避此问题，我日后必将后悔，终究将无法面对自己，在历史上也会留下“胆小鬼”的名号。我不想成为一个留有遗憾的总统，所以我最终做出决定，将所有调查内容公开，严格按照原则进行处理。

新闻社税务调查成为重新整理权力和媒体间“剪不断理还乱”关系的契机。作为总统，我认为这是不能回避、只能下定决心去做的事情。虽然此后有关新闻社对于政府的态度出现转变，但我丝毫没有后悔。如果再给我一次机会的话，我想我还是会做出同样的选择。

在第42届“新闻之日”中，我对舆论界做了如下发言：“我虽从舆论界得到了不少帮助，但同时也遭受了很多委屈，每当遭受委屈时我真的很生气，并想是不是要采取什么行动。但是，正因为有强有力的舆论监督，才会有今天的我，我国的民主主义才会发展到今天。比起没有批评的赞扬，我宁可欢迎善意的批评。”

其实，我一生都渴望能有“善意的批评”，但这并不等于可以跟舆论界讨价还价、搞交易。舆论界必须自觉地努力改变，必须堂堂正正地站在公众面前，必须成为公众的喉舌。遗憾的是，税务调查结果已经证实了舆论界与政界有过的交易。我觉得，只有舆论界立得住，他们才能真正理解和体谅我的烦恼和决心。如果我有意与舆论界妥协，就绝不会在任期即将结束的时候冒那样的风险。

7月4日，我会见了英国伦敦政治经济学院院长安东尼·吉登斯。他是《第三条道路》的作者。他的理论对欧洲领导人的影响很大。早在1993年我就与他开始了交往。他认为欧洲的经济在1960年掀起过第一次浪潮，现在第二次浪潮已经掀起。对此，我请他详细地加以说明。

他说："二战后的四十年，世界经济一直受传统产业的支配，因此，传统生活能够得以维持。但这样的状况是有局限的，所以需要第二次改革的浪潮。为了第二轮的跨越，欧洲国家接受了第二次浪潮。丹麦、芬兰等国家是成功的好例子。它们虽然在第一次浪潮中没有获得大的成功，但是，现在迎头赶上了。相反，德国虽然在第一次浪潮中获得了成功，但在接受第二次浪潮的过程中因为表现得比较迟缓，所以正在遇到困难。"

我认为他说的1960年在欧洲掀起的第一次浪潮是产业化社会的最后一道光。以知识信息化为特征的新的世纪已经开始。

"过去不受重视的瑞典、爱尔兰、丹麦等国家将成为新世纪的领头人。"

"我同意您的意见。在第一次浪潮中成功的国家往往在第二次浪潮中显得笨拙，也就是说，适应21世纪的变化比较慢。这也是国家领导人的困惑。总统阁下虽然做了该做的事情，但您的支持率还是下降了，比我上次来时好像更下降了。"

"您说的对，有世纪末的改革比革命还难的说法。"

"我一直在关注您，您说的不错。"

他强调，领导者应该选择的路只有"第三条道路"，因为传统的经济学没有成功，完全的自由主义经济也没有成功。

8月23日是个具有特别意义的日子。在金融危机时期，我国从国际金融机构借贷了救济资金195亿美元，这一天偿还了剩下的最后1.4亿美元，比与国际金融机构约定的2004年早了3年，由此彻底摆脱了屈辱的"经济信托控制"时期。就任初期，因为国家的经济状况我几乎不能入眠。如果哪里能赚到美元，我想就是跑到地球的另一侧也在所不惜。那时候，我格外地感到我的身体特别不方便。尽管那样，我还是将能去的地方都去了，能见的人都见了，所以在我的任期把债都还清了。

IMF总裁科勒尔（Horst Kohler）发来了贺电，祝贺我国全部偿还了贷款。美国前财政部长罗伯特在他的回忆录中说，我和政府的努力是“英雄的壮举”。前 IMF 总裁和 OECD 事务总长说我国克服外汇危机“是全世界的楷模，是任何国家都没有过的事”。

为了庆祝提前摆脱金融危机，我们搞了两个活动。22 日，我们访问了起亚汽车厂。起亚当时被评为机构改革的模范。提起 1997 年的金融危机，总是要想到起亚汽车。那里曾是危机的中心，现在却成了出口的桥头堡。在那里我们谈到了财阀的改革问题。

“韩国 30 个财阀中有 16 个倒闭或更换了主人，起亚也是其中之一。大家看到了我国第一、第二大财阀解体的情景，这在我们看来，会认为我们内部有很多问题，但在外界看来，我们作为发展中国家，在新兴国家中是非常成功地完成了改革的国家。根据美国大学研究生院进行的‘新兴国家经济改革评价’的研究，韩国继新加坡之后实现了最有竞争力的改革。”

晚餐邀请了站在克服危机最前线的人士。看着他们，我就会想起他们为了解除国家的危机而东奔西走的样子。他们真是非常优秀的壮士。那时候我也快马加鞭，不停歇地工作。在我们战胜了危机，终于安心地坐在一起欢笑的时候，怎么能不令人欢喜呢。前财经部长官李奎成把功劳算在了我的头上。

“把国民团结到改革的道路上，全在于总统德高望重的力量，能够得到国际金融机构和友好国家的信任，也应归功于总统的外交能力。”

前特别对策委员长金龙焕、前劳资政委员长金元起、前财经部长官李宪载、劳总委员长李南顺也参加了晚宴。

9 月 15 日，韩国外汇储备超过了 1 000 亿美元。经过金融危机后，我国继日本、中国等国之后，成为第五大外汇储备国。这真是让全世界震惊的事情。

“万景台芳名录事件”发生了。在“8·15”平壤庆典期间，东国大学江正求教授访问了金日成主席的故居万景台，他在芳名录上写下了这样的内容：“继承万景台精神，实现统一伟业。”于是舆论界指出了问题，反对党开始了猛烈的攻击。事情牵连到了统一部长官林东源，认为他同意江教授访问朝鲜，负有责任，要求更换统一部长官。当时他是国民政府对北政策的提议人，是“阳光政策”的积极倡导者。反对党提交了解职建议案，自民联也表示赞同。

虽然反对党的攻击日益猛烈，我却不能更换统一干将。当时他深受朝鲜和中国领导人的信任，如果更换他，就会在国内外给人以“阳光政策”有可能改变的印象，会被人理解成这是统一政策后退的信号。政治状况再复杂，也不能在南北问题上妥协。林长官是解决朝鲜半岛未来问题必不可少的人才，况且2001年下半年还有中国江泽民主席访朝和美国布什总统访韩等重要的国事在等着呢。他必须留在我身边。

我派韩光玉秘书长去找自民联名誉总裁金中弼，请他予以协作。但是金中弼总裁公开敦促林长官自己辞去统一部长官的职务，并且他还说“解职和赞同是两回事”。在国会投票议决的时候，他明确地表明了将赞成解职建议案。我也没有退缩，我要求执政党理直气壮地面对这件事。

9月3日，林长官的解职案因自民联的积极敦促获得通过。由此，与自民联联合的共同政府也结束了“蜜月期”，蜜月期只有三年八个月。政局变成了一执二野的格局。

自民联推荐的长官辞职了。9月7日，五个部处长官更迭。统一部长官由驻中国大使洪淳瑛接任，建设交通部长官由原内阁国税厅厅长安正南担任，农林部长官由农水产品流通公社社长金东泰担任，劳动部和海洋水产部长官分别由刘容泰和柳三南议员担任。李汉东国务总理虽然也应归党（自民联），但是我挽留了他。李总理发表了“听从总统召唤”的声明。

紧接着11日，开始更换青瓦台首席秘书官。政务首席由京畿道政务副知事于先浩担任，民政首席由法务部次官金学裁担任，教育文化首席由汉城大学赵英达教授担任，公共保护首席由国情宣传处长吴洪根担任。外交安保首席内定为外交安保院长郑太益，总统外交安保特补则由前统一部长官林东源担任。虽然预想到了反对党的强烈反对，但也算向国内外明确地表明了政府要坚持“阳光政策”的决心。

知识信息强国，梦想成为现实（2001年9—11月）

“我们是优秀的民族，在21世纪信息化社会将发挥无穷的潜力。新政府成立以后，我们会努力扶持青少年一代，使其成为知识信息社会真正的主力军。我们还要把我国建设成为世界上运用计算机能力最强的国家，为使我国成为信息强国而打好坚实的基础。”

我在就职演说时是这样说的。当时我国正面临着金融危机，因此我的话没能引起身处经济困境的国民和舆论的注意。然而我实现了把我国建设成为知识信息强国的梦想。我在任期内，为实现“知识信息强国”尽了最大的努力。我坚信我们的民族最能适应以知识信息及文化创造为中心的21世纪。朝鲜王朝末期，我国被周边强国包围着，在帝国主义压迫下，我国处境非常不利。中日、俄日战争结束后，我国还被日本侵略。然而帝国主义时代已经结束，现在是重视软件的时代，因此被四大国包围的地理位置反而成了我们的优势。美、日、中、俄及蒙古这个庞大的贸易市场和投资对象就在我们的周边，如果我们成为知识信息强国，那将会高高矗立在周边大国的中心。

通用电气公司总裁曾这样对我说：

"韩国人骨子里就充满了冒险精神。"

阿尔文·托夫勒、比尔·盖茨、孙正义是指导知识信息强国的三位领军人物。托夫勒博士对我及韩国都表现出了特别的关心和感情。在我就任总统前的1998年1月，托夫勒博士主动提出为新政府的信息通信项目做技术咨询。同年4月7日，我和他在青瓦台见面，他就像一个孩子，对什么事情都充满了好奇心，一直在向我发问。同样，他的建议也给了我很大的帮助。

"在我们周围，能正确认识到信息化对于新时代之重要性的领导者并不多，但金总统却充分认识到这一点，并使韩国出现了飞跃式的进步，这真的很不容易。"

说实话，能得到世界大师的赞赏也为我增加了很多自信。托夫勒博士在那之后也为韩国的信息化产业提供了许多帮助。他在2001年6月来到韩国时对我说过的话，让我至今仍记忆犹新。

"如果说过去是IT（信息技术）一直影响着BT（生物技术），那么现在就是IT受BT影响的时代了，今后IT和BT结合产生的生物信息产业会更加兴盛。"

微软公司总裁比尔·盖茨和日本软件银行集团总裁孙正义都向我提供了既具体又实用的建议。1998年6月18日，我们三个人碰了面，当我向他们询问韩国经济的未来之路时，孙正义马上就回答道：

"第一点是宽带网，第二点是宽带网，第三点还是宽带网。韩国必须把宽带网事业做到世界最强。"

比尔·盖茨也表示同意这一观点。在当时，"宽带网"还是一个陌生的用语，它是作为高速网络的使用而设置的宽带通信网。随后，我指示信息通信部在最短的时日内，对可能构建的方案进行审查。韩国超高速网络的历史就是这样开始的。

超高速通信网是构建信息社会的基础设施。在经济危机某种程度上真正开始的1999年，我们对超高速通信网进行了正式投资。南宫晳长官在那年1月21日提出将超高速通信网的早期建设以及确保互联网使用者超过1 000万名等选定为今后要解决的中心课题。信息通信部将此课题精炼为"网络韩国21计划"，并进行了具体的推进工作。“网络韩国21计划”共确定了四大目标：一是信息基础设施的早期构建；二是提高使用信息基础设施的政府、企业、个人的生产性和透明性；三是灵活运用信息基础设施创建工作岗位；四是将信息通信项目作为一个战略输出商品，集中培养人才。

在这四大目标中，信息基础设施的早期构建被作为首要目标。4年间将投资的28万亿韩元中，有10.2万亿韩元被用于超高速通信网建设。

我认为，在以光速发展的数码时代，一次掉队就很难继续跟上时代进步的步伐，所以我对此项目大力促进，以至于其他官员都认为这种做法很武断。我鼓励让所有的国民都能获得信息技术，从而使韩国进入信息化社会，所以一有机会我就会强调知识和信息是竞争力的源泉。对于这样的总统，在持续进行的信息化政策检查中，也有一些不满的声音。即使是这样，我也没有止步。在2000年2月15日的电子交易促进战略会议上，我道出了心声：

“其实，因为年纪的关系，我也很疲惫，也不能很好地使用电脑，但是在当今的时代，就是要求我们了解这些。未来社会正以光速发展着，我们想停下脚步都不行，这是个在某种意义上生活并不那么容易的社会。”

曾经看到一篇报道说，亚马逊公司650名员工和福特公司20万名员工的实际业绩相同。如果我们为电子交易时代的到来做了充足的准备，那么在全球化竞争的时代中，没有解决不了的交易。

对信息基础设施的集中投资日见成效。2000年12月，信息高速道路开通，全国144个主要地区连接了光缆超高速通信网，长达1.998 8万千米，是庆釜高速公路的44倍。

2001年2月25日，在我就任3周年之际，政府中央大厦与果川大厦联合举办了第一届“视频国务会议”，这次会议旨在让各位国会议员感受一下信息化时代的气息。

信息高速公路开通之后，所有人都可畅游其中。超高速互联网用户逐年暴增。1998年6月开通超高速互联网服务以后，1999年家庭用户还只有37万，截至2002年10月已突破1 000万，这一巨大转变竟然只用了短短不到四年时间。互联网的普通用户也从1997年末的163万剧增至2002年末的2 700万。以2001年末OECD统计数据为准，韩国的互联网普及率高达17.16%，位居成员国第一位，这一比率甚至高出经济强国美国4倍之多。

2002年11月6日，具有历史意义的“超高速互联网网民突破1 000万纪念仪式”在政府中央大厦举行。

在信息化社会，网络知识就是武器，随着社会不断走向网络化，国家需要懂得网络世界运作的人才。同时，信息化学习对于那些在经济上有困难的人来说，是一个加入中产阶层的绝好机会。

1999 年末，访问韩国的日本软件银行集团总裁孙正义曾这样对我说：

“互联网讲究速度，以学生为对象做投资必将起到最佳效果。在总统的带领下，促进‘一个学生一台电脑’的普及政策，必将给教育界带来变化。截至目前，学生们要背诵的东西还很多，今后，通过浏览互联网并将其加以活用，不仅教育内容会更为丰富，学生也将成为可以灵活操作网络的社会人。这将是史上最有利可图的投资。”

我对他的话表示同意。按照他的高见，2000 年 12 月，全国中小学校开通了高速互联网。提供给 33 万名教员的个人电脑全面普及，50 万名贫困学生获得了免费电脑。

我一再强调不可以在知识信息社会落伍。无论是家庭主妇、老人、残疾人等信息化最弱阶层，还是来自农村或偏远地区的人们，都要学会操作电脑。政府督促军队以及教导所等机构重视电脑教学。另外，为缩小信息差距，政府还积极促进相关事业的发展。以信息化最弱阶层为对象的“1 000 万人信息化教育活动”成功施行。起初，1 000 万人的目标宛如无法实现的梦想，但截至 2001 年 3 月，已远远突破 1 000万人。通过电脑，可以培养能够活跃在广阔的网络世界里的人才，他们将用创新能力和冒险精神，揭开 21 世纪的新篇章。我坚信这一点。

日本软件银行集团总裁孙正义的一席话唤醒了我对信息化教育重要性的认识

在2000年10月的亚欧峰会上，法国和英国的领导人分别说自己国家拥有600万和700万的网络人口，而当时我国的网络人口却已达到1 700万。但是，我并没有在他们面前炫耀。

2000年底，将全国144个地区用超高速通信网络联结起来的工程在诸多领域发挥了重大作用，以这条信息高速公路的开通为契机，我们开始正式推进电子政府的建设。2001年1月29日，成立了官民协作的电子政府特别委员会，由高丽大学安文锡教授担任委员长。电子政府的构建，是继四大部门结构调整之后政府改革进程中的又一战略举措，由此，将可以建立既透明又有竞争力的政府机构，同时，还能将这一氛围扩散到社会整体层面。如果电子政府构建成功，将大大减少交通流量、节约油料使用，进而减少环境污染。最重要的是，整个国家将大大节省时间成本。当时，美国、英国、新加坡等国家也在积极推进电子政府的建设工作。

每个部门建立基本的数据库，制定了与电子政府相关的《信息化促进基本法》、《电子署名法》、《电子政府法》等。但是，为了共享信息而打破部门间壁垒并非易事，各部门并不情愿公开自己的政务信息，也就是说，“密室行政”的恶习一时还难以根除。我对电子政府特别委员会的工作人员说，希望你们能够密切关注各部门工作的推进情况，如果存在问题，请给出建议。

电子政府产业的第一颗果实，是电子调配系统的构建，这一系统在2002年9月举办了开通仪式。这样一来，企业可以在政府和公共机构的调配下，通过网络获得招标信息，参与交易。2002年11月，构建了信访服务革新系统，通过网络，为国民解决了4 000余件信访案件。同时，这4 000余件案件也成为典型判例，国民可以由此得到相关指导。他们还通过这一网络系统申请并解决了393件主要信访案件，真正开启了在家信访的时代。另外相关机构也能共享政府所拥有的信息。

在我卸任前3个月的2002年11月13日，青瓦台召开了“电子政府产业基础完成报告会”。在“政府就在你们手中”（Government in your plam！）这一口号的指引下，电子政府在2年内就得以建成。当时，信息通信部长官李相哲将电子政府信息时代的身份证——公认认证书交与我，我对安文锡委员长等电子政府特别委员会委员和相关人士表达了谢意：

“电子政府顺利实现，将能大大提高我国政府的工作效率，减少政府腐败。在国民信赖的基础上，所有政务都将变得透明公正。企业将得以繁荣发展，韩国也将以最强的竞争力立于世界强国之林。电子政府的重要性不论如何强调都不过分，我们来一起发展电子政府，争取将我们的政府建设成为世界最高水准的政府。”

我们的这些成果和努力获得了国际上的高度评价，德国总理施罗德于 2003 年 3 月说，“韩国是世界 IT 产业成长最快的国家，为了赶上韩国，德国也在不断努力”。2002 年 5 月，美国《商业周刊》报道，韩国国民政府终将实现把韩国建成东北亚中心国家的梦想。

“韩国有着2 000 万的网络使用者和3 000 万的手机使用者，他们正在把韩国建成能够试验新资讯服务和无线技术的独一无二的市场。”

2003 年，在世界 100 大都市的电子政府评价中，汉城位居榜首。汉城还和俄罗斯莫斯科、越南河内和蒙古乌兰巴托等签订了谅解备忘录，向这些城市推广先进经验。

就这样，时而充满热情，时而充满艰辛，我们终于构建出了信息基础设施，把韩国打造成了 IT 强国，同时还培养了一大批人才。但是我们还需要实现信息技术的产业化，于是我让 IT 和传统产业接轨，将 IT 融入造船、汽车等产业。在欧美，大家都认为韩国的钢铁和造船业是通过倾销实现出口的，于是经常将韩国告上 WTO。国际调查组也曾来到韩国实地调查，结果发现，韩国每个企业都与 IT 接轨，所以降低了生产成本，对此，调查组不禁连连感叹，大加赞赏。

而韩国一举超过曾经盛极一时的造船业强国挪威也正是基于这个理由。我的脑海中，时常会浮现出挪威“诺贝尔和平奖”评选委员会委员长说过的一段话。我去接受“诺贝尔和平奖”颁奖的时候，委员长对韩国信息技术的称赞实在出乎我的预料。他说，他自己就是个造船工人，看到韩国的造船业后非常吃惊。“挪威还在用锤子钉钉子，而韩国都在用 IT 技术控制生产线，看来我们是落伍了”，委员长的话语中多少显得有些绝望。

2001 年 10 月 15 日前来访问韩国的日本首相小泉纯一郎也十分羡慕韩国的 IT 产业。当他看到交通卡已经在大众交通领域普及时，难掩吃惊地说，“这是日本所没有的东西”。

我又决定利用我们的 IT，培养 BT（生物技术）、NT（纳米技术）、CT（文化技术）、ET（环境技术）和 ST（宇宙环境技术）等以新知识为基础的产业。2001 年 11 月 30 日，为了能让这些技术成为我国出口的主要动力，我发布了至 2005 年投资 10 万亿韩元的计划。

虽然有了这样的成果，但是韩国的 IT 行业仍旧存在软件领域脆弱这一硬伤。虽然我们在短时间内投入所有精力构建了基础设施，但是只有实现软件领域的充分发展，韩国才能真正成为知识信息强国。虽然我重申了这一问题，但是我们的政府并不给我这样的时间。

2001年9月，我曾会见了印度信息技术部部长，并希望印度能在软件领域予以协助。

“我对印度软件领域的发展表示深深的尊敬，我们的硬件较有优势，而印度的软件却很先进。希望两个国家相互补充寻求发展。”

微软总裁比尔·盖茨在2001年10月17日曾这样对我说：

“韩国IT产业的硬件着实令人刮目相看，有几个部分在世界都是最先进的。超高速通信网和学校基础建设中，IT产业的贡献非常大。但是软件领域，韩国还需要更加努力。”

他的批评是正确的。在任期内，为了实现信息化强国的目标，我付出了全部的努力。正因为如此，才能在我卸任前完成电子政府的建设。但这并不是终结，下一届政府依旧需要继续努力，将韩国的软件行业推向世界最先进水平。

2001年9月11日，吃过晚饭后，我在官邸休息。晚上11点左右，时任政务秘书的崔祯镒给我打来电话，说CNN电视台正在播出紧急新闻，飞机撞上了美国纽约世界贸易中心。我打开电视收看CNN，纽约世贸中心淹没在一片火海之中。飞机冲撞进双子塔的场面重复播出，我简直不敢相信，总觉得这不过是一场梦。

在用飞机当炮弹实施的自杀式恐怖袭击面前，美国束手无策。即便拥有着最尖端的设备和导弹防御体系，美国的天空依旧被恐怖分子戳了个洞。美国财富的象征——双子塔瞬间倒塌，力量的象征——国防部五角大楼燃起熊熊大火，号称“地上要塞”的美国处处都是火的海洋、泪的世界。这便是“9·11”恐怖事件。

在看过外交安保首席金夏中递交的报告后，我马上向全军官兵和警察下达了非常警戒令，并在第二天召开了紧急国家安保会议和国务会议。随着时间的流逝，事件逐渐有了眉目。据报道，恐怖分子在劫持了民用飞机后实施了可怕的自杀式恐怖袭击，死伤数千人。

对此我没有清晰的认知。即便不发生战争，恐怖集团也能让一个国家鸡犬不宁，这便是现在的世界。国家的经济和国防的“心脏”在这场袭击事件中受到重创，“地球村”再也没有一个完全安全的国家了，没有了传统的所谓战线、战时和战场。虽然很难将这场恐怖事件理解成是文明的冲突，但是恐怖袭击者都是憎恶美国的人，所以也不能完全说不是。美国肯定会予以强烈的报复，那么朝鲜半岛的命运将会何去何从？于是，我开始为朝鲜半岛而担忧。

12日，召开了国家安保会议和国务会议。我取消了当天所有的日程，在青瓦台春秋馆发表了特别讲话。

“我们正在目睹这一既悲痛又惨淡的现实，恐怖分子是所有热爱和平和民主主义的人的敌人。不论出于何种理由，不论对象是谁，恐怖分子都不应该动人类一根手指，他们犯下了这个时代最大的罪行。对于这种威胁人类生命和安全的恐怖行为，我表示强烈的谴责，我将积极参与所有为了人类生活自由的努力。”

9月15日，虽然发生了“9·11”恐怖事件，南北高级会谈依旧如期在汉城举行。

接着，美国的复仇行动开始了。10月7日，美军攻击了阿富汗的塔利班政权，因为他们庇佑了策划操纵“9·11”恐怖事件的本·拉登。布什总统宣布“要和恐怖分子展开正面作战”，并要求其他国家共同参与。

“究竟是和美国保持一致对抗恐怖分子，还是站在恐怖分子一边对抗美国?”自尊心受到打击的美国此刻要求的便是两者选一，要么是朋友，要么是敌人。这种两分法式要求说明了美国的困境。其实美国的军事行动是可以预料到的，韩国政府为了保护驻韩美军及战略设施，已经采取了非常措施。

对此，朝鲜表示强烈反对，他们认为这是敌对行动，认为韩国“将国家问题牵扯进来，是在制造民族内部的紧张感，鼓吹对决意识”，并表示不会将离散家属访问团送去汉城。我来往于汉城和平壤之间，围绕会谈的召开地点，南北间展开了漫长的拉锯战。其结果是我们让步了，会谈最终于11月8日在金刚山举行。南北共同商议了讨论金刚山陆路旅游问题等实务会议的日程，并决定下次部长级会谈在汉城举行。但是在这里又遇到了问题，在缔结协议书的公开会谈中，我方首席代表突然离开了会谈现场，这是在调整会谈日期过程中发生的“偶然”事件，我非常失望，也非常生气。作为总统，我掌管统一和安保领域。在没有我的训令的情况下，这个被叫做长官的人竟然离开会谈现场，真是不懂常识不合时宜的行动。

10月8日，我将民主党常任顾问卢武铉指定为最高委员。我认为，卢最高委员是强有力的大选候补人选，应该给予他和其他竞争者同等的机会。在民主党内，围绕总统候选人展开的暗地里的斗争正在逐渐露出水面，我偶尔也能听到大选候选人批判我的声音。

10 月 15 日，日本首相小泉纯一郎访问韩国，他来到西大门独立公园（原西大门刑务所）并参观了公园内的历史博物馆等。他向纪念碑献花后，说起了日本曾经的殖民统治。

“日本的殖民统治给韩国人带来了巨大的财产损失和深重的精神痛苦，我是怀着反省和谢罪的心情参观展览的。”

当时存在于韩国和日本间的悬案主要有三个：日本歪曲历史修改教科书、小泉纯一郎参拜靖国神社和在北方四岛海域冲击韩国渔船。因为这些，韩国国民对日情绪极度不友好，对于小泉纯一郎的右倾步伐更是忧虑，在峰会上我和小泉首相对此进行了集中讨论。我说，历史虽然是过去的问题，但对历史的认知却是现在和未来的问题。歪曲教科书的问题如果也能像德国那样解决就好了。

“德国虽然也掀起了侵略战争，但是在战后对此进行了谢罪和赔偿，还教育后代要正确认识历史。为了让后世子孙铭记历史，德国还保存了历史遗址。正是这样对过去的反省，让德国自身成了最大的受惠者。”

我还说，首相参拜靖国神社是不应该的行为，那里合祀着对日本国民都造成深刻痛苦的甲级战犯。另外在北方四岛的水域作业是和领土主权无关的纯商业行为，日本不应该毁损韩国的传统渔业。但小泉首相对于悬案的解决态度却是不冷不热。

吃过午餐后，在和首相一行进行会谈时我说道：

“我想和首相开个玩笑，如果首相能够很好地解决教科书、靖国神社参拜和北方四岛水域作业这三个问题，我将永远把首相当做我最好的朋友一生敬重。但是如果处理得不好，以后别说见面了，就连招呼我们都不会再打了。”

虽然我说是玩笑，但其实不是玩笑，而是最后的请求。所有的人都笑了，小泉首相的回答也堪称杰作。他以我被绑架到日本时的情况为参照，说：“下次不会把我绑起来扔到大海里去吧？”

小泉首相在首尔停留了 7 个小时后回到了日本。

为了参加第九次 APEC 峰会，10 月 18 日下午我到达中国上海。第二天，我和美国总统乔治 · W · 布什、中国国家主席江泽民、俄罗斯总统普京、日本首相小泉纯一郎等 8 个国家的领导人分别举行了会谈。

布什总统对我们的“阳光政策”表示了强烈的支持，并再次确定了有和朝鲜进行对话的打算。在韩日首脑会谈中，在歪曲教科书和北方四岛渔业作业等问题上，我看到了日本的态度在转变。在韩日共同举办的世界杯即将到来之际，这成为两国关系好转的一个契机。

10月25日，在国会再选和补选过程中，民主党惨败。首尔东大门乙选区、九老乙选区和江原道江陵市选区无一幸免，民主党再一次被内讧的阴云笼罩。

11月16日，老朋友美国前国务卿基辛格访问韩国，我们就南北关系交换了意见。一次闹僵之后，朝鲜和韩国再没有机会靠近，对此我很烦恼。基辛格表示，南北关系前景乐观。这给我们的对朝鲜政策提供了有力支援。

“总统您将成为从根本上改变历史的一个人，对朝鲜政策虽然会有起伏，但是基本方向已经明确制定出来了。这与德国总理维利·勃兰特当时面临的情况不同却又有相似。在朝鲜半岛问题上，总统必须起主导作用。美国的外交政策应该比韩国慢两步，如果先于韩国两步是不行的。”

“‘阳光政策’成功将朝鲜领进了国际社会，但是这并未结束。我并不打算在我的任期内要实现什么。”

“朝鲜正因为不知道该怎么办而踌躇不定，更多的开放也可能转向崩溃，所以总统的政策一方面是成功的，另一方面又令人担忧。”

基辛格认为，布什政权的对朝政策将会变得更加有弹性。我向他提出请求，为了朝鲜半岛的和平，希望他能够将多年积累的经验和智慧传授给我，他非常愉快地接受了我的请求。

交出民主党领导的位置（2001年11月—2002年2月）

我参加了在文莱召开的东盟+韩中日三国峰会，2001年11月5日，又和中国总理朱镕基、日本首相小泉纯一郎举行了韩中日领导人会谈。在会谈中，我们对于5项工作达成了共识，包括新设立三国经济长官会议、设立并运营“韩中日商务论坛”等。之后，我又和朱镕基总理举行了韩中领导人会谈，并在会谈中表示，对于韩国丽水和中国上海正在竞争中的2010年世界贸易博览会的举办权，希望中国能予以让步。

在东盟+韩中日三国峰会上，我首先做了主题发言。我提议东盟+韩中日峰会应该转化为“东亚峰会”，且峰会应该更加体制化。当前世界经济以北美自由贸易协定、欧盟、南方共同市场等地区为基础，在这一趋势下，如果只有东亚是“东盟＋韩中日”的松散状态，必然会被排除到世界中心之外。另外我还提出，作为“东亚展望小组”的后继机构，应创设官民协作的“东亚论坛”。

我还表示，对于创设“东亚自由贸易协定”方案应该从现在开始研究，而具体推进办法应在“东亚研究集团”和“东亚论坛”中寻找。对此各国领导人都表示赞同并予以支持。

执政党的内讧更加严重，“10·25”的再补选失败加剧了党内的矛盾。部分人攻击民主党前最高委员权鲁甲，大选候选人们肆意发表着刺激性的言论。11月2日，在最高委员座谈会上，民主党最高委员们决定全体辞任。最高委员制度是我提议创立的，全体委员决定辞任一事实在是太严重了。

在参加东盟＋韩中日三国峰会赶赴文莱的路上我非常烦乱。在和各国领导人谈话的同时，我还时刻想着民主党内部的矛盾。虽然我强迫自己不要想，但想法却总是出现在脑海中。如果是在野党的攻势，可能会好一些，但是现在的问题是，执政党正在发生内讧。各国领导人一致认为“应该向韩国学习”，可是听见这样的话，我与其说高兴，不如说是负担沉重。

我在想：“他们知道我们国内的政治情况吗？如果他们知道我们的政治状况又该如何看我？即便是这样还能理解我吗？”

从文莱回来的第二天，我召见了民主党领导层。因为他们已经从最高委员的位置上退下来了，所以无法以最高委员的身份来见我。我主持召开了“领导层座谈会”，大家纷纷争吵寻找对策。

在文莱的时候我就已经作好了决定。在我担任领导的党派中，大家的目的就是想拉我下台。总统身陷政治斗争的中心，这将给所有人带来不幸。于是我决定放弃领导人的位置，最后我说：

“在所有的状况下，我深深感到我作为总统和领导人的责任，我经常在考虑该如何最好地尽到我应尽的责任。对于大家的想法和建议我会反复思考，我的意见也会在明天召开的党务会议中发表。”

我亲自撰写了辞任领导人的文书，11月8日，我派政务首席柳宣浩将我的文书转交到党务会议，后又由秘书室室长宣读。

“对于10月25日的再补选失败和之后发生的党内不和事件，我感到非常心痛，同时我也觉得很对不起大家。这也对国民造成了严重困扰，真的很对不起。经过再三考虑，我决定辞去党派领导人的职务。

“我辞去党派领导人职务的原因有三：首先，再补选的失败使国民对党派的信任度降低，令党员同志和支持者失望，对此我应承担责任。其次，在最高委员和党务工作者表达辞意的时候，作为党派领导人的我应该首先负起责任。再次，美国‘9·11’恐怖事件之后，国际局势紧张，加之经济恶化，为了能够联合所有力量努力改变现状，我应该交出党派领导人的职位。

“另外，明年将要举办世界杯、釜山亚运会、地方选举和总统大选等重大活动，作为行政首脑，我衷心希望这些活动都能够成功举行。现在我作为一名普通党员，将遵从大家的领导，但是我对党派的热爱和忠诚却不会发生任何变化。”

12月2日，为了访问英国、挪威、匈牙利和欧洲议会，我离开了韩国。我是带着三个目标巡访欧洲的：让已经停滞的南北和解重现转机、通过推销外交吸引外汇、向欧洲宣传世界杯。

4日，伦敦唐宁街10号的首相官邸为我举行了欢迎晚宴。我和布莱尔首相都表达了对恐怖事件的担忧，并约定国际社会要团结一致严惩恐怖犯罪。

布莱尔首相指出了与恐怖分子展开战争的两个不利因素，并对这两个因素深表忧虑：一个是中东和平协商的破裂，另一个是非洲许多国家正在发生的各种纷争。原教旨主义者滥用中东和非洲人民的反美、反欧情绪来危害世界。在我看来，布莱尔首相的看法是正确的，想要通过领导人会谈来讨论给人类带来威胁的恐怖分子和国际政局，时间是远远不够的。

5日，我和夫人访问了白金汉宫，伊丽莎白二世女王和丈夫爱丁堡公爵非常热情地接见了我们。我还获得了女王颁发的圣麦克尔和圣乔治（GCMG）大十字勋章，这是授予外国元首的最高等级的勋章。女王带我们参观了收藏英国王室最珍贵艺术品的美术馆，并亲自对作品进行了讲解说明。

接着我们去了剑桥。从伦敦出发行驶了约1个半小时，车窗外是绵延无尽的丘陵。8年前我也是沿着这条路去往剑桥的。我和夫人一句话也没有说，只是看着窗外。

我生活过的烘干房（oastho-use）和以前没什么两样。那个时节，虽说是留学，但其实是被流放，痛苦的事情实在太多了。现在在这里，我又重新找到了勇气和力量。时隔 8 年，虽然暴风骤雨再次向我袭来，但是英国人民对我的欢迎却非常温暖，我道出了我的感慨：

“再次看到大家，8 年前的记忆又浮现在眼前。修剪花坛和给一只名叫罗宾的鸟喂食，是我这辈子都无法忘怀的记忆。”

也许是已经事先知晓，市民代表将用铜铸造的罗宾玩偶作为礼物送给了我，在我住过的房子里，悬挂着一块写着“金大中”的匾额。

“民主主义和人权的守护者，第 15 届韩国总统，‘诺贝尔和平奖’获得者金大中，曾在这里居住。”

这句匾额上的话让我驻足长久。之后我去和蔼可亲的史蒂芬·霍金博士家拜访，博士坐着轮椅，笑容依旧天真烂漫。我获得“诺贝尔和平奖”时，博士给我寄来了贺信，对此我表达了谢意：

“您在书函里写的‘想要发起战争很容易，想要实现和平却需要勇气’这句话，我没齿难忘。”

访剑桥时，市民代表将用铜铸造的罗宾玩偶作为礼物送给了我，收到这个礼物我非常高兴

霍金博士回答道：“祝贺你获得‘诺贝尔和平奖’，希望你为世界的和平继续努力。”博士的话语是通过设置在轮椅上的电子语音合成器传达的。

看着断断续续出现的字，我突然觉得他就像是从某颗外星球来的宇宙人一样，他说他夫人用的茶匙还是我 8 年前送的礼物。

为了接受名誉法学博士学位，我们又驱车前往剑桥大学。学校里悬挂着韩国国旗，学位颁发仪式由布勒斯（Alec Broers）校长、31 位副校长等共 250 多人参加。学位授予仪式现场庄重又严肃，仪式完全用拉丁语进行。

6 日，我们到达挪威奥斯陆，并对挪威进行为期三天的公开访问。下午参加了“诺贝尔和平奖”100 周年纪念研讨会。德斯蒙德·图图（Desmond Tutu）等历届获奖者 18 人和无国界医生组织等获奖机构 15 家参会，我是首个发表主题演讲的人。

“当今知识经济时代，国家间的信息化差距带来了收入差距的变化。如果这种现象被搁置，发展中国家和发达国家间的差距必然越发严重。现在世界各地正在发生的具有破坏力的原教旨主义和反全球化运动中，对于这样的贫富差距的愤怒也明显存在。信息化差距还将给发展中国家带来开发难，甚至还将加快对环境的破坏。每次召开各种国际会议的时候，因为全球化的副作用带来的贫富差距和社会不平等加剧，已经导致众多愤怒和抗议事件发生。

“如果不解决贫富差距问题，21世纪的和平就无法得到保障。现在和恐怖分子的战争是主要问题，9月美国的恐怖惨案改变了之前人们对战争的认识。恐怖事件是没有事前预报的战争，罪犯也不会露面，不知道何时在哪里会发生，更不知道会使用什么武器。盲目杀伤平民百姓，国际法和条约对此束手无策，个人的生活也将被破坏。

“对于这样卑鄙又残忍的反文明恐怖行为，我们应该予以铲除。但是在当下惩戒恐怖势力的同时，更应该定期地治理其根源。让恐怖主义在底层流动的正是贫困。

“信息化和社会化的好处应该让全人类共享。应该尊重所有国家和所有民族的利益及文明多样性，我们不能总是期待困难重重的国家及其人民隐忍。我希望，对于这样的问题，国际社会应该更加真诚积极地去讨论和研究。”

在当天的演说中，我的“让恐怖主义在底层流动的正是贫困”这一看法被世界各大媒体报道。

之后我和挪威首相谢尔·马格纳·邦德维克举行了会谈。邦德维克是我的老朋友，他也深知现在韩国艰难的政治局面和我正在经历的风雨。对我，他说了很多鼓励的话。我们就两国信息通信领域的战略合作和出口达成了共识。

7日，我赶赴匈牙利布达佩斯，开始了为期四天的访问。在和总统马德尔·费伦茨会谈后，我又和总理维克多·奥班举行了领导人会谈，对于两国在巴尔干地区的再建项目合作达成了共识。另外，我们还缔结了《信息通信合作协定》、《精密化学共同研究协定》和《电子配件共同研究协定》等等。

就这样，我结束了对英国、挪威和匈牙利三国的巡访。按照原来的目标，我主要进行了推销外交，经济首席李起浩将此次巡访的成果向记者做了说明：

“通过建设和成套设备订单、招引外资、进军海外产业等，共获得了104.1亿美元收益的巨大成绩。”

11日，我赶赴欧盟议会，议会在法国的斯塔拉斯堡举行。安逸的都市中，欧盟议会显得格外突兀。在议会上，我作为亚洲国家领导人首次发表了演说。演说被翻译成11国语言在欧洲全境播出。此后，我和执行委员会委员长罗马诺·普罗迪举行了会谈并达成协议，韩国欧盟峰会将从明年丹麦亚欧会议时起开始定期举行。至此，继美国、加拿大、俄罗斯、日本、中国和印度后，韩国成为和欧盟举行峰会的第七个国家。

2001年在法国的斯塔拉斯堡举行会议，我作为亚洲国家元首首次在欧洲议会上发表演说

亚洲太平洋平和财团在我家旁边的东桥洞成立，也许这将成为我退休后的工作场所。建筑用地正是警察监视过我的地方，购买监视过我的房屋建立平和财团，世上之事真是无从知晓。从秘书口中得知，这是一座地上5层地下3层的建筑，虽然这是令人高兴的事情，但是建筑费用是通过贷款得来的，这让我总是放心不下。

12月21日，举行西海岸高速公路整体区间开通仪式。以前从仁川到木浦需行驶8个小时，而这条公路的开通让行驶时间减半。顺着西海岸高速公路，我们向金堤市前进。如果一大清早出发，在木浦办事并吃完午饭后回汉城，太阳依旧不会落山。我丝毫不怀疑，这是开启西海岸时代的大动脉。举行开通仪式的时候，天降大雪，是瑞雪。

看着缓缓落下的雪花，我突然想起自己作为在野党议员反对修建京釜高速公路的日子。朴正熙政权在1968年2月开始着手京釜高速公路的修建，我认为在修建高速公路之前，首先应将重点放在遍布全国的国道铺设上。对于货物流通量巨大的路线，应该进行考察后慎重开工。当时，全国道路状况最好的汉城——釜山区间重建高速公路一事，对于国土的均衡发展也带来了不利。高速公路开通，物流就会偏重在沿线，这样一来，产业发展就会集中在一个地方。

仓促推进的京釜高速公路最终成了豆腐渣工程，频繁的翻修让公路“衣衫褴褛”。我在某次演说时说道，“那条高速公路也就是躺着没关系，如果要是站着估计已经坍塌了”。此后，就我的反对立场，有人认为我目光短浅，可是直到现在，我依然认为当时的想法是正确的。

我希望因为西海岸高速公路的开通，能让落后的西海岸沿线有所发展。此前我一再强调施工质量必须有保障，如今我仍旧祈求能够建设一条安全又坚实的产业动脉。

2002 年 1 月 1 日，新的一年来临了。2 日，我收到了来自首席秘书官们的问候。任期还剩一年多，大家提到了我的很多业绩。一年并不是短暂的时间，此前推进的事情，必须要正式给出结局。世界杯、釜山亚运会、地方政府选举，还有总统选举。我没有丝毫的动摇，并鼓励他们要站好最后一班岗。

“能够在一个位置上坐得久并不重要，重要的是在这个位置上的时候做出过什么。为了让我们在青瓦台做的事情以后都能成为喜悦的回忆，让我们一起努力吧。”

下午，包括三部政要在内的主要人士前来拜年。在青瓦台举办的新年贺礼上，我表示我将要集中精力抓国政。

“我是民主党的一名党员，我希望民主党能够顺利，街头巷尾有很多传言说我会介入党务创建什么政党，我保证这种事情是绝对不会发生的。”

1 月 3 日，韩国诞生了历史上第一位女将军。我授予梁承淑准将象征大韩民国忠诚的三精刀，女将军英姿飒爽。

1 月 9 日，举行了保护四大江的《四大江特别法》（《洛东江、金江、荣山江和蟾津江特别法》）签署仪式。这一法案因为上下游地区居民间的利益对立迟迟无法推进，水务管理政策从以事后净化处理为中心转为事前污染预防，这样水源就得到了法律的保护，这是历史上绝无仅有的事情。我评价说这是“具有历史意义的事件”。环境部长官金明子亲自探访居民，征求他们的同意。“原本不能喝酒的她还一边喝着米酒一边和居民谈话聊天，真是劳苦功高。”环境团体人士等对参加此次签署仪式的人这样称赞。

2001 年底，涉及众多不正之风的所谓“门”蜂拥而起。大震虽已过去，余震在进入新年后仍旧存在。我断言说，不会存在有政府权力介入的不正之风，因为我不会允许这样的事情发生。但是个人不正之风的出现也没有办法阻止，特别是搭乘“风险潮”的不正之风，让我束手无策。我可以批评此类做法，但却无法一一监视。

青瓦台的许多秘书都因为这样或那样的事件离开了我，我曾经对他们坚信不疑，却在某一天发现这些信任竟然都是空中楼阁，我只有失望和叹息。2002 年 1 月 14 日，在新年记者会上我首先开始道歉。

媒体对我的报道是，始终低着头，用断断续续的声音说了六个“对不起”。担忧我健康的市民纷纷打电话到青瓦台。

第二天，召开了反腐败长官会议。我严厉地批评了检察厅，因为检察厅办事不力，使政府蒙受损失，这已经不是一两次了。检察厅被牵连到各种“门”中，或者对这些事件不能彻底审查，最终让政府承受负担。

美国总统乔治·W·布什决定于2月下旬前来韩国进行国事访问。2001年10月已定好要访问韩国，但是因为“9·11”事件延后了访问时间。1月17日见到了前美国驻韩大使格雷格（Donald P. Gregg），跟他谈论了南北关系以及布什的对北政策等问题。我跟他说，在上海和布什总统会见时，谈到在对北问题上需要加强对话的问题。

“虽然布什总统不信任朝鲜，但是为了国家的利益与和平，也会考虑与朝鲜进行对话。如果对方可以遵守承诺的话，信赖度会一步步地加深。”

前美国驻韩大使格雷格称，布什总统仅仅只是意识到朝鲜的威胁，而忽视了朝鲜对美国的畏惧。

“阿富汗战争之后，朝鲜越来越惧怕美国，尤其是在空军战斗力方面，但是布什总统却没能意识到这一点。”

为了说服布什总统，他使用了开门见山的“得克萨斯式”谈话，甚至建议布什总统亲自前往“三八线”查看连接朝鲜和韩国的铁路，他的说理透辟，并向布什总统转达了罗伯特·斯卡拉皮诺（Robert A. Scalapino）教授的问候。

1月29日，我进行了内阁重组，共替换了9名部长。任命青瓦台秘书室室长李相周为副总理兼教育人力资源部长官，国情院院长丁世铉为统一部长官，前法务研修院院长宋正镐为法务部长官，基础技术研究院理事长蔡永福为科学技术部长官，青瓦台福祉劳动主席李泰馥为保健福祉部长官，天然气安全公社社长方镛锡为劳动部长官，金融货币委员张丞玗为企划预算处长官，生产成本部理事长韩埈皓为中小企业特别委员会委员长。

青瓦台秘书室也进行了改组，任命企划预算处长官田允喆为秘书室室长，前政策企划首席代表朴智元任发言人，财经部长官金振杓任政策企划首席代表，KBS电视台主管赵淳容任首席政务，政策企划首席代表韩悳洙任经济首席代表，前劳动部次官金相男任福祉劳动首席。

其中朴智元作为首次担任青瓦台发言人的女性受到了舆论的关注。朴智元柔中带刚，既有女强人的魄力，又不失女性的温情。

任命外交通商部助理任晟準为首席外交安保代表，不久后又任命次官崔成泓为外交通商部长官，任命李载侁律师为民政首席代表。

美国总统乔治·W·布什2月20日到访韩国。我全力准备首脑会晤。韩美首脑会谈从没有像此次这样吸引国民的关注，由于布什总统在国情咨文中将朝鲜和伊朗、伊拉克划分为“邪恶轴心国”，朝鲜和美国的关系处在一个极为敏感紧张的时期。国际社会上甚至出现美国会对朝鲜采取军事行动的猜测，当然我们的“阳光政策”也受到了一定的威胁，“阳光政策”和“邪恶轴心国”显然相去甚远。

20日上午，我们在青瓦台会见室进行了首脑会晤，布什总统滔滔不绝，打开了话匣子。

“我清楚近来我的强硬发言给韩国国民带来了心理上的紧张，但我并没有想过给总统阁下造成不必要的麻烦，我支持‘阳光政策’。”

他同时主张，自己虽不是好战之人，但对于朝鲜绝不会坐视不管。我再次向布什总统详细介绍了“阳光政策”的内容，我解释说，“阳光政策”可以促进朝鲜开放国门，发生变化，与此同时，朝鲜为了促进经济发展、改善民生，也迫切渴望同美国建立正常外交关系。但是布什总统仍然坚持己见。

“金正日委员长置饥寒交迫的国民于不顾，随意践踏人权，是彻头彻尾的独裁统治者。必须将自由民主带入朝鲜，将现有的体系瓦解。另外，我不能理解金正日委员长为何破坏访问汉城的约定。”

这些听上去咄咄逼人的问题对我来说正好是绝佳的反击机会，我提到了美国前任总统的话题：“里根总统虽然将俄罗斯指定为‘罪恶帝国’，但是也积极与戈尔巴乔夫进行对话，努力稳定局势，并最终终止了冷战，给共产主义体系带来了变化。和志同道合的朋友对话很容易，和讨厌的人对话很难，但是为了国家利益，必要的时候必须进行对话。朝鲜战争期间，美国也和共产党进行了对话。”

“保护朝鲜的安全，改善朝鲜的民生，朝鲜一定会放弃研制核武器。请给朝鲜一次机会，如果实在不行的话，那时候再进行制裁也不迟。”

我使出浑身解数企图说服布什总统。布什总统在仔细倾听了我的一番说辞后，表情由阴转晴。他做出高兴的表情，并赞叹这是个“不错的猜想”。我向他列举了实行“阳光政策”以来南北关系的缓和、离散家属的重逢以及民间交流等效果，并说明“阳光政策”只有拥有强大的力量才能更好地发挥作用。

在我陈述的过程中，布什总统不时点头说“不错的政策”、“可以理解”，并表示了对于离散家属和朝鲜粮食供应短缺的忧虑。会谈时间持续了1个半小时，大大超过了原定的40分钟。

会谈结束后，我们举行了记者见面会。记者们问起此次会谈对消除“阳光政策”和“邪恶轴心”间的隔阂是否有所帮助。我首先回答：“美国的政策和我们的政策在根本上并没有差异，我们都信奉民主主义和市场经济。”

布什总统随后也发言：“我听取了关于金正日委员长的意见。金委员长在不能保障朝鲜国民的自由，不能真正关爱朝鲜老百姓前，我是不会改变对于他的看法的。美国没有发起战争的意图，韩国也没有攻打朝鲜的意思，我们只是在进行防御，我所谓的‘邪恶轴心’针对的是朝鲜的政权，并不是针对朝鲜国民。”

布什总统在会见中明确表示将支持“阳光政策”，并称“我们没有攻击朝鲜的意思，希望可以通过对话谋求和平解决的途径”。美国表示将继续向朝鲜提供粮食支援，这是积极说服布什总统取得的外交成果。

当日下午，我和布什总统在京义线南段的最北部都罗山站再次会面。我乘火车抵达都罗山站，布什总统则是在访问了附近的驻韩美军后乘船到达都罗山站。

此次访问都罗山站可以看做是一次“和平之举”，美国总统来访韩国必然会视察最前线部队。当然，此次还有一个重要意义是亲自观看分裂和对峙的现场。此次亲临现场目睹连接朝鲜和韩国的断裂铁路与公路，对于朝韩两国国民无疑是一次可以安心的举动。布什总统亲自站在不是分裂，而是和解的现场，一定程度上也释放了和平的信号。

京畿道坡州市的长湍面，是通往朝鲜的铁路断裂处。指路牌上写有“距汉城 56 公里、平壤 205 公里”的字样，布什总统在指路牌前拍照留念，并在铁轨枕木上留下了纪念签名——“希望这条铁路可以使离散家属重聚!”

连接京义线工程现场见证了朝鲜半岛的过去、现在，同时也可以展望朝鲜半岛的将来。如果说战争代表了过去，分离代表了现在，那么统一将会是朝鲜半岛的未来。以指路牌为背景，我首先发表了演说：

和布什总统一起访问都罗山，布什总统说对朝鲜近在咫尺表示很惊讶

“在我们眼前的正是地球上唯一现存的冷战遗留下来的分裂现场。停止运行的列车、断开的铁路，这些都象征了朝鲜半岛半个世纪以来的分裂，这里见证了我们民族的分裂。”

布什总统接着也发表了演说：“朝鲜作为世界上最危险的政权，我们不能容忍它威胁我们。同时我们也做好了随时同朝鲜对话的准备。通过对话，减小威胁，增大希望，开创更为美好的未来。但是正如这断开的铁路一样，朝鲜没有给出任何回应。希望停战军事线两边的人民都可以生活在充满自由、尊严，没有战争威胁的地方。”

都罗山之行取得了成功，布什总统久久遥望着北方的土地，并凝视着伸向北方的铁轨，这次访问本身就是对“阳光政策”最好的解释吧。

当天晚上我们在青瓦台为布什总统一行举行了欢迎晚宴。按照美国方面的要求，此次晚宴并未对外公开。美国国务卿鲍威尔、美国国家安全顾问赖斯、美国驻韩大使哈伯德、美国国家安全委员会顾问詹姆斯·莫里亚蒂出席了晚宴，韩国方面外交通商部长官崔成泓、总统特使林东源、韩国驻美大使梁性喆、首席顾问任晟準出席了晚宴。

布什总统仍然沉浸在访问都罗山的心潮澎湃中，滔滔不绝地说着话。晚餐中他多次和我耳语，并作出淘气的表情。

布什总统理解了我们的“阳光政策”，也理解了我的一片良苦用心。我觉得他开始真正认识我了。2001 年在华盛顿见面时，我觉得他认为我是个“土包子”，甚至有点瞧不上我，这次我感觉到他的态度发生了极大的转变。他对周围的随从说“我重新认识了金总统，我很尊敬他”。

我问布什总统信奉什么宗教，他回答是基督教监理会，并向我毫不掩饰地叙述起自己的过去。他说自己原来是一个酗酒过度的酒鬼，在夫人劳拉女士的引荐下，走进教会成为了虔诚的教徒。布什总统问起我的宗教信仰，我回答是天主教，我的夫人信奉监理会。布什总统听说我的夫人跟他信仰相同，非常高兴。我向他讲述了英国工业革命后监理会在英国的地位。

“1815 年，英国在与拿破仑的战争中取得了胜利，当时英国国内损失惨重、百废待兴。工业革命后，许多失去土地的农民沦为贫民。劳动者对恶劣的劳动环境持续进行反抗，各种社会矛盾一触即发。随着 19 世纪维多利亚时代的到来，社会开始出现三股力量，第一是舆论，第二是法院，第三就是监理会。

“舆论反映并支持市民阶层和劳动者的正当要求，劳动者不使用暴力也可以将自己的意思告知天下。法院由于可以进行公正的审判，成为受冤者最后一道坚实的堡垒。而监理会可以给予人们心理上的慰藉，使人找到内心的平和。当时圣公会作为王族和贵族的宗教，被看做是一种邪教，对大众的痛苦不予理睬。约翰·卫斯理创建了监理会，圣公会开始成为可以倾听大众苦痛的地方。监理会为那些遭到社会遗弃的人们带来了慰藉，倾听他们的不满和愤怒，为他们送去了希望和安慰。从这点上来看，监理会拯救了当时的英国社会，监理会是个伟大的宗教。”

我说完监理会的由来后，看到布什总统的眼神开始发生了变化，我觉得好像和他又亲近了许多。这次布什总统访问韩国期间，我真是竭尽全力。

然而，即使这样，北方仍是纹丝不动，未给出任何回应，我真是既心急又气愤，同时还对他们有恻隐之心。不过可以确定的是，我对北方很失望。

春日，健康不佳（2002 年 3—6 月）

2002 年 3 月，日本首相小泉纯一郎访问韩国。当年正值“韩日国民交流年”，两国共同举办的世界杯也即将在夏季召开。两国关系急需得到改善。我和小泉纯一郎首相于 22 日举行了首脑会晤。

小泉纯一郎首相一行访问了国立国乐馆，我们赠送短萧给他作为礼物，他还亲自弹奏了伽倻琴。小泉纯一郎首相品尝了韩国传统美食并购买了电视剧《冬季恋歌》主题曲和歌手赵容弼、桂银淑的唱片。当时正值《冬季恋歌》在日本掀起狂热“韩流”时期。小泉纯一郎首相说，韩国和日本的传统乐器有很多相似之处，并说是从朝鲜半岛传至日本。我和首相一起参观了位于汉城上岩洞的世界杯体育场，并在一个特制大型足球上签了名。

印度尼西亚总统梅加瓦蒂结束了对朝鲜的访问后，于 30 日上午从平壤出发乘坐直航飞机经西海岸抵达汉城。梅加瓦蒂总统要求金正日国防委员长尽快重新开启南北对话和与美国的对话，当然这是我的委托。梅加瓦蒂总统在与我的会晤中说：“金正日委员长说非常想见总统阁下，也非常希望可以重新开启南北对话。”

北方称将接受南方的特使，我将这一举动看做是成功与美国总统布什进行首脑会晤后南北关系的一个新变化。我多次向朝鲜方面表达希望可以派遣特使的意愿，并最终得到了回应。我重新任命林东源为特使，并和他进行了长时间的商议，向他详细叙述了我渴望向金正日委员长转达的信息：

“首先，我想劝金委员长改善同美国的关系。金委员长必须清楚，世界正在发生变化，中国、俄罗斯等大国为了自身利益，现在也在与美国合作，这是现实情况。另外，金委员长应该意识到，现在的布什政府和以前的克林顿政府立场完全不同，不能再用对克林顿政府的看法来对待布什政府。布什总统主张用对话而不是战争来解决争端，这一点我可以担保。我为了说服布什总统费尽了心思，这一点也请向金委员长转达。总之，为了国家利益，金委员长应该努力同美国改善关系，不能错过这次机会。应下定决心将悬而未决的事情一揽子解决，现在是做出决定的时候了。

“其次，应该改善同日本的关系。我向小泉纯一郎首相提出改善同朝鲜关系的要求，他也有此意愿。虽然日本把朝鲜绑架日本人问题①当做一个绊脚石，但是这些都是过去的事情。我想只要金正日委员长采取积极态度的话，没有什么问题是无法解决的。把过去的争端延续到现在并带到未来是不明智的举动。并且，从日本方面得到殖民地赔偿款也是一个迫切的问题。日本作为经济强国，从国际社会立场来说，持续进行支援的可能性很大。现在已经不是靠着意念就可以取得胜利的时代了，而是注重实际利益的时代。小泉纯一郎目前的国民支持率很高，应在他在位时解决这个问题。请向金委员长转达我的意思。

“再次是南北关系。请向金正日委员长转达，现在是终结南北间的敌对状态、迎来和煦春风的时候了。只有这样，才可能改善同美国、日本的关系。通过战争取得南北统一是不可能的，和平统一是我们民族的唯一出路，我们会帮助朝鲜。同时，双方的承诺也应该严格遵守，如果违反承诺，韩国政府也会遭到国内反对派的责难。如果金委员长遵守承诺访问汉城，布什总统也不会发表所谓‘邪恶轴心’的观点。我们希望此次世界杯朝鲜也可以派出运动员，我们欢迎朝鲜演出团。如果金委员长无法亲自来访，哪怕是朝鲜最高人民会议常任委员长金永南来访我们也很欢迎。总之，为了改善南北关系，我们今年所做的努力会持续到下届政府，这一点请向金委员长强调。”

4月3日，林东源特使出发前往朝鲜，同行的还有国情局第三次长金宝铉、会谈调停官徐薰、统一部交流合作局长赵明均、综合政策科长金千植等。他们一行乘坐总统专机抵达平壤顺安国际机场，林特使随身携带了我写给金委员长的亲笔信件。

我再次陷入焦急的等待中。林特使原定于5日回国，却没有回来，好在中间来了一次电话，说见到了金正日委员长。林特使每次总会带回来好消息，这一次我的预感也很好。6日早晨，林特使越过板门店回到韩国，当时正值严重旱灾之际，那天早晨居然天降大雨，当然，对于我这也是一场及时雨。上午10点，林特使回到青瓦

① 是指朝鲜于1977年至1988年多次在日本本土以及欧洲绑架日本人的事件。——译者注

台，向我汇报了此次访问的情况，我的心情变得异常高兴，南北关系久旱逢甘霖，但是金委员长对于访问韩国并未给予明确的答复，这一点很是遗憾。

"金正日委员长说本来打算去年春天对韩国进行访问，实际上金委员长说迫切渴望可以早日见到总统阁下。但是当时正值敌视朝鲜的布什政府上台之际，情况发生了较大变化。同时韩国保守势力反对朝鲜来访的示威也是一种压力。正如总统阁下所预见，金委员长虽然不信任美国、惧怕美国，但同时也迫切渴望可以与美国建立正常的外交关系。"

金委员长向林特使建议可以在俄罗斯伊尔库茨克进行会谈。如果必要的话，也可以与俄罗斯总统普京举行三方会谈。但是我拒绝了此项建议，我认为南北双方互访的承诺必须兑现，哪怕不能在汉城，也必须是在韩国的土地上进行。

此后，林特使迅速召开记者见面会，向媒体阐述了访北成果，并发布了南北双方达成的六项共同协议。

> 南北双方日前就朝鲜半岛局势和民族面临的重大事件以及南北关系中的诸多争端进行了广泛的意见交换，并达成如下协议：
>
> 1. 以历史性的"6·15"《南北共同宣言》为基本精神，互相尊重，并努力避免紧张局势的出现。
> 2. 按照共同宣言的内容，努力恢复一度紧张的南北关系。
> 3. 尽快在东部建设新东海线铁路和公路，并在西部建设汉城至新义州的铁路和汶山至开城的公路。
> 4. 积极促进南北间的对话和事业合作。
> 5. 重新开启南北双方军事官员的对话。
> 6. 双方将本着同胞情谊、人道主义的原则展开合作。

南北对话和合作事业的日程也随之确定。5月7—10日，南北经济合作促进委员会会议将在汉城举行；6月11日将进行当局会谈讨论金刚山旅游事宜；4月28日离散家属在金刚山会见；5月中旬朝鲜将向汉城派遣经济考察团；5月11日朴槿惠议员将以"欧洲—韩国财团"理事的身份访问朝鲜并会见金正日委员长。我希望可以有更多的人可以来往于南北之间，朴议员向统一部长官丁世铉转达了访问朝鲜的感想，我也发表了我的见解："我持保守立场，但是在解决南北问题上，没有保守和进步，只有寻求和解合作的解决途径。对北政策今后也会坚持同样的方向。"

同时，韩国的国家信用等级重新恢复至A级，穆迪公司将韩国的信用等级提高了2级，并公开了原因。穆迪公司称，韩国经济发展稳定；外债健全并持有充足的外汇储备；经济结构多元化，抗击外部打击能力较强；投入150万亿韩元规模的政府资金仍然维持了财政的健全性；金融、企业结构调整成果明显等。韩国在世界各国中，耗时最短，仅用了4年便从投资负面等级恢复至A级，在遭受外汇危机的南美、亚洲国家中是唯一一个A级国家。惠誉公司也于6月27日将韩国国家信用等级上调2级，达到A级。世界各国惊叹于韩国的出色表现，纷纷表示祝贺。1983年外汇危机时，以色列用了12年的时间才将国家信用等级恢复至A级。

4月初，举行了庆祝韩国国际信用等级恢复至A级的招待酒会，美国驻韩商会会长杰弗瑞·琼斯（Jeffrey Jones）用韩语发表了祝词。

“过去的4年中，韩国国民、企业，尤其是政府承受了巨大的痛苦，很高兴祝贺的日子这么快就到来了，同时我也很惊叹。韩国果然是一个透明、健康的国家。所有政府机关制定的政策方针非常英明，值得信赖。”

随后，我也发表了讲话。“近来我们有很多值得庆祝的事，最值得骄傲的无疑是我们的国家信用等级重新恢复至A级。前天还降了及时雨，缓解了旱情。我们的金东圣选手在世界短道速滑比赛中横扫所有项目。我们的高尔夫选手朴世莉在LPGA锦标赛中取得胜利。当然，还有林东源特使从朝鲜带回的令人兴奋的好消息。2002年将会成为值得铭记的一年，作为我在任的最后一年，我希望可以有更多值得高兴的事发生。”

国家好事一桩接一桩的同时，我的身体却开始频频发出抗议信号。不久前起床的时候左边大腿曾经扭伤过一次，虽然主治医生说骨头没有异常，疼痛却日益加重，体力也渐渐衰弱。4月9日早晨，身体状况再度恶化，夫人叫我起床，我却非常疲倦，一直躺在床上无法起身。食欲持续减弱，连续3天无法正常进食，腿部感觉很沉重，浑身虚弱无力。但即使这样，我还是必须得起床。上午还要与芬兰总统塔里娅·哈洛宁举行首脑会晤，我拖着沉重的身体前往会见场所，还好会见取得圆满成功。下午3点，我又前往佛教法会祈福世界杯圆满举行的活动现场，我感到身体异常疲倦。

到了下午，我的身体变得更加沉重，秘书看出我的脸色不对劲，叫来了我的诊疗小组。我的主治医生许甲范、医务室长张锡日、延世大学教授郑南植等也专程赶了过来。经过会诊，医疗小组认为我心律不齐，需要静养，如果情况持续恶化的话，必须进行住院治疗。但是那天我还有与塔里娅·哈洛宁总统的晚宴，无奈之下我将晚宴时间提前1小时举行，结束后立即前往医院进行治疗，经过紧急治疗后，心律总算回到了正常状态。但是诊断出我由于过度疲倦，患有肠胃障碍、营养不良，医生一致劝我静养一段时间。夫人一直守在医院，6 天之后我出院了。

副总理兼财政经济部长官陈稔为参选京畿道知事，突然宣布辞职。4 月 15 日，我紧急任命青瓦台秘书室室长田允喆为副总理兼财政经济部长官；政策发言人朴智元为青瓦台秘书室室长；前首席经济长官李起浩为经济福祉劳动发言人。

民主党总统候选人开始进行竞选，全国上下开始展开竞选活动，国民积极参与，每周都会进行投票。毋庸置疑，国民对于今后各种公开选举都将活跃参与。以前选举一直被冠以“密室政治”的名号，此次对于国民无疑是一次来之不易的机会。我向各位内阁成员颁发了任命书并给予了极高的评价，“政治形势开始发生变化，总统候选人选举在国民的热情关注中进行，我认为我们的政治将迈出伟大的一步，对这一点我很满意”。

常任顾问卢武铉被推举为民主党总统候选人。卢武铉从光州开始掀起旋风，此后势如破竹，一路北上至汉城，俘获大量民心。在各种舆论调查中，其支持率均在 50% 以上，甚至有部分人开始疑心卢武铉是不是暗地里做了什么手脚。但那并不是事实，我从未插手过总统候选人的选举过程。

4 月 29 日，我见到了卢武铉候选人。

“我在辞去民主党领导人职务时，便承诺不再对政治进行任何形式的干预，国民也认为我的做法是正确的。国民对于政府的评价不尽如人意，这一点我觉得很遗憾。我一直认为政府堂堂正正、光明正大，政府完全有能力选出候选人。”

我决心退出新千年民主党，在选举中保持中立态度，专心致力于国家建设，并在 5 月 6 日通过秘书室室长朴智元公开发表了声明。同时对于社会上对我儿子们的质疑多次进行道歉，就这样，我离开了我的人生政治舞台——民主党。

2002 年的春天对于我是残忍的。我的儿子们因为存在不当行为嫌疑，成为舆论批评的焦点。而我创办的亚洲太平洋平和财团也成为众矢之的，报道称财团是滋生腐败的温床，并对一名任职人员提出起诉，媒体连篇累牍地质疑我的二儿子弘业和小儿子弘杰存在腐败嫌疑。但是我相信我的儿子们是清白的，媒体对于当时在美国的弘杰的质疑日益加重，每天早晨看报纸时我都觉得很可怕，但我心里清楚，弘杰是多么善良的一个孩子，不能相信舆论的报道。我派附属室长金汉正前往美国听取弘杰本人的说法，金室长回来后向我做了汇报，他吞吞吐吐地说：“弘杰并没有亲自参与其中，但好像是被利用了。”

我的心一下子凉了半截，对金室长说：“我要求进行彻底调查，如果真的有罪的话，一定会接受。”

同时我命令弘杰尽快回到韩国，虽然我表面上故作镇定，但其实却像遭受晴天霹雳、掉进了万丈深渊一样。

夫人每天都在为儿子们祈祷，我经常可以见到她呕吐。夫人精神上受到打击时经常会呕吐，平时连感冒都很少的夫人也束手无策地倒下了。弘杰回国后的第三天即5月16日被提起诉讼。

我很想一个人躲起来与世隔绝。春花开始凋谢，只剩下孤零零的树叶，青瓦台的庭院内死一般的寂静。夫人一直在看我的态度，这一点让我更加痛苦。我们经常一句话也不说，只是面对面地坐着。小儿子被提起诉讼后，媒体又将矛头指向我的二儿子弘业，一时间弘业的名字又被炒得沸沸扬扬。6月21日，弘业也被提起诉讼。我一下子成为了将两个儿子先后送进教导所的父亲，自觉没有脸面面对国民。我曾在各种场合做出承诺，绝不会因为子女问题对国民造成困扰，但最终我还是没能守住承诺。我决心将儿子们交予法律裁决，当日下午我向全体国民公开发表道歉声明：

“过去的几个月中，我深切意识到没有好好管教子女，给一直信任我的国民造成了伤害，对于这一点我觉得羞愧难当。我的一生经历过许多苦难，但像这样悲惨的事情是始料未及的。这全部是因我的不足和失误造成的，对此我表示深深的歉意。”

从此之后，弘业和弘杰再也没能踏进青瓦台半步，我也没有去找过他们。我卸任后，弘业曾来到东桥洞我的私宅看望我，我严厉地责备了他：“怎么会对不义之财起念头？”

弘业在我面前突然掉了眼泪，说：“虽然对不起父亲，但我是冤枉的。”

我后来才了解到儿子的委屈。作为两个儿子的父亲，我决心试图为他们辩护。当时已经确信政权将要进行交接的警察们将“匕首”对准了所谓“衰退的权力”，总统的儿子弘业理所当然成为了靶子。警察对弘业的公司进行了搜查，没收了财物，并调查了弘业周围的580人，连累到很多老朋友，甚至威胁如果不配合的话，将会把私生活暴露于天下。儿子的一位朋友因为不堪威胁，只好对警察妥协，被释放后的朋友因为深感内疚，向儿子赔罪。2008年2月，儿子的朋友在死亡前两天，留下了一段录音遗言，里面提到“向警察陈述的内容全部是假的”。

小儿子弘杰太轻信别人。弘杰一直在美国留学，不清楚韩国国情，对于身边一起做事的人不加设防。我非常了解弘杰的为人，经常说他是“不懂事地无条件信任别人”，并多次叮嘱他凡事要留个心眼，但他最终还是闯了祸，这一切都是我的无德无能所致。

我没能按原计划参加5月举行的联合国儿童特别大会，我的诊疗小组不允许我远行。我临时将议长的任务委托给夫人，由她来主持会议。夫人作为历史上首位坐在议长席的女性，发表了宣言，还在联合国总部进行了儿童特别大会主题发言。夫人在曾经留学过的美国田纳西州范德堡大学接受了首届“道德人权领导者奖”，范德堡大学对夫人在女权和儿童福祉方面所作的贡献给予了极高评价。

6月13日，地方自治团体进行了选举。大国家党派出候选人参与16处广域团体和11处市、道的竞选，民主党在湖南和济州等4处派出候选人，自民联在忠清南道派出候选人。大国家党在汉城和首都圈取得了完胜，我虽然已经不是党员，但却对选举结果很是忧虑，大国家党抛出总统候选人李会昌的“大势论”，民主党却陷入失败的阴影中。

任期内我对韩国经济的评级相当高，但是由于滥发信用卡产生大量信用不良者，致使贫富差距进一步拉大，收入两极化现象加剧，现在想起来还觉得痛心不已。为了支援中小企业发展，建立的中小企业委员会虽然进行了大量努力，但取得的成果却微乎其微。

政府规劝国民使用信用卡主要基于两个理由：一是为了活跃外汇危机后陷入停滞的经济；二是提高交易透明度，防止逃税现象的产生。1998年爆发的外汇危机使得大量企业生产活动萎缩至最低点，企业投资规模增大对此也无济于事，问题的关键在于消费。

1998年9月的经济对策会议将经济政策方向调整为扩大内需，刺激消费。为促进消费，提出了许多方案，其中就包括鼓励使用信用卡。国税厅随后制定完善了扩大信用卡使用的政策。企业在与个体户进行交易时，必须提供信用卡收据，用于申报税款。医院、餐厅、宾馆服务业等场所必须提供信用卡使用业务。我为了鼓励使用信用卡，提出了信用卡收据福祉制度，并将信用卡消费内容纳入收入抵税范围内。这些政策实行后，信用卡使用开始呈爆发式增长。

但是，随着信用卡使用的普及，信用不良者也开始增加。在我任期末的2003年2月，信用不良者已经达到280万人。信用不良者中，一半以上是信用卡欠账导致的。扩大信用卡使用规模最终导致了这种后果。信用卡发行机构不管申请人的信用状况随意滥发信用卡，持卡人不管使用金额大小任意使用信用卡进行消费。负责发行贷款的金融机构虽负有直接责任，但归根结底还是政府的失误。我认为政府未能实行充分的管理、监督，应进行反省。想打造一个透明社会也许是一朝一夕的事，但是想成为一个信用社会则需要付出巨大代价。

就像因为贪图方便无节制地滥用某种东西必然会成为祸患一样，人人在社会每一个角落无休止地使用信用卡，必然会出现各种问题。我开始意识到信用卡政策也许是一个失误。刚开始的时候虽然对于经济复苏有积极影响，但是时间一长，可能就会成为一个隐藏的炸弹。

同时，外汇危机爆发后，失业问题日益严重，国民甚至把政府称为“失业内阁”。虽然政府一直在努力解决失业问题，但还是无法阻挡失业对于中产阶层的冲击。韩国社会的中产阶层主要由白领和个体户从业者组成，失业对于他们而言可能意味着将面临沦落至贫困层的命运。对于这种不堪一击的社会结构，政府也束手无策，虽然制定了许多失业对策，但也只能是亡羊补牢。

外汇危机使社会中产阶层成了牺牲品，并导致了收入两极化的加剧。沦落至贫困层的中产阶层想重归中产行列，是一件难度很大的事情。高利息导致富人更富、穷人更穷，很多人称我们的社会为“20：80 社会”，即由 20% 的富人和 80% 的穷人组成的社会。

事实上，这种结构可能已经成为一种全球范围内的现象，成为“地球村”一种不可避免的趋势。在我的任期之内，收入两极化加剧让我感到很痛心。部分富有阶层在挥金如土的同时，对中产、贫困阶层的剥削更加深化，对于这一点我很了解，但却束手无策。

“红魔和烛光”（2002 年 6—10 月）

“我宣布，2002 年韩日世界杯开幕。”

这是进入 21 世纪后第一届世界杯足球赛。5 月 31 日的汉城上岩体育场内，6 万名观众齐聚一堂。日本首相小泉纯一郎、波兰总统亚历山大·科瓦西涅夫斯基、东帝汶总统古斯芒、帕劳共和国总统雷门格绍、多米尼加联邦总理皮埃尔·查尔斯出席了开幕式。我和国际足联（FIFA）主席布拉特、日本首相小泉纯一郎手拉着手，向全场观众致谢。这是一场超越了国界、人种、信仰、宗教的国际盛会。

开幕式演出中融合了韩国传统文化和尖端 IT 技术，向全世界传达了韩国的优雅和精致，以及渴望和平的信息。我决心将此届世界杯打造成为“IT 世界杯”，向全球展示作为IT强国的韩国的风采。世界杯期间，我们首次正式运用数码HD高清电视进行赛事转播，开幕式演出中随处可见我们的这种理念。

镭射激光演出中，我们融入了象征和平的信息。我们用尖端技术制成了一副水墨画，艺术大师白南准的作品和新罗时代的梵钟发出的响彻天空的钟声融为一体。

我从头到尾观看了法国和塞内加尔的揭幕战。首次出征世界杯的塞内加尔以1∶0战胜上届世界杯冠军法国队，以一个漂亮的冷门揭开了世界杯大幕。

6月4日晚上，韩国和波兰的比赛在釜山举行。比赛开始前，我与波兰总统亚历山大·科瓦西涅夫斯基在釜山的乐天酒店举行了首脑会谈。

比赛开始前，我和亚历山大·科瓦西涅夫斯基总统一走进运动场，5万名观众立即从坐席上站起来，掌声经久不息。釜山亚运会主运动场俨然成了红色的海洋。我也特意打了红色领带，围了红色围巾，戴了红色帽子。我们的助威团成了名符其实的“红魔”。

比赛上半场，黄善洪打进第一个球，我激动地摘下红色帽子挥动双手。下半场柳相铁再入一球，我自己也不知道怎么了，霍地从座位上站起来，挥动着帽子，一时间竟忘记了亚历山大·科瓦西涅夫斯基总统就坐在我旁边。

比赛结果是2∶0，我们畅快淋漓地取得了首场胜利。真是令人激动的瞬间，亚历山大·科瓦西涅夫斯基总统友好地向我伸出手，表达对胜利的祝贺。这真是一个令人终生难忘的夜晚。我特意去了运动员休息室，与希丁克教练和全体运动员一一握手。

“我代表大韩民国的国民向你们表达感谢和祝贺。这将是一个不眠之夜。现在我们拥有了打入16强的强烈信心。”

我紧紧地拥抱了希丁克教练。希丁克在世界杯开幕前曾立下豪言，会让全世界人民因看到韩国的精彩表现而大吃一惊。我丝毫没有感觉他是异乡人，就像很久以前一直住在附近的邻居一样亲切。

总统一行刚一出现在体育场，釜山市民便欢呼起来。那天，汉城光华门和大学路一带，以及地方各城市数十万市民聚集在街头，为当天的比赛加油助威。大家纷纷穿起了红色的衣服，从此“红魔传说”拉开了序幕。

韩国和美国的预赛10日在大邱展开。我已表示不会在现场观看比赛，但没想到韩美两国助威团会发生意外冲突。在那一段时间，韩国社会反美情绪高涨，已经到了令人担忧及提高警戒的程度。由于各种原因，国民们看待美国的目光已不再友善。其中，布什政府对朝鲜半岛无礼的外交政策也是原因之一。

我和青瓦台秘书室的职员们一起守在电视机前。这次我也直接穿上了红色T恤。

美国队上半场踢进一球，在下半场韩国队始终处于优势地位，却未能进球。最后，安贞焕选手踢入一球将比分扳平。

在青瓦台跟秘书们一起观看2002年世界杯与美国的比赛，下半场比分打到平局时我不由自主地站起来欢呼

韩国和葡萄牙的比赛14日在仁川文化体育场进行。韩国队以1∶0的成绩取胜。朴智星选手的进球真令人痛快。我们以两胜一平的战绩威风地跨进了16强大门，使处于边缘的亚洲足球站在了世界的中心。这是一个壮举，让世界看到了足球从此不再只属于欧洲和南美。比赛结束后，我来到运动员休息室对运动员们说："此时此刻，4 800万国民，不，是7 000万国民都在欢呼雀跃。作为国民中的一员，我向你们表示深深的感谢。"

但是，在世界杯比赛期间，子女问题一直困扰着我。只要一回想，就会感到心痛。"国民们会怎样看我?"说实话，我真的羞于站在国民面前。

与意大利的16强赛是在青瓦台和国务委员们一起观看的。在1∶1不分胜负的情况下，安贞焕在加时赛中攻入一球，我和所有的长官们一起兴奋地高呼："大韩民国万岁!"

8强赛22日在光州展开。果然，在和西班牙的比赛中，双方均未能得分，奋战僵持到了加时赛，运动员们的体力让人担忧。但能否进入4强就取决于这胜负一线间。西班牙第四名罚点球的运动员错失了进球机会，紧接着韩国队洪明宝选手站到罚球线前。韩国乃至世界人民的呼吸都仿佛停止在此刻。不一会儿大家看到球网晃动，这是没有丝毫误差顺边而入的精彩进球。所有贵宾席上的人起身呼喊"大韩民国”。韩国成了亚洲最早进入世界杯四强的国家，我也禁不住流下了眼泪。

“今天是檀君开国以来最值得高兴的日子，国运兴盛的路从此被打开了。”

世界杯的另一个胜利就属助威团了。特别是街头助威队伍让全世界都感到震惊。我们的“红魔”真的是如同其名一般将“梦想成真”的信息植入了每一位国民的心中。

没有人确切知道，但据说在街头助威团中，70%是女性。这是在过去不敢想象的一种新现象。我一直认为21世纪是女性时代，却没有想到它来得这么迅速。

我们的运动员在与德国的较量中以0∶1输给了德国。接下来和土耳其的三四名争夺赛中，以2∶3败北。但我们并没有因败北而气馁，反而上演了对手互相激励、互相关心的精彩一幕。韩国队把前来参战的土耳其看做兄弟国，得到了世界的赞赏。而我正是这样的大韩民国的总统。

“韩国能进入四强，是不是有主办国的原因?”

这完全是一个可以一笑而过的问题，但却怕国民们因此而自尊心受到伤害，于是我让外交秘书这样转达我的意思，并正式对此问题进行解释：

“韩国在这次世界杯比赛中，不仅赢了西班牙队，也赢了波兰队、葡萄牙队、意大利队。难道你认为这都是出于裁判的原因吗？并且还有一点你们好像也误会了，所有的裁判都不是我们的人，而是由国际足联指定的各个国家的裁判。”

我在希丁克教练的身上学到了很多。起初他面临了很多指责与批评。韩国队在热身赛中成绩并不优秀，让国民们感到失望。但是他始终坚持着自己的信念不放弃，不顾忌地域、校友、前后辈等人际关系，只以实力来评价运动员。这样理所应当的事情我们在之前却没能做到。希丁克教练以钢铁一般的体力和精神力量将我们的队员武装起来，让他们在面对欧洲球队时不再恐惧，让我们看到了一个指导者的力量是多么的强大。他是真正的英雄。在世界杯成功举办纪念庆典上，希丁克教练被授予勋章及韩国名誉国民证书，这里蕴涵着希望他以骄傲的韩国国民身份留下来的意义。

我们的国民政府，听取了足球界的建议，给予了国家代表队的运动员免除兵役的特权。运动员们在本次世界杯指定用球“飞火流星”上签名后，将其作为礼物送给了我。我一个一个地看着运动员们的签名，眼前浮现出了他们洒汗赛场的面孔。

事实上，在这次世界杯比赛中，我曾有过三点担心：第一点是对于恐怖活动等安全问题的担忧；第二点是对于作为主办国能否进入16强的担忧；第三点则是由于第一次与日本共同举办重大赛事，担忧是否能克服历史、文化、技术上的差异，圆满顺利地进行。但事实证明这一切都是杞人忧天，我们举办了历史上最优秀的一届世界杯。

世界杯闭幕式前一天的6月29日上午，在西海延坪岛附近又发生了交火。朝鲜海军的2艘警备艇越过国防警戒线，我们的高速艇接近他们准备制止时，朝鲜的警备艇进行了炮击。我们高速艇上的士兵尽全力回击，但是由于对方先发制人，局势无法挽回，最终高速艇沉没，6名海军将士全部阵亡。最后通过报道得知，将士们非常英勇，在最后一瞬间也没有放下武器，一直守卫着我们的领海。

那天的交战反映出了许多问题，掩护高速艇作战的巡逻艇并没有在射程之内。高速艇在对北部的警备艇进行推挤时，巡逻艇应守在后方，防备北部的进一步挑衅，但他们并没有遵守这一规则。我认为这个问题非常严重。

在新闻发布后的第二天，此事件被称为第二次延坪岛海战。在朝鲜半岛全部被世界杯庆典的热潮包围时，北部为什么会发出如此的挑衅，真是令人难以理解。有分析说，这是朝鲜为第一次延坪岛海战中的惨败寻找报复时机而进行的有计划的挑衅行为。但无法得知北部领导层是否参与了计划。我在当天下午紧急召开的国家安全保障会议上，首先对牺牲的海军将士表示沉痛哀悼，保证政府会对牺牲海军将士的家属采取一切可能的抚恤措施，并且发表对北部强烈的谴责声明，指示确立防止再发生冲突的对策。对此，国防部长官发表了声明。

“我国政府对于无法容忍的武力挑衅表示严重的抗议，强烈要求朝鲜政府对此事进行道歉并对相关负责人进行处罚，保证事件不会再次发生。”

朝鲜就此迅速进行了回应，通过第二天一早的南北首脑会谈后开通的热线传来了紧急通知书。

“我们已确认此事件并非有计划或故意性的行为，完全是下级人员间意外发生的事故。对于此事件深表遗憾，并会努力不让类似事件再次发生。”

朝鲜的道歉也表示出不想让事态恶化，但是在当时这样的道歉书并不能公开。我方再次要求朝鲜进行公开道歉，并对相关负责人进行处罚，保证防止事件再次发生。朝鲜在约4周后的7月25日通过发送给统一部长官的电文正式表示对此事件道歉。这也成为朝鲜对我国政府发来的最早的致歉文书。我在确认了朝鲜的道歉后，按计划出席了在日本横滨举行的世界杯闭幕式。

由于西海交战事件，一部分舆论和在野党对“阳光政策”进行了连续数日的攻击。

“战败的原因，不是别的，正是‘阳光政策’。”

在野党要求中断金刚山旅游事业，但是国民们并未因此而动摇，这正体现了

"阳光政策"的威力。

我在7月1日于东京举行的韩日首脑会谈中表示，推进"阳光政策"决不动摇。对此，小泉纯一郎首相也表示会站在韩方的立场上强烈支持。这再一次告诉我们对内对外要持强有力的态度，才能促使"阳光政策"的展开。

2日，我结束了对日本的访问踏上了回国的路。回国后我直接来到医院慰问在西海交战中负伤的将士们。当天夜里，我出席了光华门街头开展的"世界杯成功国民庆典"活动。

就在所有的关心都集中在世界杯比赛上时，2名初中女生因美军士兵而失去了生命。6月13日，在京畿道扬州郡公路上，一辆美国装甲车将去往朋友生日派对路上的女孩们撞倒。美国军事法庭认为这是在公务中发生的事件，判决装甲车管理兵和驾驶兵无罪。最后，在汉城市钟路区，100余名群众对此表示抗议，进行了烛光示威活动。

随着此事件在网络上的扩散，市民们每天夜里都会燃烛抗议。市民们要求"严惩肇事美军"及修订不平等条约SOFA。12月14日，有超过5万名市民手持蜡烛聚集到美国大使馆前。法新社以题为"反美示威现场烛海吞噬美国大使馆"的报道将此消息传遍了世界。

我在国务会议上表示，SOFA改善的方向将在马上进行的韩美年度安保协议会上进行协商，并告诫不要把烛光示威扩大成反美示威。

"再次向受害者遗属表示沉痛的哀悼。我知道国民们因此事件受到了很大的冲击，其实我的心情也是一样的。我们可以批判美国的政策，但一味的反美风潮是无益于国家利益的。"

然而韩美安保协议会上并没有取得足以"熄灭蜡烛"的协商结果。在这种情况下，美国众议院国际关系委员会主席亨利·海德一行的访韩行程也闪电般地取消了。随后，美国助理国务卿阿米蒂奇抵达汉城，直接来拜访我：

"布什总统叮嘱我向韩国人民转达最深切的歉意。可以看出，最近关于女中学生死亡的示威牵系着韩国人民的自尊心，我们对此也表示诚恳的接受。"

我对阿米蒂奇强调，应尽快筹备SOFA改善等韩美两国间实质性的改进措施，并描述了市民团体要求美国总统布什直接道歉的国内氛围。

"美国应当充分理解韩国国民要求布什总统进行直接道歉的心情。"

布什总统于12月13日给我打来电话，并直接道歉。

"在这里我对于女中学生伤亡事件对金大中总统及韩国国民表示沉痛的哀悼及诚

挚的歉意。为防止类似事件再次发生，已指示美国与韩方进行紧密的协商，美国国民很尊重韩国国民，并非常了解韩美同盟关系的重要性所在。”

烛光示威在12月14日达到高潮后慢慢减弱，我并没有指示对烛光示威进行强压管制。政府不能控制舆论，一切都要根据法律来决定，集会自由应得到保护。美方已经意识到这是一个“涉及民族自尊心”的重大问题。我并不知道美方是否满意我这样的态度，但如果美国国内保守派真不满，那才是一种短见。韩美两国关系一向友好，世界上没有像我们这样坚定的同盟国，所以美国更应该意识到韩国的珍贵所在。

2003年1月，《华盛顿邮报》刊登了作家罗伯特·诺瓦克的投稿《反美主义者金大中总统》。

> 事实证明，1981年罗纳德·里根总统在韩国军方执行死刑前救出的金大中总统成为了韩国历史上最反美的一届总统。卢武铉总统当选者则更胜一筹，会牵着“山姆大叔”（美国）的胡子走。

我以驻美公使的名义转达了书面抗议，指出了对于此报道的意见。我们的国民并不是反美，而是反对美国的政策，修改SOFA的要求本身也并不是反美。如果说反美，怎么可能不要求美军撤离，而只要求修改不平等条约呢？此后，我在日本NHK电视台的节目中也这样强调：

“很多人对美国政策表示不满，但是没有人说要废止与美国的同盟关系。英国、日本也对美国的政策有批判的声音。日本也曾有一段时间试图制止抗议艾森豪威尔总统的示威，却没能成功。我们应该将反对政策和反美区分开来。”

我认为作为民主主义市民，我们的国民意识思想很成熟。反美只不过是杞人忧天，而SOFA修改才是“涉及民族自尊心”的现实性问题。

7月11日，国民政府最后一次改组内阁。李汉东国务总理辞去了总理职务。李总理在2年零2个月的任期内，促进了国情的稳定，特别是坚定地把我从民主党与自民联协作崩溃的政治旋涡中解救了出来。我对他表示感谢。

我任命梨花女子大学校长张裳出任代总理。她是韩国宪政史上第一任女代总理。与此同时，任命金正吉为法务部长官，前一军司令官李俊为国防部长官，前韩国学术振兴财团理事长金圣在为文化观光部长官，KT公司总裁李相哲为情报通信部长官，原调达厅长金成豪为保健福祉部长官，而海洋水产部长官由金昊植担任，国务调整室室长由青瓦台政策企划首席秘书金振杓担任。青瓦台总统政策企划首席秘书由前计划预算处次长崔钟灿担任。由于张裳代总理的人品、能力以及对业务的熟知程度，我们向她抛出了橄榄枝。我派了秘书室室长前去说服她，同时拜托太太来帮忙。张裳代总理终于下定了决心。在任命状的授予仪式上，我说，希望剩下的7个月如“画龙点睛”般重要。

张裳代总理根据2000年6月制定的人事听证规定第一次参加了听证会，但国会在票选中未通过任命同意书。有言论报道说民主党议员也有人投了反对票，真是让人感到可惜。政治圈向来没有倾诉的地方，张裳代总理提交了辞呈。我主持了一场没有总理的国务会议，望向空着的总理席不禁流露出一丝遗憾。

任命张代总理是为了确保政治的中立性，同时她也是可以提高女性社会地位的最合适的政治领导人之一。如今我国仍未能给女性提供一个可以发挥领导力的空间，这样的国家是无法进入世界一流大国行列的。国会的决定一定要执行，但诸如此类的努力也是必不可少的。

8月9日，前每日经济新闻社社长张大焕获任新代理总理，我授予了他任命章。刚满50周岁的张大焕代总理具备建立知识社会的领导力和促进力，但国会又一次反对他担任国务总理。无奈之下，张大焕代总理提交辞职书离开了。我再次面临挑选总理人选的抉择。9月10日，前中央选举管理委员会委员长金硕洙被任命为代总理，并获国会同意。

我的身体状况再次不佳，连续几天一直在咳嗽，医疗小组诊断为肺炎。“8·15”光复节庆祝活动我也没能出席，媒体连续多日报道了我的健康状况，美国总统布什也发来慰问函。8月19日，我在世宗路的政府大楼主持了国务会议，这是发病后出席的第一次公开会议。

许甲范主治医生退职了。与许博士的初次相识已经是1990年的事了。从为贯彻地方自治制度时的绝食斗争起，我的身体一直由他来照顾。比起身体，许博士总是更注重内心的治疗。退职之后，他也时常来拜访我。我对他十分信任。9月17日，新一任主治医师张锡日医务室长就任了。

西海交战并未给2002年夏天南北关系的恢复带来太大的影响。8月，统一部长官丁世铉与北方金灵成团长在汉城举行了第七次南北部长级会谈。之后，南北体育会谈、第二届南北经济协力促进委员会会议、“8·15”民族统一大会陆续召开。民族统一大会期间，110余名北方代表委员在南北分裂后首次访问了韩国。

在汉城第二届南北经济协力促进委员会会议上，双方代表共同决定朝鲜半岛东西的铁道和公路工程于9月18日同时开工，此决策连接了割断长达半个世纪之久的民族动脉，可谓开辟南北统一道路的壮举。会议上，北方代表还表示，朝鲜的选手团将会参加釜山亚运会。

正值南北关系有所好转之际，日本首相小泉纯一郎对朝鲜进行了突然访问。9月17日，金正日国防委员长在首脑会议上发表了《平壤宣言》，此举震惊国际社会。之前历届首脑会议上，金正日委员长均提出有意会见“可以对话的人”，我便积极促进改善朝日关系，并多次劝说小泉首相访问朝鲜。4月，通过林东源特使向金正日委员长转达的亲笔函中，我提出为了朝鲜的经济发展，必须改善朝日关系。对此，日媒还对我的“幕后作用”进行了大幅报道。

首脑会议上，朝日代表决定两国邦交正常化谈判于10月中旬展开，日方对过去的殖民统治致歉，出于对过去的补偿，日方准备向朝鲜提供无偿资金以及低息长期借贷等援助。小泉首相特地来电向我转达访朝结果，在共同发展南北关系、朝日关系、美朝关系的问题上，我们达成了共识。但其后在日本接二连三发起的右倾浪潮还是阻碍了朝日关系走向正常化。

9月20日，我动身去参加在丹麦哥本哈根召开的第四届亚欧会议。亚欧会议开幕仪式上，我发表了以下开幕演说：

“目前，朝鲜半岛正发生着划时代的变化。2000年的‘6·15’《南北共同宣言》现已进入具体实施阶段。南北间在社会、文化交流以及经济合作上也取得了飞跃进展。连接南北的铁路与公路工程已于上周开工，这对缓解南北军事紧张局面具有重要意义。不仅如此，这条铁路作为连接欧洲与韩国的‘钢铁丝绸之路’必将为建设亚欧共同体作出巨大贡献。从欧洲各地出发的火车贯通欧亚大陆到达韩国的汉城与釜山，再由世界第三港口釜山港连接整个太平洋。同时，从韩国出发的火车也可开往西欧并通向大西洋。亚欧会议一直以来积极促进的欧亚‘数码丝绸之路’已基本完成。韩国与法国间的超高速通信网已于去年12月开通，如果‘钢铁丝绸之路’亦可顺利竣工，亚欧共同体的建设将更进一步。”

欧亚各国首脑一致对世界杯的成功举办以及南北铁路工程的开工表示赞扬。朝鲜半岛问题作为大会的重要议题，各国首脑共同发表了《朝鲜半岛和平政治宣言》，宣言包括五项内容：再确认南北间和解合作进程，防止再发生诸如西海岸事件的南北武力冲突，召开第二届南北首脑会议，通过对话解决朝鲜核问题以及促进美朝对话。我们政府促进的对北政策以及外交路线均得到了各国首脑的肯定和信任。

南北和解的气流中间又一次夹杂了乌云。9月末，美国总统布什在电话中提到准备向朝鲜派遣高级特使，并称想让韩国国民了解，朝鲜同伊拉克不一样。我对布什总统有意积极参与美朝对话深信不疑，但日后发现这实属失算。10 月初，布什总统将负责国防部亚太地区事务的部长助理詹姆斯·凯利派往平壤。

对朝访问结束后，詹姆斯·凯利特使一行向我方报告了访问结果。朝鲜第一副总理姜锡柱承认朝鲜拥有高浓缩铀：“美方提出的高浓缩铀计划是实际存在的，美方拥有大规模核武器及先发制人的能力，与我国是夙敌，为了国家的安全，我们务必具备带有遏制力甚至更强大的核武器，哪怕爆发战争，我们也有作战的准备。”这一结果的发布再次震惊了世界。

朝鲜同时还透露了有意通过协商缓解美朝关系。但要求有三：一是承认并尊重现体制；二是签署互不侵犯条约；三是解除经济制裁。同时希望通过最高首脑会议协商以上事宜。

接到报告后，我倍感灰心。因为一旦朝鲜承认拥有高浓缩铀，美朝关系必将走向对立。近来得以改善的韩美关系也将再次走向崩盘。我判断布什总统将改变通过对话方式缓解美朝问题的决策，结果不出所料，以美国媒体为首的对朝攻击战随即展开。韩国国内媒体也闻声争相报道，新闻结尾还推测对朝的“阳光政策”或将终结。

对此，我首先开始准备说服朝鲜。南北第八次部长级会谈在平壤举行，前往会谈的统一部丁世铉长官向金正日委员长转达了我的信件：

“保有大规模杀伤性武器是绝对不被接受的，请务必派出特使同美国协商！无论任何情况绝不能退出‘日内瓦协议’。在墨西哥洛斯卡沃斯 APEC 三国首脑会谈召开之前首先表明立场尤为重要。”

之后的韩美日首脑会议召开前，朝鲜外务省部发言人发表了重要声明，但非我想要的答案。声明虽文句粗鲁，但字里行间流露出热切希望改善美朝关系。

“为扫除敌对关系，美总统派出特使，他认为我们促进高浓缩铀计划是违反‘日内瓦协议’的行为，如不终止该计划，朝美间将无对话可谈，朝韩关系以及朝美关系都将走向危局。美特使的主张完全是蛮横无理一边倒的贼喊捉贼的行为。违反‘日内瓦协议’的不是我们，而是美国。根据‘日内瓦协议’第一条，2003 年之前，美需向朝方提供轻水反应堆，但 8 年过去了，现在仅挖了一个基础窖。美方将朝方归为敌对势力，在这种状况之下，冒着被核暗杀的威胁，为了维护我们的自主权与生存权，我们特此声明，现在朝鲜保有比核杀伤力更强大的武器。并且，在承认自主权、确保互不侵犯、不阻碍经济发展的条件下，朝方有意通过协商的方式和解。”

我再次试图说服布什总统，于 10 月 26 日在墨西哥洛斯卡沃斯召开的 APEC 韩美日三国首脑会谈是一个机会。韩方林东源特使、外交通商部长官崔成泓、外交安保首席秘书官任晟準，美国国务卿鲍威尔、国家安全事务助理赖斯、秘书室长安德鲁，日方内阁副官房长官安倍晋三、外务省外务审议官高野纪元出席了韩美日首脑会谈。会谈中，我提出尽管朝鲜的核开发计划不可接受，但考虑到朝鲜半岛特殊的历史背景，希望务必通过平和方式解决该问题。

“近日在平壤召开的南北部长级会谈上，朝鲜表明，为尽快以和平的方式解决核问题，朝鲜愿意同美国签署互不侵犯条约以及废除核武器一揽子调解条款。我认为通过外交协商完全有可能解决这一问题，考虑到中断‘日内瓦协议’的危险性，请各国首脑长官慎重再慎重行事，如果朝鲜再次启动已冻结的核设施，其后果将不堪设想。布什总统曾于2月在汉城表明不会先发制人，朝鲜也无军事进攻意图，和平解决的意志无任何变化。”

韩美日三国发表联合声明，表示愿意通过和平的方式解决朝鲜核问题。但“日内瓦协议”并未纳入联合声明中。之后，美方一再坚持只有朝鲜先放弃核武器才会对话的立场。朝鲜核问题一直不见任何解决的迹象。为此，我曾试图做出多方面努力，但皆无济于事，同时我的总统任期也即将走向尾声。重新思考南北关系，真令人寒心。为了民族的未来，只有我在做着无用功，朝鲜却每次都在错失良机。

离开青瓦台（2002年10月—2003年2月）

虽然摆脱了财政赤字，但还是有舆论称“韩国政府变成了跛脚鸭”。事实上并非如此。作为一个国家的领导者，我未曾有过半点疏忽，始终为了国家和人民的未来竭尽全力。在任期的最后一年，我指示各部门和青瓦台秘书室全面整理国情问题。2002年1月开始，稳定了平民和中产阶层的生活、处理腐败的不正之风、改善南北关系、实施选举透明化、成功举办国际经济大会等6大类80多个国情问题。

上面所说的问题我都会一一核实。韩国通信民营化、促进电子政府等计划险些由于处于任期末期而付诸东流。但是国民政府直到最后一刻一直在尽最大的努力，将问题解决到底。安文锡委员长领导的电子信息特别委员会比预计日期提前两个月完成了电子政府的工作。在两年前电子政府构建计划发表时，大部分人对此还持有怀疑的态度。特委委员们各个都倾尽了全力，有的委员由于压力过大接受了大手术，安委员长也由于高血压受尽折磨。以平民为主构成的特委会说服行政机关，将这件大事做了一个很好的收尾。

有很多这样的人，在总统任期末还一直信任着政府，并给予支持和帮助。虽经过了许多考验，但我的身边始终聚集着许多人才，我是一名有福气的总统。80多个课题中，有70多个是在卸任前完成的。国民政府不是传说中的“跛脚鸭”，完全没有像“跛脚鸭”那样清闲。

釜山亚运会召开。9 月 29 日，开幕式在釜山亚运会主体育场举行。韩国和朝鲜选手穿着统一的服装同时入场，朝鲜半岛旗飘扬在最前面，运动员们手拉着手，2000 年悉尼奥运会上感人的一幕在我们自己的土地上再现，观众们全体起立欢呼雀跃。圣火被点燃，这是分别采自韩国汉拿山和朝鲜白头山并在临津阁汇合的圣火。

一直饱受战争折磨的阿富汗、巴基斯坦、东帝汶运动员代表团也堂堂正正地举着国旗入场。亚洲奥林匹克理事会的 43 个会员国及列席身份的东帝汶全部参加了大会。

朝鲜还派来了拉拉队。376 名队员中，288 人是坐着万景峰号来到釜山多大浦港的，在入港时升起了朝鲜半岛旗。有舆论报道，“万景峰号变成了和平使节”。朝鲜媒体也对开幕式进行了详细的报道。朝鲜的女子拉拉队更是赢得了绝对的人气，清秀的外貌和出色的助威一举将韩国群众的视线紧紧锁住，一些媒体将她们称为“美女拉拉队”。在釜山运动会上，南北上演了一出共同助威的和谐剧目。

每天都有许多市民为了看拉拉队表演而聚集到多大浦港，由于市民们拍手欢呼热情高涨，拉拉队偶尔也会在港口即兴演出。只要是美女拉拉队出现的场次，入场券就会全部卖光。朝鲜的街头管弦乐队也登场表演了，来到海云台观看演出的观众超过万名之多。

釜山虽是个具有保守倾向的地域，却也主动热情地呼应着朝鲜美女拉拉队的演出，釜山作为南北和平共处的空间受到了全世界的瞩目。在比赛场地，不论演奏朝鲜国歌还是挥动朝鲜国旗都没有引起任何骚动，南北纠纷只是杞人忧天，这再次确认了南北本是同一民族这一事实。亚运圣火熄灭了，留下了许多轶事的朝鲜美女拉拉队要回去了。在欢送式上，拉拉队队长致告别词：

“浓浓的骨肉亲情会成为永远难忘的记忆深深刻在我们的心中。”

当时是现场直播，我看到一部分朝鲜拉拉队队员流下了眼泪。

朝鲜的参加为整个亚运会注入了新鲜的活力。亚运会虽险些被世界杯的热气所掩盖，但由于朝鲜选手团和拉拉队的参与，引起了全国上下的关注，确实让人感到高兴。事实上，在我收到釜山市市长安相英邀请朝鲜参加大会的委托时，并不知道还会有拉拉队的到来。2001 年 4 月，林东源特使向金正日委员长转达了此意，令人意外的是朝鲜回应说会派选手团和拉拉队一同前来。

我们成功举办了本届亚运会，没有一点不足之处。从体育场的设施、多媒体中心到选手村的运营、志愿者服务，以及选手团的成绩，都很令人满意。我国收获了 96 枚金牌、80 枚银牌、84 枚铜牌共 260 枚奖牌，以亚运会史上最好的成绩名列综合第 2 名。朝鲜以 91 枚金牌、11 枚银牌、13 枚铜牌名列综合第 9 名。当然最大的收获就是韩国与朝鲜的相互和解。

朝鲜不光派来了选手团，还派来了视察团。10 月 26 日，朝鲜经济视察团带来了金正日委员长送来的礼物——100 多箱香菇。他们不顾与美国的“核纠纷”派来了相当于韩国经济副总理职务的国家计划委员会委员长朴南基及金正日国防委员长的妹夫、劳动党中央组织指导部第一副部长张成泽等 5 名部长级人士。视察团逗留了 9 天 8 夜，对韩国的经济进行了认真的学习。

为了获得更深入更广泛的了解，视察团每天都会请求增加一两个原来计划中没有的日程。18 名视察团成员中，即使大部分都已近高龄，却还表示“还想更多地了解，可是没有时间”的遗憾。后来我在一个报道中看到视察团团长朴南基在访问一个大企业后在留言簿上写道“我们的民族最强”。我能猜到朴团长当时的心情，从他们的眼神中流露出的困窘就能得知。

美国前总统卡特获得 2002 年“诺贝尔和平奖”。卡特总统卸任之后，一直致力于人权和世界和平事业，他的光辉足迹踏遍全世界，其中也包括他为朝鲜半岛和平而做的努力。1994 年美朝核问题引发危机之时，他曾亲自访问朝鲜进行谈判。2001 年 8 月，他为参与“寻家爱心运动”访问忠清南道牙山市。卡特前总统夫妇、菲律宾前总统科拉松·阿基诺以及金宁珍、金槿泰议员一起在骄阳下盖房子的情景太美了。卡特总统完全有资格获得“诺贝尔和平奖”，之前，我获得了该奖项还感到过意不去，现在总算放平心态了。前几天，我特意向他表达了我的祝贺。

在忠清南道牙山市，与为参加“寻家爱心运动”而到韩国的美国前总统卡特会面。卡特前总统卸任后一直频繁活动，受到人们的尊敬和爱戴

10 月 24 日前往墨西哥参加 APEC 领导人峰会，这是在任期内的最后一次外交活动。韩美日首脑会谈之后，在科罗尔酒店我会见了中国国家主席江泽民。江泽民对我的健康表示非常关心。

墨西哥峰会期间，布什总统还来过一次电话，邀请我同他一起去钓鱼。

但我身体并不好，会晤期间要拄着拐杖方能行走。这是我与各国首脑的最后一次相会，但仍无法致以令人满意的问候。

在位时最后一次参加的墨西哥 APEC 首脑会晤，与各国首脑进行了道别

我在归国途中访问了西雅图，在四季酒店和侨胞一同举办恳谈会，并会见了微软总裁比尔·盖茨。他对韩国信息化事业给予了很大的帮助。近来比尔·盖茨财团还对汉城大学国际计算机病毒防治研究所做出有力支援。我对此表达了谢意。比尔·盖茨表示，与我一同探讨 IT 事业未来的对话，将成为一段宝贵的记忆。他作为一名 IT 界巨人，为人却相当朴实。他在韩国企业生产的手机上签名后，送给我做礼物。这个手机在我退休后还一直在使用。在展望未来的路上，他作为虚拟世界中的朋友与我们同行。

听闻在汉城地方检察厅本部内，检方将一名谋杀嫌疑犯暴打至死，对此我感到万分惊愕。这在“人权政府”中是绝对不应该发生的事。作为检方更应该坚守人权，拷打犯人至死是万万不可饶恕的事。事后，我受理了法务部长官和总检察长所提交的辞呈。11 月 8 日之后，法务部长官和总检察长已分别确定为前任大韩法律救助公团理事长沈相明和法务部次官金珏泳。

11月15日，我为活跃于美国职业高尔夫球赛事（PGA）中的崔京周选手颁发了体育勋章“猛虎奖”。崔选手作为韩国人，在PGA百年史中首次获胜，可谓一大壮举。

“马拉松英雄”孙基祯去世了。日本帝国侵占时期，他在柏林奥运会上获胜。他让我们民族在20世纪深深体会到最戏剧性也最感人的瞬间，对我来说，他是个实实在在的英雄。我嘱咐秘书长拜祭他的灵堂，追封勋章，并通过代言人送上悼词：“再一次对唤醒民族之魂的孙英雄致以最沉痛的哀悼。”

马上就要进行总统选举了。卢武铉、李会昌以及国民统合21党的郑梦准三人展开最后的争夺。郑梦准作为大韩足球协会的会长，表示将带领韩国闯入世界杯4强，以此作为竞选的筹码。但时间一长，他的支持率就开始下滑。卢武铉和郑梦准都在摸索单一化进程，并就“通过舆论实现单一化”达成协议。通过舆论调查，卢武铉成为两党“总统候选人单一化”后的候选人。这场选举实际上成为卢武铉与李会昌两人间的大规模交战。

选举最后一天发生了一件出人意料的事。在投票的前一天晚上，郑梦准宣布放弃对卢武铉的支持。原因在于，卢候选人在发表竞选演讲时，并没有给予郑代表提名而提名了别人。这是一件让人无法想象的事情。此番选举经过多番迂回曲折，最终卢武铉在第16届总统选举中获胜。卢武铉获得48.9%的支持率，得到1 201万票，李会昌获得46.6%的支持率，得到1 144万票。

我对于他的获胜感到非常高兴。虽然已离开政党，但民主党的胜利终究是执政党的胜利，所以选举期间，在野党顽固地攻击了无党派的我。

卢武铉当选后，于12月23日来到青瓦台。我在本馆玄关处等待。5年前，前任总统金泳三也正是在此地等我。我们共进午餐，举杯庆贺。他是旭日东升，我已是夕阳西下。我向当选人诚心诚意地说明了朝鲜核安全等紧急问题，当选人向我保证坚守“阳光政策”的实施。

2003年新年过后，我阐明了东桥洞派的解体，指出日后不管发生什么事，媒体舆论或政治圈中禁止使用“东桥洞派”这个名称。我通过秘书长朴智元向民主党转达了自身立场。其目的在于表示我将不问一切政事，退休后重新做回一个平凡的市民，同时也不想给新上任的卢武铉政府带来负担。所有人都希望警戒独裁政治的恶势力，建立一个新的政治秩序。助后任总统取得成功是我的职责，同事们都表示赞同我的意愿。

第 16 届总统大选过后卢武铉来到青瓦台，我对他表示祝贺

与此同时，我决定将亚洲太平洋平和财团义捐给延世大学。亚洲太平洋平和财团寄托了我追求和平的思想和动机。1994 年财团创办时，国际民主人士大举出席。之后，积极展开了有关朝鲜半岛统一和民主发展的各种研究活动。同时与国际研究所合作，在多个领域中均有所获。

亚洲太平洋平和财团在东南亚国家中选定东帝汶和缅甸作为战略性支援对象国。通过帮助东帝汶重建国家、对缅甸民主化运动做出支援等，展开和平事业的蓝图。我卸任后，本想在亚洲太平洋平和财团为朝鲜半岛的和平统一以及世界人权做各种研究，度过余生。但当时亚洲太平洋平和财团正处在风口浪尖上，在各界不断非议其财政透明性和运营合法性、财团高层仍被拘留的情况下，这种构想无法实现。

于是我决定将财团捐赠给公益机构。秘书长朴智元和附属室长金汉正，与延世大学校长金雨植、文正仁教授等反复交流协商。金校长于 1 月 17 日接收了亚洲太平洋平和财团，并宣布建立“金大中图书馆”。我将官邸书房中所藏的 1.6 万多卷图书和资料一同捐赠给延世大学。亚洲太平洋平和财团就这样解体了。同时，亚洲诞生了首个以总统名字命名的图书馆。

朝鲜宣布退出《不扩散核武器条约》。1 月 10 日朝鲜发布了政府声明。

“根据 1993 年朝美共同声明，暂时保留退出《不扩散核武器条约》的有关承诺立即生效，同时今后不再受制于该条约规定的国际原子能机构担保协议的约束。退出《不扩散核武器条约》的原因在于美国实施反对朝鲜民主主义人民共和国的核战争政策和国际原子能机构的不公正待遇。”

朝鲜此番的强硬态度早是意料中的事。因为美国停止履行“日内瓦协议”中规定的提供重油的条款。而面对布什政府的敌对政策，过去两年间一直致力于改善两国关系的朝鲜一下子再也没有了盼头。朝鲜再次选择了“悬崖战术”。

不久后，美国联邦参议员爱德华·肯尼迪在美国国家记者俱乐部的邀请讲演中，尖锐地批判正是布什政府的政策引发了“朝鲜核危机”。

“危机正是无视金总统‘阳光政策’的布什政府引起的。”布什的外交政策采取了“不是我的道路就是错误的道路”的单边主义原则。在南北双方对话期间里，美国一直从中阻挠，使状况更加恶化。

肯尼迪议员对朝鲜半岛的现实非常了解，议员的演说像是在给我提供支援。

离卸任没有多少时间了，可是我还在考虑如何解决朝鲜的核问题。我决定再一次派出林东源特使、任晟準外交安保首席和李钟奭，卢武铉当选者一方的交接委员也一起同行。1 月 27 日，林特使一行通过西海岸陆路向平壤进发。那是一个雪天，我希望林特使可以平安到达，也可以一如既往地为我们带来好消息。但此时的希望比任何时候都渺茫。林特使一行向金正日国防委员长递交了我的亲笔信。信中提及了朝鲜核问题对南北关系、新政府合作关系的影响，以及我个人的建议。信中还恳切地希望朝鲜在国际秩序混乱的时期，致力于和超级大国美国改善关系，以减轻美国对朝鲜的疑心，特别是对铀浓缩计划的疑心。我在任期内的最后一封亲笔信的最后一部分是这样写的：

> 我无论在何种情况下都一心致力于南北间的关系缓和和合作发展。本人的继任者卢武铉总统也积极支持《南北共同宣言》，约定要更进一步发展缓和合作政策。
>
> 我会一直不遗余力地为我们民族的和平统一事业作出自己的贡献。
>
> 我和国防委员长会晤之后，南北间的相互理解和合作一直在良性发展。我在任期内一定要连接京义线铁路，作为我们民族关系得到历史性发展的佐证。它可以成为我们缓和与合作的划时代发展之路，成为阻挡逆风的盾牌，成为为我们记录下这个时代的物证。
>
> 但是，这一重要的事业现在还没有完成，我个人感到非常遗憾。因为还有时间，委员长您如果下定决心，我坚信京义线的连接一定可以实现。
>
> 我和委员长一起，作为南北分裂半个世纪以来清理屏障的国家领导人，现在虽然到了离任的时刻，却也一直恳切地希望看到南北和平共存、共同繁荣的

那一天早日到来。

林特使一行在平壤停留了三天两夜，可是却没有见到金委员长。朝鲜方面说，金委员长在地方上有重要的视察活动。朝方只是通过金容淳秘书向林特使传达了消息。

“我们收到了金总统特使传达的信息，金总统派出特使递交满载温暖建议的亲笔信，我们对此感到非常感谢。我们会仔细考虑金总统的建议，并在以后给予答复。”

我非常失望。在任期末期，金委员长不见代替我出访的特使，我十分气愤。不知是不是读懂了我的心事，林特使说，尽管如此，朝鲜方面还是准备了盛大的宴会招待我们。朝鲜经济视察团成员准备的宴会是对我方款待的报答，参加宴会的视察团成员都强调南北经济合作的重要性。

新保守主义者得势的布什政府和以核开发应对的朝鲜当局的对峙实际上是非常危险的。但是，美国和朝鲜都不是那么容易说服的。而且，国内的保守主义者的冷战式思维也是难以逾越的障碍。我对美国和朝鲜都感到失望。其中，对先违背约定的布什政府提出的强硬政策，更感到担心。这种担心，在日后朝鲜的核开发过程中变成了现实。

世界卫生组织防治结核病计划主任李钟郁当选为WHO总干事。这是我们国家的喜事。这是韩国人第一次在国际机构的首长选举中胜出。保健福祉部长官金成豪劳苦功高。金长官曾申请和我单独见面，建议推荐李博士参加WHO总干事的选举。他说他会为此事奔走，并向我寻求帮助。我欣然同意了，并给俄罗斯、沙特阿拉伯、约旦、科威特、哥伦比亚、英国、立陶宛7个国家的首脑写了亲笔信。金长官带着我的亲笔信，踏上了“造就李钟郁总干事”的征途。正式投票一直持续了7轮，在这场拉锯战中，32个执行理事国参与了投票，李博士以17票当选。2月7日，我接见了他。

“我早年曾经说过恐怖的根本原因是从贫困开始的。今后，为了减少因为贫困而受疾病之苦的人们的绝望和愤怒，请您努力吧。”他对我说他一定会做好自己的工作。

任期结束的十天前，韩国—智利自由贸易协定（FTA）缔结。在青瓦台，我和智利总统里卡多·拉戈斯共同出席仪式，两国外贸长官签署了协定。经过了四年多的反复协商，韩国和智利的FTA协定终于完成。这是韩国的第一份自由贸易协定，也是太平洋两端国家间的第一份协定。但是两个国家协商的过程却十分曲折。

1998 年 11 月，新政府亮相后第一次召开的对外经济调整委员会会议预示着通商政策的大转换。韩国先与澳大利亚、南非、智利、土耳其四个国家缔结 FTA，进而向美国、日本和东盟扩展。这四个 FTA 协定对象国分别属于中南美、非洲、中东、大洋洲四片大陆。和它们签署 FTA 就可以把它们作为桥头堡，确保对各个大陆的出口份额。可是，决定要先和哪个国家签署协定的过程非常艰难。有得必有失的贸易开放过程，对某些产业必然会产生不利，国内的反对之声也一定会随之而来。尤其是农业开放，一定会招来农民的强烈反对。

政府决定把智利作为第一个 FTA 的签署对象国。因为两国的产业互补，并且贸易规模不是很大。这对没有签署 FTA 经验的我们来说，可以减少风险系数。而且智利和我国的季节是相反的，农产品的收获季节也不同，这可以减少农民的损失。智利实行民主主义和市场经济，可以作为我们打开中南美市场的桥头堡。

我在马来西亚吉隆坡召开的 APEC 首脑会议上和智利时任总统爱德华多·弗雷会晤时正式提出了开始实务协议的建议。此后两国开始进入协商阶段。但是和预想的一样，农民开始反对。意识到葡萄酒开放会带来损失的葡萄农反对尤其强烈，协商被迫中断。

但是我也不能中途放弃。世界经济以大陆为单位的集团化走势日趋明显，要打破这种局面，除了 FTA 之外别无他法。2001 年 10 月，在中国上海举行的 APEC 首脑会议上，我和智利新任总统里卡多·拉戈斯会晤，决定再次开始两国协商。农民反对的热潮依旧没有消退。最终，我们把大米、苹果、梨列为不参与自由化的产品，并把国产电冰箱和洗衣机从无关税产品清单中剔除。2002 年 10 月 25 日，韩国—智利 FTA 圆满缔结。

我十分理解反对 FTA 者的立场和心情。但是，我们国家资源贫瘠，可以赚钱的手段只有贸易。想要做生意就要确保市场，想要进入市场就只能通过 FTA。如果签署 FTA 是不可避免的，那么就要准确地预测国内产业的损失，调整先后缓急，充分发挥我们的协商智慧。

在强大的中国和日本之间，我们国家经常被称为“三明治出身”，这点我绝对不同意。我从很久以前就开始把我们的民族想象成在两个巨大市场之间的“水沟里的牛”。我们可以吃水沟两岸的草。而没有任何干涉地自由出入沟渠的办法就是 FTA。在积极促进 FTA 的进程中，如何得到落伍的人们的认可，需要费一番心思。国民政府展开的“生产性福利”是多种答案中的一种。

“对北汇款事件”爆发了。在野党议员提出“现代商船有限公司获得4亿美元的贷款，作为金刚山旅游的回报汇入了朝鲜”。事件像雪球一样越滚越大。在野党提出，青瓦台参与了贷款事宜，并疑心这笔钱是作为南北首脑会谈的代价。之后，他们又提出首脑会谈是拿钱买来的。

由于是在任期末发生的事件，想要适当地解决非常困难。除了舆论之外，卢武铉当选者方面也表明了“调查取证不可避免”的态度。当选者秘书室长公开说“要抖一抖金大中政权”。国民政府为了改善对北关系付出了多少心血，当选者方面也是知道的。但是和对北关系比起来，他们更重视政治法则。任期末的政权是真正无力的。我决定再次站出来，直接向国民说明事实。2月14日，我发表了《对国民说的话》。原稿是我熬夜亲手写的，通过直播和转播播放了出来。

“最近因为现代商船对北汇款事件使各位国民忧心忡忡，我的歉意无以复加。我个人的心情也非常惨淡和沉痛。

“在政府促进南北首脑会谈的过程中，已与朝鲜当局有过很多交往的现代集团给予了政府很多帮助。作为现代对北汇款的回报，朝鲜方面给予了现代集团铁路、电力、通信、观光等7项事业的开发权。政府觉得这些对朝鲜半岛和平和国家利益都有很大的帮助，因此尽管在实行法规上存在一些问题，但依然允许了这一做法。但是这一事件成为了公开的问题，政府应该说明真相，所有的责任都应该由作为总统的我来承担。我要对这一事件承担责任。

“我们根据国民协议，一方面要对朝鲜进行严密的安保，一方面要促进南北关系缓和和合作。由于南北关系的两重性和朝鲜的封闭性，南北问题不得不在法律范围之外以非公开的方式处理。

“这种处理方式在两德的合作关系中也有迹可循。这次的情况，也是从以下两个初衷出发的——怎样才能阻止朝鲜半岛的战争，让朝鲜民族共享和平和繁荣？怎样才能让我们的国民一边安心生活一边开辟统一的新局面？

“我会对这次事态负责任，但请各位国民一定要理解我为了和平和国家利益的初衷。另外，还请你们一定不要损坏来之不易的南北关系缓和和国家利益发展的机会，希望你们以最大的度量来支持南北合作。”

虽然我进行了殷切的呼吁，但是在野党的攻势依然不减。他们主张使用特别检查制。就在我宣读《对国民说的话》、召开记者会的那一天，金刚山作为陆路示范观光点开始对游客开放。休战线被打开，韩国的大巴车朝北方驶去。

到了离开青瓦台的日子。妻子为了整理行装非常忙碌，但实际上要带走的行李也没有什么。看来妻子也是心乱如麻。即便是只有我们俩的时候，妻子也不跟我说她的心里话。2月10日，我们与民主党和自民联人士共同举行了晚宴。在宴会进行过程当中，妻子很难得地发了言。这些话是两个人在一起时由于难为情而不好意思说出的话，是专门说给我的。

“现在回望过去的五年，我有很多遗憾。丈夫为了国家和民族尽了他最大的努力，虽然他是我的丈夫，可我还是想要称赞他。我在旁边看着他，他常常睡眠不足，真心实意地想着这个国家，爱着我们的民族。”

任期中我常常睡不着觉，直到黎明时分都辗转反侧是常有的事。在青瓦台生活的五年，像昨天的事一样清晰却又恍若隔世般遥远。

如夫人所述，旁人如何评论无妨，总之是尽力而为了。当选后，面对国库空虚的报告，当时我是何等震惊。只要是我能到得了的地方，无论哪里我都去了。当时的外汇储备是39亿美元，现在已经超过1 200亿美元了，居世界第四位。

过去50年间，韩国在输出方面非常努力，可累计赤字还是达到了900亿美元。但是现在，大部分赤字已经消去，只剩下50亿美元了。过去50年的外资投资是246亿美元，但是这五年中超过了600亿美元。这样的增长体现了外资对国民政府的信心，他们坚信朝鲜半岛不再会有战事。

金融、企业、公共、劳资四大部门的改造为我国带来了“经济强国”的美誉。另外，2 700万的网络人口也造就了“IT强国”的威名。我们建立了健康保险、雇佣保险、产灾保险、国民年金四大保险体系，并制定了《国民基本生活保障法》，让这片土地上的国民不再为饥饿和教育匮乏而担惊受怕。尚未竣工的“我们的安全社会网络体制”也常常有外国团体前来学习效仿。过去五年间，韩国已成为世界一流的人权国家。游行示威场合再无催泪弹，暴力也被禁止。“阳光政策”虽一直饱受争议，但是比其有效的方法又何处可得？我们运用“阳光政策”，解决南北紧张关系，为招商引资贡献力量，从而改善朝鲜社会。

回眸这五年，上述种种没有一件是简单的。但是只要是正确的路线，我们就会毫不犹豫地走下去，一件一件说服人们，从而一件一件地完成它们。这样的事情是打造一流国家的基石，虽困难重重，但意义深远。

独自审阅报告到深夜，每每在其中发现为了国家而展现的热情和智慧时，我总会热血沸腾。还有什么能像这样的事一样让人喜悦呢？除了总统，国之栋梁们为国家付出的努力和苦心又有谁能知晓？为了阅读报告、整理国务，我常常熬至午夜。夫人总是这样说：“在今天之内睡吧。”其实夫人从未在我之前入睡，每每想起这一点我心中就愧疚不止。

临近卸任，心中的苦闷也加深了。这可能也只是我个人的杞人之忧吧。回忆一下，国民政府所促进的政策大多在立法的阶段即饱受争议之苦。深知承担这样的痛苦所需的勇气与决断力，我完整地记忆着其中的艰辛。

“新政权将如何解决对北汇款事件？朝鲜核问题又将如何应对？这片土地上的人权将何去何从？政府和人民是否还能记起我？”

仔细想想总觉得其中满是私念与欲望，所以决定回心务正。“只要我尽力了，那为什么还要期望那么多？我做不到的这些，卢武铉总统定能好好解决。他是民主党内公认的我们的总统，不是吗？”

日本经济评论家、美国加州大学洛杉矶分校（UCLA）教授大前研一在日本半月刊 *SAPIO* 中评论了我的生平业绩。大前教授之前在同一杂志上发表了《金大中总统统领下的韩国再也无法经济复苏的理由》，特别对我进行了指责。

> 盲从美国而致使国家分裂，后世历史学家们将会称其为最大的失败。

这样的论调，直接炮轰为了国家强盛而大兴改革之风的我和国民政府，使我们在很长一段时间内饱受争议。但是曾出此言的大前教授对于卸任后的我却赞赏有加。这件事情媒体也有报道。

> 除了金大中总统之外，再也没有谁能对韩国经济有如此大的贡献，因此我们应该从心底感谢他。从古至今在五年之内推动如此变化的总统着实不多。五年之内把韩国经济从“V”字形中拖出来的稀世罕见的名总统，我曾尖锐刻薄地批评过他，但是现在我想为那篇文章表示深切的歉意。

大前教授实实在在地承认了自己的错误。对于他的勇气，以及他作为学者的良知，我深表谢意。我卸任后，三个辅佐过我的人前来问候，金瀚庭、金炯旻、尹哲九秘书长等守护了我。

出入青瓦台的记者们为我寄来了他们一同制作的“致总统”的纪念牌。上面共有 85 人的签名。我卸任后将其挂在卧室，常常观看良久。

> 五年间您实在是受尽太多苦了。是您，在 IMF 外汇危机中拯救了大韩民国，

传达南北平壤会谈的喜讯，分享“诺贝尔和平奖”的感动，举办世界杯达到万众一心。您是载入史册的总统，我们敬重您！

过去的五年中，笔锋比任何时候都犀利的记者们如此鼓励我。恍惚间，那些和我飞到世界各处，见证了各种历史时刻的记者们的脸庞一一浮现了出来。

我与青瓦台的工作人员一起照了纪念照，其中有照顾我饮食的文汶戌局长和厨房工作人员、朴成裴理发师、赵孝庭设计师，以及在官邸做事的被称为“整理员”的工作人员们。他们每天与我相见，是否知道我心中对他们的感恩呢？我与他们一一作别，问候良久。

终于，那一天还是来了。2 月 24 日上午，我参拜完国立陵园，回到青瓦台，主持了最后一次国务会议。会议前，我以“伟大的国民贤士们”为题，做了卸任讲演。

“敬爱的国民，今天是我作为总统为大家服务的最后一天。谨此与大家作别。对于过去的五年中国民对我的鼓励和鞭挞以及如泰山般的恩惠，请允许我表示深深的谢意。鄙人此生中，一直以与大家一起为了民族和国家的利益而同心同力、尽心奉献为最大的目标与意义。

“虽然依旧留下了很多遗憾与悔恨，但是过去的五年中，国民与政府的努力让我们抓住了使国运昌盛的好时机。

“我的一生，特别是过去的五年间，一直是一瞬间都没有停息地疾驰至今。现在也是需要休息的时刻了。但是直到生命的终点，我依然会为民族和国民而常怀忠心。

“国民们，请支持卢武铉总统。新政府所追求的民族间的和解以及国民参与中的改革是必须要实现的。我坚信卢武铉总统可以完成这一使命。

“我对我们民族的未来充满希望和信心。大韩民国一定会成长为受世界尊重的伟大的国家。我们的国民有这样的资格。经济强国的梦想一定会实现，南北间的和平统一也定将成为现实。

“如今我将离开国政现场。在艰难的政治生活中因为我而蒙受身心创伤的人们，在此我想真诚地向你们致以歉意，希望得到你们的谅解。

“敬爱的国民们，让我们团结一心，常怀对明天的期望而努力奋斗吧！为了民族大义而同心同力吧！谢谢。”

之后，我久久凝视着世宗厅里挂着的我的照片。那里挂着历代总统的肖像。不论功过如何，他们都是引领过大韩民国的总统。我与夫人在那里久久驻足，观

结束最后一次国务会议后与国务委员们合影。直到最后一刻，我还在担心国政，与长官们一起尽了全力

望良久。与国民政府最后的国务委员们共进午餐之后，照了纪念照。也与秘书室的首席以及特别辅佐官一起照了纪念照。朴趾源、林东源、李起浩、崔宗灿、赵淳龙、李宰信、玄正泽、任成俊、赵永达、金尚南、朴善淑、赵永宰、朴金玉，他们坚守到最后的精神难道不动人吗？

下午5点，我离开了青瓦台，所有的职员列队作别。不知道如何得到消息的人们，蜂拥而来，沿着道路为我鼓掌，并挥动着太极旗。刚到我在东桥洞的家，那里的巷子里也满是聚集的人群。特别是年轻人热情地呼喊着我的名字。感谢大家！我为大家做了即兴演讲。

进入私宅，那是被一些媒体称作“阿房宫”或是“宫殿”的我新建的家。以前我一次都没有来过，所以很陌生。每个房间我都看了一遍，怎么看也不像是阿房宫。卧室里放一张床就满了，坐在床上，我凝望窗外渐渐暗沉的天空许久。过去的五年如烟如梦，而此刻却突然睡意汹涌。

第十二部　2003 年 2 月—2009 年

回首往事，有遗憾之处，但没有后悔。我最畏惧的是历史对我的审判。我们虽然可以欺骗世人一时，但是却不能欺骗历史。历史始终站在正义之侧。第二个畏惧是来自我内心的良心之声，直到最后，我仍然坚信历史与国民！

心怀世界（2003 年 2 月—2005 年 12 月）

我参加了第 16 届韩国总统卢武铉的就任典礼。2003 年 2 月 25 日，前任总统等很多人士都聚集在韩国国会议事堂广场。当天，我觉得身体很不舒服。我走出家门口的时候觉得浑身乏力。前一天，我身为韩国总统努力使自己振作起来。现在，我真不能坚持下去了。幸运的是，所有人都将目光集中在新任总统身上。我尽最大的努力集中注意力支撑着自己，要祝贺新任总统的就任。

过去五年来，我的身体越来越衰弱。我在青瓦台总统府的时间让我承受了不少苦痛，导致身体虚弱。特别是，在就任韩国总统期间，髋关节的疼痛一直让我非常痛苦。我虽然没有表现出自己的疼痛有多严重，但总是在走路的时候，怕因疼痛而摔倒。其实，我是三级残疾人。在国家级活动及外交仪式当中，我要非常注意不能失脚摔倒。有的时候，我常因腿部没劲或失脚而差点摔倒。每次面对这种情况的时候，我总是认为如果我摔倒等同于国家的摔倒，因此走路的时候十分小心。开始活动之前，我再次决心作为韩国的代表绝对不能摔倒。虽然我的腿部疼痛严重，但我还是满脸带着微笑，一次也没有摔倒。

3 月 15 日，韩国总统卢武铉颁布了“对北汇款事件”的特别法案。除了一名国务委员之外，所有韩国国务委员都对此表示反对。统一部长官丁世铉反对说，“如果对外公开对北项目促进过程的话，南北对话和民间交流将会面临被搁置的危险”。但卢武铉总统却对此采取了视而不见的态度，这真让我感到震惊。我在卸任十日之前热切号召，“这一问题不能成为司法审查的对象”。当然，这一问题有触犯现行法律的嫌疑，但这有利于朝鲜半岛的和平与国家的利益，所以我接受了。身为韩国总统，我会承担有关这一事件的所有责任。

我就任期间国民政府决定向朝鲜提供 1 亿美元的资金。有钱的哥哥访问贫困的弟弟的时候，怎么能空手去见面呢。但政府直接给朝鲜提供支援，法律上确实存在问题。我不得不通过现代集团向朝鲜提供援助。当然，现代集团也获得了相当于 1 亿美元的额外补偿。

听到现代集团对北汇款获得 4 亿美元的回报的时候，我非常生气。但仔细分析 4 亿美元支持所带来的价值——7 项项目之后，我觉得可以理解。当时，我想起了英国前任首相本杰明·迪斯雷利（Benjamin Disraeli）。他听到埃及计划因财政情况不好而出卖苏伊士运河股份的消息之后，决定秘密购买股份。如果法国运营苏伊士运河的话，那么英国会受到很大的打击。为了防止事情发展到这一地步，英国政府要投入巨大的资金来购买股份。但如果通过英国议会批准，确保所需要的预算的话，那么法国就会知道英国政府的这一计划，从而可能造成英法两国之间的纠纷。因此，英国首相从当时欧洲最大的财阀罗斯柴尔德家族（Rothschild Family）公司借入了资金，秘密确保苏伊士运河的运营权。我也根据韩国真正的国家利益作出了决定。为了打开韩国和朝鲜和谐与对话之门，我什么都能做到。

现在，我真不知道卢武铉总统会将朝鲜民族的问题推到哪种地步。他当然认识到南北问题不能成为政争的对象。

如果总统作为国家代表将最高国家机密视为无关紧要的事情的话，那么哪一个国家能相信韩国政府而与我们进行对话呢？卢武铉总统曾经对我和国民政府的促进政策表示赞同，但他却决定改变路线。我想他就任一开始就走错了第一步，没有聆听国民的意见，导致南北关系陷入僵局，其副作用也可想而知。但我对此没有表示任何意见。

4 月 22 日，我和卢武铉总统夫妇会晤。当时，他问道：“现代集团对北汇款是怎么回事？”我不能理解他为什么这样问我，这令我感到不太愉快，但我淡然回答了他的提问：

“我对现代集团的对北汇款事件不能成为司法审查对象的想法没有改变。”

卢武铉总统怀疑我和国民政府的对北项目的工作人员。当时，我确实不能理解卢武铉总统的态度。我还不能理解民主党领袖对“特别检查方针”保持沉默的理由。尤其是，韩和甲代表对此袖手旁观的态度让我感到非常失望。

“特别检查”毫不留情，对银行、企业、政府机构的有关人士进行了彻底的检查。在检查过程中，敏感的问题浮出水面了，让相关人员感到非常困惑。国民政府的金融监督委员长李瑾荣、总统府经济首席秘书李起浩、青瓦台秘书室长朴智元被拘留。他们是朝鲜半岛统一的中坚力量，而不是罪犯。这一事件发展到“现代集团秘密资金疑惑”事件，即青瓦台前任秘书室长朴智元从现代集团方面非法收受贿赂150亿韩元。但大法院判决朴智元无罪。加上在裁判进行的过程中，现代集团总裁郑梦宪在自己的办公室里跳楼自杀，由此可见，“对北特别检查”给韩国社会带来了很大的冲击波。面对这样的现实，我承受了用言语难以表达的痛苦。但我对郑梦宪总裁的夫人玄贞恩女士继承丈夫的遗志表示赞扬。她就任现代集团总裁。她在南北关系陷入僵局的环境中继续为公司的发展作出了不懈的努力。从她优秀的经营和管理人才的能力中可以看出，她会成为国家级人物。

美国终于派兵攻打伊拉克了，从3月20日起开始进攻。布什政府主张，发动战争的理由是维护世界和平。但战争不能成为维护世界和平的手段。布什总统以伊拉克拥有大规模杀伤性武器（化学武器）为理由强行对其进攻。但在伊拉克却没有发现杀伤性武器。我想，布什企图通过进攻伊拉克来缓解美国国民对经济低迷不振的失望和“9·11”恐怖袭击造成的不安心理。

在美国布什总统选择战争的时候，我就认为美国一定会付出相应的代价。果然，国际社会开始强烈批评美国的举措，甚至美国的传统友邦也不再支持美国的立场。战争渐渐长期化，美国陷入了不能回避的深渊。美国到处发动战争，消耗了巨大的军费，通过军产复合体（military - industrial complex）付出庞大的资金用来生产武器，导致美国陷入滚雪球似的国家债务危机。

在发生第一次世界大战以后100年左右的时间里，世界秩序在美国强权之下的安定和平时代逐渐衰落。美国一直以来在经济、军事、科技领域居于世界第一位。但现在美国民心动摇，国际社会对美国的态度发生了很大的变化。从此，以美国主导的世界经济将发生莫大的变化。布什政府造成美国在国际社会的地位大幅下滑。他的傲慢举措不仅损坏了自身名誉，还损坏了国家名誉。布什执政时期对美国乃至世界带来了很大的灾难。

我因心绞痛住进了韩国塞布兰斯医院。5月12日，我做了一次扩张心脏动脉的手术之后，首次接受透析治疗。我真是感到前景暗淡。从此，我要继续接受透析治疗。以后的日子里，不接受透析治疗不能维持生命的情况让我非常痛苦。出院之后，我继续在家进行透析治疗。我没有想到我的余生还碰到了这种难关，我很难面对现实。当然，医生和秘书安慰我说，到海外旅游也不成问题。

其实，我对此早有认识。在1997年总统选举期间我身体良好，只是肾脏功能存在一些问题，当时医疗人员就说，三年之后的2000年，我可能需要接受透析治疗。但我在就任期间拒绝了接受透析治疗。2002年12月，韩大锡博士（延世大学肾脏专科大夫）说，“不能再推迟透析治疗”，应准备扩张心脏动脉的手术。当时，我非常苦恼，作为国家的工作人员，我不能躺在医院的床上。透析治疗至少需要4个小时，加上接受透析治疗之后我不能做正常工作，所以我不得不将治疗推迟到卸任之后了。

美国总统布什通过美国驻韩大使馆发信件给我，祝我早日康复。

“听到金大中总统出院之后恢复健康的消息，我非常高兴。我相信您会像过去数十年来在民主和人权的斗争中一样，能够克服目前面临的困难。”

我一想到美国布什总统就心情沉重。2001年，布什总统在韩美第一次首脑会谈上采取了非常无礼的态度。他毅然推翻先前的决议，甚至在记者招待会上强烈批评朝鲜国防委员长金正日。布什总统的周围被新保守派包围，根据他们的要求制定和运营对朝政策。然而，我以诚实的态度苦口劝说布什总统，他终于改变了自己的立场，不再对我采取无礼的态度，并对以前的事情表示歉意。2004年，韩国外交通商部长官潘基文跟我说，“布什总统对2001年韩美首脑会谈的事情表示深深的歉意，要求我将这一事实转达给金大中总统”。

5月，我被授予“晚春统一奖”。会议上高度评价我为朝鲜半岛的和平统一作出的贡献。我的夫人代替我参加了在白凡纪念馆举办的颁奖典礼。8月份，我还被选为第七次“万海大奖”获奖者。

8月27日，在中国北京召开了六方会谈。除了韩国和朝鲜之外，还有美、中、日、俄四大国为解决朝核问题参加了会谈。其实，朝鲜宣布退出《不扩散核武器条约》，国际原子能机构特别理事会通过了决议案，将朝核问题向联合国安理会汇报。此后，六方会谈才得以召开。

朝鲜完全放弃“日内瓦协议”，并发表开发核武器的声明之后，美国加快了“朝核问题的国际化”进程，并提出了六方会谈。由此可见，美国实际上放弃了独自处理机制。

美国布什政府企图形成“反朝联合战线”，对朝鲜进行施压和封锁，使之濒于崩溃。但美国的这一战略没有获得其他五方的同意。美国依然坚持朝鲜应先弃核的立场，朝鲜却主张弃核与经济援助要相互连接并同步进行。六方会谈陷入了僵局，朝鲜继续开发核武器。布什政府的对朝强硬措施使形势发展到最恶劣的地步。

我曾于1971年在韩国总统选举时主张美、中、日、苏四大国的朝鲜半岛和平保障论。在此基础上，追加韩国和朝鲜就是所谓的六方会谈。我一直在六方会谈上强调我们应该和平解决朝核问题，还强烈批评美国对朝强硬政策。朝鲜仍然愿意跟美国进行对话。但美国新保守派却期待与朝鲜的战争，刺激和制造舆论。美国政府也屡次违反跟朝鲜的合约。

韩国民主党面临着分裂的危机。党内主流和非主流势力之间的对峙越来越恶化，导致民主党的分裂。9月20日，支持总统卢武铉的一部分原执政党新主流议员另立新党，组成了院内交涉团体，新党暂名为“国民参与统合新党”。同一天，卢武铉总统宣布退出民主党。他离开了将自己扶上总统之位的基地。国民参与统合新党于11日宣布建立“开放国民党”。对此，民主党强烈谴责说，“这是在宪政历史上前所未有的背叛行为”。我确实不能理解卢武铉总统这么着急和故意树敌的理由。如果政党失去传统的政治选民基础，那么将不能生存下去。然而，为了获得新的朋友而抛弃已有的伙伴，真令人感到可惜。

2003年11月3日，“金大中图书馆”开馆了。当时，除了卢武铉总统之外，还有各政党代表及驻韩外交使节等300多人参加了开馆典礼。美国前总统比尔·克林顿和吉米·卡特、原苏联总统米哈伊尔·戈尔巴乔夫、日本首相小泉纯一郎、英国首相托尼·布莱尔、法国总统希拉克、瑞典首相约兰·佩尔松、德国总理格哈德·施罗德、菲律宾前总统科拉松·阿基诺等世界各国20位国家首脑给我发来了祝贺函。卢武铉总统将克服金融危机、建立知识信息化社会的基础和举办南北首脑会谈都归功于我，并对图书馆的开馆向我表示祝贺：

“历史永远不会忘记韩国前任总统金大中对民主主义与和平、统一的热情和贡献。”

我坚信延世大学的金大中图书馆会成为朝鲜半岛和平统一的国际研究中心，并为世界和平与稳定发挥重要的作用。申东千教授成为首任馆长。

2003年末，我意外获奖了，被选定为第11次春史罗云奎艺术电影节功劳奖获奖人。电影节组织委员会选定我的理由是，“金大中总统在就任期间为了韩国电影的长期发展起到了支柱作用，即坚持电影配额制，支持表现和创造的自由，筹集 1 500 亿韩元的电影振兴基金等”。

国民政府以韩国电影迎来振兴时期为骄傲。我们摆脱了过去以限制为主的政策措施，将电影业从许可制转换为申请制。但电影配额制度的实施面临了种种困难。美国强烈要求废除电影配额制度，但我亲自会见美国代表团，并积极说服他们。我一直以保障韩国电影产业和文化多样性为理由坚持我的立场。

在春史罗云奎艺术电影节上获了功劳奖，我付出的很少，但是电影界给了我大奖

但我们不能只靠电影配额制度谋求韩国电影的长期发展。我们要积极促进韩国电影产业实力的提升，使之确保在国际市场上的竞争力，与世界各国电影相媲美。韩国政府竭尽全力支持韩国电影产业的发展。2002 年 5 月，韩国著名电影导演林权泽在戛纳国际电影节上以影片《醉画仙》荣获了最佳导演奖。韩国政府首次给电影界人士授予金冠文化勋章。之后，韩国电影业在世界主要电影节上吸引了世人的眼球。我就任初期，韩国影片在韩国市场上的占有率仅为 25. 1%，但 2001 年提高到 50%，2002 年为 48. 3%，2003 年提高到 53. 5%，这让我非常高兴。果然，韩国就像我所期待的那样是当之无愧的文化强国。

值得注意的是，南北和解之后，电影不再受到选定主题的限制了。以南北分裂为主题的韩国影片开始制作。韩国电影《生死谍变》、《共同警备区域》、《太极旗飘扬》和《实尾岛》等赢得了不少观众的喜爱。

我和夫人以非常高兴的心情参加了颁奖典礼。很多电影界人士对我表示了赞扬：

“人是善于遗忘的动物，但我们不应遗忘一件事。国民政府的政策不仅奠定了电影产业的基础，还起到推动韩国电影复兴时期到来的决定性作用。”

“我们时代很难找到可称‘先生’的人士，但我想有两位可称，一位是罗云奎先生，另一位就是穷其一生于实现韩国民主化的金大中先生。”

听到这番话之后，我不知不觉眼眶发热了，想起“为这么小的事情所感动”，我不禁责怪自己。同时，我想“我也是在为就任期间的业绩感到骄傲”。

当然，政府的支持是韩国电影产业发展的原因之一。更重要的是，韩国电影产业今日的成果应归功于电影界人士的刻苦努力和对艺术的热情。我为韩国民族的潜力感到骄傲。我在获奖感言中讲道：“以爱国者和韩国电影产业的先锋罗云奎先生为名授予此奖，其意义不凡，我功劳小小却被授予这么大的奖项，借此机会，向大家表示深深的谢意。”

我在金大中图书馆跟歌手徐太志见面了。我一直以来都很喜欢他。我从他登上韩国歌坛到现在一直在关注他。我对他通过音乐看社会问题给予高度评价。我不是音乐领域的专家，所以不能评价音乐方面的知识，但还是为他送上祝福：

“将摇滚乐结合韩国音乐的风格非常有创意，会载入音乐历史中。”

我突然想起两位歌手，一位是韩国传统歌手安淑善，另一位是韩国国民歌手李美子。我于 1997 年 7 月末到韩国国立剧场观看了安淑善演唱的名曲《水宫歌》。当日，天气非常闷热，但表演场内部为了音效没有开空调等冷气设施。舞台上下的人们都用一把扇子来驱赶闷热。那时候，我一直有一个疑问，身体这么瘦小的人怎么能唱得这么精彩，这让我非常惊讶。表演结束后，我邀请她到我家一起吃饭。

“非常感谢你延续表现民族灵魂的音乐。”

她看起来身体瘦弱，性格也非常温软，然而一旦站在舞台上就能强烈地吸引观众，这让我非常惊讶。

李美子也于 1994 年秋天来了我的家。当时，她说，登上歌坛已有 30 年的时间。她通过音乐表达和安慰朝鲜战争之后的民族的感情和痛苦。她非常朴素和谦虚。我还观看了“李美子唱歌 30 周年”演唱会。歌手申萤元和李仙姬也拜访了我家。两个人都像她们唱的歌一样非常年轻活跃。

2004 年 1 月 29 日，我出席了“金大中内乱阴谋事件”的再审公判。被判决死刑 23 年之后，我终于被判为无罪。我在结束公判之后向大众谈到内心所想：

“对于新军部的行为，法律判处为有罪。我再次认识到国民和历史一定会获得胜利。”

我坚信为了后世子孙和历史的发展，新军部破坏宪政秩序的行为应受到法律的审判。我在就任总统期间没有申请再审，因为我不愿意给司法部以负担。我希望1980年新军部法院判处的没有道理的决定无效，表明还有正义存在。崔载千担任了我的再审公判律师。他的论旨非常明确。

韩国国会在宪政历史上首次通过了对现任总统的弹劾案。其理由是，卢武铉总统对于韩国第17届总选举违反了选举中立原则。卢武铉总统在某一记者招待会上说，“我希望开放国民党在本次选举中获得压倒性优势”，在野党将之定性为严重的问题。3月12日，大国家党和民主党一起将法案秘密提案国会，以匿名投票的方式通过了提案。

这真是不像话的事情，不应以这种事情为理由弹劾国民直接选出的总统。尤其是，由崔秉烈、赵舜衡等政党代表带头，真让我不敢相信。

国会立刻将弹劾决议案向宪法法院提交。这是一种依靠多数势力的横暴行为。我相信韩国国民对此不会袖手旁观。

果然不出所料，整个韩国强烈谴责国会。韩国国民大规模举行了反对弹劾的烛光示威活动。市民团体甚至将之指定为“对民心的政变”。国民的愤怒爆发出来。这一事态最终发展为国会议员总选举。在4月15日第17次韩国国会议员选举即将到来之际，开放国民党的势力锐不可当。

当时，民主党恳切希望我站在前面。民主党面临的危机比大国家党更为严重。没有参加开放国民党创党的人员都依靠我，他们称民主党继承了我的理念、政策和哲学。国会议员秋美爱到湖南地方三步一拜，跟坐轮椅的自己的儿子一起号召民众支持，要求拯救民主党。我当然也知道这是针对我的声音，但我没有呼应这些要求。

开放国民党不出所料地在选举中赢得了过半数的议席。民主党沦落为议席只有9个的小政党。选举结束之后，我接见了李正一议员等7位民主党当选人，抚慰民主党惨败的痛苦：

“现在，大家很痛苦，但我想这一困难会成为重新出发的契机。”

4月22日，在朝鲜平安道附近发生了大规模爆炸事件。据说，有3 000多名居民受伤或遇难，令我感到非常痛惜。我立刻给朝鲜国防委员长金正日发了慰问函。

虽然我卸任了总统职位，但收到了来自世界各国的邀请函。我对此怀有感谢之心。我真心愿意接受这些邀请飞到各地发表演讲，跟世界著名学者进行交流，但健康问题总是阻止我。从5月10日起，我拜访了法国、挪威、瑞士三国。应经济合作与发展组织、挪威首相邦德维克和世界卫生组织的邀请，我卸任总统职位之后首次走上了海外拜访之路。我在法国召开的“2004 经合组织（OECD）论坛”上以“21 世纪和东亚”为主题发表了演讲，在挪威奥斯陆诺贝尔研究所以“阳光政策——过去、现在和未来”为主题发表了演讲，我还参加了在瑞士日内瓦举行的第五十七届世界卫生组织大会，并以“健康和消除贫困是人类幸福的起点”为主题发表了特别演讲。

演讲结束之后，我跟世界卫生组织秘书长李钟郁会谈时说，非常感谢世界卫生组织对朝鲜同胞的积极支援。我还表示恳请世界卫生组织积极推进朝鲜恶劣的卫生条件的改善工作。李秘书长回答说，世界卫生组织将继续对这一问题予以关注。然而，两年之后，李秘书长因脑梗死突然去世了。他作为首位担任国际机构领导的韩国人，为消除疾病和确保人类健康作出了莫大的贡献。他的去世让我感到哀痛。

在《南北共同宣言》发表四周年之际，韩国和朝鲜共同举办了南北共同讨论会和朝鲜民族大会等各种各样的活动。特别是，金大中图书馆和朝鲜统一问题研究所从 6 月 14 日起在韩国汉城希尔顿大酒店共同主办了为期四天的国际讨论会。朝鲜有李种革亚太委副委员长等 7 人参加了本次会议。我主办了欢迎晚宴，并发表了特别演讲。但从此之后，再没有举行过韩国和朝鲜共同举办的“6・15”纪念活动，这让我感到可惜。

《南北共同宣言》四周年纪念日由南北共同主办。在金大中图书馆，我与朝鲜的李种革亚太委副委员长会面，李种革副委员长送给我一幅名为“雉鸡”的画

6 月 29 日，我应中国人民外交学会的邀请访问了中国。我与中共中央军事委员会主席江泽民进行了会谈。中方有国务委员唐家璇、中国人民外交学会会长卢秋田

参加，韩方有驻中国大使金夏中、总统外交安保统一特别助理官林东源陪伴。我虽然卸任总统职位，但江泽民主席仍然对我表示深深的关心与支持。我与江泽民主席评估中国在六方会谈上所起的作用，并表达我的想法：

“我相信通过六方会谈，朝核问题可以得到解决。但问题解决之后，我们要将六方会谈发展成共同合作体制。我们要将六方会谈作为常设机构推动维持朝鲜半岛乃至东北亚的和平。”

我让秘书发表这一内容。我希望除了韩国和中国政府之外，六方会谈其他当事国也要充分考虑这一点。

卸任后访问了中国，江泽民主席会见了我。他一如既往，很温和

我从11月6日开始应瑞典首相约兰·佩尔松、罗马市长沃尔特·瓦尔托尼的邀请对瑞典和意大利罗马进行了正式访问。我在瑞典的帕尔梅国际中心以“朝鲜半岛的和平与对瑞典的期待”为主题发表了演讲。之后，我在罗马举行的“诺贝尔和平奖”世界首脑会议开幕典礼上发表了主题发言。我跟诺贝尔奖得主，即原苏联总统戈尔巴乔夫、波兰前总统瓦文萨、帕格沃什科学和世界事务会议前任会长、东帝汶外交部长奥尔塔、贝蒂·威廉斯女士等发表了共同声明，敦促和平解决朝核问题和中东地区危机及遵守《不扩散核武器条约》。

2005年1月6日，在迎来我的81岁生日之际，卢武铉总统通过宣传首席李炳浣表达祝贺，并送给我一盆兰草。我会见李炳浣的时候强调说，韩国政府为了南北关系的发展要做出不懈的努力。

“去年，卢武铉总统参加‘6·15’活动的时候说，‘非常感谢播种’。当时，我回答说，‘播种固然重要，但更重要的是施肥，使它结果实，并将这一果实回报给国民’。”

延世大学校长郑昌永当天下午拜访了我。我向郑昌永校长特别强调说，“我希望金大中图书馆继承‘诺贝尔和平奖’的精神发展成为维护朝鲜半岛、东亚地区乃至世界和平的‘和平’研究中心”。2000年，我将“诺贝尔和平奖”奖金中的3亿韩元作为金大中图书馆的发展基金寄存下来。

为我工作了很长时间的金汉正秘书官到美国留学了。我祝愿他成功。我于1月31日让驻美国休斯敦总领事梁峰烈接任此职。

2005年2月10日，朝鲜对外正式宣布拥有核武器，终止了停止导弹试射的承诺。这是布什连任美国总统之后发生的事情。朝鲜在5月份宣布完成提取核燃料棒。面对事态的逐渐恶化，美国决定开始跟朝鲜进行对话，重开六方会谈并通过了“9·19”共同声明，以顺利解决朝核问题。朝美双方一致同意根据与“日内瓦协议”相似的共同和全面的方法解决当前面临的危机。其主要内容是：第一，朝鲜完全弃核。第二，朝鲜和美国实现邦交正常化。第三，六方通过合作构建朝鲜半岛的和平机制。第四，美国向朝鲜提供粮食和能源援助。第五，必须贯彻“行动对行动”的原则。

但美国却不遵守承诺。美国的新保守主义势力不断地给朝鲜施加压力，采取了金融制裁措施，冻结澳门汇业银行（BDA）中的朝鲜资金。朝鲜对此表示强烈谴责。如此，朝美关系一直原地踏步，没有找到新的突破口。

3月15日，我会见了音乐家尹伊桑的长女尹侦。我跟她一起在金大中图书馆回想起了尹伊桑先生。我于1973年被绑架的时候，尹伊桑先生飞到日本东京举行了记者招待会，敦促查明这一事件的真相。我于1980年被判处死刑的时候，他还跟德国的宗教和民主人士一起展开了“救命运动”。我不能忘记他的恩惠。但他却没有亲眼目睹韩国政权的和平更迭，于1995年去世了。

给伟大的音乐家戴上共产主义理念的帽子，破坏了他的爱国热情和纯粹的灵魂。他一生都不能踏上祖国领土，不能回到老家统营市，只有他的音乐回到祖国，深深地安慰我们，这真让人感到痛苦。我发了视频短信对尹伊桑和平基金会的成立表示祝贺。

“尹伊桑先生是世界级音乐家，也是民族之爱的象征。我们在他健在的时候没有好好对待他，相反却给他带来了痛苦和耻辱，真是惭愧万分。”

我应美国亚洲基金会的邀请跟夫人一起出国。我在旧金山举行的亚洲基金会成立50周年活动中以“为了实现韩国和东北亚的和平、安全和繁荣，韩国的战略作用”为主题发表了演讲。我还在旧金山大学荣获了名誉人文学博士学位，并以“在亚洲追求人权和社会正义”为主题发表了演讲。期间还在加利福尼亚州斯坦福大学以“南北关系和朝鲜半岛的未来”为主题发表了演讲。

韩国国家情报院方面表示，在国民政府期间也存在非法窃听的事情。在金泳三总统执政期间，国家安全企划部内的美林组对主要人事进行了窃听，但这一事件的责任却推到国民政府身上，真是荒唐无稽。我一直命令国家情报院院长根除非法窃听。我不相信他们会不遵守我的命令。我一直以来都是非法窃听的最大受害者，我为什么要对此袖手旁观呢？我于2005年8月5日让崔京焕秘书官坦诚地发表我的立场。他以非常谨慎的态度表达了我的观点：

“我是中央情报院——国家安全企划部非法窃听的最大受害者。我在执政期间命令国家情报院院长根除窃听、政治检查、政治操作、跟踪、监视和拷打行为，还命令根除一切非法性情报收集行为。我就任总统之后立刻下令窃听部门解散。另外，我在每次听取国家情报院院长汇报的时候，再三强调这一问题的重要性，并没有听到有关非法活动的任何报告。”

检查方面对国家情报院前院长林东源和辛建以违反《通信秘密保护法》的嫌疑向法庭申请紧急拘捕令。我再次通过秘书对此强烈谴责说：“国民政府对国家情报院的窃听组进行了结构调整，破坏窃听装备。我不能理解为什么如此对待这些人士。”

在我的儿子也被关进教导所之后，我想以后不会再发生让我焦心的事情了。但又发生了此事，真让我非常痛苦。

我因低烧和发炎听从主治医生的劝导于8月10日在塞布兰斯医院住院了。当时，媒体对此报道称，“非法窃听”的检查让我心里不踏实，导致了我的身心都被削弱了。其实，这句话可能没错。根据身体检查结果，我患有细菌性肺炎。很多人到医院看望我。参加“8·15”朝鲜民族庆典活动的北方人士也来医院看我。我于8月21日出院回到家中。

炎热的天气让我感到非常难受，气力显著衰减。我于9月22日因呼吸困难和精疲力竭又到塞布兰斯医院住院。根据诊察结果，我因水流入肺而患有肺浮肿。我的夫人一直待在我的身边看护我。我真没有力气，连饭也不能吃，说话也感到不便。夫人为我准备了狗肉汤。其实，她非常讨厌吃狗肉汤，她还说吃狗肉是一种野蛮的行为。但这样的夫人为了我的身体能早日康复亲自准备了狗肉汤。由此，我深深感受到妻子对我的爱是多么深。其实，我想卸任总统一职之后跟她一起旅游，想去没有去过的非洲，也想到南美国家旅游。但我在卸任之后却一直让夫人看护着我。15天之后，我出院回到自己家中。

随即，在我获得诺贝尔奖5周年之际，我邀请德国前总统里夏德·冯·魏茨泽克夫妇来韩国，并以“德国统一的经验和朝鲜半岛”为主题进行了特别对话。由首尔大学教授韩相震主持了这一对话，并在年末通过KBS播放。当时，韩相震教授向我提问关于朝鲜民族的梦想和希望——构建朝鲜半岛和平机制的方法。

“目前，最重要的是通过六方会谈解决朝核问题。我想如果朝核问题能够得到解决的话，那么导弹试射及很多化学武器问题也会得到解决。解决朝核问题之后，我们要实现六方会谈的机制化，确保朝鲜半岛和东北亚的安全。我们还要制定朝鲜半岛和平协定，使战争结束，还要跟世界各国共同努力为确保世界和平作出贡献。为了实现和平，我们要给南北贫困人群带来希望，也要向世界各国因贫困、生病而痛苦的人群提供援助。”

里夏德·冯·魏茨泽克总统接着说：“不要着急，不要重蹈我们德国统一失败的覆辙。我们快速促进了货币整合。这一举措虽然符合当时政治上的要求，但在经济方面却犯了错误。另外，要应对不可预测情况的发生。借此机会，我坦白地说，德国的统一是在没有充分准备的情况下进行的。”

与德国前总统里夏德·冯·魏茨泽克夫妇举行特别对话

主持人韩相震教授为人真挚诚恳。他在国民政府担任了韩国精神文化研究院和政策计划委员会的职位。他一直对担任政府官员的邀请表示推辞，但却不能拒绝我的要求。我们见面的时候，就朝鲜半岛统一方案和朝鲜民族的未来交换了意见。这一回忆还留在我的心中。我卸任之后，他来我家握着我的手说，“你还有很多事情要做，要恢复身体健康”。但我却认识到我们的时代已经结束了。

比国民向前多走半步（2006 年 1 月—2008 年 5 月）

2006 年新年伊始，很多政治家来拜访我。我向执政党人士强调要倾听国民的声音。我会见了保健福祉部前任长官金槿泰和新选出的院内代表金韩吉等开放国民党领导层。

“提供了半数席位并选出现任总统的支持阶层是谁呢？开放国民党要将力量集中在寻找失去的‘家族’身上，要握着国民的手比国民向前多走半步。”

我也知道现任政府采取了民主政治措施，但在聆听国民意见方面确实存在问题。对于现代政治来说，如果不顾国民的声音，那么就不能获得成功。不应站在国民的前面，也不应站在国民的后面。如果不顾国民的声音一直前进的话，那么只能面临失败。政治领域的任何人都要遵守“与国民一道”的严肃原则。目的越是高尚，越要遵守“与国民一道”的原则。

我向现任政府和开放国民党一直强调说，要谦虚，向国民学习，与国民同行，这样才能够寻找失去的同事，也才能够获得新的力量。

2 月 11 日，亚太民主领导会议改名为金大中和平中心。由金圣在、林东源、金正吉前任长官担任理事，改名之后由我担任了理事长职位。我将前任统一部长官任命为副理事长。金大中和平中心计划展开促进南北和谐与合作，增进南北、东北亚乃至世界和平及消除贫困的活动。

3 月 21 日，我从岭南大学获得了名誉政治学博士学位。岭南大学校训上写着“侍奉校长朴正熙先生的建校精神”，看来朴正熙前总统是岭南大学的校长。因此，对于是否接受学位，我犹豫不决，但最终还是接受了。我想这一举措有利于“东四和合”（韩国岭南和湖南地区之间的和谐），因此，没有理由反对，反而非常高兴地接受了名誉博士学位。我还希望不幸的韩国现代历史问题能够得到解决。

我在种树纪念典礼之后，向学校传达“实事求是”的精神，并进行了纪念演讲。在提问时间，一位女同学提出问题：“我想成为政治家，请您指教。”

“如果您想成为成功的政治家，不仅要有书生似的问题意识，还要具备商人似的现实感。就是说，基于原则和哲学的基础，发挥商人的现实能力。”

我还将说给开放国民党人士的话说给了同学们，“握着国民的手比国民向前多走半步”。

我会见东京大学教授姜尚中的时候也再三强调“侍奉国民的领导力量”。

我的访北计划进入了具体的协商阶段。最初于2004年末提及此事。面对南北双方关系陷入僵局的现实，开放国民党议长李富荣向我提出了担任“朝鲜半岛和平特使”的建议。我委婉地拒绝了。理由是，要与朝鲜一起工作的是卢武铉总统，而不是我。

“现任政权比前任总统更为重要。朝鲜跟我协商的内容，不用承担责任；而只要跟现任总统协商，就应承担相应的责任。”

我不能欣然答应的另外一个理由是，朝鲜国防委员长金正日还没有履行南北首脑会谈上达成的协议——对韩国进行回访。

2005年6月，朝鲜国防委员长金正日还向访北的韩国统一部长官郑东泳说，“我想在气候好的季节邀请韩国前总统金大中访问朝鲜”。而后，我于8月份因患肺炎而住院的时候，“8·15”民族庆典北方代表劳动党秘书金基男和朝鲜祖国和平统一委员会副委员长林东玉拜访时再次表示金正日委员长希望邀请我访问朝鲜的意向。

“国防委员长金正日非常担心您的健康，并希望您早日康复，还表示希望您在气候好的季节访问平壤。”

他们在南北分裂之后首次参拜了位于铜雀洞的国立显忠院。

我苦思良久之后做出决定，为了朝鲜半岛的和平，不管是多小的事情，也会在所不辞。我回答说，“恰当的时期会联络”。实际上，我答应了朝鲜的访北邀请。

2006年，我的访北吸引了各界的关注。我表示以个人的身份访问朝鲜，而不是作为国家特使。4月25日，统一部长官李钟奭向我说明了南北部长级会谈的结果，已跟北方对访北工作人员组成等内容进行了协商。我对此回答说，“这是以个人身份访问朝鲜，不应过度吸引媒体的关注”，并要求他对此事保持谨慎的态度。

韩国前任统一部长官丁世铉和秘书官崔京焕于5月16—17日两天在金刚山酒店会见了北方代表团，并对我访北的基本事项进行了协商。然后，南北双方对我在6月下旬为期四天对北进行访问的内容达成了共识。但南北双方对访问的交通手段没有达成共识，韩方主张通过列车访问朝鲜，朝方却坚持通过西海直线航线访北的立场。

我希望乘坐列车仔细观看朝鲜，在技术方面也不存在问题。另外，如果我通过列车访问朝鲜的话，那么能够为南北铁路连接产业注入活力。最终，我的访北没有得到落实。到6月下旬，过了承诺的日子，北方却没有给我任何回音。

7月5日，朝鲜连续发射了六枚导弹。国际社会前所未有地强烈谴责朝鲜的行为。

之前，美国拒绝了朝鲜的解除金融制裁措施的要求，并不断给朝鲜施加压力。朝鲜以极端的方式来应对美国的举措。但这一举措却为支持冷战的力量提供了强行攻击的借口。朝鲜不准确把握现实情况去进行应对，令人匪夷所思。我的访北也变得遥遥无期。我也能够认识到朝鲜不邀请我的理由。他们不是“不想邀请”，而是“不能邀请”。

6 月 14 日，我参加迎接《南北共同宣言》发表六周年之际在光州世界杯足球场举行的民族统一大庆典开幕典礼。次日，我参加了诺贝尔奖获奖者光州会议。诺贝尔奖获奖者会议于 1999 年首次召开。其目的是，探讨解决威胁当前世界和平的提案。除了 2001 年之外，该会议连续六次在罗马召开。这是首次在罗马以外的城市举办的会议。米哈伊尔·戈尔巴乔夫、希林·伊巴迪、瑞戈伯特·曼楚等七位个人获奖者和国际特赦组织、国际红十字委员会、国际防止核战争医生组织等七个团体的七位代表参加了本次会议。这是以“和平·人权的希望”为主题聚集在“民主化圣地”韩国光州的意义深远的活动。两天之间，以“‘5·18’精神和韩国的民主化”、“东亚的民主主义扩散和增强人权保护”、“为了扩大东亚和平的国际合作”、“《南北共同宣言》和韩半岛的和平”为主题进行了研讨会。

为了实践和平、民主主义和正义，诺贝尔奖获奖者们在民主化圣地——光州汇聚在一起

6 月 18 日，我在电视节目《KBS Special》上与原苏联总统戈尔巴乔夫以“朝鲜半岛和平条件”为主题进行了交谈。他完全同意我提出的六方会谈的常设机构化。我们在所有方面的看法完全一致。主持人延世大学教授文正仁对交谈内容的总结分析充分证明了这一点。

“教训是非常明确的。和谐和合作要优于强硬和对峙，渐变要优于剧变，多方合作要优于单边主义。我们应以开放的心态相互了解，谋求稳定。只要这样，才能实现东北亚和朝鲜半岛的和平与繁荣。”

7 月 27 日，我为撰写自传而开始口述。同时，我还进行金大中图书馆口述项目。自传作家《京乡新闻》评论员金泽根、金大中图书馆馆长柳相荣、秘书官崔京焕、张玉秋局长、张新起研究员参加了这一项目。口述共进行了 40 次。

姜元龙牧师去世了。8 月 18 日，我前去灵堂吊唁。我在灵前谈到了他的飘香人生。

“姜元龙牧师在韩国的民主化、社会正义、南北和谐方面发挥了卓越的领导力量。韩国国民永远不会忘记他。”

姜元龙牧师不仅是我实现民主化的同志，也是时代牧师。他为不同宗教之间的和谐做出了很多努力。

两个月之后，又一噩耗传来了。洪南淳律师在韩国光州长眠于地下了。他是韩国代表性的人权律师，在时代正义方面给我们留下了很大的启示。看来一个时代已经过去了。为创造新时代而努力的很多人纷纷离开这个世界。我也感到剩下的日子不那么长了。

9 月 15 日，我接受了法国《外交世界》杂志韩国版的参访。我接受采访时说，“美国的新保守主义势力恶意利用朝鲜”，并敦促美国布什政府立刻与朝鲜进行对话。

“当前，朝美关系面临危机的主要原因是，多方势力扯朝美关系的后腿。朝鲜恳切希望与美国进行对话，但美国新保守主义势力却像以色列打击巴勒斯坦一样不断追逼朝鲜。美国新保守主义势力不应干涉朝鲜问题，应倾听韩国的意见。”

9 月 24 日，我邀请南北问题专家林东源、李章熙、白鹤淳、文正仁、金根植、高有焕等人到韩式餐厅“水晶”进行了午餐。我们对朝鲜会如何应对美国的压力进行了探讨。参加午餐的大多数人预测朝鲜会强行实施核试验，使得朝鲜半岛局势动荡不安。我认真谨慎地接受了他们的意见。

半个月过后的 10 月 9 日，朝鲜不出预料地强行实施了核试验。《朝鲜中央通讯》报道称，朝鲜成功实施了核试验。韩国也监测到了核试验地震波。朝鲜的挑衅行为实在是太轻率了。韩国总统卢武铉对此表示，“我们已经失去了与朝鲜进行对话的依据”。翌日，我应邀参加了卢武铉总统与韩国前任总统的午餐会。卢武铉总统希望从前任总统那里听取意见。前任总统全斗焕和金泳三也参加了午餐会。但金泳三突然攻击“阳光政策”说：“现任政府因继承金大中总统的对北政策，实施‘包容政策’而造成了当前的情形。因此，卢武铉总统和金大中前任总统要向国民公开表示道歉。”然后，他继续强烈谴责我们，态度非常无礼。

我对他说：“通过‘阳光政策’南北关系得到了发展，还获得了不少成果，但问题在于朝美关系没有得到进展。无论朝核开发的进程处于哪一阶段，都要让朝鲜放弃开发核武器，采取相应的应对措施，使朝鲜不再发起挑衅行为。为此，我可以提出以下三个建议：

“第一是发动战争。目前，美国被伊拉克绊住了脚步，没有向朝鲜发动战争的余力。我们朝鲜民族不应发动同一民族之间的战争。第二是经济制裁。虽然这一举措可以起到向朝鲜施压的作用，但朝鲜可能以此为理由对休战线或北方分界线发动挑衅行为。另外，若没有中国帮助，成效不显著。反而，韩国经济却会受到冲击，使得市场萎缩，最终导致外国投资者离开韩国市场。第三是朝鲜和美国进行对话。目前，美国的民主党和前任国务卿贝克正在敦促朝美双方进行对话。

“大家都已认识到了最佳方案。我们要以冷静的态度处理这一事情。联合国的决议非常重要，美、中、日、俄四大强国也要对此进行协商。在朝鲜实施核试验之前，韩国需要出面阻止朝鲜的核试验。但在朝鲜已经实施核试验的情况下，我们不必要出面处理这一事情。”

卢武铉总统对此只表示原则上的立场，他说：“我们要以谨慎的态度面对目前的情况，以便消除国民的不安和动摇心理。”

翌日，我为了在全南大学进行讲座住宿在光州的一家酒店。当天早上，卢武铉总统给我打电话说，“非常抱歉昨天给您带来了麻烦”。他认为我是昨天午餐会的最大受害者。我指出了卢武铉总统的不对之处，围绕对“包容政策”和“阳光政策”的争论表示了自己的看法：“‘包容政策’根本上不存在问题。‘包容政策’缓解了南北之间的紧张局势，并没有恶化南北关系。但您为什么对我这样说，这令人不能理解。我不能同意将没有问题的‘阳光政策’与朝鲜核试验捆在一起。”

卢武铉总统对我的主张表示同意。此后，韩国政府逐渐放弃实施对北强硬政策的构想。

我获得了全南大学授予的名誉文学博士学位。之后，我在做讲座的时候谴责了朝鲜和美国的行为。

“朝鲜要打消拥有核武器的念头。面对美国巨大的核战略，朝鲜没有达到效果，却促使美国和日本采取对朝强硬政策。因此，朝鲜要改变目前的立场，要放弃核武器。朝鲜要以此为代价向美国要求朝美双方之间的直接对话。

“朝鲜的本次核试验意味着朝鲜退出《不扩散核武器条约》，国际原子能机构的工作人员被驱逐出境，朝美双方毁弃‘日内瓦协议’，同时表明美国对朝政策遭到失败。我从1994年以来一直主张一揽子解决问题，但美国布什政府却不理会我的意见，造成了今天的失败。”

我接受了很多媒体的采访，主要有《新闻周刊》、路透社、美国CBS和AP、法国《解放报》等，这也表明了朝核危机的影响力。我接受采访时强调说，“朝鲜的核试验意味着过去6年布什政府的对朝强硬战略遭到失败。从此，美国要改变对朝强硬政策，还要与朝鲜进行对话”。几天之后，美国民主党在11月举行的美国中期选举中占据了多数议席，使得布什总统的地位下滑。结果，美国开始实施朝美之间的对话，并于2007年2月在六方会谈上通过了弃核第一阶段举措的《落实共同声明起步文件》，即“2·13”协议。在达成“2·13”协议之后，朝美双方根据“行动对行动”的原则彻底履行双方达成的协议。朝鲜将18 000页的核设施运行记录文件交给美国，并炸毁了其宁边地区核设施的冷却塔，其过程非常顺利。

10月28日，我在卸任之后首次访问了木浦市，与上次访问时隔8年。很多市民聚集在木浦站的广场。

我跟市民一起合唱了《故乡的春天》和《木浦的眼泪》。我打开车窗观看木浦市。我不知道市民从哪里听到我来的消息，但他们都聚集在我的身边。他们挥着手说“祝你身体健康”。市民们的脸上都没有忧虑的表情。已经到了落叶飘零的秋天，而我的故乡还是那么温暖。翌日，我访问了位于务安郡的全罗南道道厅。2005年竣工的官厅建筑既雄伟又干净。我趴在官厅展望台上仔细观看木浦市的务安郡一带。我在留言板上留下“无湖南，无国家”的字眼。

11月2日，金大中图书馆展示馆开馆了，卢武铉总统等很多人士参加了开馆典礼。晚上，在延世大学大礼堂举行了金大中图书馆赞助晚会，在这次活动上提出了三大主题，即民主主义、和平与消除贫困。

卢武铉总统两天之后又拜访了我。在我的记忆中，现任总统拜访前任总统私邸的事情是前所未有的。卢武铉总统陷入他自己的回忆中，非常感慨地参观了客厅：

“我以前坐在这里等待金总统。有的时候为了聆听高见，有的时候为了钱来到这里。”

听了他的话我也想起许多过去的事情。卢武铉总统对金大中图书馆表示极大的关心。他说，包括他自己在内的其他历任总统可能都难以设立自己的纪念馆。

和卢武铉总统一起参观金大中图书馆

“有的可能因为有很多事情要隐瞒，所以不能向大众展示自己。而我则是没有可展示的资料。”

这种坦率和诚实的性格就是卢总统的魅力。权良淑女士[①]也说：“卢武铉总统连就任审判员的时候穿制服照的照片也没留下。”我请卢武铉总统夫妇一起吃饭。卢武铉总统将朝鲜实施核试验之后在青瓦台举行的“不便的午餐”一直记在心中。我从他的表情中可以察觉到。我们虽然没有说话，但是充分理解对方的心思。

11 月 12 日，我被选定为“韩国团体”[②] 2007 年的“范佛里特奖”获奖者。这一奖项是为纪念担任美国第八军司令的詹姆斯·范佛里特而由韩国社会颁发的奖项。从 1992 年开始，给为韩美关系的发展作出贡献的人士颁发此奖。

我的儿子金弘业当选为韩国国会议员，并于 2007 年 4 月 23 日举行的务安新安地区补缺选举中获得了国民的支持。他的名誉从此可以得到恢复，这让我感到非常高兴。我要求他不要忘记自己的初衷，认真去做议政工作。

---

① 权良淑，1947 年出生，韩国前总统卢武铉的妻子。——译者注

② “韩国团体”（The Korea Society），是根据美国国税厅 501（C）（3）条例定为免税的非营利民间团体，具有企业会员及个人会员。——译者注

卢武铉总统夫妇拜访了私邸。在任总统拜访前任总统私邸的事情是前所未有的

2007 年 5 月 12 日，我为了领取德国柏林大学授予的第一届“自由奖”而前往德国。我在 16 日颁奖典礼之后以“《柏林宣言》和朝鲜半岛和平”为主题发表了演讲。我想起 7 年前在这里颁布《柏林宣言》的时候。柏林在此期间得到了很大的发展。德国已经克服了两德统一时存在的经济发展水平不均衡的问题。我不禁想朝鲜半岛究竟在什么时候能获得统一。

我此次访问德国的时候会见了一位特别的人士——Renate Hong 女士。她与出生于朝鲜的民主德国留学生结婚了，但婚后不到一年她的丈夫回到了朝鲜。之后，46 年间她一直一个人生活。她没有再婚，只培养两个儿子。她要求我帮助她在余生当中与丈夫见面。她的故事真让人感到难过。她在德国红十字会和朝鲜大使馆的协助下，于 2008 年 7 月在朝鲜平壤终于与朝思暮想的丈夫见面了。由此可见，离散家属不仅仅是朝韩之间的问题。

我还访问了位于德国联邦议会大厦前的犹太人纪念馆，纪念馆庞大的规模让我感到震惊。数百个棺木摆在两个足球场大小的空间里。面对很多犹太牺牲者的故事，我感到人类怎么能这么残忍。德国是世界上唯一的彻底反思自己民族过去罪恶的国家。

6 月 19 日，未来学者阿尔文 · 托夫勒博士拜访了我家。他和日本软件银行集团总裁孙正义、微软总裁比尔·盖茨一起帮助我和国民政府实现信息化。托夫勒预测人类会频繁感受到“未来的冲击”（Future Shock）——因不能顺应社会变化而感到困惑。他还预测今后神经和遗传学科的发展会推动人脑的发展，30～50 年之后，人类可以克服这种限制，最终新人类将会诞生。

我听到他的预测时，在感兴趣的同时也感到惊异。新人类如何生活？人类即将面临巨大的变革，但我们却没有感觉到。依据博士的主张，半个世纪之内，人类要承受最苦难而混乱的时期。如果有的人不能赶超时代的变化，那么将会陷入恐慌状态。这些人可能组建“回到原始时代”团体进行抗议活动。我对博士的意见表示赞同。

9 月 17 日，我应美国前总统比尔·克林顿、美国国家记者俱乐部的邀请，访问了美国华盛顿和纽约。我会见了美国韩国经济研究所所长普瑞查德、唐·奥伯道夫教授、美国前国务卿科林·鲍威尔、美国传统基金会会长埃德温·福伊尔纳、美国前国务卿马德琳·科贝尔·奥尔布赖特、美国国务院对朝政策负责人温迪·谢尔曼、美国前财长罗伯特·鲁宾、美国财政部副部长戴维·利普顿、美国前总统比尔·克林顿、美国前国务卿基辛格。与我就任时期在政治、经济和外交方面合作的伙伴见面，我感到非常高兴。我还会见了韩国前任经济首席李起浩、联合国秘书长潘基文和韩国外交通商部长官宋旻淳。

我在纽约再次会见美国前总统比尔·克林顿，并赠送亲自挥笔画的瓷器坛子给他

在纽约会见了韩国的第一位联合国秘书长潘基文

为了和平解决朝核问题，我发挥我的智慧积极说服他们。大家都对我的主张表示同意，并表示愿意积极配合。

我与美国前国务卿基辛格之间的对话总是非常有意义。我向他询问中国的未来和韩中关系的时候，他回答说："中国将加强国家力量。重要的是应将中国视为合作伙伴。另外，中国的经济、军事实力越是增强，韩国和美国越要建立更加紧密的合作关系。韩国不应不理一方，也不应徘徊在中美之间，这是非常危险的举措。"

基辛格对关于日本未来的提问回答说："我担心日本的急剧右倾化倾向，但更担心的是年轻人和年轻的国会议员的右倾化趋势。他们不承认过去侵略的历史。作为受害国的韩国和中国对此表现出敏感的反应。日本右倾化趋势的根本原因是，日本人没有接受过去侵略历史的正确的教育。日本不同于德国，日本65岁以下的人口中有90%的人对过去的历史没有正确的认识，因此没有反思过去。最近，弗朗西斯·福山甚至说，如果这种趋势持续下去的话，那么日本将被国际社会排斥在外。"

当我还在在野党阵营的时候，基辛格就给予了我很大的支持与关心。我对此表示谢意，他却用赞美词回答说："这是因为金总统拥有卓越的目标和想象力。"我回答说："世界级的大学问家如此称赞我，我感到非常荣幸。我会将这句话写进我的自传。"

我会见了美国前财政部部长（花旗集团总裁）罗伯特·鲁宾和财政部副部长戴维·利普顿。他们在克林顿政府时期曾经观望过韩国的外汇危机。他们还对我的"民主主义和市场经济"的哲学表示赞同，并积极帮助国民政府。罗伯特·鲁宾担心美国经济，说："美国经济的基本面与1998年的韩国一样，从财政、教育到整个领域都需要进行结构调整。为此，我们需要一位像您一样的总统。如果您参加美国的下任总统选举的话，我会积极帮助您开展选举游说活动。”

我对此回答说：“您的称赞对我来说言重了！今晚，我有可能睡不好觉。”

大家都愉快地大笑。面对韩国外汇危机，我们正确指明了政策的方向，并没有对此表示疑惑。回顾过去，我们面临了种种危机，但还是认真工作。现在，我们克服危机之后，可以如此大笑，真令人感到幸福。

梁峰烈秘书官回到外交通商部，就任韩国驻马来西亚大使。外交通商部本部大使河泰允代替他接任秘书官一职。

10 月 2 日，卢武铉总统为了举行南北首脑会谈访问平壤。卢武铉总统步行跨越了南北军事分界线。我在家看电视实况传播。金正日委员长与 2000 年不同，好像没有力气。在没有实现与我约定的金正日委员长回访韩国的情况下，南北首脑会见了。虽然时间过去了很久，但可以举行南北首脑会谈，真让人感到欣慰。下届政府或下下届政府在实现统一之前也要继续召开南北首脑会谈。

一直以来，我向韩国和朝鲜政府积极建议，要尽快召开南北首脑会谈，但直到卢武铉总统就任后期才实现首脑会谈，真令人心里不踏实。通过此次会谈，南北首脑对八大项目达成了共识，并发表了共同宣言，主要包括南北和平生活、经济合作和朝鲜半岛无核化等内容。我对此感到非常满意。特别值得关注的是，设定了西海和平特别地带。

在野党势力以难以筹划预算为理由展开了“盲目支援”攻势。后期的卢武铉政权对此并没有采取合理的应对措施。此时，虽然在野党或部分舆论媒体提出“盲目支援”主张，但在不久的将来韩国将会换来超出想象的回报。朝鲜在语言沟通方面与韩国不存在障碍，是拥有与韩国同一传统的民族。朝鲜位于与韩国最邻近的地方，劳动力成本的性价比也最好。朝鲜还拥有庞大的地下资源。根据韩国商工会议所的报告，埋藏在朝鲜地下的资源价值高达 2 万亿美元。如果韩国与朝鲜通过合作共同谋求利益的话，我们能够从朝鲜得到的回报是超乎想象的。

开城工业园区是其代表性的例子。开城工业园区的地点原来是进攻韩国首尔的第一线基地。但我们将三个旅和长途导弹推到后面，取而代之建成了工业园区。如果我们将汶山邑交给朝鲜的话，那么韩国人会做出什么样的反应？金刚山的长津港也是朝鲜的海军要地，但朝鲜正在与韩国进行共同开发。朝鲜为了谋求生计，为了解决温饱问题，甚至放弃了自尊。“包容政策”动摇了朝鲜的整个社会。

目前，中亚和西伯利亚一带是地下资源的宝库，矿物资源、石油与气体等地下资源分布较多。如果南北关系得到改善，并开通“铁路丝绸之路”，韩国能够输出优良的商品，并且能从大陆[1]进口丰富的资源。韩国有一个经典故事，说的是一位名叫兴夫的农夫，他治好了燕子的腿。燕子为了报恩，把装有宝石的葫芦交给了兴夫。由此可见，目前“照顾朝鲜”最终会给我们民族带来很大的幸运。

其实，“盲目支援”争论存在不少误区。联邦德国在过去 20 年里一直每年平均给民主德国 32 亿美元的支援。过去 13 年来，韩国给朝鲜每年提供 1.5 亿美元的援助，相当于一人每年给朝鲜提供 5 000 韩元的援助。以此为代价，我们结束了南北冷战体制，并迎来了和谐与合作的时代。因为朝鲜半岛紧张局势一再缓解，所以韩国人最近 10 年生活在不用担心安保问题的环境中。考虑到南北对峙所带来的庞大的军费，将对北援助当做“盲目支援”来争论是没有道理的。

有些人谴责说，我们对朝鲜的人权问题没有任何关注。这是不正确的评价。人权可以分两个方面：一个方面是政治人权，即近代以后的言论、集会、出版与结社的自由等；另一个方面是社会人权，即解决温饱问题、确保健康的生活和安全等。向朝鲜支援粮食、肥料、医药品和日常生活用品等是保障基本生活的社会人权保护的行为。目前，朝鲜有数十万人因饥饿而遇难。为了改善这种情况，韩国尽力给朝鲜提供帮助。另外，数千名“脱北者”前往韩国，一直主张要解决朝鲜人权问题的国家却没有接受“脱北者”，而韩国接受了他们。由此可见，韩国在朝鲜人权方面做出很大的贡献。如果真正关注朝鲜人权问题的话，那么只有通过南北交流促进朝鲜实现独立。只要这样，人权问题就会随之得到解决。

11 月 23 日，大赦国际驻韩支部长高恩泰给我授予了功劳奖，鼓励我为废除死刑制度作出的贡献。我在就任总统的 5 年里一次也没有执行过死刑。生命是上帝赋予的，因此任何人都不应该随意夺去他人的生命。生命是天赋人权，也是民主权利的精髓。即使我们根据法律规定夺取他人的生命，也是一种大罪。法律上的误判，或者因政治上的意图而恶意利用死刑制度的例子也不胜枚举，尤其是为了政治企图恶意利用死刑制度的事情也在韩国频繁发生。过去，我也曾因此承受了不少苦难，代表性的例子就是人民革命党事件。

死刑制度的宗旨是，通过消除凶犯完全根除或大幅减少犯罪行为。然而，我们即使强硬地执行死刑制度，犯罪率也没有减少，反而呈现出增长的趋势。执行死刑只能是白白地夺去人的生命，却对社会稳定与和平没有帮助。相反，我们通过废除死刑制度能够给凶犯反思和改善自己的机会，从而推动极端犯罪率的下降。目前，死囚改邪归正的

---

① 这里的“大陆”是指朝鲜以北的中亚及西伯利亚。——译者注

事例也不少。人的心中总是天使和恶魔共存。受环境、教育、宗教信仰和自身努力等因素的影响，心中的天使随时能够扼杀恶魔。因此，我们不应剥夺这样的机会。

世界上已有131个国家在法律上废除了死刑制度，或者最近10年以上没有执行过死刑。加入欧盟的前提条件是废除死刑制度。其实，我也想要将死刑制度改变为终身监禁制度，这是基于我的宗教信仰和人权的信念。我在就任总统期间曾打算将死囚的处罚改为无期徒刑，但由于政府部门之间的意见冲突，最后只有几名死囚得以减刑，真是让人感到遗憾。卢武铉政府期间也没有执行死刑，可以说实际上已经废除了死刑制。我希望在不久的将来在法律上也废除死刑制度。

在获得“诺贝尔和平奖”7周年之际，我主办了“缅甸民主化之夜”晚会。几个月之前在缅甸发生了反政府示威的“藏红花革命”。“藏红花”来源于缅甸僧侣穿的鲜黄色僧服颜色。当时，因示威的发生导致了数千名僧侣与市民被抓捕以及遇难。据悉，在军部独裁的18年中有12年以上被软禁的昂山素季女士又被关进了监狱。

缅甸的历史与韩国的历史非常相似。缅甸过去60年里受到了英国与日本的殖民统治。1962年发生军事政变之后，由军部独裁政权执政缅甸，在1988年民主抗议运动中军部武力镇压市民，导致数千人遇难。这与韩国非常相似，令人感到痛惜。我每次会见缅甸民主人士的时候都强调说，“民主主义需要血和眼泪”。外部世界的支援固然重要，但更重要的是缅甸民族的血和眼泪。只有这样，缅甸才能实现真正的民主主义。我衷心希望缅甸通过本次示威活动结束长期的军部独裁政权的时代，最终建立民主主义。我在“缅甸民主化之夜”活动中募集了4万美元，并将之转交给缅甸。

韩国于12月19日举行了总统选举。民主党总统候选人遭到惨败。选票之差太大，令人感到痛惜。我从政期间从没有看到民主党候选人遭到如此的惨败。下一年，总选前景也不容乐观。韩国处于一党统治的危机，也存在传统的两党体制会面临破坏的可能。然而，更让人担心的是，我没能想出解决问题的方案。卢总统就任的5年间，支持民主党的基层倒塌了。对北支持特别检查导致的分党等事件是错误的。同时，不顾自己的原则对大国家党提出联立政党，导致民主党最坚实的支持者全罗南道市民和年轻人非常失望，真让人感到遗憾。

我仔细考察之后发现，要废除的韩国政治遗产不仅是地缘，也有学缘关系。我在就任总统期间大力要求消除高中和大学的学缘关系，但并没有完全根除。我总是发现，从个性和人品来看并不会坚持学缘关系的人士也深受学缘关系的不良影响。有的时候，我也彻底反思自己。因为我从商业高中毕业，所以受学缘干扰的概率较低，真是万幸。

我开始担心由李明搏总统执政的韩国政府。他表现出过去在建设公司工作时的目中无人的态度。从政府组织改革案中可以看出他所采用的土木建筑业式的紧逼不舍的方式。据悉，政府将废除或缩减统一部、科学技术部、信息通信部和女性部。但我认为这些政府部门都是推动韩国现在和未来发展的重要的部门。我认为他只顾眼前的态度是相当危险的。特别是，就对朝鲜政策来说，现任政府提出“先弃核，后合作”的连美国布什政府也放弃的政策。他身为总统候选人的时候曾多次拜访我，表示非常同意“阳光政策”的立场。像他说的一样，我相信他是一位务实的人，不会逆转大的形势，但我可能看错人了。务实是为国家和国民走最普遍的道路，但他并没有正确地了解务实的概念。

我对他的总统就任致辞感到失望，致辞没有表明自己的理念，也没有指明未来发展的方向。他只是罗列了政策，并没有对此进行具体的介绍。在南北关系方面，他表示随时答应南北首脑会谈，但这不是积极的应对措施。特别是，对于第一、第二次南北首脑会谈上达成共识的事项，他没有提及具体的执行方案。

2008 年 1 月 28 日，我观看了电视剧《李祘》。我看到朝鲜思悼世子①及其儿子正祖②的命运之后，再次感到朝鲜时代党派之争的历史多么残酷。像正祖一样的明主贤君在统治朝鲜的 20 多年间，留下了不少丰功伟绩，让人感到自豪。

我喜欢看电视剧。我卸任总统之后特别喜欢看历史剧。我在就任期间向 KBS 社长朴权相提出建议说，应制作以韩国三大人物为主人公的电视剧，即李舜臣、全琫准和张保皋。这纯粹是个人观众的意见。不用说李舜臣将军，全琫准也是我们引以为豪的历史人物。全琫准虽然是农村学堂的老师，但持有内部改革和反帝国主义的时代精神，主张解放奴隶、寡妇改嫁、改革土地制度和交税制度等，真让人感叹。另外，他将自己的理想付诸实践，促进了农民起义。海王张保皋也纵横四海和大陆，展现了我们民族的气魄。

我想，如果以国民弘扬的三位伟大人物为主要题材制作电视剧，并重现其历史背景和舞台，定会给观众带来感动。若我是电视台艺术总监，一定会制作以这些人物为主人翁的电视剧。我卸任韩国总统之后，以李舜臣和张保皋为主人翁的历史剧开始播放。

---

① 思悼世子，又称庄献世子，名为李愃（1735—1762 年），是朝鲜王朝第 21 代君主英祖李昑之次子，其死因至今仍有争论。——译者注

② 正祖，即李祘，朝鲜王朝第 22 代君主，庙号正祖。生于 1752 年，1776—1800 年在位，被评价为朝鲜最后一位明君。以学识渊博、作风开明、仁爱亲民、富有改革精神著称于世。其在位期间，朝鲜社会相对安定，文化空前繁荣，士农工商全面发展，也被称为“朝鲜的文艺复兴时代”或“朝鲜中兴时代”。终年 49 岁，葬水原健陵。——译者注

《不灭的李舜臣》是非常优秀的历史剧，但以张保皋为题材的电视剧《海神》则让我感到失望。这部历史剧只描绘了朝鲜国内的政治斗争，并没有集中于海上英雄的一生。

2月11日，大统合民主新党代表孙鹤圭和民主党代表朴相千一起宣布两党统合。新党名为统合民主党。卢武铉总统破坏民主党，新创立开放国民党，但在地方选举、补缺选举和总统大选上都遭到失败，已千疮百孔。我强烈谴责这一举措，并主张大统合，最终付诸实践。

2月15日，我访问了木浦市，全罗南道道知事朴晙莹和木浦市市长丁钟得前来迎接。回故乡的路总是温暖的。我参观了李舜臣将军和我们祖先在珍岛碧波津和海南右水营获胜的“鸣梁大捷”的遗址，再次回味了“尚有十二，微臣不死”的勇气和自信心。

面对鸣梁海峡133艘敌船，李舜臣将军和将士发挥智慧，以12艘兵船勇于攻击，并获得大胜。鸣梁海峡是逆转战势的拯救国家的地点。全罗道及其祖先与伟大的将军一起在“壬辰倭乱”和“丁酉倭乱”中尽力拯救国家，令人称赞。我在右水营旁边的餐厅观看鸣梁海峡的巨大波浪。其气势庄严，好像让我回到历史当中，给我留下永远难忘的感动。

我还参观了珍岛三别抄遗址。虽然只是9个月的抗争，但通过抗争成立了新王朝。我为韩国祖先的对抗外敌精神和自主独立精神感到骄傲。我参观的时候，居民挥手表示热烈欢迎。

目前，全球掀起了“韩流”热潮。韩国制作的电影、电视剧、歌曲和饮食都深受世界人民的喜爱。“韩流”是从韩国民族的文化遗产中提取精髓的最成功的软实力。

韩国文化确实精致。许多异民族文化流入韩国，但我们并没有被同化。我们通过自己的文化过滤他国文化，吸收但没有被融合。我们拥有将过去和现在、自己和外来文化相互融合并创造精髓的能力。

我有一次访问韩国国立博物馆观看韩国传统包布。制作这些包布的是我们的母亲和姐妹。家里的妇女在煤油灯下制作的作品却给世界人民带来惊喜。他们对此给予高度评价，认为这不亚于任何画作或工艺品。在朝鲜王朝时代，没有受过教育的妇女具有这么惊人的美感，真令人感动。由此可见，韩国人具有高品格的文化遗传。

我早就相信韩国文化和创造韩国文化的国民的实力。开放日本大众文化的时候，很多人担心韩国会沦为日本文化的属国，但是我却相信韩国文化的实力。进入韩国的思想和哲学都没有衰退，并扎根在韩国的土壤里，这就意味着韩国拥有吸收不同文化的空间和余力。

3 月 18 日，世界宣明会紧急救助组长韩飞野拜访了我。她是到世界各地徒步旅游，并访问受灾地区、提供支援的伟大的人士。她领养了不同人种的儿童，真令人赞叹。她带着勇气和时代良心到世界各地播种人类之爱，这也是不同层次的“韩流”。

4 月，我访问了美国波特兰和波士顿，是一种演讲旅游。波特兰大学的威廉·比彻姆（William Beauchamp）校长给我颁发了名誉博士学位。我以“挑战、应战和上帝”为主题发表了演讲。结束演讲时观众起立为我鼓掌并大声欢呼。比彻姆校长表示，“到目前为止，我们组织了很多演讲活动，但本次演讲给我的感动最深”。我已经上了年纪，但还给人们带来感动，这令我感到非常高兴，也对此非常感谢。

20 日，我访问了位于美国波特兰的哈佛大学校园。这是从我流亡时期在哈佛大学国际问题研究所就读之后时隔 24 年的访问。我会见了傅思特（Drew G. Faust）校长，并在肯尼迪学院以“‘阳光政策’是成功之路”为主题发表了演讲。这是对我来说非常重要的演讲，我多次修改了演讲稿。在结束演讲之后，我在以前常常去的教授俱乐部与知己举行了午餐会。我想起了一起讨论真理和正义的詹姆斯·利奇（James Leach）和傅高义（EzraVogel）教授等人。我在校园散步回想过去。我以前常常去的纪念品商店还在那里，我给孙子买了礼物。

在哈佛大学肯尼迪学院以“‘阳光政策’是成功之路”为主题发表了演讲

我从开始从事政治以来一直为写作演讲稿注入了很多心血。我想丰富演讲稿的内容。举行示威活动的时候，我总是担心演讲稿。如果没有完成演讲稿的话，我总是非常着急。但是我认为写作演讲稿也是一种快乐。我可以通过演讲稿传达我的主张，这是一件令人兴奋的事情。我从政之后发表了无数的演讲。有一段时间，我甚至认为政治就是演讲。因此，我付出了最大的努力撰写演讲稿。撰写重要的演讲稿时，我总是在酒店走来走去进行构思，并不断地修改。

听我演讲时，听众一边欢呼，一边愤慨。如今，那也成了过去的事。然而，我永远不能忘记那一时刻。我在奖忠坛公园、汝矣岛广场等处发表演讲的时候，有超过100万名听众云集。我以庄严的态度面向聚集的听众发表了演讲。当时，演讲是一种向大家传达想法的最有力的手段。因此，每一句话都要让听众感动。

在写演讲稿的时候，我非常重视的一点是让听众容易理解。文章要简明扼要，举例要详细。我对美文保持警惕，尽量排除有歧义的句子。我还不断重复重要的内容，甚至达到让听众感到听厌的程度。只有这样，听众才会认识到这是“金大中的演讲”。

我就任总统之后，由演讲专职秘书来撰写演讲稿，但我总是要反复修改，完成最终的演讲稿。虽然他们付出了最大的努力撰写演讲稿，但没能充分理解我的想法或论点模糊的情况常常发生。因此，我只能在深夜或休息的时间亲自撰写演讲稿。值得一提的是，青瓦台李薰秘书官最善于理解我的想法。

从我的经验来看，要说服别人，就得先说服自己。对我来说，撰写演讲稿是一种学习，也是对时事问题进行分析并整理自己立场的机会。演讲稿要诚实。如果只重视文章的技巧，那么自己的价值、哲学和意志就会完全消失。我撰写演讲稿的时候，对将演讲留在历史的想法始终铭记在心，因此，我对此总是认真对待。

在就任总统期间，最让我记忆犹新的演讲是在美国议会的演讲（1998年6月）、在日本议会的演讲（1998年10月）、关于《柏林宣言》的演讲（2000年3月）和“诺贝尔和平奖”授奖演讲（2000年12月）等。我到达美国发表在美国议会的演讲之前不断地修改演讲稿，直到演讲之前，我才完成讲稿。当时，美国参众议员以起立鼓掌来回应我的演讲，这让我非常高兴。我撰写日本议会演讲稿的时候，将重点放在建立韩日关系的未来方向。我在关于《柏林宣言》的演讲稿中向全世界强调对北政策的重要变化。我在“诺贝尔和平奖”授奖演讲时，淡然回顾我的人生旅程。

我专心致志撰写演讲稿，并为此付出了最大的努力。我的自传中有很多演讲的内容，这是因为任何说明、任何比喻都比不上我的演讲，我的演讲稿更能够正确地表达我的立场。同时，我的哲学和热情都融在演讲稿里了。

我在首脑会谈上通过简单的语言表达自己的意见，使得对方以开放的态度接受我的意见。我尽最大的努力以简明扼要的方法表达我的想法。同时，我将重要的内容融入对话中。为此，我总是做好充分准备。当然，正确传达我的想法的翻译人员也非常重要。我信任康京和与金一凡翻译。我作为总统当选人的时候，康京和担任外国贵宾的翻译，我对她另眼相看，并亲自提拔。

永远还是存在的（2008 年 5 月—2009 年 6 月）

韩国连日举行了烛光示威活动。在签署《韩美自由贸易协定》时，韩方在进口美国产牛肉条件上对美国过度让步，引起了韩国民众的强烈抗议。特别是，我认为韩国政府在对疯牛病的忧虑方面采取了消极的应对措施。政府应积极听取市民的意见，并努力确保健康主权。

我想烛光示威不仅仅限于牛肉的问题，同时，这还隐藏着大运河、英语集中教育、教育成本增加、物价暴涨、偏重人事、擅自辞退任期未满的公务员和南北关系恶化等问题。我认为李明博总统没有正确认识到过去 10 年的巨大的变化，还以韩国维新时代的观念对待国民。

当时，烛光示威不同寻常。通过互联网与手机短信传播的民主主义观念是继雅典广场的直接民主主义之后在人类历史上首次发生的事情。这来源于韩国国民的智慧和力量，让人感到惊讶，其基础条件是国民政府集中建立的信息化社会。

一旦在互联网上登载文章，或者通过手机短信提出想法，就会一瞬间向整个韩国传播，通过在线空间进行热烈的讨论之后，最终在广场展现出来。而且，示威活动结束之后，示威人员各自回到自己的家。活动主要以愉快的文化活动为主，不同于过去的大众示威活动，没有主办方，也没有策划人，并且没有动用任何宣传手段。当然，也没有发生费用。然而，它对波及的大众力量却是超出想象的。

李明博政权主张“失去的 10 年”，认为只要回到过去，就能够解决所有问题，这真是傲慢的想法。他们并没有认识到人类最大变革时期——知识信息化时代的到来，也没有认识到这就是过去 10 年间发生的大革命。说实话，即便我主张时代大变革，但也没有想到我们社会的变化如此之快。

我在韩国 63 大厦国际会议场上召开的“6 · 15” 8 周年纪念典礼上发表了致辞。

“自 2000 年以前在希腊雅典开始的直接民主主义以来，目前韩国社会正通过烛光示威，首次体验直接民主主义。这一民主主义将基于互联网和短信的在线活动与在街道集会的烛光文化节连接进行。我们要认识到和平的大众已成为直接民主主义的重要的政治主体。因此，我们要找出方法接受国民的意见。”

我面对烛光示威产生了不少想法。人类的历史是由知识分子领导的。在封建时代，农民没有知识，只有少数的国王与贵族及政府官僚具有管理国家的知识。到了资本主义时代，拥有知识与金钱的资产阶级掌握了霸权，绝大多数的劳动者与农民是被统治阶层。随着产业社会的发展，劳动者也能够接受教育，使得劳动者与知识分子共同掌握了政权。进入 21 世纪以来，国民开始具有知识，终于迎来了所有人能够参与国家政治的时代。我通过烛光示威亲眼目睹了直接民主主义时代的到来。

李明博政府对烛光示威感到极为震惊，彻底封闭了位于首尔市政厅前面的首尔广场。无论是政治集会活动还是其他活动，都不允许在首尔广场举行。在 2004 年首尔广场建立之后，我对此给予了很大的期待。首尔广场原址是 2002 年世界杯足球赛应援队的出发地，并且是向世界传达活力的重要的地点。我坚信这一广场将发展成为相互沟通、开放的广场，很多人可以到广场自由地演奏乐器，提出有关现实政治的意见，也可以进行表演活动。

在线空间越是无限扩张，就越需要实际空间让人们能够感到温暖。我没有深入体验过在线空间，但我们的子孙有可能面临所谓的“互联网孤独”的难题。当然，对我们的民族来说，广场文化还没有得到充分的发展，但这种情况将发生变化。民主主义社会非常需要开放的空间。我就任总统的时候，首尔市将汝矣岛广场改建为公园。我曾对此向首尔市民表示遗憾。首尔汝矣岛公园的建立是在我就任总统之前开始的。1998 年 4 月，我在首尔市业务报告上向姜德基代市长表示：

“首尔市改建了汝矣岛广场。现在，首尔已经不存在所谓的广场了。这是在世界各国首都都难以找到的例子。我们没必要在汝矣岛建立公园，可以在另外一个地方建立公园。但为什么要改建这一广场，使得 1 100 万人居住的首尔变成连广场都没有的城市呢？”

在规模方面，汝矣岛广场可以与中国的天安门广场和俄罗斯的红场相媲美。汝矣岛是城市里的大岛，可谓是上帝的恩赐。如果 2002 年世界杯足球赛应援在汝矣岛广场举行的话，那么我们能够展现出另外一个看点。

其实，我虽然不能对在首尔广场铺设草坪的事情表示同意，但仍坚信首尔广场将成为市民的广场。目前，首尔广场却与首尔市民越来越疏远，变成了都市的孤独之岛。在举行烛光示威活动之后，政府封锁首尔广场，不让市民接近。政府为什么害怕开放的心态？为什么害怕广场的民心？只要广场存在，只要市民提倡健康的意见，国家和市民就能够享受安然无恙的生活。这从先于韩国拥有广场历史的国家的经验中可以得到证明。

7月11日，金刚山一名女性游客早晨散步的时候，因朝鲜军的枪击而遇难。她越过游客控制地区，进入了朝鲜军事警戒地区，从而遭到了不幸。这是非常敏感而不幸的事情，真让人担忧。韩国政府立刻向朝鲜方面要求派遣调查组到朝鲜进行现场调查，并临时停止金刚山旅游。虽然朝鲜对此表示“遗憾”，但却以责任在于韩国方面为理由拒绝了现场调查的派遣事宜。我希望通过对话圆满解决这一问题。我不愿意以本次事件为理由全面停止金刚山旅游，这同时也会对南北双方共同促进的不少项目造成不良影响。然而，事态发展到越来越严重的地步。

过了几天，新任青瓦台秘书室长郑正佶和政务首席孟亨奎拜访了我。我对金刚山游客枪击事件与当时议论纷纷的独岛问题提出个人的见解：我们要像使用显微镜一样仔细观察金刚山和独岛事件；而面对南北问题和韩日关系问题时，要像使用望远镜一样从长远的角度看待。新任国会议长拜访我的时候，我也跟他说了同样的话。

大赦国际秘书处东亚调查官穆伊科（Norma Kang Muico）为了调查烛光示威活动与人权侵害等事件访问了韩国。韩国支部的有关人士根据韩国政府的态度请他访问我家，但他却说“金大中是我的英雄”。他甚至在我的面前流下眼泪，给我留下很深的感动。

8月4日，马来亚大学颁给我名誉人文学博士学位。然而，因为我身体不适，所以我的夫人不得不替我接受此学位。学位授予的宣言让我印象格外深刻。宣言充分展示了我的人生，其表达方式也非常高雅。我从此也可以看出马来西亚大学的水平。最后宣言如此说道：

> 我们只能为大家介绍金总统人生的一部分，但这不能完全展现他的伟大人生。现在，我们想重新回顾给人感动的他的人生，充分感受其人生的核心价值。

8月13日，家人在我的生日之际聚集在西桥洞弘壹的家中。我的子女都是善良而机敏的孩子。我的最大幸运是拥有和睦的家庭。我的家庭因我而承受了不少苦难，然而，我们总是在苦难面前相亲相爱和团结。我们在帮助邻居与建立社会正义方面总是团结一致，齐心协力。

我在就任总统之前每到周末就会跟三个子女、儿媳和七个孙子孙女等所有家人欢聚一堂，一起吃午餐。这对我来说是最幸福的时刻。家人都善良、健康、相亲相爱，这就是最高的幸福。最近，幸福的日子逐渐减少。特别是我的儿子弘壹身体非常不舒服，甚至严重到支持不住了。如果我能够代替他来承受，那么我就不会如此难受。

和家人在一起

我到全罗北道的边山半岛度假，访问了高敞郡禅云寺。我在前往木浦市商业学校的路上看到巨木遮蔽着阳光，非常安静，并久远幽深，让我回顾自己，思索人生。我在大雄殿拜佛施斋，跟住持师傅一边喝茶，一边进行交流。然后，我回到住宿之处的时候，正好看到海上的夕阳。窗外的海岸与风景如此美丽！我们很难用言语来表达夕阳的美丽。

9月初，我出席了在挪威斯塔万格召开的“诺贝尔和平奖”峰会。斯塔万格是位于挪威西南部的一个小港口城市，石油和炼油产业较发达。我在此会见了前任诺贝尔委员会委员长伯格（Gunnar Berge）。挪威皇太子、诺贝尔委员会有关人士、环保组织代表、学者、媒体代表和企业家等500多人参加了本次会议。在为期3天的会议上，我们共同探讨了当前世界面临的重大事件，即气候变暖、“9·11”恐怖袭击之后的安全问题、与大众沟通及联合国千年开发与目标等。我以“对话的力量——以共同利益为目标的相互主义对话”为主题发表了演讲。我在演讲中强调，应以通过历史验证的共同利益为前提的和平对话来解决当前面临的纠纷问题。很多与会者对我的演讲表示赞同。对我来说，这是一次辛苦的旅程。

美国华盛顿、纽约和旧金山等地的韩国侨胞报纸大面积报道称，我将巨额资金转入美国。作为媒体，在没有进行确认的情况下将这种毫无根据的文章向大众报道，让人感到荒唐而可恨。同时，检察官出身的韩国大国家党国会议员称，我拥有相当于100 亿韩元价值的无记名大额可转让存单。他通过院内发言说存在这种说法，其避免惩罚的做法非常狡诈。但事态发展到非常严重的地步，他接受某广播电台采访时表示，我的夫人将 6 万亿韩元从银行取走。然后，我提议诉讼，但检察部门却一直拖延相关调查。

到目前为止，我屡次受到了地方主义势力与在思想方面极右势力的暗害。然而，我却没有将其放在心上。天上有上帝，有很多韩国国民在支持我。我还坚信目前误会我的人在我离开这一世界之后，一定会后悔。诚实的人不会遭到失败。我希望不仅在生前，在死后也能成为最后的胜者。

我还参加了韩国 MBC 广播电台的节目——金美花主持的《世界和我们》，我敦促南北首脑会谈，说如果李明博总统与朝鲜国防委员长金正日面对面交流的话，就会发现有很多可以相互协商的部分。我从前很欣赏作为喜剧演员的金美花，现在，我发现她还具有时事节目主持人的才能。

10 月 26 日，我参加了由中国人民外交学会与沈阳市共同主办的“东北亚地区的发展与合作论坛”，并发表了主题演讲。我在结束活动之后即刻前往丹东。我终于访问了在我有生之年想去的鸭绿江。我在江边远眺朝鲜新义州，也观看了朝鲜战争时破坏的铁桥。鸭绿江在历史当中尤其悲壮。其实，我一直心怀鸭绿江。之前，我一直想，如果我有机会站在鸭绿江边，那么鸭绿江会向我诉说什么。但是鸭绿江的河水却无心地流过，一句话也没有告诉我。鸭绿江虽然沿着国境流过，但并没有形成任何紧张感。另外，我也没有感到在鸭绿江威化岛回军的李成桂的苦恼和雄心。

中国的丹东是韩国以前王朝的使节团、商人和留学生骑马或走路前往中国或回到老家的一个历史现场。我感慨万千。进入朝鲜的 80% 的物品通过丹东进入新义州。丹东可以说是朝鲜的生命线。如果能够开通韩国和朝鲜通往欧亚大陆的“铁道丝绸之路”的话，那么朝鲜会发生很大的变化。韩国是半岛国家，但陆路却被割断，只能通过海上道路通行，可以说是另外一个岛屿。如果陆路能够开通，载着韩国产品的铁马能够奔驰到巴黎和伦敦，那么在朝鲜半岛会发生“鸭绿江的奇迹”。我衷心希望能早日实现这一梦想，使得朝鲜人民像丹东人一样过上美好的生活。

鸭绿江的边界线尤为安宁。数十万名军人部署在朝鲜半岛的休战线上，但是在鸭绿江周边的风景和人群中却感觉不到紧张感。朝鲜半岛的腰部不是由我们的民族割断的，而是强大国家之间力量冲突的痕迹，也是朝鲜民族痛苦的伤痕。目前，南北还没有修复这个痕迹。我从远方瞭望朝鲜也可以看到贫困的样子，真让人感到痛苦。然而，鸭绿江却不顾朝鲜人民的感受孤独地流过。

我访问中国丹东的时候与夫人一起去鸭绿江铁桥。面对只能到中国眺望朝鲜的现实，我感到非常痛苦

我期待的奥巴马当选为美国总统。这不仅仅对美国，对韩国乃至世界来说也是一件好事。过去 8 年来，因为美国作出了不正确的选择，导致世界遭到很大的伤害！美国通过奥巴马总统的当选再次向世界展示其伟大的力量。我有的时候讨厌美国，但又总是觉得“美国果然是美国”。奥巴马当选为美国总统的意义可以说相当于林肯总统的奴隶解放。从此，连续 232 年的由白人统治的美国迎来了多人种统治的时代。目前，世界各国相互和谐合作的时代已经拉开帷幕。包括朝鲜、叙利亚和伊朗在内的“地球村”各国将掀起和平的浪潮。六方会谈将圆满举行，东北亚也能够步入和平与安全的新时代。奥巴马当选人不应该傲慢，也不应该仅凭借自己的力量做事。其前任者以傲慢的态度凭借自己的力量不仅破坏了自己，也对美国乃至全世界造成了很大的不利影响，我认为奥巴马当选人会以谦虚的态度和对话的方法给世界带来和平。我相信他能够做到这一点，这也是我的祈祷。

特别是，被指定为副总统的小约瑟夫·拜登参议员与我保持着良好的交流关系。他具有卓越的外交见识，还全力支持“阳光政策”。我就任韩国总统期间，他访问青瓦台时跟我换戴领带。那一天，我的领带上有异物，但他却毫不在乎，甚至说自己会将这一领带作为幸运的象征好好保存。现在，他的成功让我感到非常高兴。

11 月 11 日，在 63 大厦国际会议场召开了夫人的自传《同行——苦难与荣耀的旋转舞台》的出版纪念会。夫人的书将翻译成各国语言向世界发行，并留在人们的心中。我比面对自己的事情更加高兴、更加自豪。

在夫人的自传出版纪念会上，我跟夫人双手相握共同庆祝。对于总是站在我身边的夫人，我向她表示深深的谢意

11 月 27 日，访问平壤的民主劳动党代表姜基甲与最高议员李永顺拜访了我。姜代表的忧国之心让我深深地感动。他说南北关系的前景非常暗淡，并向我征求意见。在他的话语中，我能感到他深深的痛心与无力。

我说，目前韩国国民担心在野党，因此要齐心协力，要做好准备，还要具备长远的眼光。

“今天忍耐，明天才能够获得胜利。我们要放松心情，但也要彻底做好准备。我们要齐心协力。只有这样，国民才能够拿出勇气帮助我们。我们是走历史正道的人。一切只是时间的问题，最终我们一定会获得成功。”

12 月 16 日，我在获得“诺贝尔和平奖”8 周年之际举办了“为了朝鲜半岛和平”的演讲大会。韩、美、日著名学者应邀参加了会议，并以对美国新政府的成立会带来朝鲜半岛政策变化的可能性为主题发表了演讲。美国前任驻韩大使詹姆斯·雷尼（James Laney）以“美国新政府与朝鲜半岛的和平”为主题发表了演讲。奥伯道夫（Don Oberdorfer）教授以“从美国立场看南北关系的前景”为主题发表了演讲。日本中央大学名誉教授伊藤成彦以“为了建立东北亚和平与友好关系的朝日关系正常化方案”为主题发表了演讲。韩国前任统一部长官林东源以“南北关系的现状与展望”为主题发表了演讲。我以“恢复南北之间的对话与合作”为主题发表了演讲。我在演讲中表示，在李明博政府成立之后，民主主义、市场经济和南北关系等都有所后退，韩国面临三大危机。

白乐晴教授担任演讲会的筹备委员长。他是当代的“行动之良心”，不管什么累活他都欣然去干，因此，当我没有合适的人选时，总是请他来帮忙。

2009年伊始，拜年和相互送上新年的祝福之后，我制定了新年的目标和计划。我在春节期间与夫人一起玩韩国传统的投骰游戏，我连续三次输给了夫人，输钱达30万韩元。我特意抽出时间跟夫人一起出去。虽然天气非常冷，但阳光却很温暖。我们吃完午饭之后，沿着汉江边开着车兜风。这是自结婚以来我们俩关系最好的时期。我不仅爱我的夫人，也尊敬她。如果没有她站在我的身边，那么我将无法克服如此艰难、绝望和痛苦的时期。如果没有夫人，那么现在的我也不会有所成就。目前，我还在想，如果没有她，我就无法度过我的余生。

我每天向上帝祈祷我们夫妇能健康长寿。晚上睡觉之前，我和夫人一起唱歌，这样做已有一年多了。我们最爱唱的歌是《故乡的春天》，这是非常幸福的时刻。2008年初，我在结婚之后首次陪夫人去西服店，我还给夫人买了一件衣服。其实，这并不是很难做到的事情，但我却一直没有做，真是后悔万分。她为我牺牲了自己的一生，但我到了暮年时分才买给她一件衣服。夫人却为此非常高兴，真让我感到不好意思。

没有夫人的人生我连想都不敢想，那将是非常残酷的事情。我希望她不要先离开这个世界。有的时候，我和夫人整天待在一起，非常开心。

1月21日，韩国警察特工队袭击首尔市龙山区拆迁居民的示威活动场所，有五名拆迁居民和一名警察遇难，约有15人受伤。因为政府在没有制定任何移居对策方案的情况下强行拆迁，所以居民以死生决断的心态进行对抗。这是尤其野蛮的做法，不禁让人感到愤怒。我对冬天被驱赶的贫民的处境感到痛苦。由此可见，这一政权将国民视为敌人，其眼中只有权势，只为富翁服务。我对警察的轻视人命行为和权力万能主义感到痛恨。然而，我没有能力处理这些问题，这更让人感到心痛。

李明博政府成立已有一年了。其间，很多问题浮出了水面。特别是，现任政府基于冷战时代的思考模式强行推行“无核开放3 000”政策。也就是说，如果北部放弃核武器，并进行对外开放，那么韩国将帮助北部实现人均收入达到3 000美元的目标。自尊心极强的北部不会接受韩国的提议。这是使同一民族感到耻辱的政策，也是美国布什政府过去六年失败的政策构想。当然，北部拒绝了。我担心南北关系受此影响将陷入长期的僵局，也有可能陷入北部“通美封南”的泥沼。我想起了以前不好的记忆，金泳三政权面对1994年第一次核危机，主张“不会与用核者握手”，采取强硬的态度，导致韩国在日内瓦会谈上被排除在外。朝美达成46亿美元的轻水反应堆的建设项目，韩国虽然提供70%的建设费用，但是却不得不以美国的名义向朝鲜提供资金，而不是以韩国的名义。现在，韩国重演外交历史上最大的失败的可能性是很大的。

金夏中卸任统一部长官职位之后，强烈的反北主义者玄仁泽教授接任此职。据悉，他是所谓的“无核开放3 000”对北政策的主导人物。前两届政府十年来的努力难道就这样前功尽弃了吗？既然想回到如此敌对的状态，那么统一部的存在有何用呢。李明博总统对南北政策没有自己的哲学。

2月1日，我开车去仁川市，到中国村吃了午饭。中国村与过去相比发生了很大变化，中国村能够复活真是庆幸。韩国光复之后驱赶很多华侨，并不顾他们的利益，营造恶劣的生存环境，致使华侨纷纷跑到日本和美国等地。最近，大量的中国人、越南人、印度尼西亚人和菲律宾人移居到韩国。多文化时代逐渐到来，我想这是一件幸运的事情。

历史证明，肯定多元价值和采取宽容态度的国家才能得到发展，它们给不同民族提供机会，这种热情推动了它们自身的发展强大。波斯、罗马、中国唐朝和美国等均是如此。换句话说，西班牙、犹太、纳粹德国和军国主义日本等国因排斥异民族而导致衰亡。

为了韩国的繁荣，我们不应陷入人种、文化和理念等的纯血主义的陷阱。在新罗、高丽和朝鲜王朝时代，强调派别式纯血主义（党争）和宗教纯粹性（排佛崇儒）的现象非常突出，导致了朝鲜没能积极应对时代的变化，国力逐渐衰退。

目前，来自很多国家的移民正在涌入韩国。他们为了实现自己的梦想，比任何人都努力工作。韩国要大胆接受外国人才和浑身有干劲儿的劳动者，通过不断地为其提供机会和关爱，让他们少受挫折。

我在卸任之后曾被授予外国劳动者和中国同胞给予的感谢牌。

金总统为在韩国工作的外国劳动者和中国同胞打下了制定法律的基础。我们一直被视为弱势群体，吃了很多苦，但是您引领我们以劳动者的身份正正当当地生活。我们会牢记您的关心与爱，献给您感谢牌。

现在，移居劳动者仍然因差别待遇而饱受痛苦，但他们却给予我这一奖牌，让人感到心里不安，他们的贫困真令人同情。增强外国劳动者在韩国社会的权益是迫在眉睫的事，不能再推了。

金大中图书馆馆长柳相荣到了退休年龄。2月3日，我对他的劳苦表示慰问和鼓励。之后，由延世大学的客座教授金圣在接任此职。

韩国天主教红衣主教金寿焕仙逝。他是伟大的人物。他作为神职人员和人权保护者，为了贫困者的人权作出了很大的贡献，国民尊重和敬爱他。我在晋州市和清州市坐牢的时候，他曾拜访过我。他是非常细心的人。2月17日，我到明洞天主教堂的灵堂对他表示哀悼。我站在金寿焕红衣主教灵前对他表示谢意，并愿他在天国得到安息和永生。他的脸好像比平时更为明亮，伟大神职人员的死果然与众不同。排队瞻仰仪容的人络绎不绝，围绕着明洞天主教堂。

访问韩国的美国国务卿希拉里·克林顿给我打来了电话。这是出乎意料的事情。她是在回美国的专机上给我打的电话。

“美国前总统比尔·克林顿让我代他向您表示问候。我和我的丈夫对于跟总统阁下共事的时期有着美好而温馨的回忆。我们还记得20世纪90年代面对金融危机和朝韩关系问题时金总统所发挥的卓越的领导能力。”

她还说，她的丈夫前总统克林顿也希望会见我。

奥巴马总统将在民主党总统大选候选人的强有力的竞争对手——希拉里·克林顿参议员指定为美国国务卿。我惊叹他的用人之术。我非常欢迎希拉里·克林顿参议员成为美国国务卿。2000年比尔·克林顿总统卸任之后，被中断的朝美关系正常化很有可能通过希拉里国务卿恢复。其实，希拉里国务卿的电话不仅仅是简单的问候，还具有深远的意义。

当前，希拉里国务卿发言称，将前任美国驻韩大使博斯沃思任命为对朝政策的特别代表。博斯沃思是我的老朋友，曾担任过朝鲜半岛能源开发机构（KEDO）大使和美国驻韩大使，也屡次访问了朝鲜。2008年，我访问美国波士顿的时候，跟担任塔夫茨大学弗莱彻法律与外交学院校长的他见面，共同探讨了朝核问题的本质与解决方案。

几天后，特别代表博斯沃思访问韩国的时候给我打了电话。我对他说，目前，朝鲜正在硬着头皮做事，如果美国以忍耐的态度和智慧理智地应对，就能够获得像克林顿政府一样的成功。他对我的主张表示完全同意，并表示会为此全力以赴。我们俩都说下次访问时一定要见面。目前，虽然南北关系逐渐恶化，但是我仍然抱着通过朝美关系正常化能够恢复南北关系的希望。

3 月 13 日，河泰允秘书官被任命为驻伊拉克大使。我对他的晋升表示祝贺，但是因伊拉克治安不稳而有些担心。韩国驻华青岛总领事金善弘接任秘书官一职。

我担心韩国。假装右翼的独裁势力逐渐抬头。韩国的右翼势力归根于亲日派。他们为了自己的财富和权力做出了两种选择。第一，韩国光复之后，他们接近李承晚。当时，李承晚在所有方面都比金九先生处于劣势。因此，他毫不犹豫地包容反民族势力。第二，他们为了隐瞒反民族之罪，提倡反共主义。

亲日势力只在一年的时间内就推翻了张勉民主政权，发动了“5·16”军事政变。延续 18 年的朴正熙的军政以悲剧告终之后，军事独裁的悲剧又一次上演。民主势力面对当时的情况展开激烈抵抗，最终通过韩国国民的力量实现和平的政权更迭，迎来了我和卢武铉总统的 10 年民主化时代。韩国有句古话说，“十年江山变”。世道变了，民主主义看起来好像坚如磐石，国民对此也并没有怀疑，然而，目前韩国却发生着难以想象的事情，即军事独裁政治的亡灵重新复活。

回顾过去 10 年的民主政府，当前的现实真让人感到不可思议。虽然我离开政坛已有很多年了，但却不能对提倡反民主、反国民经济和反统一的势力采取袖手旁观的态度。过去 50 多年来，有多少人在反独裁斗争中饱受了死刑、屠杀和被监禁之苦。这是付出怎样的代价获得的自由和南北和谐呀！但是，这一自由和南北和谐的局面正逐渐崩溃。虽然我已上了年纪，身体还不舒服，但我仍要以悲壮的决心来做自己力所能及的事情。

舆论媒体和周围人士都劝我要休息，当然，我也想休息。但是，当前的形势非常严峻，国家正面临危机，我要站在前面。我作为国家的元老不能采取模糊的态度。如果民主主义后退，那么我的人生就毫无意义，活着没有意义，死后也不能安息。面对当前民主主义的逆行，九泉之下的义士和烈士都会指责我们了！这真让人感到痛苦。我每天晚上跟夫人一起握手祈祷。

我上了年纪，总爱流眼泪。其实，我是从小的时候就爱哭。有时因害怕鬼怪出现，有时因担心妈妈去世。其实，我一直跟巨大独裁政权斗争的力量也有可能来自眼泪。世界上没有像眼泪一样清晰的东西了。面对独裁政权拼搏并牺牲的年轻人，他们因拥有纯情的心思而不屈服于不公正。我每次想起他们的时候，都会流下眼泪。直到死的那一刻，我都会与非正义开展斗争。作为国家元老，我会再次向大家发出叱喝之声。

我在很长时间支持总统中心制，我为了贯彻落实这一点不惜牺牲生命去斗争。最终，我跟国民一起终于争取了总统直选制，并就任了韩国总统。但是，我真正希望建立的是“正副总统制度”。韩国也要有副总统。如果韩国有总统和副总统的话，那么一位是改革派，另一位有可能是偏保守的人。如果一位出身于韩国东部地区，那么另外一位有可能出身于西部地区。同时，正副总统制度也可以减少集中于总统身上的礼宾成本，在总统因故不在的时候，能够防止国政的中断。由此可见，如果权力的上层人士相互承认，就能够克服亡国的理念攻势或区域感情的冲突。因此，我在 1987 年民主化抗争之后进行直选改宪时，主张四年任期的正副总统制度。但是，正如大家所知道的那样，当时，韩国执政党因为担心我和金泳三联手，所以强烈反对。

目前，我仍然看重正副总统制度，但我开始从另外一个层面来看待这一问题。在总统制度下，韩国已有了 10 位总统。虽然像李承晚、朴正熙和全斗焕一样的独裁者结局悲惨，但其后还是出现了独裁者和二流独裁者。为了改变现实，我们还要考虑改变总统中心制。其实，我们通过任期为五年的单任制度没有办法追究总统的责任。现在，我们要消除不尊重民意的独裁者。我想，实行二元执政府制或者内阁责任制也不错。过去 10 年来，民主政府给韩国社会带来了很大的变化，特别是使得韩国国民的民主主义意识得到了很大的增强。

美国也是如此。过去，美国是成功的总统中心制的代表，但布什总统八年的失政给世界与人类带来了很大的不利影响。他在内政和外交上都遭到了失败。面对这种现实，他却没能控制局势。虽然我们的文明和理性得到了很大的发展，但连总统的一个错误也无法纠正，真让人感到痛苦。如果这是权力的内在本质，那么我们要通过建立制度来寻找预防策略。

我访问了我的老家荷衣岛。这有可能成为我生前的最后一次访问。4 月 24 日，我参加了荷衣三岛农民运动纪念馆开馆典礼。我以“为荷衣三岛农民运动家的献词”为主题发表了演讲。我到祖坟拜祭。我还访问了荷衣岛大里德凤书堂。我曾在这里向草庵先生学习过一年的汉字。然后，我还访问了荷衣小学。孩子们活泼而高兴的样子让我感动。回来的途中下起了蒙松雨。虽然秘书们竭力劝阻我，但我还是访问了大石头脸等地。我小的时候曾在这一泥潭捕鱿鱼吃，当时这里看起来很宽阔，可是现在来看很狭窄。我不知道是这一泥潭变小了，还是原来就这么小。我想这也许是因为随着年纪的增长其他的都变小了，只有回忆逐渐扩大。在下雨的恶劣天气里，荷衣岛民众却非常热烈地欢迎我。这是很幸福的访问。然而，我不知道什么时候能再回来。

5 月 4 日，我应中国人民外交学会的邀请访问了中国。我在北京人民大会堂与中国国家副主席习近平进行了会谈。他对我的到来表示特别的欢迎。

我在中国会见了习近平副主席。我嘱咐中国要在朝核问题上发挥积极作用

在会谈中我说："现在，中国与美国是世界两大强国。两国正肩负着世界的使命。我衷心希望中国与美国进行合作，共同实现世界和平、发展和正义。过去，强大国家掠夺了其他国家，但是，当前的世界对此不能容忍。因此，中美两国要通过合作与让步谱写新的历史篇章。"

我还表示，中国作为六方会谈的主席国担当更为重要的角色。布什政府末期，朝鲜炸毁宁边反应堆冷却塔，表现出了比任何时期更为强烈的弃核意志。在民主党奥巴马政府成立之后，能够解决朝核问题的可能性比任何时期都高，但4月初，朝鲜却发射了远程火箭。这确实对新就任的奥巴马政府制定对朝政策带来了不利影响。朝鲜的举措真不像话。

但是，这并不是一两天的事情了。其本质在于将朝美关系正常化和弃核问题一揽子解决。所以，我要求中国作为六方会谈的主席国重开六方会谈并解决这些问题。习近平副主席表示中国对朝鲜半岛的无核化立场非常明确，为此将做出不懈的努力。

5月18日，我与应邀访韩的美国前总统克林顿在凯悦酒店西餐厅就餐。他为了参加"C40大城市气候峰会"而访问韩国。我们对朝核问题与六方会谈进行了深入的探讨。当时，室内温度非常低，令我直打寒战。我问秘书可不可以关掉冷气，但他们说，因为是中央系统控制冷暖气而没有办法关掉空调。

我素来是个怕冷的人。再加上随着我身体的衰弱，冷气对我的健康很不利。我参加国际会议的时候，夏天也要穿内衣，因为会议场一般都会开空调，非常冷。那天，冷气特别强，再加上我还没有穿内衣。虽然冻得全身发抖，但我却面带着微笑说：

"奥巴马总统在总统大选游说活动时表示将与金正日委员长见面，还表示他的政策是克林顿总统的政策，而不是布什总统的政策。朝鲜对奥巴马政府的成立给予了很大的期待，但美国还在关注阿富汗和巴基斯坦的问题，朝鲜对此相对觉得焦急。如果奥巴马总统宣布履行'9·19'共同声明，那么朝核问题将会得到解决。"

"这是正确的政策。我回到美国之后，会向希拉里国务卿充分转达金总统所说的内容，争取使得朝核问题顺利解决。"

这句话就是我想听到的回答。我将事前准备的文件交给他，要求将之转给他的夫人希拉里。我希望希拉里国务卿看到这些资料之后，向奥巴马总统进行汇报。这些资料的主要内容包括从1994年第一次朝核危机到现在的事态发展过程、东欧共产主义政权的崩溃事例、朝鲜最近强硬态度的真相、中国对朝鲜问题的立场和克林顿政府的成功事例等。文件的最后有如下内容：

"奥巴马总统在当选之前表示，愿意与朝鲜领导会面。他当选之后还表示，将采取克林顿总统的方式，而不是布什总统的方式。希拉里国务卿在今年2月亚洲协会的演讲中表示，'如果朝鲜真正弃核的话，那么我们愿意实现邦交正常化，建立朝鲜半岛和平协定'。这两位领导的话确实给朝鲜带来了很大的希望。但是，随着时间的推移，朝鲜在焦急和怀疑当中采取了强硬的行动。我希望奥巴马总统和希拉里国务卿不要再拖延，应根据'9·19'共同宣言在尽早的时间内向朝鲜提出大胆的建议。这不仅是成功的捷径，也可以阻止事态发展到恶劣的地步。"

卢武铉总统亲属和身边人的不正之风浮出了水面，甚至他的儿子也受到了质疑。这些人都接受了检察院的调查。舆论媒体对此进行了竞相报道，好像舆论审判似的。这不仅对卢武铉总统自己，也对出身于同一进步阵营的总统的我和选举他当选为总统的民主党，以及五年间当他作为韩国总统时期的国民来说，都是一件不幸的事情。

5月23日星期六，我在家刚刚结束德国时事周刊《明镜周刊》的采访，秘书告诉我卢武铉总统去世了。当时，我在一瞬间愣住了，非常震惊。作为跟他一起执政10年的民主政权的领导者，他的去世让我感觉好像我身体的一半崩溃了似的。

卢武铉总统在老家前面的山上跳崖自杀。我想，他每天都过得非常痛苦吧。韩国检察方面太过分了，对卢总统的夫人、儿子、女儿、哥哥和侄女婿等都狠狠地调查了一番。每天，检察方面甚至违反法律，向公众发表搜查机密，刺激舆论媒体。与此同时，关于处理卢总统的方式流传了很多说法。卢总统的自杀可以说是李明博政权强加的结果。

卢总统的葬礼委员会请我发表悼词，我答应了。然而，他们后来又跟我说，韩国政府对此持反对的态度。最后，我没能宣读这一次的悼词。现在，我终于能在他的灵前献悼词了。

尊敬的卢武铉总统，这是如同晴天霹雳一样的事情。我比你大20多岁，现在，我为你献悼词，这真是不可想象的事，我无法相信我所面对的现实。

我听到你逝世的消息之后说，“好像我身体的一半崩溃了似的”。现在，我回想当时为什么说了这样一句话，这不仅仅限于回顾我们过去的人生，也可能是在卢总统生前，我看到了民主主义再次面临危机，我想不久的将来我们俩要一起出面行动。这样的时刻，你却突然离开了我们。

卢武铉总统，我希望你的英灵不要离开，我们需要你。你要活在我们的心中，帮助我们渡过民主主义危机、经济危机和南北关系改善三大难关。你在九泉之下要与我齐心协力，守护民主主义。只有这样，我们的人生才有价值。你是愉快、勇敢、拥有卓越视界的领导。我因与这样的领导生活在同一时代而感到非常骄傲。我不知道你是不是在阴间，如果你在阴间的话，以后，我们在那里见面，再聊一聊尚未说出来的话题。请求你在九泉之下保护国民，保护面临危机的韩国和我们的民族。

卢武铉总统的突然离世给韩国国民带来了很大的冲击。超过500万名国民到全国各焚香所参拜。

5月29日，我与夫人一起参加了在景福宫前举行的卢武铉总统的遗体告别仪式。当时，阳光特别强烈，好像能够破坏我的一切，甚至让人感到可怕。当我看到权良淑女士的时候，不知不觉中流下了眼泪。

威胁韩国社会的就是检察院。他们做的事情都带有很强的报复性质，带有政治理念，注重地区主义。他们屈服于权力。我很担心韩国会变成检察院共和国。

6月11日是非常重要的一天，这一天召开了《南北共同宣言》9周年纪念活动。

我从来没有想过有生之年会在卢武铉总统的灵前献花

我原计划发表演讲，但那天早上，我突然感到身体很不舒服。虽然医生采取了不少医疗措施，但我的身体没有得到恢复。我比预定时间稍晚到达会场。大家以热烈的掌声欢迎我入场。我尽最大的努力发表了演讲：

> 我恳切地请求我们要有“行动之良心”。没有“行动之良心”就等于恶人。过去，独裁政权夺走了很多人的生命。为了回报他们的牺牲，为了保护韩国人民付出心血而获得的民主主义，我们要尽我们所能。所有人都有良心，大家都知道什么是对的，什么是错的，然而，有些人因为恐惧、害怕麻烦和损失等原因，总是予以回避。国民这样的态度，使得正义人士在没有犯罪的情况下饱受了苦难，甚至离开了这个世界。然而，我们却享受正义人士通过努力而获得的民主主义。这符合自己的良心吗？
>
> 不久前，卢武铉总统逝世了。如果卢总统生前面临危机的时候，这500万名吊丧者中哪怕只有1/10的人即50万人出面说“我们不应这样做”，那么卢总统就不会离开我们了。这是多么令人惭愧的事情啊，而牺牲者又会有多么心痛！
>
> 各位如果想要自由国家，那么就先要保护自己的良心。如果想要建立真正和平与正义的国家，那么我们就要有“行动之良心”。其实，旁观也是恶

行。屈服于独裁者，对这些人说谄媚的话，为他们工作，这些都是恶行。为了实现韩国的自由民主主义、正义的经济、南北和谐与合作，我们要根据良心的声音作出行动。在选举的时候，我们要支持好的政党，不应支持不好的政党。民意调查也是如此。如果4 700万韩国国民都根据自己的良心相互劝告、批评、鼓励，那么韩国就不会独裁重起，也不会成为只有少数人享受富贵、多数人饱受痛苦的社会。

我们要通过"行动之良心"保护自由和市场经济及和平的南北关系，建立民众能够安心生活的国家和有希望的国家。

人生越想越美丽

朝鲜半岛与中国、俄罗斯接壤，东临日本，西面与中国隔海相望。朝鲜半岛处于军事强国中国、日本与俄罗斯的夹缝中，其地理位置使其成为被觊觎的军事要塞，因此，朝鲜半岛在历史上一直是列强们的角逐场地。朝鲜半岛还是从太平洋登上大陆的半岛，所以美国及西欧列强都想来分一杯羹，而现在是美军驻屯在这片半岛上。地球上没有第二个国家像韩国这样被四个强国包围着，因此，韩国也是世界上最需要外交的国家之一。外交可以左右韩国的命运，这绝对不是夸大其词。国家内政如果出现失误，可以进行修改，但是外交的失败却不可以重新来过。这一点在朝鲜半岛的历史上也不难找到例证。

近代的1894年中日战争和1904年俄日战争以日本的胜利而告终，美国则通过《桂太郎-塔夫脱密约》变相承认了日本吞并朝鲜的事实。这时，朝鲜这个国家以及朝鲜人民的安危根本就不在他们的视线范围内。然而，我们却被蒙在鼓里，认为只有联合美国才可以打退日本。19世纪末，虽然曾经有利用中、日、俄、美四大国来实现朝鲜独立的机会，但是最终没能实现。朝鲜王朝末期掌握实权的大院君虽然强于内政，但是外交方面却非常失败。他没能领悟到世界的整体走向，顽固地实行锁国主义，最终导致了国家的衰亡。

相反，泰国则极好地利用了周边国家之间的关系。泰国曾被从印度经缅甸而到达马来西亚的英国和占领了印度支那三国的法国夹在中间，国运可谓是风中之烛。这时，泰国却发挥了全民族的团结力量和智慧，向英法两国表明，在两国利益之间必须存在着一个像泰国这样的中立缓冲国，从而保持了泰国的独立。

外交就是这样和国运紧紧相连。对于我们来说，周边的四大国可以成为良药，也可以成为毒药。而命运其实就掌握在我们自己手中。

韩国虽然是一个领土面积很小的国家，但是在地缘政治学的角度来看，却是一个很重要的国家。我们的四大强国外交必须形成“一个同盟，三个睦邻”的关系。与美国结成军事等坚固同盟，与中国、日本、俄罗斯则要维持睦邻友好关系。就像我们预料的一样，中国近来作为一个经济及军事强国发展突飞猛进。我在执政期间，致力于发展与中国的外交关系，努力扩大各方面的交流。中国是一个比西海更宽广的市场，同时，与我们同一民族的朝鲜也在不停地前行。中国已经成为世界两大强国之一，我们的经济也离不开中国，我们要尽全力与中国搞好外交关系。

我一直反复强调，外交对于我们来说就像生命线一样。朝鲜半岛牵涉了四大国太多的利害关系。这是一片富有危机与机遇的土地。我们就像垄间的牛，究竟是吹着口哨悠闲地吃着两边的草，还是被关在铁笼里，沦为别人的盘中餐，这都取决于我们。国家的领导人以及外交官要比任何人都明白这个道理。

我们民族经历了日本殖民统治、光复、朝鲜战争、军部独裁等时期，最终实现了和平的政权交替。虽然经历了大风大浪，民众的生活异常困苦，但我们国民们在紧要关头还是无畏地站了起来，充分地展现了百折不挠的意志。

我与夫人一起站在连接两德的柏林格林尼克桥前，这是过去冷战时期的产物，在德国实现统一之后，这里成了和谐的象征

国土分裂以后，南部先成立了政府。之后，虽然出现了独裁政权，但是民众们没有屈服，而是站起来反击，最终争取到了民主主义，实现了和平的政权交替。

我们韩国国民有着高度的教育热情与对知识的好奇心，我们是最适合于知识信息化时代的民族。虽然我们曾经位于产业化时代的末端，国运也衰退不堪，但是我们却一跃成为知识信息化时代的强国。高度的教育热情、强烈的知识好奇心，再加上民主主义，使我们的文化在世界范围内受到关注，最值得一提的就是“韩流”现象。

法国文明评论家阿塔利（Jacques Attali）曾经说过，韩国在今后的30年里会成为战略国家。美国投资银行高盛集团（Goldman Sachs）预言韩国在今后的50年内将成为21世纪仅次于美国的发达国家，国民人均收入将达到8.1万美元。德国的《世界报》曾经报道，今后的30年内，韩国的发展将超越德国。

世界都在注视着朝鲜半岛，未来向朝鲜半岛打开了大门，但是有一个前提条件不可忽略，那就是在民主化的基石之上，必须实现南北统一。哪怕统一的时间不断拖后，但是南北也要通过和解合作，使朝鲜半岛成为大陆、海洋互相连接的和平之桥，海路及陆路都要打开。为此，对我们来说最重要的国家就是朝鲜。如果民主化倒退，南北相互反目，错过国运发展的机会，那么将会成为春秋之恨。如果独裁与冷战卷土重来，我们将会没有脸面去见祖先，对我们的后代子孙也将犯下不可弥补的罪行。

北方是与我们同一民族的人们生活着的土地。虽然分裂已经延续了近半个世纪，但是放在历史的长河中看来，只不过是短暂的一瞬间。我们终究还是会迎来统一的那一天。南方如果日子过得更好，就要帮助北方。如果弟弟家吃不上粮食，那么做哥哥的给弟弟送粮食是天经地义的事情。如果朝鲜一直保持高姿态，我们要不断地说服、轻抚以及安慰，不能伤害朝鲜的自尊心。其实恫吓也是弱者的一种自我保护方式，哪怕他们戟指怒目、挑剔矫情，也要轻轻地劝慰。至少，这片土地上绝不能再发生战争，南与北也不能再次陷入贫穷饥饿中。就算统一的日期推后，至少也要将断了的腰连起来，让朝鲜半岛的血液畅通，让生活在朝鲜半岛上的所有的生命都渴望和平。世界上没有比生命更伟大的东西。

我是很乐观的。如果以长远的目光来看历史，就会发现历史是一直向前发展的。虽然，有时会发生短暂的退后现象，但是最终还是会沿着正确的方向发展，这是因为，历史会按照民众们所希望的方向去发展。我们的近现代史就证明了这一点。

我每周都会接受三次（周一、周三、周五）肾脏血液透析。在书房的床上进行透析，每次都要躺4个半小时。我身体里所有的血液都要流到机器中，经过净化后再流回到我的身体里。这对于我来说越来越吃力。吃过早饭休息的时候，秘书会悄悄地过来对我说“到时间了”。虽然我很感谢他们对我的照顾，但是他们却一直觉得对不起我。有时我会觉得一直到生命的最后都要接受透析是一件让人沮丧的事情。虽然大家都不说，但是我知道接受透析后一般都活不过五年的时间。现在，我接受透析已经超过了五年，但是我还是作为一个正常的地球人生活在这个世界上。这是多么幸运啊！就这样，我每天都对帮助我延续生命的人以及我的耶稣深怀感激。

上午9点开始透析，一直到下午1点半左右才能结束。躺在床上，我会看着挂满我年轻时代充满活力的照片的那面墙以及旁边伴我走过悠悠岁月的书架。天花板上的灯光无言地照着虚弱的我，丝丝的机器声不停地传来。有时我会听着收音机渐渐入睡，但醒来以后看看墙上的时钟，离治疗结束还有好长的时间。

透析治疗结束之后，我浑身都没有力气，神思也很恍惚。我自己也觉得自己的脸色很苍白。接受透析的日子，我做不了任何别的事情。其实，卸任之后，透析治疗成了我的日常生活的一部分，我一直都很担心，有时还会很恐惧。张锡一、韩大锡、郑南植博士轮班为我治疗。

不接受透析的日子，早上会很悠闲，心情也会不自觉地畅快。如果没有什么特别的事情，吃过午饭以后，我会与夫人一起在客厅望着院子。麻雀飞来飞去啼啭不停，花儿则甜丝丝地笑着。咖啡飘香满溢，连时间也变得甜蜜起来。我能按照顺序背出院子里的树木与花草的名字。玫瑰花开的时候，我会让夫人交给我"赏花费"，因为一直以来都是我在照顾玫瑰花，所以让她给我辛苦费。夫人会对我说她没有钱，但是可以给我写欠条，有100万韩元的，也有10万韩元的。夫人并不知道我一直保管着这些欠条。这个小小的院子里承载着满满的幸福。在客厅里享受这30分钟的幸福以后，我会回到卧室睡午觉。

走路对我来说很吃力，在房间里我也用轮椅代步。但是我却很幸福。夫人很健康地陪在我身边，秘书们为了我尽心尽力。金善兴、尹哲求、崔敬焕秘书官，朴汉洙、张玉秋、朴俊姬局长，赵永民警卫部长，金田友看护部长，朴顺男、李永吉、李承炫、金仙己、卞胄卿、金镇浩秘书等都陪在我的身边。我真是一个有福之人。

我最喜欢的《圣经》章节是《马太福音》里的话语：

"我实在告诉你们：这些事你们既作在我这弟兄中一个最小的身上，就是作在我身上了。"（《马太福音》25章40节）

耶稣来到这个世上，一直站在受到苦难、受到蔑视的人群这一边。他与麻风病人、佃户、短工、流浪汉等被社会遗弃的人站在一起。与撒都该人、法利赛人等所谓的统治阶级的伪善与暴政进行斗争，最后被作为政治犯处决。

想要成为耶稣真正的门徒，就必须像耶稣一样背负十字架。背负十字架其实就是要站在被遗弃的人当中，为他们所受到的不正当待遇而斗争，与统治阶级进行抗争。这样做就必然会被统治阶级痛恨，并受到迫害。耶稣最后也被冠上了蓄意谋划犹太人独立，并妄图成为他们的王的罪名。

莫罕达斯·甘地虽然是印度教的信徒，但是他却是20世纪以来最像耶稣门徒的人。他的一生充满了没有私心的邻居之爱，过着与贫苦的民众没有区别的俭朴的生活，并对敌人极度宽容。但是，甘地却说非暴力不合作比暴力还要厉害。这不是承认暴力的合理性，而是强调与恶势力抗争更为有意义。如果看到不好的现象，一定要与其抗争，而不能坐视不管，但是要彻底坚持非暴力的方式。甘地的信条在我的年轻时代就给予了我信仰和灵感。

在我遭受诬陷、被冠上罪名、遭受迫害的时候，我想起了耶稣的一生。我坚信与恶势力进行非武装抵抗，以这种方式唤醒对方，最终会改变这个世界。拥有权力的人无条件地批判与诅咒我，他们甚至一点都不考虑要去了解我。那时我总会想起耶稣的临终时刻。人群不断地唾弃他、辱骂他，并向他扔石块。在那个时刻，如果要站在耶稣的那一边，就要搭上性命。我斗胆要站在耶稣的那一边。真正的勇气不是取决于性格，而是取决于对真理的献身。

正确的信仰是要奉献生命，正确的生活是不论遇到什么样的困难都要站在弱者的一边。金哲奎神父给了我托马斯·莫尔的洗礼名，我一直都没有忘记他对我说过的话——“怀着殉教的理念来从政”。托马斯·莫尔也是政治家。

我在1973年被绑架，在死亡前面我见到了我的主——耶稣。我一直坚持在遇到困难或是痛苦的时候与上帝进行商量，在犯错的时候我也总是会祈求原谅。人的内心深处都有对和错的两面性。通过宗教的指导，人们可以减少罪过，多做善事，我所信仰的上帝给了我很多善心，上帝净化了我的心灵。

有时我会对孙子孙女讲述我的一生。我告诉他们，周围的人就是我们一生的核心。如果我们先奉献出爱心，总有一天爱心会重新回到我们这里，我们将会在这个过程中获得幸福。我衷心地感谢上帝赐给我这么美丽的孙子和孙女。

我的一生越过了20世纪迎来了新千年，但是回想起来却像一闪而过的光束那么短暂。我所梦想的、热爱的，现在都在哪儿呢？不停地呼唤我的名字的民众都在哪儿，而辱骂我的反对势力又都在哪儿呢？在谎言和憎恶都磨灭不见的世界里，我想再与他们相逢。

我已经走过了很长的路，终将要汇入大海。我生在朝鲜半岛南端的一个小岛上，漂浮过了整个“地球村”。伟大的上帝赐予了我勇气与智慧，最后，他还赐予了我可以从政的幸运。

我为了民主主义、正义、和平与民族而穷尽一生。在中庸的哲学之中，我一直提醒自己要坚持一贯的态度。前后六次面临死亡的紧要关头，持续六年的牢狱生活，数十年的监视与软禁，以及海外亡命生活，所有的一切我都挺过来了。我将每个苦难的瞬间都赋予了意义——那是我还活着的证明。其实，我又何尝没有动摇过。与我并肩作战，一直在支持我的人们给了我继续走下去的力量，他们是我一生的恩人。

曾经处在一不留神就会丧命的刀尖上，也曾经受到荣华富贵的诱惑，我坚信自己在面对这些考验的时候都做出了正确的抉择。回想起来总觉得很渺茫，细细想来却每每都是激情的瞬间。真是波澜起伏的一生！为了实现民主主义而献身斗争，为了搞活经济、开启南北和解之路而不懈努力，我的一生虽然有遗憾却没有后悔。我最畏惧的就是历史对我的审判。我们虽然可以欺骗世人一时，但是却不能欺骗历史。历史始终都站在正义之侧。

我始终都相信历史与国民！

图书在版编目（CIP）数据

金大中自传／（韩）金大中著；（韩）李仁泽，（中）王静，（中）高恩姬译．—北京：中国人民大学出版社，2012. 7

ISBN 978-7-300-16195-2

Ⅰ．①金… Ⅱ．①金… ②李… ③王… ④高… Ⅲ．①金大中（1924～2009）—自传 Ⅳ．①K833. 126. 7＝6

中国版本图书馆 CIP 数据核字（2012）第 172219 号

金大中自传

［韩］金大中　著

［韩］李仁泽　［中］王　静　［中］高恩姬　译

Jin Dazhong Zizhuan

出版发行	中国人民大学出版社		
社　　址	北京中关村大街 31 号	**邮政编码**	100080
电　　话	010－62511242（总编室）		010－62511398（质管部）
	010－82501766（邮购部）		010－62514148（门市部）
	010－62515195（发行公司）		010－62515275（盗版举报）
网　　址	http://www. crup. com. cn		
	http://www. ttrnet. com（人大教研网）		
经　　销	新华书店		
印　　刷	涿州市星河印刷有限公司		
规　　格	170 mm×240 mm　16 开本	**版　　次**	2012 年 9 月第 1 版
印　　张	48. 75 插页 6	**印　　次**	2012 年 9 月第 2 次印刷
字　　数	890 000	**定　　价**	（上下）198. 00 元